부록: 임용시험 문제 분석 및 해설

[제4판]

사회과교육의 이해

- 2022 개정 교육과정 및 미래 교육 대비 -

박 상 준

교육과학사

머리말

4차 산업혁명과 스마트 혁명으로 미래 사회가 빠르게 변하고 있으며, 그에 따라 최근 미래 교육이 화두가 되고 있다. 미래 사회는 지식의 기억보다는 컴퓨터와 인공 지능(AI)이 하기 어려운 새로운 지식을 창출하거나 복잡한 문제를 창의적으로 해결할 수 있는 시민의 역량을 필요로 하기 때문이다.

그래서 P21, OECD, WEF 등 여러 단체들이 미래 교육에서 가르쳐야 할 핵심 역량을 제시하였다. 미래 핵심 역량을 교육하기 위해 교육 선진국들은 수년 전부터 전통적인 교육의 패러다임을 혁신적으로 전환하고 있다. 이러한 혁신의 물결에 맞추어 우리나라도 학생의 주도성에 기초하여 미래 역량을 기르기 위해 2022 개정 교육과정을 만들었다.

이처럼 학생 주도성, 핵심 역량, 미래 교육, 교육 패러다임의 전환에 대비하여 사회과는 어떤 시민 역량을 기르고 무엇을 어떻게 가르쳐야 할 것인지에 초점을 맞추어 교재의 내용을 대폭 개정하였다. 다만 사회과의 교재연구 방법, 20여 가지 교수·학습 방법에 대해서는 저자의 『사회과 교재연구 및 교수법』(3판)에서 자세히 소개하였다.

저자가 나태하지 않고 계속 노력하도록 이끌어 주신 손봉호 서울대 명예교수님과 최현섭 강원대 전 총장님께 감사의 말씀을 드리고, 또한 여러 가지로 책에 대해 조언을 해주시고 집필에 도움을 주신 선·후배 교수님과 현장 선생님들에게 감사의 인사를 드립니다.

2023년 3월에

박 상 준

차례

머리말 / 3

제1장 사회과의 개념 / 9

1. 사회과의 역사 ········ 9
2. 사회과의 개념 정의 ········ 18
3. 사회과와 사회과학의 관계 ········ 20

제2장 사회과의 발전 과정 / 25

1. 미국 사회과의 발전 과정 ········ 25
2. 한국 사회과의 발전 과정 ········ 44

제3장 사회과의 목표 / 63

1. 사회과의 목표: 시민의 역량 육성 ········ 63
2. 사회과의 목표 분류 ········ 67
3. 우리나라 사회과의 목표 ········ 72

제4장 사회 변동과 사회과교육의 변화 / 75

1. 세계화와 지역화 시대: 다중 시민성의 교육 ········ 75
2. 4차 산업혁명과 미래 사회의 변화: 지식에서 핵심 역량으로 ········ 79
3. 민주 사회의 위기와 시민교육의 강화: 인성 교육, 민주시민교육 ········ 88

제5장 사회과의 분과 영역 / 95

1. 지리 교육 ········ 95
2. 역사 교육 ········ 99
3. 정치 교육 ········ 103
4. 법 교육 ········ 107
5. 경제 교육 ········ 110
6. 사회·문화 교육 ········ 113

제6장 사회과의 이론적 접근 / 117

1. 사회과의 전통과 이론적 관점 117
2. 시민성 전달 모형 124
3. 사회과학 모형 130
4. 반성적 탐구 모형 136

제7장 사회과 교육과정의 조직 원리와 조직 유형 / 145

1. 환경 확대법 146
2. 개념 중심 나선형 교육과정 149
3. 통합적 접근법 155
4. 교육과정의 지역화 166
5. 사회과 교육과정의 조직 유형 168
6. 2022 개정 사회과 교육과정의 특징 175

제8장 미래 교육과 사회과교육 패러다임의 전환 / 197

1. 미래 교육과 미래 시민 역량 198
2. 교사 중심 교육 패러다임 201
3. 학생 중심 교육 패러다임 205

제9장 사회과에서 지식의 교육 / 211

1. 사회과의 목표로서 지식의 이해 212
2. 사실 학습 212
3. 개념 학습 214
4. 일반화 학습 223
5. 협동 학습 226

제10장 사회과에서 사고 기능의 교육 / 235

1. 사회과의 목표로서 고차적 사고력의 발달 235
2. 고차적 사고력의 의미와 유형 238
3. 탐구 학습 247

4. 문제 해결 학습 ······ 249
5. 의사 결정 수업 ······ 253
6. 논쟁 문제 수업 ······ 257
7. 비판적 사고력 교육 ······ 263
8. 창의적 사고력 교육 ······ 265

제11장 사회과에서 가치의 교육 / 269

1. 사회과의 목표로서 가치 교육의 발달 ······ 269
2. 가치 주입 ······ 273
3. 가치 명료화 ······ 276
4. 가치 분석 ······ 280
5. 가치 탐구 ······ 283
6. 도덕적 추론 ······ 286

제12장 사회과에서 행위의 교육 / 291

1. 사회과의 목표로서 행위의 교육 ······ 291
2. 현장 학습 ······ 292
3. 체험 학습 ······ 296
4. 시민 행동 교육 ······ 301

제13장 사회과의 평가 / 305

1. 사회과의 평가 방법 ······ 305
2. 사회과의 평가 방식의 전환 ······ 315
3. 사회과의 수행평가 ······ 318

제14장 사회과 교사의 역할과 전문성 / 327

1. 사회과 교사의 역할 ······ 327
2. 사회과 교사의 전문성 ······ 332
3. 수업 비평과 수업 성찰 ······ 339

제15장 사회과의 과제와 통합적 교육 / 343

1. 민주 시민 교육 ······ 343
2. 다문화 교육 ······ 349
3. 인권 교육 ······ 355
4. 미디어 교육 ······ 362
5. 인성 교육 ······ 367

참고문헌 ······ 375
찾아보기 ······ 384

▸ 부록: 임용시험 문제 분석 및 해설 / 386

제1장 사회과의 개념

우리나라는 6월 민주화 운동(1987) 이후 선거를 통해 정권을 평화적으로 교체하면서 민주주의가 정착되고 있다. 하지만 최근 보수-진보의 이념 대립, 불평등과 양극화, 계층 간 또는 세대 간 갈등이 심화되고, 보수 언론의 편향된 보도, 젊은 세대의 정치적 무관심이 증가하고 있다. 또한 소셜 미디어에는 가짜 뉴스와 혐오 표현이 넘치면서 여론을 왜곡하고 있다. 그에 따라 민주주의가 위기를 맞고 있다(박상준, 2020: 157-164, 214-216.).

다른 한편 4차 산업혁명이나 스마트 혁명으로 과학기술이 급속도로 발달하고 사회가 빠르게 변하고 있다. 급변하는 미래 사회는 새로운 시민의 역량을 요구하고 있다. 이러한 상황에서 민주 시민의 역량을 기르는 핵심 교과로서 사회과교육이 더 중요해지고 있다.

이 장은 사회과가 언제 왜 만들어졌는가 살펴보고, 그다음 사회과가 무엇인지 개념을 정의하고 사회과와 사회과학이 어떻게 다른지 탐색할 것이다.

1. 사회과의 역사

근대에 유럽 국가들은 대부분 강력한 정부 아래에서 한 민족이 국민국가(nation state)를 형성하였기 때문에, 구성원들이 국가에 대한 소속감과 애착심을 갖고 있어서 사회 통합이 잘 이루어졌다. 따라서 국가에서 요구하는 시민의 자질을 기르는 것은 전통적으로 정치 교육, 공민 교육, 역사 교육 등에서 담당했고, 최근에 '시민교육'(citizenship education or civic education)으로 통합되는 경향을 나타내고 있다. 이처럼 오래전부터 정치적·문화적으로 통일된 국민국가를 유지해 온 유럽 국가들에서는 대부분 '사회과'라는 과목이 없고, '시민교육' 과목에서 자기 나라의 역사, 지리, 정치, 경제 제도 등을 가르치고 있다.

반면에 미국은 17세기 이후 유럽에서 이주한 민족들이 만든 연방국가였기 때문에, 다양한 이민 집단, 민족, 인종 사이의 갈등이 심하였다. 미국 사회가 발전하기 위해서는 다양한 민족과 인종들을 하나로 결합하여 한 국가의 구성원이라는 의식을 심어주고 사회를 통합시켜야 할 필요가 있었다. 또한 서부 개척과 자본주의가 급속히 진행되면서, 이민자들을 새로운 도시 생활과 산업화에 적응시켜서 도시와 자본주의 체제를 계속 유지·발전시킬 필요가 생겼다.

사회적 요구에 따라 1916년 미국교육학회의 '사회과 위원회'(Committee on the Social Studies)는 「중등학교에서의 사회과」 보고서를 통해 '사회과'(social studies)라는 새로운 교과목을 만들고 사회과 교육과정을 제시하였다(Evans, 2004: 21-27). 사회과는 '훌륭한 시민'(good citizens)[1)]의 육성을 목표로 하고, 교육과정은 7~9학년에서 지리, 유럽사, 미국사, 공민으로, 10~12학년에서 유럽사, 미국사, 민주주의의 문제들로 구성되었다.

사회과는 미국의 역사와 문화, 정치제도 등을 전수함으로써 '애국적 시민'을 육성하는 것으로 이해되었다. 당시 미국 사회에는 젊은 학생을 애국적 미국 시민이 되도록 훈련시켜야 한다는 신념이 널리 퍼져 있었다. 이런 전통과 문화 속에서 미국 사회와 사회과 교육자들은 사회과가 애국적 시민을 육성하는 것이라는 신념을 당연한 것으로 받아들였다. 그래서 사회과와 시민성의 개념을 명확하게 정의하지 않고 당연한 것으로 가르치는 분위기가 팽배하였다(Barth & Shermis, 1970: 743). 이런 신념과 전통 속에서 20세기 중반까지 사회

1) 여기서 '훌륭한 시민'은 오늘날 일반적으로 인식되는 민주 시민의 역량-정의, 인권 보호, 정치 참여 등-이 아니다. 1892년 미국교육학회의 10인 위원회가 제시한 훌륭한 시민이란 **'애국적인 미국 시민'**을 의미하였다. 사회과는 젊은이들을 애국적인 미국 시민으로 훈련시키는 것을 목표로 해야 한다는 신념이 널리 퍼져 있었다. 그래서 이런 신념과 전통은 1970년대까지 미국 사회과의 목표와 교육과정에 큰 영향을 미쳤다.

과에 대해 분명하게 개념을 정의하지 않은 상태로, 많은 학교들이 역사, 지리, 정부에 대하여 가르쳤다.

하지만 사회과가 학문으로 인정받고 발전하기 위해서는 개념 정의가 필요하다는 문제의식에서 1937년 웨슬리(E. B. Wesley)가 사회과에 대해 학문적으로 정의하고자 시도하였다. 그는 "사회과는 교육적 목적을 위해 단순화시킨 사회과학들이다"고 규정했다(Wesley, 1937:4, Wesley & Wronski, 1958: 3). 이 정의는 사회과를 단순 명료하게 규정하였고 사회과학의 지식으로 교육과정을 구성하는 방안을 제시했기 때문에, 20세기 중반까지 널리 받아들여졌다.

그 후 1960년대 '신사회과 운동'(the new social studies)이 유행하면서 사회과에서는 사회과학적 탐구 과정 또는 탐구 방식을 가르쳐야 한다는 주장이 널리 힘을 얻게 되었다. 이러한 맥락에서 펜톤(E. Fenton)은 "사회과는 사회과학과 인문학이 포함된 학과로서 학생들이 졸업 후에도 독립적으로 학습할 수 있도록 사회과학의 탐구 방식을 가르치는 것을 주요 목적으로 하는 교과이다"라고 정의했고, 역사와 사회과학의 탐구 방식의 교수가 사회과의 핵심이라고 주장했다(Fenton, 1966: 1-7, 151). 또한 마시알라스와 콕스(B. G. Massialas & C. B. Cox)도 사회과를 "훌륭한 시민을 육성하기 위한 수단으로서 사고력의 신장을 강조하는 교과이다"고 규정했다(Massialas & Cox, 1966: 1-24).

그런데 웨슬리, 펜톤 등의 개념 정의는 단순하고 명료한 장점을 지녔만, 사회과와 사회과학을 거의 동일시하는 문제를 안고 있다. 또한 사회과의 본질적인 목표를 달성하는 데 적합하지 않은 한계를 지녔다. 이러한 문제의식에서 1978년 바, 바스, 셔미스(R. Barr, J. L. Barth, S. S. Shermis)는 사회과에 대한 다양한 정의를 통합하여 "사회과는 시민성 교육의 목표를 달성하기 위해 사회과학과 인문학을 통합한 것이다"라고 정의했다(Barr, et al., 1978: 40-41). 이 개념 정의는 사회과가 '시민성'의 육성을 목표하고, 다양한 사회과학과 인문학의 자료를 결합해 '통합 교육과정'을 조직하는 교과라는 점을 명시했다.

다른 한편 1960년대 이후 미국에는 흑백 갈등, 워터게이트, 베트남 반전 운동, 빈부 격차, 환경 문제 등이 급증하면서, 사회문제와 갈등을 민주적으로 해결하고 사회 질서를 유지할 필요가 생겼다. 이러한 미국의 사회적 상황과 요구를 반영하여 사회문제를 해결하는 '의사결정력'이 사회과의 목표로 강조되기 시작했다.

엥글(S. H. Engle)은 기존의 사회과가 단순히 지식의 암기 또는 문화유산의 주입에 치우쳐왔거나 사회과와 사회과학을 구별하지 못했다고 비판하면서, 사회과는 **'의사 결정력'**(decision making)을 가르쳐야 한다고 강조했다(Engle, 1960: 301-302). 20년 후 다시 엥글은 "의사결정력이 사회과의 핵심이다"고 주장했다(Engle, 1980: 302-304,306). 뱅크스(J. A. Banks)는 "사회문제를 인식하고 자신의 가치를 명료화함으로써 합리적으로 결정하는 능력을 개발하도록 도와주는 것이 사회과의 주요 목표이다"라고 말했다(Banks, 1977: 20, 42-43).

이와 비슷한 맥락에서 울레버와 스콧(R. M. Woolever & K. P. Scott)은 "사회과는 과학적 방법으로 도출된 지식과 체계적으로 탐구되고 명료화된 개인의 가치에 기초한 합리적 의사결정과 그 결정의 실천을 목적으로 하는 경험의 총체이다"라고 정의하면서 **'합리적 의사결정**과 **사회적 행위'**(rational decision-making and social action)가 사회과의 핵심 목표라고 주장했다(Woolever & Scott, 1988:18-19).

그러나 뱅크스, 울레버와 스콧 등의 입장은 의사결정의 목적이나 기준을 명확하게 제시하지 않고, 가치 상대주의 관점에서 개인의 선택에 맡겨 두었다. 그 결과 탐구와 의사결정의 과정을 거쳤지만, 각 학생은 자신이 바람직하다고 생각하는 가치와 기준에 의거해 최종 대안을 선택하기 때문에, 상호 합의에 이르지 못하고 사회문제를 해결하지 못하는 한계를 지녔다.

이러한 한계를 극복하기 위해 1994년 미국사회과협회(NCSS)는 사회과에 대한 공식적 정의를 다음과 같이 제시했다:

> "사회과는 **시민 역량**(civic competence)을 신장시키기 위해 다양한 인문학과 사회과학을 통합한 교과이다. 사회과는 그런 분과 학문들을 통합하는 종합적이고 체계적인 연구 결과들을 제공한다. 사회과의 기본 목적은 젊은이들이 상호의존적 세계에서 문화적으로 다양하고 민주적인 사회의 시민으로서 '**공공선**'을 위해 지적이고 '**합리적 의사결정**'을 내릴 수 있는 능력(the ability to make informed and reasoned decisions for the public good as citizens)을 개발하도록 도와주는 것이다."
>
> (NCSS, 1994: vii, 3)

이 협회의 정의는 기존 입장과 차별화하면서 사회과의 특징을 잘 드러내준다. 첫째, 사회과는 사회문제를 '공공선의 관점'에서 합리적으로 해결하는 시민의 능력을 신장시키는 것을 목표로 한다. 둘째, 사회과 교육과정은 사회문제와 관련 자료들을 통합해 구성되어야 한다는 점, 즉 '통합 교육과정'을 강조했다. 시민들이 '공공선의 관점'에서 사회문제를 합리적으로 해결하기 위해서는 여러 학문들로부터 추출한 지식들, 문제를 해결하는 사고 기능, 문제해결을 위해 실천하는 방법을 배울 필요가 있었기 때문이다.

21세기에 접어들면서 현대 사회는 매우 빠르게 변하고 있다. 세계화, 지능정보화, 다문화의 물결 속에서 세계는 지역·국가·세계 공동체의 상호의존성 및 갈등, 대량의 정보 및 지식의 생산과 유통, 다양한 인종·문화·가치의 공존과 대립이 증대되고 있다. 이처럼 변화된 사회적 상황과 요구에 대응하기 위해서 2008년 미국사회과협회는 '사회과에서 강력한 교수·학습의 비전'(A Vision of Powerful Teaching and Learning in the Social Studies: Building Social Understanding and Civic Efficacy)이란 성명서에서 국가에서 요구하는 유능한 시민의 수준에 도달하는 데 필요한 사회과 교수·학습의 비전을 제시했다. 즉, "사회과교육은 역량 있고 책임감 있는 시민이 되도록 준비시키는 지식, 기능, 태도를 획득하고 활용하도록 도와주어야 한다"고 제안하였다. **'역량과 책임감을 갖춘 시민'**(competent and responsible citizens)은 지적이고 사려 깊으며, 공동체에 참여하고, 정치에 참여하고, 윤리적·시민적 덕목을 나타내는 사람이다(NCSS, 2008: 1).

2016년 미국사회과협회 이사회는 2008년에 발표한 내용을 일부 수정한 '성명서'(A Vision of Powerful Teaching and Learning in the Social Studies)에서 사회과의 성격을 다시 제시했다.

> "**사회과**는 학생이 대학 수준의 학업과 직장 생활에 필요한 **학문적 능력**과 **비판적 사고력, 문제 해결력, 협력 기능**을 포함하여 중등 이후의 미래를 준비하도록 도와주는 것이다. 사회과교육은 **'시민 역량'**(civic competence)과 **'자유롭고 민주적인 사회'**(a free and democratic society)의 유지와 발전에 필수적이라는 것을 미국사회과협회는 재확인한다. ... (중략) ...
> 사회과 교육과정은 학생들이 중요한 관념들을 경험하고, 학습 내용과 사전 지식 및 현재의 문제를 연결하도록 격려하고, 학습한 것에 대하여 비판적이고 창의적으로 생각하고, 학습 내용을 실제의 상황에 적용하도록 격려하는 전략과 활동을 제공한다."
> (NCSS, 2016: 180)

그러나 1990년대 사회가 보수화되면서 신보수주의 진영은 언론을 동원하여 공교육이 학력 저하와 하향 평준화되어 국가를 위기에 빠뜨렸다고 비난했다. 탐구 학습 또는 쟁점 중심 사회과는 기본적 지식을 무시했고 그래서 학생의 학력과 기초 문해력을 떨어뜨렸다고 비난하면서, 기초 지식과 능력을 가르치도록 공교육을 개혁해야 한다고 목소리를 높였다. 이런 언론 보도와 여론에 편승하여 1994년 'Goals 2000'법이 제정되었다. 이 법에 따라 국가 수준의 영어, 수학, 과학, 공민, 경제, 역사, 지리 과목의 '교육과정 표준'이 개발되었고, 그 표준에 따라 학생의 학업 성취도 평가를 실시했다(Evans, 2004: 168-175).

이러한 **'표준 기반 개혁'**(standards-based reform)에 따라 정부 재정을 지원받아 1995년 공민/정부론, 지리, 역사 과목의 교육과정 표준이 개발되었다. 미국사회과협회도 1994년 10개의 주제 스트랜드를 통해 지리, 역사, 정치, 경제, 문화 등을 통합하는 **'사회과 교육과정 표준'**을 출판했다. 외부에서 보수 진영의 공격으로 사회과가 혼란을 겪으면서 다시 '전통 역사의 부활' 운동이 일어났다. 그러면서 국가 교육과정의 표준에는 사회과 대신에 전통적인 역사, 지리 과목이 부활되었고 분과 형태의 사회과교육이 주류를 형성하게 되었다.

그 후 표준 기반 개혁은 2002년 '아동낙오방지법'(NCLB)이 제정되면서 더 강화되었다. NCLB는 2014년까지 모든 학생이 읽기와 수학 과목에서 '능숙함' 수준에 도달하는 것을 목표로 세웠고, 주 학업 성취도의 시험 결과에 따라 학교 예산의 삭감, 학교장 교체 등 제재를 가할 수 있도록 했다. 하지만 NCLB가 의도한 만큼 학생의 학업 성취도는 향상되지 않았고, 2014년까지 모든 학생이 '능숙함' 수준에 도달하는 목표를 달성하기 어려웠다.

그에 따라 2009년 오바마 정부는 과도기적으로 각 주 정부가 학업 성취도 시험과 교사 평가를 연계하고 공통 핵심 표준 교육과정을 채택할 경우에, NCLB의 요구조건을 면제하고 연방 보조금을 지급하는 정책을 시행했다. 그래서 2010년 대학과 직업을 준비하는 데 필요한 **'공통 핵심 표준'**(Common Core State Standards: CCSS) 교육과정을 개발했다. 공통 핵심 표준은 유치원부터 고등학교(K-12)까지 학년별로 영어와 수학 과목에서 대학 및 직업 준비에 필요한 핵심 아이디어, 지식과 기능을 상세하게 제시했다.

국가 수준의 공통 핵심 표준 개발에 대응하기 위해 미국사회과협회는 지리, 역사, 경제, 시민교육, 법 등 14개 전문가 단체와 협력하여 **'사회과 표준 위한 대학·직업·시민 생활 프레임워크'**(The College, Career, and Civic Life (C3) Framework for Social Studies State Standards)를 개발하여 2013년 출판했다. 이 C3 Framework는 영어 과목과 역사/사회과의 리터러시의 공통 핵심 표준에 부합하는 사회과 학습을 증진하도록 설계되었다. C3 Framework는 탐구의 4개 차원별로 공민, 경제, 지리, 역사 교과에서 가르쳐야 할 기본적 내용과 기능 요소를 영역별로 나누어 구체적인 성취기준을 제시했다. 이 프레임워크에 따르면, 사회과는 학생의 과학적 사고, 리터러시, 논증 기능을 발달시키는 **'탐구 기반 수업'**(inquiry-based teaching)에 의해 이루어진다. 탐구 기반 수업에 '시민 행동' 요소가 사회과교육에 새로 추가되었다.

1990년대 이후 '표준 기반 개혁'과 그에 따른 '사회과 교육과정 표준'의 개발, 그리고 2010년 이후 주 정부의 '공통 핵심 표준'(CCSS)의 개발과 NCSS의 C3 Framework 등에 대해서는 '제2장 사회과의 발전 과정'에서 자세히 설명할 것이다.

앞에서 간략히 살펴본 것처럼, 19세기 후반 이후 사회적 상황과 요구의 변화에 따라 사회과의 정의, 목표, 내용, 방법이 무엇이어야 하는가에 대한 논쟁들이 많은 교육학자들 사이에서 계속되어 왔다. 19세기 후반부터 20세기까지 사회과의 발전을 위한 논쟁의 역사를 탐색한 후, 에번스(R. W. Evans)는 사회과의 본질이나 교육과정과 관련해 많은 전문가와 이익집단들 사이에 일어난 논쟁들을 '사회과 전쟁'(the social studies wars)이라고 불렀다(Evans, 2004). 그의 연구에 의하면, 사회과에 대한 논쟁이 계속되고 있으며, 탐구 학습이나 쟁점 중심 사회과 등 새로운 사회과 교육과정이 개발되었음에도 불구하고, 학교의 보수적인 관행과 문화로 인해 실제 학교 현장에서는 전통적인 형태의 사회과교육이 계속 유지되고 있으며 교실에서는 여전히 강의와 암송 같은 전통적 교수 방법이 지속되고 있다. 20세기 교실 수업에서 지배적 경향은 '사회 적응'과 '사회 통제'를 위한 교육이었다(Evans, 2004: 175, 177).

사회적 상황과 요구의 변화에 따라 바뀌어 온 사회과의 개념 및 성격과 관련된 중요한 입장들을 정리하면 다음과 같다.

▌사회과에 대한 관점의 변화▐

시기	학자·단체	사회과의 개념 정의
1915	미국교육학회 사회과위원회	'훌륭한 시민'(애국적 시민)의 양성
1937	웨슬리	교육적 목적을 위해 단순화시킨 '사회과학'
1966	펜톤	학생이 독립적으로 학습할 수 있도록 '사회과학의 탐구 방식'을 가르치는 것
1977	뱅크스	사회문제를 인식하고 가치를 명료화하여 '합리적 의사결정력'을 개발하도록 도와주는 것
1988	울레버, 스콧	'합리적 의사결정'과 '사회적 행위의 실천'이 사회과의 핵심 목표임

시기	학자·단체	사회과의 개념 정의
1994	미국사회과협회	사회과는 '시민 역량'(민주 사회의 시민으로서 공공선을 위해 지적이고 '합리적 의사결정력')을 개발하도록 도와주는 것
2008	미국사회과협회	사회과는 '역량과 책임감을 갖춘 시민'에 필요한 지식, 기능, 태도를 습득하고 활용하도록 도와주는 것
2013	미국사회과협회 C3 Framework	대학, 직업, 미래 생활을 준비하기 위해 '탐구 기반 수업'과 '시민 행동'을 결합한 것으로서 사회과
2016	미국사회과협회	사회과는 대학, 직업, 미래 생활에 필요한 학문적 능력과 비판적 사고력, 문제 해결력, 협력 같은 '시민 역량'의 증대를 도와주는 것

지금까지 살펴본 것처럼, 사회적 상황이 변화되면, 그 사회에서 요구되는 시민의 역량, 즉 **'시민성'**(citizenship)이 무엇인가에 대한 개념과 해석이 변한다. 그에 따라 시민성을 기르고자 하는 사회과의 개념, 목적, 교육과정 등이 바뀌었다. 이처럼 '사회과'가 무엇인가에 대한 개념과 해석이 시대에 따라 변화되었지만, 적어도 사회과는 민주 사회에서 요구되는 시민의 역량, 즉 시민성을 기르고자 하는 교과라는 사실은 변함이 없다.

▌사회과의 개념 변화▐

시대	사회적 상황 ⇨	시민성 개념 ⇨	사회과의 정의
20세기 초반	이민 사회의 갈등 애국심 결여 공업화, 도시화	애국심 고취 규범의 준수 권위에 복종	전통적 문화유산의 전달
20세기 중반	스푸트니크 충격 교육과정 개혁 운동 신사회과 운동	사회과학적 탐구력 반성적 사고력	사회과학적 탐구의 교육
20세기 후반	사회 갈등의 증가 사회의 보수화(신보수주의) 세계화/정보화	합리적 의사결정력 비판적 사고력 정보 활용 능력	합리적 의사결정과 행위의 교육
21세기 초반	4차 산업혁명 초연결 사회 기후 위기와 지속 가능성	비판적 사고력 문제 해결력 의사소통과 협력, 책임감	시민 역량과 책임의 교육 시민 행동의 교육

2. 사회과의 개념 정의

그러면 오늘날 우리나라의 사회적 상황과 환경에서 요구되는 사회과는 무엇인가? 제7차 교육과정(1997)부터 2022 개정 사회과 교육과정까지 교육부는 "사회과는 학생들이 사회생활에 필요한 지식 및 기능과 민주적 가치와 태도를 지님으로써 **'시민의 자질'**을 육성하는 교과이다"라는 입장을 유지하고, 시민이 갖추어야 할 능력으로서 문제를 합리적으로 해결하는 능력, 즉 **'합리적 의사결정능력'**을 제시하고 있다(교육부, 1997: 28; 2022b: 6).

> **사회과**는 사회현상을 올바르게 인식하고, 사회 지식 습득과 사회생활에 필요한 기능을 익히며, 민주 사회의 구성원에게 요청되는 가치와 태도를 지님으로써 **'민주시민으로서의 자질'**을 육성하는 교과이다.
>
> 사회과에서 가르치고자 하는 민주 시민은 사회생활을 영위하는 데 필요한 지식을 가지고, 인권 존중, 관용과 타협의 정신, 사회 정의의 실현, 공동체 의식, 참여와 책임 의식 등의 민주적 가치와 태도를 함양하고, 나아가 개인적·사회적 문제를 **'합리적으로 해결하는 능력'**을 기름으로써 개인의 발전은 물론 국가, 사회, 인류의 발전에 기여할 수 있는 자질을 갖춘 사람이다.
>
> (교육부 고시 1997-15호 [별책7]: 26)

> 사회과는 학생이 사회생활에 필요한 지식과 기능을 익혀 이를 토대로 시·공간 속의 인간과 사회현상을 인식하고, 민주 사회의 구성원에게 요구되는 가치와 태도를 지님으로써 **'시민으로서 자질'**을 갖추도록 하는 교과이다.
>
> 사회과에서 기르고자 하는 시민은 인간과 사회현상을 **탐구**하고 지역사회, 국가, 세계의 생활에 참여하는 데 필요한 지식과 기능의 습득을 바탕으로 **자율적으로 판단하고 행동한다**. 또한 공동체 의식을 가지고 타자를 존중하고 배려하면서 개인적·사회적 문제를 **'합리적으로 해결하는 능력'**을 갖추어 개인의 성장을 도모하고, 지역사회·국가·세계의 발전에 기여한다.
>
> (교육부 고시 2022-33호 [별책7]: 6)

이와 같은 맥락에서 차경수와 모경환은 "사회과를 학생들이 사회생활에 필요한 지식, 기능, 가치·태도 등을 형성하여 사회문제를 해결하고 민주 사회에 요청되는 시민의 역량을 함양하게 하려는 학교의 교과목이다"라고 정의하였다(차경수·모경환, 2008: 17).

이러한 논의들을 종합해 보면, 사회에서 요구되는 시민성이 무엇인가에 대해서는 학자들마다 의견이 다르지만, 적어도 사회과는 **'시민의 역량'**, 즉 **'시민성'**의 육성을 본질적인 목표로 한다. 그리고 사회과의 교육과정은 시민성을 육성하는 것과 관련된 사회과학과 인문학에서 선택된 지식의 구조를 중심으로 구성된다.

시민성의 육성이 사회과의 본질적 목표라는 사실(시민성의 '형식')은 변하지 않지만, 시민성이 구체적으로 무엇인가(시민성의 '내용'), 그리고 시민성을 기르기 위해 무엇을 어떻게 가르쳐야 하는가(시민성의 '교육 내용과 방법')에 대한 문제는 사회적 상황과 요구에 따라 다르게 해석되고 규정될 수 있다.

이런 사실을 종합하여, 필자는 **"사회과는 사회과학과 인문학에서 선택된 지식의 구조와 민주적 가치를 통합하여 시민의 역량을 기르는 교과이다"**라고 정의할 것이다.

여기서 시민의 역량은 시민이 사회생활을 영위하고 사회문제를 합리적으로 해결하는 데 필요한 지식, 기능, 가치와 태도, 행위와 참여 등을 모두 포함한다. **'역량'** 개념은 단순히 사고 능력을 의미하는 것이 아니라 문제와 관련된 지식과 가치에 기초하여 문제를 창의적으로 해결하고 그에 따라 행동하고 책임지는 것을 모두 포함한다. 즉, 역량은 사회적 상황이나 문제와 관련된 지식과 가치, 사고 능력을 종합적으로 활용하여 문제를 해결하고 책임질 수 있는 능력이다. 이런 이유에서 역량은 지식, 가치, 기능, 행위 수행이 종합적으로 상호 작용하는 '총체적 개념'이다.

▎역량의 구성▎

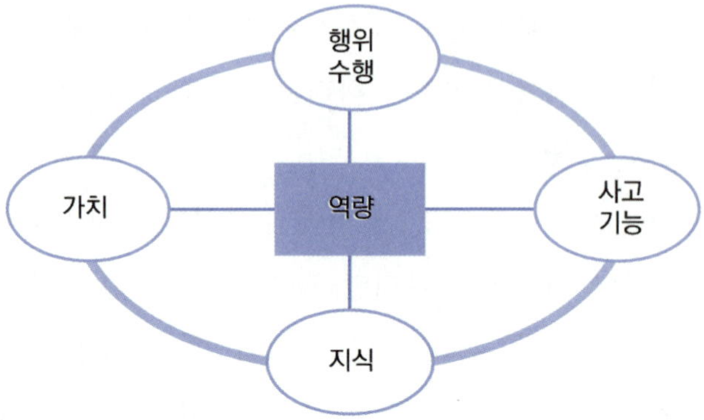

필자의 개념 정의는 사회과의 목표가 시민성의 육성에 있고, 교육내용은 사회과학과 인문학적 지식의 구조, 보편적 가치와 태도에서 선택하여 시민성의 육성에 적합하게 재구성된다는 점을 명시하는 특징을 지녔다. 그리고 이 개념 정의는 사회과의 본질적 목표와 교육내용을 분명히 정의함으로써 사회과와 사회과학을 구별하고 둘의 관계를 규정하는 장점을 지녔다.

3. 사회과와 사회과학의 관계

사회과가 무엇이냐고 물어보면, 많은 사람들이 정치, 경제, 사회·문화, 역사, 지리 등을 가르치는 교과라고 대답하는 경향이 있다. 현재 우리나라 사회 교과서가 대체로 사회과학의 지식을 요약한 개론서 수준으로 구성되었기 때문에, 사람들이 사회과와 사회과학을 동일시하는 경향이 있다.

그러나 사회과와 사회과학은 그것의 목적, 방법, 내용 측면에서 명백히 구별되어야 한다(Engle, 1960: 301-306).

1) 사회과와 사회과학의 구분

앞에서 언급했듯이, 1960년대 '신사회과 운동'(the new social studies)이 전개되면서 전통적인 문화유산과 지식을 주입해오던 사회과 교육과정이 획기적으로 변화되었다. 사회과는 단순한 사실을 암기하는 것보다는 사회과학자와 같이 새로운 사실들을 탐구하고 타당한 지식을 획득하는 데 필요한 탐구방식이나 사고력을 발달시켜야 한다고 주장되었다.

이런 입장에서 새로운 사회 교과서를 개발하는 데 참여한 사회과학자들은 흔히 사회과학과 사회과를 거의 동일한 것으로 간주하였다(Engle & Ochoa, 1988: 135-141,71). 그러나 펜톤, 마시알라스와 콕스처럼 사회과를 **'사회과학 교육'**으로 정의하면, '사회과'(social studies)와 '사회과학'(social sciences)이 거의 구별되지 않는 문제가 발생한다.

하지만 사회과와 사회과학은 그것이 추구하는 목표, 방법, 내용 등에서 구별된다.

첫째, 사회과학과 사회과의 목표는 근본적으로 다르다. 사회과학은 복잡한 사회현상에 대한 **'과학적 설명**이나 **예측'**을 목표로 한다. 일반적으로 사회과학자는 사회문제의 해결이나 사회개혁에 참여하기 위해서가 아니라 사회현상을 과학적으로 설명하고 예측하기 위해서 연구하는 것이다.

반면에 사회과는 **'시민성의 육성'**을 목표로 한다. 시민성의 교육이 사회과의 본질적인 목표이다. 즉, 사회현상이나 문제를 과학적으로 이해하여 합리적으로 해결할 수 있는 시민을 기르는 것이 사회과의 목표이다. 그래서 사회과는 사회현상이나 문제를 이해하는 데 필요한 사회과학과 인문학의 지식들을 선택·추출하여 재구성하는 것이다.

둘째, 사회과학과 사회과의 방법도 매우 다르다. 사회현상에 대한 과학적 연구를 목표로 하기 때문에, 사회과학자는 각 분과학문의 '고유한 관점 또는 연구방법'에 기초하여 특정한 사회현상을 **'분석'**하고자 한다. 사회과학자는 과학적 방법에 의거하여 특정한 사회현상을 분석함으로써, 복잡한 요소들의 상관관계 또는 인과관계를 밝혀내어 새로운 지식들을 형성하고자 노력한다. 이 때 사회과학자는 가치 중립적 입장에서 과학적 방법으로 사회현상을 객관적으로 연구하고자 한다.

반면에 사회과는 시민성의 육성을 목표로 하기 때문에, 시민성의 교육에 도움이 되는 사회과학 및 인문학적 지식들, 사고 기능, 보편적 가치 및 태도, 사회 참여와 실천을 '통합'하고자 한다. 왜냐하면 가치 중립적인 사회과학의 지식들은 사회현상을 보다 잘 이해할 수 있도록 도와줄 수 있지만, 실제 상황에서 우리가 무엇을 어떻게 행동해야 하는가를 직접 알려 줄 수 없기 때문이다. 훌륭한 시민으로서 사회문제를 합리적으로 해결하고 사회에 참여할 때 중요한 요소는 과학적 지식이 아니라 사고 기능과 가치·태도이다. 그래서 사회과는 시민성을 육성하는 데 도움이 되는 사회과학과 인문학적 지식들, 사고 기능, 보편적 가치와 태도를 종합하여 재구성한다.

셋째, 목적과 방법이 다르기 때문에, 사회과학과 사회과의 내용도 서로 다르다. 사회과학은 각 분과학문의 연구 방법과 연구 결과들로 구성된다. 사회과학은 과학자가 각 분과학문의 관점과 연구 방법에 따라 특정한 사회현상에 대하여 연구한 결과들로 구성된다. 이렇게 구성된 사회과학의 지식들은 사회문제의 해결책을 제시하거나 올바른 행동을 지시해 주는가와 관계없이, 특정한 사회현상을 설명할 수 있다는 점에서 유의미한 지식으로 인정된다.

반면에 사회과는 사회과학적 지식들 중에서 시민성의 육성에 필요한 내용을 선택하여 재구성된다. 사회과는 시민성의 육성에 필요한 내용으로 재구성되기 때문에, 사회과학뿐만 아니라 인문학, 법학, 철학, 자연과학의 지식들에서 선택·추출될 수도 있다.

이처럼 사회과학과 인문학의 지식들에서 '선택, 종합, 재구성'이 사회과학과 사회과를 구별하는 중요한 특징이 된다. 시민성의 육성이라는 목표에 비추어 보면, 사회과학의 지식들이 모두 사회과에서 유의미한 것은 아니고, 사회과학의 지식을 개론적 수준에서 모두 다룰 필요는 없다. 사회과에서 중요한 것은 사회과학의 지식들을 개론적으로 소개하는 것이 아니라 시민성의 육성에 있어서 어떤 지식들이 가치 있고 도움이 되는지를 결정하는 것이다. 사회과는 단순히 사회과학적 지식을 전달하는 것이 아니라 실제의 사회생활에서 실천하는 시민을 기르는 교과이기 때문이다.

구분	사회과학(social sciences)	사회과(social studies)
목적	• 사회현상의 **과학적 연구**	• **시민성의 육성**
방법	• 특정한 사회현상의 **분석**	• 사회과학 및 인문학적 지식, 사고 기능, 가치의 **통합**
내용	• 사회과학적 **지식의 구조**: 과학적 연구 방법과 연구 결과들	• 시민성의 육성을 위해 사회과학 및 인문학에서 추출한 지식, 사고 기능, 가치·태도, 참여와 행동의 **재구성**

2) 사회과에서 사회과학의 활용

앞에서 사회과와 사회과학을 구별해야 한다고 주장했지만, 그렇다고 사회과학이 사회과에 불필요하다는 것은 아니다. '시민성의 교육에 맞게 재구성된' 사회과학적 지식은 사회과의 중요한 소재로 활용될 수 있다. 그러면 사회과학적 지식은 사회과에서 어떻게 활용될 수 있는가?

첫째, 사회과학의 지식은 다양하고 복잡하게 얽혀 있는 사회적 관계와 사회현상을 보다 과학적으로 이해하여 대처하는 데 도움이 된다. 현대사회는 매우 복잡하고 다양한 사회적 관계들로 서로 연결되어 있고, 수많은 개인과 집단들이 상호 의존되어 있으며 서로 영향을 미친다. 우리가 복잡한 사회적 관계와 사회문제를 체계적으로 이해하고 합리적 입장에서 의사결정을 내리고 그 결정을 실행에 옮기기 위해서는 기본적인 지식과 안목이 필요하다. 사회과는 사회과학적 지식의 학습 자체가 아니고, 사회과학적 지식은 단지 복잡한 사회현상을 보다 체계적으로 이해하여 민주적 시민성을 육성하는 것을 도와주기 위한 재료이다.

둘째, 사회과학적 지식은 사회문제의 해결책을 찾을 때 중요한 근거를 제시해 줄 수 있다. 우리가 사회문제를 해결하기 위해 서로 논쟁하게 될 때, 사회과학적 지식은 사회문제의 해결책을 정당화시켜 주는 근거와 자료를 제공해 줄 수 있다.

셋째, 사회과학적 지식은 사회문제의 해결과 사회참여를 위한 지적 능력을 향상시키는 데 기여할 수 있다. 사회과학적 지식은 사회과학자들이 사회현상과 문제들을 과학적으로 탐구하고 비판적으로 이해하는 활동 과정의 산물이기 때문에, 학생들이 그런 사회과학적 지식과 탐구 방식을 배움으로써 사회현상에 대한 과학적 이해뿐만 아니라 비판적 사고력, 의사결정력 같은 고차적 사고력과 사회를 보는 안목과 통찰력 등을 더 향상시킬 수 있을 것이다.

제2장 사회과의 발전 과정

앞 장에서 살펴본 것처럼 사회과는 사회에서 요구되는 시민의 역량, 즉 시민성을 기르기 위한 교과이기 때문에, 사회가 변하면서 사회과에서 길러야 할 시민성이 무엇인가에 대한 관점과 입장도 달라지고 있다. 사회과교육과 관련된 전문가들 사이에서도 다양한 의견이 존재하고, 정치 세력과 이익단체 등이 언론을 활용해 여론화 작업하면서 치열하게 싸우고 있다.

이처럼 사회과교육은 관련 전문가, 정치 세력, 이익단체 등 집단 간 논쟁과 힘겨루기를 통해 발전해왔다. 여기서는 미국에서 19세기 후반 이후 '사회과'가 어떻게 만들어지고 발전했는지를 탐색하고, 그다음 우리나라에서 광복 이후 사회과교육이 어떻게 변화되었는지 교육과정 시기별로 살펴볼 것이다.

1. 미국 사회과의 발전 과정

1) 역사 교육 성립 시기 : 1890~1910s

미국은 남북전쟁(1865) 이후 남부와 북부 간, 흑백 인종 간 사회 통합을 이루고 새로 유입된 이민자를 통합해 미국인으로 만드는 것이 필요했다. 또한 산업화와 도시화가 빠르게 진행되면서 이민자들을 새로운 도시 생활과 산업화에 적응시켜 도시와 자본주의 체제를 계속 유지·발전시킬 필요가 생겼다. 이런 사회의 변화와 요구에 대응하여 1880년대 이후 공립학교의 설립이 급증했고, 공립 고등학교도 증가했다. 하지만 공립학교마다 역사, 지리, 정부론, 경제 등 가르치는 과목이 달랐기 때문에, 공립학교의 교육과정을 정비할 필요가 있었다.

그래서 미국교육학회(NEA)는 각 교과별로 '10인 위원회'를 구성하고 전국 공립학교의 교육과정을 검토하여 교육과정 권고안을 제시했다. 중등학교의 역사, 정치, 경제 관련 교과의 교육과정을 조사한 후, 1894년 10인 위원회 보고서는 **'역사 중심 중등 교육과정'**을 권고했다. 이 보고서에 따르면, 중등학교 역사 교육과정은 5, 6학년에 '전기와 신화'(일반 역사와 미국사 기반), 7학년은 '미국사와 정부의 요소', 8학년은 '그리스와 로마 역사', 9학년은 '프랑스사', 10학년은 '영국사', 11학년은 '미국사', 12학년은 '특정 시기의 역사 및 시민 정부론'으로 구성되었다(Evans, 2004: 8).

그러나 10인 위원회의 보고서는 모호한 용어와 일반적 내용으로 서술되었고, 사회과 교육과정을 구성하는 구체적 가이드 라인을 제시하지 못했다. 이런 한계를 보완하기 위해서 미국역사학회(AHA)는 '7인 위원회'를 구성하여 중등학교의 역사 과목에 대해 조사했다. 1899년 7인 위원회 보고서는 중등학교에서 역사 교육은 연대기 순으로 4 블록(four blocks program)으로 가르쳐야 한다고 권고했다. 1 블록(9학년)은 고대사, 2 블록(10학년)은 중세사, 3 블록(11학년) 근대사, 4 블록(12학년)은 미국사로 구성되었다(Evans, 2004: 10-11).

두 위원회의 권고안은 백인 앵글로 색슨족(White Anglo-Saxon)을 중심으로 미국사를 유럽의 고대사·중세사와 연결함으로써 미국에 대한 소속감과 애국심을 고취하는 것을 목표로 했다. 하지만 고대사와 중세사, 유럽 중심의 역사는 중등학생의 현재의 삶과 너무 동떨어졌고 매우 어려웠다. 유럽의 고대사와 중세사 중심의 역사 교육이 새로운 이민자를 미국인으로 만들어 국민 통합을 이루기는 어려웠다.

그에 따라 과거 역사보다는 산업화와 도시화된 현재 생활을 이해하는 데 필요한 '사회과학적 지식'을 가르쳐야 한다는 주장이 역사 중심 교육의 대안으로 등장하였다. 당시 미국의 도시 노동자는 대부분 이민자와 소수 민족이었기 때문에, 백인 앵글로 색슨 중심의 고대사와 유럽사는 다양한 배경을 가진 이민자들에게 '미국인'이라는 소속감과 애국심을 고취하지 못했다.

2) 사회과 성립 시기 : 1916 이후

1916년 '사회과'라는 교과목이 새로 만들어지고, 사회과 교육과정이 체계적으로 제시되었다. 미국교육학회의 '사회과 위원회'(the Committee on Social Studies)는 1916년 「중등학교에서의 사회과」 라는 보고서를 통해 '훌륭한 시민'(good citizens)[1]을 기르기 위해 '사회과'(social studies) 교과목을 만들도록 제안하였다(Evans, 2004: 21-27). 1916년 보고서가 사회과의 공식적인 기원이다. 이 보고서는 사회과의 내용을 조직하는 방식을 몇 가지로 제시했다. 사회과는 사회의 조직과 발전 및 사회 구성원과 관련된 교과로 규정되었고, 교육과정은 7~9학년에서 지리, 유럽사, 미국사, 공민으로, 10~12학년에서 유럽사, 미국사, 민주주의의 문제들로 구성되었다.

중학교	7학년	지리
	8학년	유럽사
	9학년	미국사, **공민**

고등학교	10학년	유럽사
	11학년	미국사
	12학년	**민주주의의 문제**

기존의 10인 위원회와 7인 위원회의 역사 중심 교육과정과 달리, 1916년 보고서가 '공민'과 '민주주의의 문제'(Problems of Democracy) 과목을 권고한 것은 당시 매우 급진적인 제안이었다. '민주주의의 문제' 과목은 현대 사회의 문제들에 대해 정치, 경제, 사회적 요인과 관련지어 탐구하는 과정으로 구성되었다. 1916년 보고서에서 권고한 사회과 교육과정은 많은 주와 학교들에서 사

1) 여기서 '훌륭한 시민'은 오늘날 일반적으로 인식되는 민주시민의 자질과 다르다. 10인 위원회가 제시한 훌륭한 시민이란 **'애국적인 미국 시민'**을 의미하였다. 사회과는 젊은이들을 애국적인 미국 시민으로 훈련시키는 것을 목표로 한다는 신념이 널리 퍼져 있었다. 이런 신념과 전통은 1970년대까지 미국 사회과의 목표와 교육과정에 큰 영향을 미쳤다.

용되었다.

그 후 1920년 컬럼비아 대학교 사범대 교수들이 주도하여 사회과교육을 위한 준비 모임을 결성했다. 이 모임을 조직화하는 회의가 1921년 3월 열렸는데, 대부분의 참석자는 미국교육학회의 사회과 위원회 위원들이었다. 이 모임이 작성한 임시 정관에 의하면, 최초의 명칭은 '미국사회과교사협회'(the National Council <u>of</u> Teachers of the Social Studies)였다. 1922년 정관을 개정하면서 조직의 명칭을 '미국사회과협회'(the National Council <u>for</u> the Social Studies)로 변경했고, "사회과는 역사, 정부론, 경제, 지리, 사회학을 포함한다"고 규정했다. 미국사회과협회는 초기에 미국역사학회의 분과 조직으로 출발했으나, 1935년 웨슬리(E. Wesley)가 회장일 때 독립했으며, 1936년부터 학회지 '사회 교육'(Social Education)를 발간했다(Evans, 2004: 36-37).

3) 경제공황, 세계대전과 냉전 시기 : 1930~50s

세계 경제공황(1929~1939)은 경제뿐만 아니라 학교 교육에도 커다란 영향을 미쳤다. 이 시기 사회과에 영향을 미친 두 가지 사조는 (1) 진보주의와 듀이의 교육 사상과 (2) 사회 재건주의와 러그의 문제 중심 사회과였다.

듀이(J. Dewey)는 교육이란 아동의 필요와 흥미에 기초하여 아동의 성장을 도와주는 것이라고 보았다. 교육은 삶 속에서 해보는 활동 또는 경험을 통해 배우는 것이라고 주장했다. 이러한 듀이의 진보주의 사상의 영향으로 사회과는 학생이 시민으로서 실제 문제를 해결하는 반성적 사고력을 발달시키는 것을 목표로 하고, 그런 문제 해결에 필요한 여러 가지 학문의 지식을 통합하여 교육과정을 구성할 것을 강조했다.

다른 한편 경제공황으로 경제 침체가 심해지면서, 교육을 통해 사회를 재건하여 더 좋은 사회를 건설하려는 사회 재건주의가 등장했다. 재건주의 입장에서 교육을 통해 좋은 사회를 만들기 위해 **'문제 중심 사회과'**(problem- centered social studies)를 발달시킨 대표적 학자가 해롤드 러그(H. O. Rugg)이다. 러그는 사회과 교육과정이 현재 삶의 문제들로 조직되고, 역사, 지리, 사회과학 사이의 분리를 없애고 사회과의 틀 안에서 모두 통합한 교육과정을 만들어야 한다고 주장했다. 그의 주장은 나중에 '반성적 사고'와 '문제/쟁점 중심 사회과'를 이끄는 핵심 원칙이 되었다(Evans, 2004: 39-40).

1929년 러그는 동료들과 함께 문제 또는 쟁점 중심 사회 교과서 시리즈를 출판하기 시작했다. 1939년까지 10년 동안 러그의 교과서 시리즈는 131만 8천 권, 워크북은 268만 7천 권 정도 판매되었다. 이 교과서는 20세기 교실 수업에 사용된 쟁점 중심 사회과 교재를 대표하고, 세계 여러 나라에서 주목을 받았다. 러그의 문제 중심 교과서는 학생이 시민으로서 직면하게 될 현재의 문제와 삶의 방식을 제시하고, 그와 관련된 에피소드, 핵심 개념, 일반화 기능의 연습, 활동을 통한 배움(learning by doing)으로 조직되었다(Evans, 2004: 60-61).

러그의 문제 중심 사회 교과서는 기존의 학문 중심 사회과 교육과정에 현재의 문제 또는 쟁점을 도입하게 만들었으며, 사회과에서 사회문제 또는 '쟁점 중심 통합 교육과정'을 확립하는 데 기여했다. 사회과교육에 대한 러그의 영향력은 매우 광범위했고 오늘날까지 사회과에서 진보적인 혁신을 이룬 중요한 지점으로 남아 있다(Evans, 2004: 52, 65).

하지만 미·소 냉전 시대가 지속되면서 반공주의 분위기에 편승하여 보수 진영은 러그의 사회 교과서처럼 진보적인 사회과가 사회주의 이념을 주입하고 있다는 '색깔론'으로 공격했다. 진보적인 사회과는 학생이 사회문제의 해결 과정에 참여하게 함으로써 '꼬마 사회주의자'를 양성한다고 비난했다. 이런 이념적인 공격 속에서 일부 우익 단체들은 학교 교육을 정화한다는 미명 하에 사회주의 교재와 교사들을 색출하겠다고 나섰다. 러그의 교과서가 미국 사회의 어두운 문제를 공론화시키고 기존 사회 제도의 문제점을 드러냈기 때문에, 보수 정치권과 기득권 세력이 위협감을 느끼게 되었다. 보수 집단과 언론은 러그를 반자본주의자로 공격했으며 연방수사국(FBI)이 감시하기도 했다. 그 결과 러그의 사회 교과서는 판매가 어렵게 되었다.

또한 전쟁의 혼란을 틈타 보수주의 진영은 언론을 이용해 쟁점 중심 사회 교과서에 대해 이념적인 공격을 퍼부었다. 보수 역사학자들은 뉴욕 타임즈에 "공립학교에서 미국사를 충분히 가르치지 않았으며, 그래서 젊은이들이 미국사를 너무 모르고 애국심과 국가 통합을 약화시켰다"고 비난하는 글을 기고했다. 이 기사는 미국사 교육에 대한 논쟁을 불러 일으켰다.

이에 미국사회과협회는 특별위원회를 구성해 공립학교와 대학교의 미국사 교육 현황을 조사한 후 보고서로 발간했다. 이 보고서에 의하면, 초·중등학교에서 미국사를 모두 가르치고 있으며, 특히 초등학교와 중학교 학생은 100% 미국사를 배우는 것으로 조사되었다. 또한 미국 사람들은 충분한 정도로 미국 역사를 알고 있는 것으로 나타났다. 이 보고서가 발행되면서, 사회과에 대한 보주 진영의 공격은 찻잔 속의 태풍에 그쳤고, 미국사 논쟁은 일시적으로 잠잠해졌다(Evans, 2004: 92-93).

다른 한편 1930~50년대에 통합, 상관관계, 융합, 중핵 등 다양한 형태의 통합 교육과정이 시도되었다. 그중에 중핵 교육과정이 가장 일반적인 용어였다. 영어 또는 사회과를 중심에 두고 과학, 예술 등 여러 과목을 통합하는 교육과정이 시도되었다. 이런 통합 방식을 **'중핵 교육과정'**(core curriculum)이라 부른다. 미 교육부의 조사에 의하면, 1949년에 학생 500명 이상 중학교의 20%와 고등학교 11.3%가 중핵 교육과정을 개발했다. 영어와 사회과가 중핵 교과목의 72.7%를 구성할 정도로 중핵 교육과정의 중심을 차지했다(Evans, 2004: 106).

4) 신사회과 운동 시기 : 1960~70s

1940~50년대 전쟁과 냉전의 혼란 속에서 보수 진영은 학교 교육이 황폐화 되었다고 비난하면서, 전통적인 학문의 지식 교육으로 돌아가고 역사를 사회과의 핵심 내용으로 해야 한다고 주장했다. 보수 진영의 비난과 주장은 소련의 스푸트니크 발사(1957) 이후 학문 중심 교육과정 개혁 운동으로 이어졌다.

냉전체제에서 위협감을 느낀 미국은 1958년 교육을 국가 방어의 수단으로 삼는 '국방교육법'(NDEA)을 제정하였고, 수학, 과학, 외국어 교육과정을 개혁하는 데 연방 정부가 많은 재정을 지원했다. 브루너(J. Bruner)의 「교육의 과정」에 기초해 여러 기관에서 각 '학문의 구조'를 '탐구'하는 **'학문 중심 교육과정'**을 개발하기 시작했다.

이런 상황에서 수학과 과학처럼 사회과학자가 탐구하는 방식을 가르치는 사회과 교육과정을 개발해야 한다는 요구가 증가하였다. 그에 따라 1962년 미 교육부는 사회과교육의 활성화, 수업 개선 등을 공모하는 '사회과 프로젝트'를 발표했다. 여러 대학에서 12개의 사회과 프로젝트 센터를 설립했고, 캘리포니아주 교육청은 8개 사회과학의 일반화 지식을 종합하여 새로운 교육과정안을 개발했다. 교육부의 지원을 받아서 1965년 하버드 대학교 교육개발센터에서 개발한 'MACOS'(Man: A Course of Study)가 학문 중심 사회과 교육과정으로 유명하다. 'MACOS는 연어, 원숭이, 갈매기, 부시맨, 에스키모 주제에 대해 인류학, 사회학, 지리학, 경제학 등의 지식과 연계하여 구성하고, 다양한 사례와 관련 질문을 제시하여 학생이 문제를 조사하고 결론을 도출하는 '탐구 학습'으로 조직되었다(Evans, 2004: 126).

그 후 1965년 4월 '사회 교육'에 E. Fenton & J. Good가 사회과 교육과정 개혁 프로젝트를 요약하면서 **'신사회과'**(the new social studies)라는 용어를 공식적으로 처음 사용했다(Evans, 2004: 126). 그들은 40개 이상의 사회과 교육과정 프로젝트를 검토한 후 신사회과의 특징을 다음과 같이 요약했다(Fenton & Good, 1965: 207-208).

- 개별 **'학문의 구조'**와 핵심 개념의 추출
- '발견' 또는 귀납적 교수·학습 방법
- 역사학자와 사회과학자의 **'탐구 모델'**의 활용
- 과거의 역사, 지리 공민 과목 대신에 **'사회과학의 교육'**
- 다양한 자료의 활용과 교사가 참여하는 **'탐구 수업'**

그러나 사회과학과 발견 학습 중심의 교육과정 개혁에 대해 사회과 내부에서 비판이 제기되었다. B. G. Massialas는 신사회과 프로젝트가 학습의 경험적·인지적 차원에만 초점을 맞추고, '규범적·정의적 요소'를 무시했다고 비판했다. J. P. Shaver는 신사회과 프로젝트가 너무 '학자 중심의 교육'에 치우쳐서 시민성을 교육하는 사회과교육의 기본적 이유를 망각했다고 비판했다. 요약하면, 신사회과 교육과정은 시민이 겪는 사회 쟁점 및 그에 대한 질문을 빠트렸고, 개별 학문 중심 교육과정이나 교과서는 학제적 교육과정의 가능성을 약화시켰다(Evans, 2004: 128-129).

그에 따라 신사회과 운동이 유행하던 시기에 다른 한편에서 시민성 교육을 위해 **'쟁점 중심 접근법'**(issues-centered approach)에 따라 사회과 교육과정을 조직하려는 시도가 이루어졌다. 1960년대 쟁점 중심 사회과의 가장 대표적인 사례는 D. W. Oliver, J. P. Shaver, F. M. Newmann 등이 개발한 **'하버드 사회과 프로젝트'**이다. 1966년 Oliver &. Shaver가 출판한 「고등학교에서 공공쟁점의 교수」는 집단 갈등, 안전, 복지 등 6가지 문제와 관련된 쟁점을 제시하고, 그와 유사한 역사적 사례와 비교하는 '유추'(analogy)의 방법을 통해 학생이 쟁점을 조사하고 해결하는 과정에서 자기 입장을 확인하는 것을 목표로 했다. 그들은 쟁점의 선정에서 출발해 관련 자료를 수집하여 쟁점을 해결하는 내용으로 사회과 교육과정을 조직할 것을 제안했다. 인간 존엄, 자유 같은 기본적 가치는 헌법 등에서 찾을 수 있고, 그런 헌법의 기본적 가치에 근거해 쟁점을 해결하는 방법을 제시했다. 이런 쟁점 해결 방법을 **'법리 모형'**(jurisprudential approach)이라고 불렀다(Evans, 2004: 132-134).

그 외에 S. A. Engle은 '의사결정: 사회과교육의 핵심'(1960)이란 논문에서 사회과의 목적은 민주 시민에게 필요한 의사결정력을 기르는 것이고 사회과학적 지식을 선택적으로 추출해 제공해야 한다고 주장했다. B. G. Massialas & C. B. Cox는 「사회과에서 탐구」(1966)에서 탐구 학습의 개념을 사회문제의 해결 방법을 가르치는 데 적용했다. R. Barr, J. L. Barth, S. S. Shermis는 「사회과의 본성」(1978)에서 사회과는 **시민성**을 교육하기 위해 사회과학과 인문학을 통합한 것이라고 정의하고, 시민성 교육을 위하여 사회문제나 쟁점을 조사하고 합리적으로 의사결정하는 과정을 가르치는 사회과를 지지했다.

이처럼 연방 정부와 재단이 학문의 구조와 탐구 중심의 사회과 교육과정을 개발하는 데 막대한 재정을 투입해서 새로운 사회 교과서가 많이 개발되었다. 하지만 신사회과는 실제 교실 수업에 정착되지 못했다. 또한 쟁점 중심 접근과 쟁점 중심 사회 교과서도 학교 현장에서 널리 활용되지 못했다. 쟁점 중심 접근이 이론적으로 충분하게 정립되지 않았고, 또한 교사들이 쟁점 중심 사회과 수업을 할 수 있는 역량을 갖추지 못했기 때문이었다.

그래서 1970년대 중반 초·중등학교의 사회과 교육과정을 조사한 결과에 따르면, 40여 개의 신사회과 교육과정과 교과서가 개발되었지만 여전히 학교 현장에서 사회과는 역사, 지리, 정부론 같은 전통적인 과목을 중심으로 구성되었고, 많은 교사들이 전통적인 지식을 전달하는 방식으로 수업하는 것으로 나타났다(Evans, 2004: 139-140).

5) 보수주의 부활과 표준 기반 개혁 시기 : 1980~2000s

1970년대 석유 파동과 경제 침체 등으로 사회 전반에 보수화가 진행되었다. 신보수 진영(New Rights)은 시장경제의 논리에 따라 연방 정부의 역할을 축소하고 교육에서 '선택의 자유와 다양화'를 보장해야 한다고 주장했다. 이들은 보수 신문과 방송을 이용해 학력의 저하, 교육의 하향 평준화 같은 공교육의 문제를 부각시키면서, 자유 시장경제의 논리를 전파했다. 신보수 진영은 신사회과 운동의 탐구 학습이나 진보주의의 쟁점 중심 수업이 학생들을 혼란에 빠뜨린다고 공격했으며, 역사, 지리, 공민 과목으로 분리해 가르쳐야 한다고 주장했다. 나아가 탐구 또는 쟁점 중심 교과서의 사용 금지 운동을 전개했다.

신보수주의 교육 개혁은 '기초 복귀 운동'(back-to-basics)으로 나타났다. 신보수주의자들은 신사회과 또는 쟁점 중심 사회과가 기본적 지식을 무시했고, 그래서 학생의 학력과 기초 문해력을 떨어뜨렸다고 비난하면서, 기초 지식과 능력(3Rs)의 교육을 주장했다. 탐구 학습이나 문제 중심 사회과는 학생이 자기 생각을 영어로 세 문장 이상 쓰지 못하게 만들었다고 과장해서 공격했다. 신보수 진영의 공격과 주장은 신문과 방송을 통해 확산되면서 대중의 관심을 끌었다. 언론과 여론에 힘입어 기초 복귀 운동이 유행하면서, 1980년 미국사회과협회도 '사회과의 본질' 성명서에서 사회적 효율성과 비판적 사고를 결합함으로써 사회과의 새로운 방향을 제시하고자 했다. 이 보고서는 기초 지식과 기능에 대한 관심은 타당하다고 인정했고, 각 학문의 전통적 지식에 초점을 맞추고 민주적 가치를 주입하는 것에 우선권을 부여했다(Evans, 2004: 151).

이런 보수화의 흐름 속에서 1983년 '위기에 처한 국가'(A Nation at Risk) 보고서가 출간되었다. 이 보고서는 학교 교육의 하향 평준화로 인해 미국의 국제 경쟁력이 하락했고, 경제, 과학, 기술이 추월당하면서 미국이 위기에 처했다고 주장했고, 인간을 자원으로 보는 경제 논리로 교육에 접근하여 인적 자원의 개발과 수월성의 교육을 강조했다. 이 주장을 언론이 자극적 표현으로 보도하면서 여론을 부추겼다. 이런 허구의 사실과 국가 위기설에 기초하여 신보수 진영은 기초 복귀 운동, 수월성 추구, 역사 과목의 부활 등을 주장했고, 그들의 주장이 언론을 통해 널리 홍보되면서 표준 기반 교육 개혁을 이끌었다(Evans, 2004: 171-175).

이 보고서로 촉발된 **'표준 기반 개혁'**(standards-based reform) 운동은 1994년 클린턴 정부에서 '목표 2000: 미국을 교육하라'(Goals 2000: Educate America Act) 법의 제정으로 이어졌다. 이 법은 교육 개혁을 위한 국가적 기본틀을 제공하고 학생의 교육 성취도 수준을 향상시키는 것을 목표로 했다. 학교의 목표는 2000년까지 고등학교 졸업률을 90% 이상으로 높이고, 모든 학생이 영어, 수학, 과학, 공민, 경제, 역사, 지리 과목에서 충분한 역량을 갖추도록 하는 것이다. 그런데 이 법은 '사회과'를 학업 성취도 평가 과목으로 제시하지 않았고, 대신에 공민, 역사, 지리 과목을 '분과 형태'로 제시했다. 또한 각 주에서 교육과정 표준을 만들거나 연방 정부에서 제시한 교육과정 표준을 선택할 수 있도록 허용했다.

이 법에 따라 교육부는 정부 차원의 교육과정 표준을 개발하고자 했다. 이 시기에 교육부의 재정을 지원받아 공민/정부론, 지리, 역사 과목의 교육과정 표준이 개발되었다(Evans, 2004: 168-171). '공민/정부론 국가 표준'(the National Standards for Civics and Government)은 시민교육센터에 의해 개발되었고, 1995년 출판되었다. 이 표준은 학생이 시민 생활, 미국의 정치체제, 시민의 역할과 관련된 개념들을 '탐구'하는 5개 질문들로 조직되었다. '지리 국가 표준'은 삶을 위한 지리(Geography for Life: National Geography Standards)로 출판되었다. 이 표준은 초·중·고등학교별로 가르칠 수 있는 18개의 지리 교육과정 표준, 지리적 기능, 학생의 성취기준을 제시했다.

이런 표준 기반 개혁의 흐름에 대응하여, NCSS는 사회과에 대한 합의된 개념을 새로 정의하고 독자적인 교육과정 표준을 개발하고자 시도했다. 이미 '표준 기반 개혁'과 '고부담시험'이 미래의 흐름이었고, 이 흐름에 참여하지 않으면 협회와 사회과의 생존 가능성에 심각한 결과를 가져올 것으로 생각했기 때문이다.

그에 따라 NCSS는 다양한 사회 과목들에서 교육내용을 추출해 통합된 교육과정 표준을 개발하고자 했다(Evans, 2004: 164). 1992년 NCSS 이사회는 회원 및 전문가의 자문 의견을 거쳐서 사회과의 새로운 개념을 제시하고, 특별기획팀을 구성하여 「**수월성의 기대: 사회과 교육과정 표준**」(Expectation of Excellence: Curriculum Standards for Social Studies)(1994)을 출판했다. 이 교육과정 표준은 사회과를 **'시민 역량'**을 신장시키기 위해 사회과학과 인문학을 통합한 교과로 정의했고, 기본 목적은 젊은이들이 민주 시민으로서 공공선을 위해 합리적인 의사결정 능력을 개발하도록 도와주는 것이라고 제시했다. 그리고 교육내용을 Ⅰ. 문화, Ⅱ. 시간·연속성·변화, Ⅲ. 인간·장소·환경, Ⅳ. 개인의 발달과 정체성, Ⅴ. 개인·집단·제도, Ⅵ. 권력·권위·거버넌스, Ⅶ. 생산·분배·소비, Ⅷ. 과학·기술·사회, Ⅸ. 글로벌 연결, Ⅹ. 시민의 이상과 실천 10개 주제 스트랜드를 중심으로 통합적으로 구성하도록 제안했다(NCSS, 1994).

NCSS가 개발한 '사회과 교육과정 표준'은 연방 정부가 권고한 공민/정부론, 지리, 역사 과목의 교육과정 표준보다 여러 주에서 더 많이 채택되었다. 1996~1997년 각 주의 교육과정 표준을 조사한 결과에 의하면, 31개 주에서 NCSS의 사회과 교육과정 표준을 채택했다. 위스콘신주는 주제를 일부 바꾸어 사용했고, 하와이, 아이다호 주는 내용을 일부 수정하여 사용했다(김영석, 2021: 64).

사회과가 방향을 잃고 표류하는 동안 보수적인 사회 분위기에 편승하여 **'전통 역사의 부활'**(the revival of traditional history) 운동이 일어났다. 1980년대 래비치(D. Ravitch) 같은 역사학자는 탐구와 문제 중심 사회과가 역사적 사실에 대한 학습을 소홀히 했고, 그로 인해 학생들이 미국 역사의 기본적 사실도 모른다고 비난했다. 그러면서 역사, 지리 과목 중심의 사회과교육으로 되돌아가야 한다고 주장했다. 이러한 역사학자의 주장은 주요 신문을 통해 보도되면서 역사 과목을 부활해야 한다는 여론을 조성했다(Evans, 2004: 154-157).

다른 한편 지리와 역사 과목의 부활로 분과 형태의 사회과교육이 주류를 이루는 가운데 일부에서 **'쟁점 중심 접근법'**(issues-centered approach)으로 사회과교육을 시도한 학자들이 있었다. S. H. Engle & A. S. Ochoa는 「민주 시민성을 위한 교육: 사회과의 의사결정」(1988)에서, J. A. Banks는 「사회과의 교수 전략」(1990)에서, R. M. Woolever & K. P. Scott은 「인지적·사회적 성장을 증진하는 사회과의 능동적 학습」(1988)에서 사회문제를 합리적으로 해결하는 의사결정력을 개발하는 사회과 모형을 제시했다. 그리고 J. A. Williams는 「갈등의 교실」(1994)을, W. Ross는 「사회과 교육과정」(1997)을, NCSS는 「사회적 쟁점의 교수를 위한 핸드북」(1996)에서 쟁점 중심 사회과교육을 제안했다.

'목표 2000'(1994)으로 추진된 '표준 기반 개혁'과 교육과정 표준에 의거한 학업 성취도 평가는 학교 예산 지원, 교사 보수, 학교장 교체 등 학교와 교사에게 직접적으로 큰 부담을 주었다. 그렇기 때문에 표준에 의거한 학업성취도 평가를 **'고부담 시험'**(high-stakes testing)이라고 불렀다. '목표 2000' 법의 취지와 달리, 표준 기반 개혁과 고부담 시험은 학교 현장에서 많은 부작용을 낳았기 때문에, 교사와 학부모 단체, 일반 대중들 사이에서 반대 운동이 일어났다(Evans, 2004: 169-170).

시기	정부 / 주	NCSS / 교육단체
1980s 1990s	• **'위기에 처한 국가' 보고서**(1983) - 수월성 추구 / 역사 과목 부활 • **신보수주의 교육 개혁 운동** (1980~90s) **[표준 기반 개혁 운동]** (1990~2000s) • **'목표 2000 법'(Goal 2000)** (1994) - 표준 기반 개혁 : 국가 교육과정 표준의 채택 - 고부담 시험	• **전통 역사 부활 운동**(1980~90s) • NCSS, **'사회과 교육과정 표준' 개발**(1994) - 10개 주제 스트랜드 중심 통합 • CCE, **'공민/정부론 국가 표준'** 개발(1995) • GESP, **'지리 국가 표준'** 개발(1995)
2000s	• **아동낙오방지법(NCLB)** (2002) - 2014년 학생 100% 능숙함 달성 - 주 정부의 교육과정 표준 개발 - 고부담 시험 및 제재의 강화	

표준 기반 개혁은 2002년 1월 부시 정부에서 '아동낙오방지법'(No Child Left Behind Act)이 제정되면서 더 강화되었다. NCLB는 2014년까지 모든 학생이 읽기와 수학 과목에서 100% '능숙함' 수준에 도달하는 것을 목표로 세웠다. 그리고 3~8학년은 매년 그리고 고등학생은 3년간 1회 읽기와 수학 과목의 학업 성취도 평가를 실시했다. 이 시험에서 학생이 '연간 적정한 성적 향상'(AYP)을 달성하지 못하면, 해당 학교의 예산 축소나 학교장 교체 등의 제재를 부과할 수 있도록 목표 2000 법보다 제재를 더 강화했다.

고부담 시험의 성적을 기반으로 학교를 평가하고 제재를 가하는 정책은 학생들의 성적을 어느 정도 향상시켰지만, 지역·인종·계층 간 학습 격차를 줄이지 못했고, 오히려 많은 부작용을 낳았다. 경험적 연구결과에 의하면, 가장 심각한 부작용은 내용 지식을 암기시키는 '시험 대비 수업'(teaching to the test)

이 급증했고, 많은 공립학교에서 고부담 시험을 치지 않는 사회, 예체능 과목의 수업 시수가 줄었다는 점이다. 그 이유는 학교 평가에 직접 영향을 미치는 주 학업 성취도 평가가 주로 지식을 측정했기 때문이다(김지현, 2021: 77-78). 2007년 교육정책센터의 조사에 의하면, NCLB의 고부담 시험에 읽기, 수학, 과학 과목만 포함되면서 전국 350개 교육구의 44%에서 사회 과목의 시수가 줄어든 것으로 나타났다(김영석, 2021: 65-66).

두 번째 부작용은 교사들이 시험 성적을 높일 수 있는 학생들을 집중해 가르치게 되었다는 것이다. 이런 현상은 주 학업 성취도 평가에서 학생들과 학교가 좋은 결과를 얻기 위한 현실적인 방안이었다. 세 번째로 많은 학교에서 성적이 낮은 학생을 학업 성취도 시험에서 제외시키는 비교육적인 행태가 나타났다. 또한 일부 학교에서는 교사들이 학생의 답안지를 수정하는 등 성적 조작이 발생하기도 했다.

6) '공통 핵심 표준' 개혁 시기 : 2010년대 이후

NCLB에 의거한 교육과정 표준의 채택과 고부담 시험의 강제에도 불구하고, 학생의 학업 성취도는 향상되지 않았다. 또한 2014년까지 모든 학생이 읽기와 수학에서 '능숙함' 수준에 도달한다는 목표는 현실적으로 달성하기 어려웠다. 이런 고부담 시험의 부작용과 반대 운동으로 인해 2007년 의회는 NCLB를 재인가하지 않았다.

그래서 2009년 오바마 정부는 과도기적으로 '정상을 향한 경주'와 'NCLB 면책 부여' 정책을 추진했다. 고부담 시험과 교사 평가를 연계하고 공통 핵심 표준 교육과정을 채택할 경우에, NCLB의 요구조건을 면제해주고 연방 보조금을 지급하는 정책을 시행했다. 그 결과 46개 주에서 공통 핵심 표준을 채택했는데, 그 후 5개 주에서 공통 핵심 표준을 철회했으며, 12개 주가 폐지하는 법안을 도입하였다. 2021년 4월 기준 36개 주에서 공통 핵심 표준을 채택했다.

이 정책에 참여하면서 주지사협회와 주교육감협회에서 전국적으로 통일된 교육과정의 표준을 마련하자는 의견을 제시했다. 그에 따라 2010년 대학과 직업 준비에 필요한 '공통 핵심 표준'(Common Core State Standards: CCSS) 교육과정을 개발했다.[2] 이 공통 핵심 표준은 유치원부터 고등학교(K-12)까지 학년 별로 제시하였고, 영어와 수학 과목에서 대학 및 직업 준비에 필요한 핵심 아이디어, 지식과 기능을 상세하게 제시했다. 영어 과목의 공통 핵심 표준은 '역사/사회과, 과학, 기술 과목에서 리터러시'를 신장할 수 있는 읽기와 쓰기 표준을 함께 제시했다.

공통 핵심 표준에 대응하기 위해 미국사회과협회는 1994년 제시했던 사회과 교육과정 표준을 개정하여 국가 수준의 '사회과 국가 교육과정 표준'(The *National* Curriculum Standards for Social Studies)을 2010년 다시 출판했다. 이 NCSFSS는 1994년 제시했던 10개 주제를 중심으로 사회과의 내용 표준을 향상시키기 위한 가이드 라인을 제공했다. 학습 기대 요소는 사회과의 '목적', '탐구 위한 질문', 학생이 이해해야 할 '지식', 학생이 무엇을 어떻게 이해했는지를 보여주는 '학습 결과물'에 초점을 맞추었다. 이 학습 기대 요소는 초·중·고등학교별로 학생이 학습의 결과로 보여주어야 할 지식, 지적 과정, 민주적 가치와 성향을 제시했다. NCSFSS에서 제시한 10개 주제, 학습 결과물은 교사가 사회과 수업에서 무엇을 어떻게 가르쳐야 하는가를 설계하는 아이디어와 구체적 사항을 제공해주었다.

그 후 미국사회과협회는 대학·직업 위한 공통 핵심 표준 운동에 대응하고 사회과교육을 더 발전시키기 위하여 3년 동안 지리, 역사, 경제, 시민교육, 법 등 14개 전문가 단체와 협력하여 '사회과 표준 위한 대학·직업·시민 생활 프레임워크'(The College, Career, and Civic Life (C3) Framework for Social Studies State Standards)를 개발하여 2013년 출판했다.

이 '대학·직업·시민 생활 프레임워크'(C3 Framework)[3]는 '탐구 기반 사

2) 미국에서는 '공통 핵심 표준'을 줄여서 'Common Core'로 부르고, 표준 교육과정을 설명하는 책 제목은 'The Common Core Mathematics' 형태로 사용된다.

회과' 교육을 구체화하기 위해 '학제적 개념'을 통해 사회과 교육과정 표준을 개발하려는 노력의 산물이었다. 이 C3 Framework는 영어 과목과 역사/사회과의 리터러시의 공통 핵심 표준에 부합하는 사회과 학습을 증진하기 위해 설계되었다. 공통 핵심 표준과 마찬가지로, C3 Framework는 대학과 직업 생활에 필요한 역량으로서 사회과학 관련 전공에서 대학 수준의 연구에 필요한 학문적 활동과 리터러시 그리고 직장 생활에서 필요한 비판적 사고력, 문제 해결력, 협력 기능을 포함한다.

C3 Framework는 4개의 핵심 과목(공민, 경제, 지리, 역사) 지식의 구조와 도구를 포함하고, 학생이 사회과의 내용을 배우는 방식을 구성하는 **'탐구 구조'**에 중점을 두었다. 탐구는 학생이 (1) 질문을 제기하고 탐구를 계획하고, (2) 과목의 개념과 도구를 적용하고, (3) 자료/증거를 수집·평가·활용하고, (4) 결론에 대해 소통하기 위해 협력적으로 활동하고, 자료에 근거한 행동을 수행할 때, 공민, 경제, 지리, 역사 과목의 지식을 활용하도록 요구한다.

C3 Framework는 4가지 차원의 탐구 구조로 조직된다(NCSS, 2013: 12).

차원1(D1): 질문의 개발과 탐구의 계획	차원2(D2): 교과의 개념과 도구의 적용	차원3(D3): 자료의 평가와 증거의 활용	차원4(D4): 결론의 소통과 자료 기반 행동
• 질문 개발하기 • 탐구 계획하기	• 공민 • 경제 • 지리 • 역사	• 자료 수집하기 • 자료 평가하기	• 결론에 대해 소통하고 비판하기
		• 주장 전개하기 • 증거 활용하기	• 자료에 근거해 행동하기

C3 Framework는 두 번째 차원(D2)에서 공민, 경제, 지리, 역사 과목의 4개 하위영역에서 가르쳐야 할 기본적 내용과 기능 요소를 다음과 같이 제시했다(NCSS, 2013: 12-13).

3) NCSS가 개발한 '사회과 표준을 위한 대학·직업·시민 생활 프레임워크'(2013)는 간략히 줄여 **'C3 Framework'** 약어로 사용된다.

▌과목의 개념과 도구의 적용▐

공민(Civics)	경제(Economics)	지리(Geography)	역사(History)
공공 제도와 정치제도	경제적 의사결정	지리적 재현: 세계에 대한 공간적 관점	변화, 연속성, 맥락
시민 참여와 심의: 시민 덕목과 민주주의 원리의 적용	거래소와 시장	인간-환경의 상호작용: 장소, 지역, 문화	관점
과정, 규칙, 법률	국민 경제	인구: 공간적 패턴과 이동	역사적 자료와 증거
	세계 경제	글로벌 상호 연결: 공간적 패턴의 변화	인과관계와 논증

각 과목의 영역 안에는 12학년을 졸업할 때 대학, 직업, 시민 생활을 위한 준비도를 알려 주는 지표가 제시되었다. 이 지표에는 학생이 어떻게 과목의 개념과 기능에 대한 능숙함을 개발할 수 있는지에 대한 경로가 학년별로 제시되었다. 이 지표와 경로는 2, 5, 8, 12학년이 끝날 때, 각 과목의 개념과 기능에 대한 이해와 함께 학생이 도달해야 할 '능숙함'의 정도를 제시했다.

'공민'(Civics) 과목은 시민이 사회와 정치과정에 어떻게 참여하는가와 관련된 지식과 기능으로 조직된다. 민주 사회에서 시민의 참여는 민주주의의 역사, 원리, 토대 등에 관한 '지식'과 민주주의 과정에 참여할 '능력'을 필요로 하기 때문이다. 공민 과목에서 '차원 2: 시민 참여와 심의' 대학·직업·시민 생활 준비를 위한 '학년별 경로'(K-12 Pathway)를 제시하면 다음과 같다(NCSS, 2013: 33).

2학년 끝날 때	5학년 끝날 때	8학년 끝날 때	12학년 끝날 때
개인적으로 그리고 다른 사람들과 함께, 학생이 …			
D2. Civ.7. K-2 학교 환경에 참여할 때 시민 덕목을 적용한다.	D2. Civ.7. 3-5 학교 환경에 시민 덕목과 민주주의 원리를 적용한다.	D2. Civ.7. 6-8 학교와 공동체 환경에 시민 덕목과 민주주의 원리를 적용한다.	D2. Civ.7. 9-12 다른 사람과 함께 일할 때, 시민 덕목과 민주주의 원리를 적용한다.
D2. Civ.8. K-2 평등, 공정성, 정당한 권위와 규칙의 존중 같은 민주주의 원리를 기술한다.	D2. Civ.8. 3-5 정부, 사회, 공동체를 주도하는 시민 덕목과 민주주의 원리를 파악한다.	D2. Civ.8. 6-8 미국의 건국 문서에 포함된 관념과 원리를 분석하고, 그것이 사회·정치 시스템에 어떻게 영향을 미치는지 설명한다.	D2. Civ.8. 9-12 시민 덕목과 민주주의의 원리를 법제화하는 사회·정치 시스템을 다른 맥락, 시대, 장소별로 평가한다.
D2. Civ.9. K-2 집단에서 아이디어를 말하고 의사결정할 때, 타인에게 반응하며 토론의 규칙을 지킨다.	D2. Civ.9. 3-5 집단에서 의사결정이나 판단할 때, 심의 과정을 활용한다.	D2. Civ.9. 6-8 다양한 환경에서 여러 집단들에 의해 사용된 심의 과정을 비교한다.	D2. Civ.9. 9-12 다양한 환경에서 적절한 심의 과정을 활용한다.
D2. Civ.10. K-2 자신의 관점과 타인의 관점을 비교한다.	D2. Civ.10. 3-5 공공 쟁점에 대한 자신과 타인의 관점에 기초가 되는 신념, 경험, 관점, 가치를 파악한다.	D2. Civ.10. 6-8 사람들이 정부와 시민 사회의 문제와 쟁점을 말할 때, 개인적 이해관계 및 관점, 시민 덕목, 민주주의 원리와의 관련성을 설명한다.	D2. Civ.10. 9-12 시민 덕목, 민주주의의 원리, 헌법상 권리, 인권을 적용할 때, 개인적 이해관계와 관점이 미치는 영향과 역할을 분석한다.

하지만 연방 보조금과 NCLB의 면책 권한을 빌미로, 연방 정부가 각 주와 교육구의 교육정책 결정에 과도하게 개입해서 수정 헌법 제10조를 위반했다는 비판이 제기되었다. 고부담 시험과 교사 평가를 연계하는 정책에 대해 교사 단체들의 반발이 심해졌다. 2015년 뉴욕주에서 20% 정도의 학생이 주 학업 성취도 평가에 참여하지 않는 등 학부모와 학생들이 고부담 시험을 거부하는 '시험 불참 운동'(opt-out movement)이 전국적으로 확산되었다. 이러한 반대 여론과 시험 불참 운동의 영향으로, 연방 정부와 교육부장관의 개입을 축소하고 대신에 각 주와 교육구에 교육정책의 결정 권한을 더 부여함으로써 부작용을 줄일 필요가 있었다.

이런 사회적 필요에 따라 민주당과 공화당이 합의하여 2015년 12월 '모든 학생 성공법'(Every Student Succeed Act: ESSA)을 제정했다. NCLB와 달리, ESSA는 모든 학생이 대학과 직업에서 성공하도록 높은 학문적 표준을 배우고, 매년 주 학업 성취도 평가를 통해 중요한 교육 정보를 교육자·학생과 학부모·지역사회에 제공하며, 학생의 성취도에 향상이 없거나 졸업률이 낮은 학교에 긍정적 변화를 이루기 위한 정부의 책임과 투자를 확대하도록 규정했다.

NCLB와 달라진 ESSA의 주요 내용을 살펴보면, 고부담 시험의 대상, 과목, 횟수는 동일하지만 시험의 방식과 시기는 주에서 자율적으로 정하도록 허용했다. 연방 정부는 중립을 지키고, 각 주가 공통 핵심 표준 교육과정을 자율적으로 채택하고, 성적 향상의 책무를 주에 일임했다. 그리고 평가 하위 5%, 고등학교 졸업률이 67% 미만, 소수 인종의 성적이 목표에 미달된 학교를 집중 관리하며 지원하도록 했다.

시기	정부 / 주	NCSS / 교육단체
2010s	• **'공통 핵심 표준'(CCSS) 정책** (2010) - 대학, 직업 준비 위한 교육과정 표준 개발 - 고부담 시험과 교사 평가의 연계 • **모든 학생 성공법(ESSA) 제정** (2015) - 각 주가 공통 핵심 표준 교육과정 및 고부담 시험 방식을 자율적으로 결정 - 성적 향상도가 낮은 학교에 대한 관리와 지원의 강화	• NCSS, **'사회과 국가 교육과정 표준' 개정**(2010) • NCSS, 'C3 Framework' 개발(2013) - 탐구 기반 사회과 - 학제적 통합과 적용 - 민주적 의사결정 기능과 실천

2. 한국 사회과의 발전 과정

우리나라에서 사회과는 1945년 광복 이후 미군정청이 사회생활과 교수 요목을 만들면서 공식적으로 시작되었다. 그 후 사회과 교육과정은 사회과의 본질이나 철학 같은 내적 요인보다는 외부의 정권 변화에 따라 '국가 주도'로 자주 변경되었다. 권위주의 정권 시기에는 정권의 요구에 따라 '국가주의 요소'를 반영하기 위해 교육과정 총론을 개정하였고, 그에 따라 사회과를 포함해 각 교과 교육과정이 개정되었다(강대현, 2021: 61-63, 96-102). 그다음 2007 개정 사회과 교육과정 이후에는 사회 변화와 미래 교육에 대응하기 위하여 개정되었다고 할 수 있다.

다른 한편 사회과의 교육목표로서 '**시민성의 원리**'와 내용 구성 방식으로서 '**통합성의 원리**'를 어떻게 반영하는가에 따라 사회과 교육과정이 다르게 변경되었다. 두 가지 원리가 사회과 교육과정에 구체적으로 어떻게 반영되는가는 개정 시기마다 다르다(이진석, 1995: 173-191).

사회과의 목표는 교수 요목기에서 제5차 사회과 교육과정까지 '국민'의 양성이었지만, 제6차 사회과 교육과정(1992)부터 '민주 시민'의 자질 육성으로 변경되었다. 그리고 사회과의 내용 구성은 일반사회, 지리, 역사, 도덕 영역 간의 갈등으로 '**통합** 또는 **분과**'가 반복되었다. 교수 요목기에는 '인생과 사회', '시사 문제' 과목을 통해, 제6차 사회과 교육과정부터 2009 개정 사회과 교육과정에서는 '공통사회' 과목을 통해, 2015~2022 개정 사회과 교육과정에서는 '통합사회' 과목을 통해 '통합 교육과정'을 구성하고자 했다. 하지만 최근 사회과의 선택 과목은 정치, 경제, 사회와 문화, 법과 사회, 한국 지리, 세계 지리, 한국사, 세계사, 동아시아사 등 '분과 학문' 형태로 분리되고 있다. 고교 학점제에 대비하여 2022 개정 사회과 교육과정에서 선택 과목은 더 세분화되었다.

여기서는 우리나라에서 사회과가 발전해 온 과정을 광복 이전 시기, 정부 수립 시기, 권위주의 정부 시기, 민주화 시기, 세계화·정보화·다문화 시기, 미래 사회 대응 시기로 구분해 살펴보고자 한다.

1) 광복 이전 시기

근대 이전의 전통사회에서는 주로 왕 또는 국가에 충성하고 전통적 윤리와 관습에 적응하는 사람을 기르기 위한 교육이 이루어졌다. 전통사회의 교육은 삼강오륜(三綱五倫) 같은 유교적 덕목과 윤리를 가르침으로써 기존 사회 질서를 지속시키려는 의도가 깔려있었다.

그러다가 19세기 후반 우리나라가 외국에 문호를 개방하면서, 외국 선교사에 의해 설립된 사립학교에서 처음으로 정치, 경제, 법률 같은 사회과학 그리고 세계사, 세계 지리 등 역사와 지리 과목을 가르쳤다. 학교 설립자의 배경과 일제의 탄압으로 인하여 근대 사립학교의 사회과는 주로 서구사회와 관련된 내용들로 구성되었다.

반면에 1910년 한일 병합 이후 일제는 교육령을 4차례 개정하면서 식민지교육을 강화하였다. 공립 소학교에서 가르쳐진 사회과는 역사와 지리, 수신과 공민 과목이었다. 당시 사회 관련 과목은 대부분 일본의 역사와 지리가 중심이 되었고, 황국 신민화를 위한 도구로 이용되었다.

2) 정부 수립 시기

1945년 8월 15일 우리나라는 광복을 맞았지만 곧바로 미군정의 신탁통치가 시작되었다. 미군정청 학무국은 1945년 9월 22일 '당면한 교육방침 결정'에서 조선의 국민학교는 9월 24일 개교한다고 결정했고, 국민학교에 편성된 사회 관련 과목과 수업 시간을 아래와 같이 공표했다. 또한 미군정청은 9월 30일 공·사립 중학교와 고등학교에서 가르칠 '중등학교 교과과정 결정'을 공표했는데, 그에 따르면 중등학교 사회과의 교육과정표는 다음과 같다.

❙ 국민학교 학과와 시수 ❙

학년	공민(公民)	지력(地歷)
1~3년	2	1
4년	2	1
5~6년	2	2
고등과	2	2

(매일신보, 1945.9.22.)

❙ 중등학교 교과과정표 ❙

학년	공민(公民)	역사·지리
1학년	22	33
2학년	22	33
3학년	22	43
4학년	22	43

(매일신보, 1945.9.30.)

그 후 미군정청은 1946년 9월 '중학교 교수 요목'을 공표하면서, 중학교 교육과정에 공민, 지리, 역사를 통합하여 **'사회생활과'**를 신설하였다. 교수 요목기(1946~1955) 의 사회생활과는 민주주의의 확립과 시민교육의 필요에 따라 미국 콜로라도 덴버시의 사회과 교육과정을 토대로 편성되었다. 사회생활과는 "민주주의 국가의 성실 유능한 **'국민'**이 되게 함"을 목적으로 했다.

> **Ⅰ. 중학교 사회생활과의 목적**
>
> 중학교 사회생활과는 사람과 자연환경 및 사회환경과의 관계를 밝게 인식시켜, 올바른 사회생활을 체득하게 함으로써, 민주주의 국가의 성실 유능한 국민이 되게 함을 목적으로 함.
>
> (교수요목집(12) 중학교 사회생활과, 1948: 2)

초등학교 사회생활과는 **'환경 확대법'**에 따라 가정과 학교, 고장, 지역, 우리나라, 다른 나라의 생활 모습을 학년별로 공간의 범위를 확장하며 조직했다. 중(등)학교 사회생활과는 지리, 역사, 공민 영역으로 분과 형태로 편성했다. 공민 영역은 '공민 생활 Ⅰ~Ⅲ', '정치 문제', '경제 문제'로 구성되고, 6학년에 공통 영역으로 '시사 문제'를 편성하였다. '공민 생활 Ⅰ'은 공동생활, 가정과 사회생활, 학교와 사회생활, 고장과 사회생활, 시골과 도시 생활, 보건과 위생, 휴양과 운동경기 등 사회생활의 적응에 초점을 맞추어 **'생활 중심 교육과정'**으로 구성하였다(교수요목집(12), 1948: 76-82).

반면에 과목 명칭과 달리, '정치 문제' 과목은 정치, 국가, 선거와 정당, 국가기관, 지방자치제도 등 정치학의 지식으로 구성했고, '경제 문제' 과목은 경제체제, 생산과 기업, 노동, 상품, 물가, 무역 등 경제학의 지식 중심으로 구성되었다(교수요목집(12), 1948: 76-82, 95-96).

❙ 교수 요목기 국민학교 '사회생활과'의 편제 ❙

학년	사회생활과	시수	학년	사회생활과	시수
1	**가정과 학교**	4	4	**우리나라**의 생활	5
2	**고장** 생활	4	5	**다른 나라**의 생활	6
3	**여러 곳**의 사회생활	5	6	우리나라의 발달	6

(국민학교 사회생활과 속판, 1946)

❙ 교수 요목기 중학교 '사회생활과'의 편제 ❙

<table>
<tr><th>학년</th><th>지리 부분</th><th>시수</th><th>역사 부분</th><th>시수</th><th>공민 부분</th><th>시수</th></tr>
<tr><td>1</td><td>이웃나라 생활</td><td>2</td><td>이웃나라 생활</td><td>2</td><td>공민 생활 Ⅰ</td><td>1</td></tr>
<tr><td>2</td><td>먼 나라 생활</td><td>2</td><td>먼 나라 생활</td><td>2</td><td>공민 생활 Ⅱ</td><td>1</td></tr>
<tr><td>3</td><td>우리나라 생활</td><td>2</td><td>우리나라 생활</td><td>2</td><td>공민 생활 Ⅲ</td><td>1</td></tr>
<tr><td>4</td><td rowspan="2">인류와 자연환경
(자연지리, 인문지리)</td><td>2</td><td rowspan="2">인류 문화의 발달,
우리나라 문화</td><td>1</td><td>정치 문제</td><td>2</td></tr>
<tr><td>5</td><td>1</td><td>2</td><td>경제 문제</td><td>2</td></tr>
<tr><td>6</td><td colspan="5">인생과 사회: 도덕, 사회, 문화(4), 시사 문제(1)</td><td>5</td></tr>
</table>

(교수요목집(12) 중학교 사회생활과, 1948: 2)

3) 권위주의 정부 시기

한국전쟁 이후 우리나라는 좌·우 이념 대립을 극복하고, 일제 잔재를 청산하고 전후 낙후된 경제를 성장시키며 국민 통합과 민주정치를 정착시켜야 할 과제를 안고 있었다. 이런 사회적 배경과 요구에 따라 1955년 8월 「제1차 교육과정」(1955~1963)이 제정되었다.

1차 사회과 교육과정은 반공 이데올로기와 애국심을 목표에 포함시켰고, 경험 중심 교육과정으로 구성하려고 시도했다. 중학교 사회생활과의 공민 부분은 "유능하고 충성된 대한민국 국민을 길러냄"을 목적으로 했으며, 이해와 기능 영역의 목표로 '공산주의 위협'을 이해하고 배격하는 것을 제시했고, 태도 영역에서 국가와 민족에 대한 '충성심'을 강조했다.

1. 중학교 사회생활과 공민 부분 교육 목적

중학교 사회생활과 공민 부분의 교육 목적은 특히 정치, 경제, 사회, 문화에 관한 사항 중 민주 국가 국민으로서 알아야 할 가장 기본적인 사항을 이해시키는 동시에 민주 국가 사회의 공민으로서의 올바른 인간관계를 유지 발전시키는 생활 태도를 개발시킴으로써 유능하고 충성된 대한민국 국민을 길러냄에 있다.

2. 중학교 사회 생활과 공민 부분 교수 목표

가. 이해

4. 공산주의와 민주주의에 대한 위협을 이해시키고 **공산주의를 물리치는 것**만이 민주주의를 살리고 우리 국가 민족을 살리는 길임을 이해시킨다.

나. 기능

3. **공산주의 모략 선전**을 잘 분석하여 배격할 수 있는 능력을 기른다.

다. 태도

9. 자기의 힘에 맞는 일을 하여 **국가와 민족에 충성**을 다하려는 마음과 태도를 기른다.

(문교부령 제45호 중학교 교과과정, 1955: 38-40)

중학교의 사회생활과는 공민, 지리, 역사 영역을 '분과 형태'로 편성하였다. 반면에 고등학교는 명칭을 '사회과'로 변경했고, 공민 대신에 '일반사회'와 '도덕' 과목을 신설했고, 역사는 '국사'와 '세계사'로 분화되었다. 고등학교 사회과는 일반사회, 도덕, 국사, 세계사, 지리 5개 분과 형태로 구성하였다. 일반사회 과목은 '정치와 사회', '경제와 사회', '문화의 창조' 영역으로 구성되었다. '경제와 사회' 과목에는 경제와 도덕 내용이 포함되었고, '문화의 창조' 과목은 도덕, 신념과 사상 내용을 포함해 통합적으로 구성되었다.

제1차 사회생활과/사회과 교육과정의 편제

<table>
<tr><th colspan="2">구분</th><th colspan="3">사회생활과</th></tr>
<tr><td rowspan="3">중학교</td><td>1</td><td>공민
(1)</td><td>지리
(1)</td><td>역사
(2)</td></tr>
<tr><td>2</td><td>공민
(1)</td><td>지리
(2)</td><td>역사
(1)</td></tr>
<tr><td>3</td><td>공민
(1)</td><td>지리
(1)</td><td>역사
(1)</td></tr>
</table>

(문교부령 제45호, 1955: 36)

<table>
<tr><th colspan="2">사회과</th><th>1학년</th><th>2학년</th><th>3학년</th></tr>
<tr><td rowspan="5">고등학교</td><td>일반사회
(필수)</td><td>정치와
사회 (3)</td><td>경제와
사회 (3)</td><td>문화의
창조 (1)</td></tr>
<tr><td>도덕(필수)</td><td>(1)</td><td>(1)</td><td>(1)</td></tr>
<tr><td>국사(필수)</td><td></td><td colspan="2">(3)</td></tr>
<tr><td>세계사(선택)</td><td></td><td colspan="2">(3)</td></tr>
<tr><td>지리(선택)</td><td colspan="2">(3)</td><td></td></tr>
</table>

(문교부령 제46호, 1955: 29-45)

이승만의 장기 집권과 부정 선거에 저항한 4·19 혁명(1960)의 발생과 박정희 군부 세력의 5·16쿠데타(1961)로 인해 사회는 정치적 혼란에 빠졌고, 경제성장을 통해 국민의 삶을 향상시켜야 할 과제를 안고 있었다. 이런 사회적 상황 속에서 군사 정부는 정권을 정당화하기 위한 이념을 반영하여 1963년 2월 「제2차 교육과정」(1963~1973)을 공표하였다.

중학교 사회과

I. 목표

1. 우리 나라의 발전을 위하여 노력한 조상의 불굴한 정신을 본받아 새 나라 건설의 의욕을 북돋우고, 세계에 있어서의 우리나라의 지위를 이해시킴으로써 **애국 애족의 정신과 반공 민주 국가 건설**의 신념을 기른다.

(문교부령 제120호 중학교 교육과정, 1963: 44)

고등학교 사회과

I. 목표

1. 인격의 존엄성과 개성의 다양성을 명확히 인식시켜 일상 생활에 있어서 대인 관계의 합리적 개선으로 국민의 **도덕 정신**을 순화하고 **반공 신념**을 확고하게 한다.

(문교부령 제121호 고등학교 교육과정, 1963: 28)

제2차 사회과 교육과정은 모든 학교급에서 교과목 명칭을 '사회생활과'에서 **'사회과'**로 변경했고, 중·고등학교 사회과의 목표에 애국·애족 정신, 반공(反共) 이념을 포함시켰다. 그에 따라 초등학교와 중학교에 **'반공·도덕'**을 독립 과목으로 신설하였다(문교부령 제120호, 1963: 11, 44-46). 중학교 사회과는 지리, 역사, 일반사회 3개 영역을 학년별로 1개 과목씩 분리해 편성했다. 고등학교에서 일반사회 영역이 분화되어 **'정치·경제'** 과목이 신설되었고, 지리 과목은 '지리 Ⅰ, Ⅱ'로 분화되었다.

특히 중학교 사회 3학년의 '1. 인간과 사회생활' 단원은 사회생활의 발달, 가정생활, 향토 생활, 그 밖의 사회생활, 사회 발전에 이바지하는 길, 그리고 '4. 문화와 사회문제' 단원은 종교와 생활, 도의와 생활, 보도와 오락, 직업과 생활, 사회 개선과 책임 등 **'생활 중심 교육과정'**으로 구성하였다(문교부령 제120호, 1963: 50-54).

▌제2차 '사회과' 교육과정의 편제 ▌

구분		사회	반공·도덕
중학교	1	사회(지리) (3~4)	(1)
	2	사회(역사) (3~4)	(1)
	3	사회(일반사회) (2~4)	(1)

(문교부령 제120호, 1963: 11)

교과	과목	필수·선택	단위
사회	일반사회	공통 필수	4
	국민윤리	〃	4
	국사	〃	6
	세계사	〃	6
	지리 Ⅰ	〃	6
	정치·경제	인문 선택	4
	지리 Ⅱ	자연 선택	6

(문교부령 제121호, 1963: 10)

박정희 정권이 장기 집권을 위해 유신헌법(1972)을 제정하고, 유신체제를 정당화하는 교육을 강화하기 위해 1973년 8월 「제3차 교육과정」(1973~1981)을 고시했다. 그래서 제3차 사회과 교육과정은 첫 페이지에 '국민교육헌장'[4)]

4) '국민교육헌장'은 박정희 대통령의 지시로 1968년 12월 5일 대통령령으로 선포되었다. 국민교육헌장은 일본에서 메이지 천황을 우상화하고 천황에 충성하는 국민을 기르기 위해 만든 '교육에 관한 칙어'(1890)를 모방하여 제정된 것이다. 패전 이후 미군정이 폐지했지만, 현재도 일본 우익 집단이 만든 유치원, 사립학교에서는 '교육에 관한 칙어'의 내용을 매주 암송시키고 있다(박상준, 2020: 207).

을 제시했고, 애국심과 민족의식, 반공 이념을 고양하기 위해 고등학교에서 '국민윤리'와 '국사'를 독립된 교과목으로 편성했다.

> **중학교 도덕과**
> **(1) 일반 목표**
> (라) **국가와 민족에 대한 사랑과 자랑**을 간직하고, 민족 문화를 계승 발전시키며, 나아가 세계 평화에 이바지 할 수 있게 한다.
> (마) 공산주의의 모순과 허구성을 올바르게 인식하고, 민주주의의 우월함을 깨달아 **공산주의 침략 분쇄의 결의**를 굳게 하고 **평화적 통일**을 이룩하려는 국민으로서의 사명감을 가지게 한다.
> (문교부령 제325호 중학교 교육과정, 1973: 9)
>
> **중학교 국사과**
> **(1) 일반 목표**
> (가) 우리 민족의 발전 과정을 주체적인 입장에서 파악시키고, 민족사의 정통성에 대한 인식을 깊게 하며, **문화 민족의 후예로서의 자랑**을 깊이 하게 한다.
> (문교부령 제325호, 1973: 30)

또한 미국의 신사회과 운동과 **'학문 중심 교육과정'**의 영향으로 중학교 사회과의 일반 목표 (마)에서 사회과학적 '지식의 구조'와 '탐구'를 강조했다. 중학교 사회는 지리, 세계사, 일반사회를 각 학년별로 분리해 분과 학문 형태로 구성했다. 고등학교 사회과는 각 학문의 구조와 성격을 명확히 하기 위해 '일반사회' 과목을 **'사회·문화'**로, 지리 I, II는 '국토 지리', '인문 지리'로 과목명을 변경했다.

> **중학교 사회과**
> **(1) 일반 목표**
> (마) 여러 가지 **자료를 종합·분석·평가**하여 **지식을 정리**하고, 공간과 시간을 관련지어 사회의 여러 가지 측면을 고찰함으로써 보다 넓은 시야에 서서 **사회적 현상을 인식하는 능력**을 기른다. (문교부령 제325호, 1973: 35)

제3차 사회과 교육과정의 편제

구분		사회	국사
중학교	1	사회(지리) (3)	
	2	사회(세계사) (2~3)	2
	3	사회(일반사회) (2~3)	2

(문교부령 제325호, 1973: 36-40)

교과	과목	필수 과목	인문과정
사회	정치 · 경제 사회 · 문화 세계사 국토지리 인문지리	공통 선택 2 (8~12)	나머지 3과목 (12~18)
국민윤리	국민윤리	6	
국사	국사	6	

(문교부령 제350호, 1974: 6)

10·26 사태로 발생한 정치적 혼란을 틈타 12·12쿠데타(1979)로 출범한 전두환 정부는 정권의 정당성을 확보하기 위해 국민정신교육을 강조하는 「제4차 교육과정」(1981~1987)을 1981년 12월 고시했다. 제4차 사회과 교육과정은 중학교 사회과를 한 학년에 지리, 역사, 일반사회 중 2개 영역을 통합해 편성했고, 고등학교는 영역 내 통합을 위해 '사회 I, II', '지리 I, II' 과목으로 편성했다.

제4차 사회과 교육과정의 편제

구분		사회	국사
중학교	1	사회(일사, 지리) (3)	
	2	사회(지리, 세계사) (2~3)	2
	3	사회(세계사, 일사) (2~3)	2

(문교부 고시 제441호 1981: 4)

교과	과목	공통 필수	인문사회과정
사회	사회 I 지리 I	4~6	
	사회 II 지리 II 세계사		4 4 2
국민윤리	국민윤리	6	
국사	국사	6	

(문교부 고시 제442호, 1981:4)

4) 민주화 시기

「제5차 교육과정」(1987~1992)은 특정한 교육 사조를 반영하기 보다는 제4차 교육과정을 보완하기 위해 1987년 3월 개정되었다. 제5차 사회과 교육과정은 사실, 개념, 일반화 등 '지식의 구조'와 탐구 학습, 사고력 향상 등을 강조했다. 그래서 고등학교의 '사회 I, II' 과목을 '정치·경제', '사회·문화'로, '지리 I, II' 과목을 '한국 지리', '세계 지리'로 과목명을 다시 변경했다.

제5차 사회과 교육과정의 편제

구분		사회	국사
중학교	1	사회(지리, 세계사) (3)	
중학교	2	사회(세계사, 일사) (2~3)	2
중학교	3	사회(지리, 일사) (2~3)	2

(문교부 고시 제87-7호: 5)

교과목		공통 필수	인문 과정	자연 과정
사회	정치·경제 한국지리	6(4) 4		
사회	세계사 사회·문화 세계지리		4 4 4	4
국민윤리 국사		6 6(4)		

(문교부 고시 제88-7호: 8)

5) 세계화·정보화·다문화 시기

교통과 통신의 발달, 자유무역을 통해 세계화가 확산되었고, 정보화가 빠르게 진행되었다. 서울 올림픽 이후 외국이 노동자와 결혼 이주민의 유입이 급증했다. 이처럼 세계화, 정보화, 다문화 등 국내·외의 상황 변화에 대응하고, 제5차 교육과정의 문제점을 개선하기 위해 1992년 6월 「제6차 교육과정」(1992~1997)이 고시되었다. 제6차 사회과 교육과정은 모든 학교급에서 사회과의 목적을 '국민' 양성에서 '**민주 시민**'의 자질 육성으로 개정하였다.

중학교 사회 / 고등학교 사회

사회과는 사회현상을 올바르게 이해시키고, 사회 지식 습득과 사회생활에 필요한 기능을 익히게 하며, 민주 사회 구성원에게 요청되는 가치와 태도를 지니게 함으로써 민주 시민으로서의 자질을 육성하는 교과이다.

(교육부 고시 1992-11호: 45. / 고시 1992-19호: 75)

중학교 사회과는 다시 학년별로 지리, 역사(세계사+국사), 일반사회 3 영역을 통합해 구성했다. 고등학교 사회과는 '공통 사회' 과목(일반사회+지리)을 필수 과목으로 신설했고, '정치·경제'를 '정치', '경제' 2개 과목으로 분리했고, 국사와 세계사 과목이 '사회과' 안으로 복귀했다. 또한 1963년 군사 정부에서 만들었던 '국민윤리'를 '윤리'로 과목명을 변경했다.

▎제6차 사회과 교육과정의 편제▕

구분		사회
중학교	1	사회 (3) (지리, 세계사, 일사)
	2	사회 (4) (지리, 세계사, 일사, 국사)
	3	사회 (4) (지리, 일사, 국사)

(교육부 고시 제1992-11호: 4, 46-47)

교과	공통 필수 과목	과정별 필수 과목
사회	공통사회(8) 국사(6)	
		정치(4), 경제(4) 사회·문화(4) 세계사(6) 세계지리(6)
윤리	윤리(6)	

(교육부 고시 제1992-19호: 3)

세계화와 정보화 시대에 대비하여 수요자 중심의 교육 및 자기 주도적 학습이 가능하도록 수준별 교육과정을 구성하고, 고교 선택 과목을 확대하기 위해 1997년 12월 「제7차 교육과정」(1997~2007)이 고시되었다. 제7차 교육과정은 10년의 '국민 공통 기본 교과'와 2년의 선택 과목(일반선택 과목 + 심화선택 과목)으로 편성하였고, 처음으로 성취기준을 내용 요소와 행동 요소를 결합하여 '진술문' 형태로 제시했다.

▍사회과 교육과정의 성취기준 제시 방식 비교▍

제6차 사회과 교육과정	제7차 사회과 교육과정
중학교 사회〔3학년〕 **(2) 민주정치와 시민의 참여** (가) 민주정치의 주체-민주 시민 의식, 민주주의 제도와 선거, 민주주의의 절차와 참여. (나) 정부의 구조와 기능-국가가 하는 일, 정부의 형태와 구조, 정책 결정과 집행. (다) 민주정치와 복지의 향상-민주정치의 원리와 현실, 지방 자치와 주민의 복지, 우리나라의 정치 현상과 과제. (교육부 고시 1992-11호: 53)	**사회〔9학년〕** **(5) 민주정치와 시민 참여** **(나) 민주정치의 기본 제도와 기능** ① 학급이나 학교의 일을 학생이 스스로 결정하고 실천하기 위해서는 어떤 원칙과 제도가 필요한 것인지에 관하여 <u>토론한다.</u> ② 민주정치의 기본 제도로서의 의회제, 선거제, 정당제, 지방자치제 등의 이념과 원리를 이해하고, 이러한 제도들의 기능을 실제 생활 경험이나 사례 등과 관련지어 <u>파악한다.</u> ③ 실제 생활의 구체적 사례인 지방 자치 정부의 정책 사례 등을 분석하여 정책 결정과 집행의 절차를 <u>파악한다.</u> (교육부 고시 1997-15호 [별책7]: 60)

제7차 사회과 교육과정은 '사회'와 '국사' 과목을 국민 공통 기본 교과로 편성했고, **'인간 사회와 환경'** 과목을 일반선택 과목으로 신설했다. 그리고 심화선택 과목에 **'법과 사회'**, '경제 지리', '한국 근·현대사' 과목을 신설했다.

▍제7차 사회과 교육과정의 편제▍

<table>
<tr><th colspan="2" rowspan="2">구분</th><th colspan="2">사회과</th></tr>
<tr><th>사회</th><th>국사</th></tr>
<tr><td rowspan="3">중학교</td><td>1</td><td>사회 (3)
(공간, 시간, 사회)</td><td></td></tr>
<tr><td>2</td><td>사회 (4)
(공간, 시간, 사회)</td><td>국사</td></tr>
<tr><td>3</td><td>사회 (4)
(공간, 시간, 사회)</td><td>국사</td></tr>
</table>

<table>
<tr><th rowspan="2">구분</th><th rowspan="2"><u>국민공통 기본교과</u></th><th colspan="2">선택 과목</th></tr>
<tr><th>일반 선택과목</th><th><u>심화 선택 과목</u></th></tr>
<tr><td>사회</td><td><u>사회</u>
(6)

국사
(4)</td><td><u>인간 사회와 환경</u> (4)</td><td>한국지리(8)
세계지리(8)
경제지리(6)
한국 근·현대사(8)
세계사(8)
<u>법과 사회</u>(6)
정치(8), 경제(6)
사회·문화(8)</td></tr>
<tr><td>도덕</td><td>도덕
(2)</td><td>시민윤리
(4)</td><td>윤리와 사상(4)
전통 윤리(4)</td></tr>
</table>

(교육부 고시 제1997-15 [별책7]: 9-10)

주 5일제 시행에 따라 수업 시수의 조정이 필요했고, 사회과에서는 역사 과목이 독립을 원했으며, 일반사회 영역은 '주제 중심의 통합 교육과정'을 구성하고자 했다. 이런 사회적 필요와 교과의 요구에 맞추어 2007년 2월 「2007 개정 교육과정」(2007~2009)이 개정되었다. 또한 급변하는 사회 환경과 요구에 대응하기 위해, 교육과정은 주기적·전면 개정에서 **'수시 및 부분 개정'** 방식으로 변경되었다. 또한 교과의 내용 체계는 대주제-주제 안내-성취기준으로 **'대강화'**하여 제시했다. 그에 따라 제7차 사회과 교육과정이 제시한 사회과의 성격, 목표, 방법을 그대로 유지하면서, 내용 체계의 구성 방식을 '부분적으로' 수정하였다.

보수 역사학자들이 언론을 활용해 일본의 역사 왜곡과 중국의 동북공정에 대응하여 역사교육을 강화해야 한다는 여론을 조성했다. 그에 따라 중학교 사회과에서 '국사'를 '역사' 과목으로 다시 분리시켰고 국사와 세계사 내용을 결합해 편성했다. 고등학교에서 '인간 사회와 환경' 과목은 폐지되었고, 선택과목에 '동아시아사' 과목이 신설되었고, '한국 근·현대사' 과목이 '한국 문화사'로 과목명과 성격을 변경했다.

2007 개정 사회과 교육과정의 편제

구분		사회과	
		사회	역사
중학교	1	사회 (3) (지리, 일사)	
	2		역사(3)
	3	사회(2) (지리, 일사)	역사(2)

구분	국민공통 기본교과	선택 과목
사회	사회 (6) 역사 (6)	한국지리, 세계지리, 경제지리, 한국 문화사, 세계 역사의 이해, 동아시아사, 법과 사회, 정치, 경제, 사회·문화 (각 6단위)
도덕	도덕 (2)	현대생활과 윤리, 윤리와 사상, 전통 윤리 (각 6단위)

(교육인적자원부 고시 제2007-79호 [별책1]: 3, 6-7)

그 후 이명박 정부가 경제교육 및 국사교육의 강화, 교과목의 축소 등을 추진하기 위해 2009년 12월 「2009 개정 교육과정」을 고시하였다. 2009 개정 교육과정(2009-41호)은 **'교과군'**으로 편성했다. 각급 학교는 교과(군)별로

20% 범위 내에서 과목의 수업시수를 증감하여 운영할 수 있고, 중·고등학교의 경우에 학기당 이수 과목 수를 8개 이내로 편성하도록 했다(교육과학기술부, 2009a: 3-19).

교과군제에 따라 도덕과를 사회 교과군에 포함시켰고, 한국사' 과목만 필수로 하고, 나머지 일반사회, 지리, 역사 과목은 모두 선택 과목으로 편성했다. 기존의 '법과 사회'와 '정치' 과목을 결합해 **'법과 정치'** 한 과목으로 축소했고, '경제 지리', '한국 문화사', '전통 윤리' 과목은 폐지했다.

그 후 2011년 8월 '2009 개정 사회과 교육과정'(제2011-361호)은 초등학교 사회를 3~4, 5~6학년으로, 중학교 사회를 중 1~3년 **'학년군'**으로 내용 체계를 구성하도록 개정하였다. 고등학교는 1~3년에 지리(2과목), 역사(3과목), 일반사회(3과목), 도덕(2과목)을 모두 '일반 선택 과목'으로 편성했다. 그리고 경제학과 경제교육 연구자의 반발에 따라 2012년 3월 '2009 개정 사회과 교육과정'(제2012-3호)은 2011년 고등학교 선택 교육과정에서 폐지되었던 **'사회'** 과목(지리+일반사회)을 일반 선택 과목에 부활시켰고, '실용 경제'를 교양 선택 과목에 부활시켰다.

▌2009년 개정 사회과 교육과정의 편제▐

구분		사회과		시수
		사회	역사	
중학교	1~3학년	사회 (지리, 일사)	역사	10

교과 영역	교과(군)	과목
탐구	사회 (역사/도덕 포함)	사회, 한국사, 한국지리, 세계지리, 동아시아사, 세계사, 법과 정치, 경제, 사회·문화, 도덕, 생활과 윤리, 윤리와 사상 (기본 5단위 / ± 1단위)

(교육과학기술부 고시 제2009-41호 [별책1]: 7, 10)

6) 미래 사회 대응 시기

4차 산업혁명으로 사회가 급변하면서 미래 사회에 대응할 수 있는 핵심 역량이 미래 교육의 목표로 강조되었다. 미래 사회의 변화와 요구를 반영하여 교육부는 2015년 9월 '창의·융합형 인재' 양성을 목표로, **'핵심 역량'**(key competence)[5]을 함양하는 데 중점을 둔 「2015 개정 교육과정」(2015~2022)을 고시했다.

2015 개정 사회과 교육과정은 사회과에서 민주 시민의 자질을 함양하는 데 필요한 창의적 사고력, 비판적 사고력, 문제 해결력 및 의사 결정력, 의사소통 및 협업 능력, 정보 활용 능력을 **'교과 역량'**으로 제시했다(교육부, 2015b: 3). 그리고 **'핵심 개념 중심 내용의 구조화'**를 실현하기 위해 일반사회, 지리, 역사 영역별로 핵심 개념의 범위와 깊이가 초등학교와 중학교에서 점차 확대되도록 **'나선형 교육과정'**으로 구성했다. 또한 '학습 내용의 적정화'를 위하여 초등학교 3~6학년 사회의 단원을 26개에서 12개로, 중학교 1~3년 사회의 단원을 28개에서 24개로 축소했다.

고등학교의 경우에 '한국사' 과목을 국어, 수학, 영어와 함께 기초 교과 영역의 공통 과목으로 독립시켰고, 사회 교과군에 인문·사회 분야의 기초 소양 교육을 위하여 **'통합 사회'**를 공통 과목으로 신설했다. 통합 사회는 일반사회, 지리, 도덕, 역사 4 영역을 '주제 중심의 통합 교육과정'으로 구성하고자 했다. 그리고 고등학교 사회과의 선택 과목에는 일반 선택 이외에, **'진로 선택'**을 신설하여, 3개 과목을 새로 편성했다. '법과 정치'는 '정치와 법'으로 과목명을 변경했다.

---

5) 「2015 개정 교육과정」은 '창의·융합형 인재'가 갖추어야 할 **'핵심 역량'**을 **자기 관리 역량**, **지식·정보 처리 역량**, **창의적 사고 역량**, **심미적 감성 역량**, **의사소통 역량**, **공동체 역량**으로 제시했다(교육부, 2015a: 2).

❙ 2015 개정 사회과 교육과정의 편제 ❙

구분		사회과		시수
		사회	역사	
중학교	1~3	사회(지리, 일사)	역사(세계사+국사)	10

교과 영역	교과(군)	공통과목	선택 과목	
			일반 선택	진로 선택
기초	한국사	한국사(6)		
탐구	사회 (역사/ 도덕 포함)	통합사회 (8단위)	한국 지리, 세계 지리, 동아시아사, 세계사, 정치와 법, 경제, 사회·문화, 생활과 윤리, 윤리와 사상, (기본 5단위 / ± 2단위)	여행 지리, 사회문제 탐구, 고전과 윤리 (기본 5단위 / ± 3단위)

(교육부 고시 제2015-74호 [별책1]: 11, 15-17)

OECD가 2030년 이후 미래 교육을 대비하기 위해 학생 주도성에 기초하여 변혁적 역량을 기르는 'Education 2030'(2018) 프로젝트를 발표하였다. 그에 따라 선진국들도 미래 교육을 대비하여 핵심 역량을 기르는 방향으로 교육과정을 바꾸거나 교육을 혁신하고 있다. 우리나라도 급변하는 미래 사회의 변화에 대응하는 역량을 기르기 위해 2022년 12월 교육과정을 개정하였다.

2022 개정 교육과정은 '포용성과 창의성을 갖춘 **주도적인 사람**'을 교육의 비전으로 제시했는데, 주도적인 사람은 '자기 주도성', '창의와 혁신', '포용성과 시민성'을 갖춘 사람이다. 이러한 '자기 주도적인 사람'을 기르기 위하여 2022 개정 교육과정은 (1) 미래 사회에 대응하는 역량과 기초 소양(언어, 수리, 디지털 리터러시)을 함양하는 **'학습자 주도성'** 및 **'학생 맞춤형 교육'**을 강화하고, (2) 교과별로 **'핵심 아이디어'**를 중심으로 탐구, 문제 해결 같은 미래 역량을 기르고, (3) 기후·생태환경의 변화, 지속 가능성 등 '공동체 의식'을 강화하며, (4) 지역·학교가 선택 과목을 개발해 운영할 수 있도록 교육과정의 운영을 유연화하는 것을 기본 방향으로 정했다. 그리고 고교 학점제에 대비하여 고등학교의 선택 과목 수를 확대하고, **'융합 선택'** 과목을 신설하였다.

총론의 개정 방향에 따라, 2022 개정 사회과 교육과정은 **'시민의 자질'** 함양을 목표로 제시했고, 2015와 마찬가지로 사회과의 '교과 역량'을 5가지로 제시하였다. 이런 교과 역량을 함양하기 위해 사회과 교육과정은 학생의 주도성에 기반한 **'탐구 수업'**이 가능하도록 조직했고, 일반사회, 지리, 역사 영역별로 '핵심 아이디어'를 중심으로 구성하였다.

중학교 사회과는 일반사회와 지리 영역을 분과 교육과정 형태로 구성하였다. 고등학교 사회과는 고교 학점제에 대비하여 많은 과목을 신설했고, 일부 과목명이 변경되었다. '한국사' 1, 2와 '통합사회' 1, 2를 공통 과목(필수)으로 편성했다. 일반 선택에서 '사회·문화'를 '사회와 문화'로, '세계 지리'를 '세계 시민과 지리' 등으로 과목명과 성격을 변경했다. 진로 선택에서 기존의 '정치와 법'을 다시 '정치', '법과 사회' 과목으로 분리했으며, '국제관계의 이해', '도시의 미래 탐구' 과목을 신설했다. 융합 선택에 '금융과 경제생활', '기후 변화와 지속 가능한 세계' 등 여러 과목을 신설했다.

2022 개정 사회과 교육과정의 주요 특징과 변경 내용은 제7장 6절에서 자세히 소개할 것이다.

2022 개정 사회과 교육과정의 편제

<table>
<tr><th colspan="2" rowspan="2">구분</th><th colspan="2">사회과</th><th rowspan="2">시수</th></tr>
<tr><th>사회</th><th>역사</th></tr>
<tr><td>중학교</td><td>1~3</td><td>사회
(지리, 일사)</td><td>역사
(역사 학습의 기초, 세계사, 국사)</td><td>10</td></tr>
</table>

<table>
<tr><th rowspan="2">교과
(군)</th><th rowspan="2">공통 과목</th><th rowspan="2">필수
이수
학점</th><th colspan="3">선택 과목</th><th rowspan="2">기본
이수
학점</th></tr>
<tr><th>일반 선택</th><th>진로 선택</th><th>융합 선택</th></tr>
<tr><td rowspan="2">사회
(역사
/
도덕
포함)</td><td>한국사1
한국사2</td><td>6</td><td rowspan="2">세계 시민과 지리
세계사
사회와 문화
현대 사회와 윤리</td><td rowspan="2">한국 지리 탐구
도시의 미래 탐구
동아시아 역사기행
정치, 법과 사회,
경제, 윤리와 사상,
인문학과 윤리,
국제관계의 이해</td><td rowspan="2">여행 지리
역사로 탐구하는 현대세계
사회문제 탐구
금융과 경제생활
윤리 문제 탐구
기후 변화와
지속가능한 세계</td><td rowspan="2">4
(±1)</td></tr>
<tr><td>통합사회1
통합사회2</td><td>8</td></tr>
</table>

(교육부 고시 제2022-33호 [별책1]: 20, 24-26)

앞에서 살펴본 것처럼, 광복 이후 교수 요목기부터 현재까지 우리나라 사회과 교육과정의 특징을 정리하면 다음과 같다.

▎사회과 교육과정의 변화▐

교육과정	주요 내용
교수 요목기 (1945~1954)	• '사회생활과' 신설(1946) / 목표 : '국민'의 양성 • 중등학교 사회생활과: '공민', 지리, 역사 • 공민생활 I : '생활 중심 교육과정'으로 구성
제2차 교육과정 (1963~1973)	• 교과목 명칭의 변경:'사회생활과' → '사회과' • 사회과의 목표에 애국정신과 반공 이념 포함 • 일반사회 과목의 분화: '정치·경제' 과목의 신설 • 중학교 사회 3학년 : '생활 중심 교육과정'으로 구성
제3차 교육과정 (1973~1981)	• 미국 신사회과의 영향 → '학문 중심 교육과정'으로 구성 • '국사', '국민윤리' 과목의 분리·독립(필수 과목) • 과목명의 변경: '일반사회' → '사회·문화'로
제6차 교육과정 (1992~1997)	• 목표 변경: '국민'의 양성 → '민주 시민'의 자질 육성 • 과목의 신설: '공통 사회'(지리+일반사회) • 일반사회 과목의 분화: '정치·경제' → '정치', '경제',
제7차 교육과정 (1997~2007)	• 국민 공통 기본 교과의 편성(10학년): '사회' 과목 신설 • 과목의 신설: 일반선택에 '인간 사회와 환경' / 심화선택에 '법과 사회', '경제 지리', '한국 근·현대사' • 성취기준을 '진술문' 형태로 제시
2007 개정 교육과정 (2007~2009)	• 교육과정의 개정 방식 변경: '주기·전면' → '수시 및 부분' 개정 • 과목의 신설: '동아시아사' 과목 • 과목명의 변경: '한국근·현대사' → '한국문화사' • 교육과정의 대강화
2009 개정 교육과정 (2009~2012)	• '교과군' 및 '학년군'으로 교육과정 구성(초등3~4학년, 초등 5~6학년, 중 1~3학년) • 과목의 축소: '법과 사회', '정치' → '법과 정치'
2015 개정 교육과정 (2015~2022)	• '핵심 개념' 중심의 내용체계의 구성 • 고등학교 선택 과목을 '일반 선택' 과 '진로 선택'으로 편성 • 과목의 신설: '통합 사회'(공통 과목) • 과목명의 변경: '법과 정치' → '정치와 법'

교육과정	주요 내용
2022 개정 교육과정 (2022~)	• '핵심 아이디어' 중심의 내용 체계의 구성 • 고등학교 선택 과목을 '일반 선택', '진로 선택', '융합 선택'으로 편성 • 과목의 신설: '국제관계의 이해', '도시의 미래 탐구', '금융과 경제생활' 등 • 과목의 분리: '정치와 법' → '정치', '법과 사회' • 과목명의 변경: '사회·문화' → '사회와 문화' / '세계 지리' → '세계시민과 지리' 등

제3장 사회과의 목표

앞 장에서 살펴본 것처럼 사회과는 민주 사회에서 요구되는 시민의 역량, 즉 시민성을 육성하기 위해 만들어진 교과이다. 그런데 사회가 변동하면서 그 사회에서 요구되는 시민성이 변화하고 있다. 그에 따라 사회과에서 길러야 할 시민성이 무엇인가에 대한 관점과 입장도 달라지고 있다.

이 장에서는 먼저 시민성에 대한 관점에 따라 사회과의 목표와 방법이 어떻게 다른지 간략히 분석할 것이다. 그다음 사회의 변화에 따라 우리나라 사회과의 목표가 어떻게 바뀌었는지 살펴볼 것이다.

1. 사회과의 목표: 시민의 역량 육성

1) 시민성의 변화

사회과는 민주 사회에서 요구되는 시민의 역량, 즉 '시민성'을 육성하는 것을 목표로 한다. 미국사회과협회는 **'시민성 교육'**(citizenship education)을 사회과교육의 주요 목적으로 규정하였고(NCSS, 1975), 그 후 시민성 교육이 사회과교육의 본질로서 일반적으로 받아들여졌다. 즉, 사회과의 본질적인 목적이 시민성의 육성이라는 점에 대부분 동의한다(Woolever & Scott, 1988: 33, 11). 그런데 사회과에서 길러야 할 '시민성'이 무엇인가에 대하여 학자들마다 의견과 해석이 다르고, 시대의 변화에 따라 변했다.

1892년 미국교육학회 10인 위원회에서 공교육의 목적을 훌륭한 시민성을 육성하는 것으로 제시했을 때, 그리고 1915년 같은 학회의 사회과위원회에서 사회과를 신설했을 때, "훌륭한 시민성"이란 오늘날 일반적으로 받아들여진 의미가 아니라 애국적인 미국 시민이 갖추어야 할 자질을 의미하였다. 다시 말하면 애국적인 미국 시민은 기존의 법과 질서를 준수하고, 각종 의무를 잘 이행하고, 권위에 복종하고 국가에 무조건 충성하는 사람으로 묘사되었다(Hartley & Vincent, 1967: 38, Barr & Shermis, 1970: 744). 이처럼 시민성을 **'애국적 시민'**으로 이해한 전통은 1960년대까지 사회과 교육과정과 수업과정을 지배했고, 현재에도 보수적인 정부 관료, 정치인, 사회 교사들에 의해 널리 지지된다.

1960년대 신사회과운동이 유행하면서 사회과에서 육성할 시민성은 **'사회과학의 탐구방식'**으로 간주되었다. 신사회과를 주장한 학자들에 따르면, 훌륭한 시민은 사회과학적 탐구 방법과 사고력을 획득한 사람이었다(Barr & Shermis, 1970: 747). 마시알라스와 콕스는 과학적 사고력이 발달된 시민을 훌륭한 시민으로 제시했다(Massialas & Cox, 1966: 1-24).

그러다가 사회적·정치적 상황이 변하면서 사회에서 요구되는 훌륭한 시민의 모습이 바뀌었다. 1984년 파커와 제롤리멕(W. Paker & J. Jarolimek)은 훌륭한 시민에 대해 새롭게 규정했다. 그들에 따르면, "민주적 시민(democratic citizen)은 충분한 지식을 갖추고 민주적 가치에 헌신하고 정치적·사회적·경제적 과정에 참여하는 사람"이다(Paker & Jarolimek, 1984: 6).

다른 한편 1960~70년대부터 엥글과 뱅크스는 합리적 또는 반성적 **'의사결정력'**을 사회과의 핵심 목표로 제시했다. 이런 맥락에서 1988년 울레버와 스콧은 미국사회과협회와 사회교육자들의 입장을 정리하여 사회과에서 길러야 할 훌륭한 시민성을 합리적 의사결정과 사회적 행위의 실천으로 규정하였다. 그들에 따르면, "훌륭한 시민"은 자신의 삶과 사회를 발전시키기 위해서 합리적 의사결정과정을 통하여 사회문제의 해결책을 찾고 그 결정에 따라 행동하는 사람이다(Woolever & Scott, 1988: 17). 마찬가지로 1994년 미국사회과협회는 사회과를 시민의 능력을 증진시키기 위하여 사회과학과 인문학을 통합한 교과라고 규정하고, 사회과의 기본 목표는 문화적으로 다양한 민주 사회의 시민으로서 공공선을 위하여 충분한 정보에 기초하여 합리적 의사결정을 할 수 있는 능력을 육성하는 것이라고 제시했다(NCSS, 1994: 3).

그런데 시민성을 **'비판적 사고'**로 이해하는 관점은 사회 비평가들과 교육자들에 의해 지지받고 있지만, 학교 현장에는 일반적으로 적용되지 않았다. 그리고 사회과학적 지식의 획득이나 고차적 사고력이 실제 사회생활 속에서 사회적 행위와 실천으로 직접 연결되지 않는다는 사실이 밝혀졌다. 그에 따라 최근 사회적 행위의 **'실천·참여'**가 사회과의 중요한 목표로 강조되는 추세이다(Banks, 1990: 4-8; Paker & Jarolimek, 1984: 6; 차경수, 1997: 53-55; 118-121; 박상준, 2002a: 97-149, 2011c: 59-61; 장원순, 2003: 7-24, 80-115; 차경수·모경환, 2022: 41-45).

2) 시민성에 대한 관점

이처럼 시민성은 사회에서 요구되는 시민의 역량이기 때문에, 사회적 상황과 요구가 변하면서 시민성도 바뀌었다. 시민성이 무엇인가에 대한 해석은 학자들에 따라 다양하지만, 유사한 의견들을 묶으면 시민성에 대한 관점은 크게 6가지로 분류될 수 있다(Nelson & Michaelis, 1980: 9-14). 시민성에 대한 관점은 사회과교육을 받은 학생에게 기대되는 결과가 무엇이고, 그 결과를 달성하기 위해 어떤 방법으로 가르치고, 어떤 역할 모델을 사용하는가를 결정한다.

▎시민성의 관점과 사회과▐

시민성의 관점	사회과의 목표, 방법, 역할 모델
국가에의 충성	• 목표: 애국심 (국가에 대한 충성과 적에 대한 부정적 관점) • 교수 방법: 가치의 주입 • 역할 모델: 애국자, 영웅

시민성의 관점	사회과의 목표, 방법, 역할 모델
모범적 행동	• 목표: 모범적 행동 (책임감 있고 예의바른 행동) • 교수 방법: 행동 강화의 방법 • 역할모델: 모범 시민
꼬마 사회 과학자	• 목표: 사회과학적 탐구 방식과 사고력 • 교수 방법: 사회과학적 탐구방식 • 역할 모델: 사회과학자
사회 비판	• 목표: 비판적 사고력 (객관적 근거에 의한 분석과 평가) • 교수 방법: 반성적 사고의 방법 • 역할 모델: 비평가
사회 재건	• 목표: 세계 시민 (낙관적인 미래를 재건할 수 있는 시민) • 교수 방법: 문제해결을 위한 낙관적인 사고방법 • 역할 모델: 세계적 사상가
사회 참여·행동	• 목표: 사회 참여와 행동 (사회문제의 해결 위해 참여하는 시민) • 교수 방법: 체험 학습, 현장 학습 • 역할 모델: 정치적·사회적 지도자

(Nelson & Michaelis, 1980: 9-10)

시민성이 무엇인가에 대한 관점 중에서 어떤 것을 택하느냐에 따라 사회과의 본성과 목표에 대한 입장이 달라진다. 국가에 대한 충성심이나 모범적 행동을 교화시키는 것에 대해 신랄한 비판이 쏟아졌다. 하지만 여전히 보수적인 정부와 정치인, 기득권 집단, 보수 언론에서 강조되고 있으며, 실제 사회과 수업에서 애국심이나 모범적 행동이 강조되는 경향이 많다.

다른 한편 일부 사회 비평가들과 교육자들이 사회 비판으로서 시민성을 강조했지만, 학교 현장에서 실제적으로 잘 가르쳐지지 않는다. 사회 비판으로서 사회과에 대한 이론이 체계적으로 정립되지 못했고, 사회 비판을 위한 사회 교과서와 교재가 별로 출판되지 않았기 때문이다. 그리고 최근에는 사회과학적 지식이나 사고 기능이 지닌 한계가 드러나면서 사회과교육의 중요한 목표로서 사회 참여와 행동이 강조되는 추세이다.

2. 사회과의 목표 분류

블룸의 교육 목표의 분류 방식에 따라 사회과의 목표는 (1) 지식, (2) 기능, (3) 가치와 태도 3가지 영역으로 제시되었다. 이런 전통에서 넬슨과 마이클리스는 사회과의 목표에 포함된 요소를 (1) 지식, (2) 사고 과정과 기능, (3) 태도로 제안했다(Nelson & Michaelis, 1980: 21). 또한 울레버와 스콧은 사회과의 목표를 구성하는 요소를 (1)지식, (2)기능, (3)가치로 제시하였다(Woolever & Scott, 1988: 17-18).

1) 사회과 목표의 3 영역

(1) 지식 요소(knowledge component)

사회과의 목표인 합리적 의사결정은 과학적 탐구에 의해 도출된 지식에 근거하고 있어야 한다. 그래서 사회과의 내용은 다양한 사회과학, 인문학, 자연과학 등에서 선택된 지식들로 구성된다.

(2) 기능 요소(skill component)

의사결정과 행위 기능을 가르치는 것에 부가하여 사회과 프로그램은 기본적 기능－ 읽기, 계산, 의사소통, 사고, 과학적 조사, 컴퓨터 사용, 지도활용 능력 등－ 을 배우고 사용할 기회를 제공해야 한다. 이런 기능은 의사결정과 행위 기능을 발달시키기 위한 본질적인 토대이다.

(3) 가치 요소(value component)

사회과는 학생들이 자신의 지성을 최대한 활용하여 문제를 합리적으로 결정하고 그에 따라 행동하는 데 확신을 갖도록 만들어야 한다. 그래서 사회과는 학생들이 소위 민주적 가치 – 인간 존엄성, 정직, 자유, 평등, 협동 – 를 믿고 따르도록 가르쳐야 한다.

2) 사회과 목표의 4 영역

그러나 정보화, 세계화, 다문화 등으로 사회적 상황과 사회적 요구가 변화되면서, 사회과의 목표를 더 구체화시킬 필요가 생겼다. 이런 상황에서 1984년 파커와 제롤리멕은 "민주 시민은 충분한 지식을 갖추고 민주적 가치에 헌신하고 정치적·사회적·경제적 과정에 참여하는 사람이다"라고 규정하면서, "사회적 행위 또는 참여가 없다면 지식, 기능, 가치는 무력해진다"고 지적했다. 즉, 사회과의 궁극적 목표는 정치적·사회적·경제적 과정에 자발적으로 참여하는 시민을 기르는 것이다(Paker & Jarolimek, 1984: 6).

이와 같은 맥락에서 뱅크스는 탈산업사회와 세계사회의 특성을 고려할 때, 사회과 교육과정은 학생들이 4가지 목표의 영역들 – 지식, 기능, 가치와 태도, 시민 행동 – 을 달성하도록 도와주어야 한다고 주장했다(Banks, 1990: 4-7).

(1) 지식(knowledge)

학생들은 사회문제를 합리적으로 결정하고 사회생활에 효과적으로 참여하기 위해서 지식을 습득해야 한다. 사회과에서 배워야 할 지식은 보통 합리적 의사결정과 실천에 도움이 되는 사회과학과 인문학에서 도출된다. 학생들이 자신의 가치를 명료화하고 대립된 가치를 분석하기 위한 가치와 윤리는 철학에서 선택되기도 한다.

(2) 기능(skills)

사회과는 학생들이 사회문제를 합리적으로 사고하여 해결하는 데 필요한 능력을 개발하도록 도와주어야 한다. 사회과에서 가르쳐야 할 기능은 사고기능, 사회과학적 탐구기능, 분석기능, 집단기능이다.[1]

- 사고기능은 지식을 개념화하고 해석, 분석, 적용할 뿐만 아니라 지식을 평가할 수 있는 능력을 포함한다.
- **사회과학적 탐구기능**은 과학적 문제(가설)를 설정하여 자료를 수집·분석하고, 가설을 검증하여 일반화된 결론을 도출하는 능력이다.
- **분석 기능**은 정보를 수집하여 활용하는 능력, 의사소통하는 능력, 관련 자료와 지도를 해석하는 능력 등을 포함한다.
- **집단 기능은** 집단의 문제를 해결하는 데 지도자 또는 추종자로서 성공적으로 행동하는 능력, 집단의 목표를 설정하고 집단의 상황에서 효과적으로 힘을 활용할 수 있는 능력, 집단의 목표를 달성하는 데 기여하는 능력, 집단에서 효과적으로 의사소통하고 집단의 문제를 해결할 수 있는 능력 등을 포함한다.

(3) 가치 및 태도(values & attitudes)

시민들이 사회문제를 합리적으로 결정하고 그에 따라 일관성 있게 행동하려면 민주적 가치에 대한 확신을 갖고 실천해야 한다. 사회과에서 민주적 가치에 대한 확신을 가르치는 방법은 주입이 아니라 가치 분석의 과정을 통해 이루어져야 한다. 즉, 학생들이 자신의 가치 원천을 확인하여 가치를 분석하고 그 가치를 정당화하는 과정에 따라 자율적으로 배워야 한다.

1) 미국사회과협회는 사회과에서 육성해야 할 기능으로 (1) 정보를 획득하고 처리하는 능력, (2) 정책, 주장, 이야기를 구성하고 제시하는 능력, (3) 새로운 지식을 구성하는 능력, (4) 사회집단에 참여할 수 있는 능력 등으로 제안했다(NCSS, 1994: 8).

(4) 시민 행동(citizen action)

사회과는 학생들이 정치적 효능감을 증대시키는 활동과 프로그램에 참여할 기회를 제공하고, 사회제도에 영향을 미치는 데 있어서 유용한 기능을 가르쳐야 한다. 1979년 미국 사회과교육협회는 사회과에서 시민 행동의 중요성을 강조했다. 그 협회에 의하면, 학생들이 공동체의 활동에 광범위하게 참여하는 것은 사회과에서 본질적인 것이다. 사회참여는 견학, 회의 참석, 캠페인 활동, 사회봉사, 집회 참석 등의 형태를 취할 수 있다. 사회참여와 체험 학습 프로그램은 단지 사회에 봉사하기 위한 것이 아니라 학생들이 개인적·정치적 효능감을 달성할 수 있는 경험을 제공하는 것이다.

최근에 사회현상이나 문제에 대한 지식이나 의사결정력 등이 실제의 생활에서 사회적 행위로 나타나지 않는다는 비판들이 제기되었고, 또한 사회문제를 과학적으로 이해하여 합리적으로 해결하기 위해 사회에 참여하고 실천하는 시민이 사회과의 최종 목표로 강조되고 있다(Banks, 1990: 4-8; 차경수, 1997: 53-55; 박상준, 2002a: 97-149, 2011c: 59-61; 장원순, 2003: 7-115).

그에 따라 최근에는 시민의 행동과 실천을 강조하여 사회과의 목표를 4가지 영역으로 분류하는 것이 일반적 추세이다(Chapin & Messick, 1996: 5-6). 이런 추세에 따라 차경수와 모경환은 사회과의 목표를 지식, 기능, 가치, 실천적 행동 4영역으로 분류하였고(차경수·모경환, 2008: 68-70), 정문성 등은 사회과의 목표를 지식, 기능, 가치·태도, 참여로 분류하였다(정문성 외, 2008: 18-19).

이런 논의를 종합하여, 필자도 사회과의 목표를 지식, 기능, 가치·태도, 행동·참여 등 4영역으로 분류하고자 한다(박상준, 2011c: 59-61).

(1) 지식

사회현상이나 문제를 비판적으로 분석하여 합리적으로 해결하기 위해서는 복잡한 사회현상이나 문제에 대한 종합적 이해가 필요하다. 사회현상은 매우 복잡하게 얽혀 있고, 사회문제는 다양한 요인들에 의해 발생하기 때문이다. 그래서 사회현상이나 문제를 종합적으로 이해하여 합리적으로 해결하기 위해서는 사회과학과 인문학의 다양한 지식과 연구방법을 습득할 필요가 있다.

(2) 기능

사회현상이나 문제를 비판적으로 분석하고 합리적으로 해결하기 위해서는 그것에 대한 지식뿐만 아니라 여러 가지 사고능력이 요구된다. 그래서 사회과는 사회문제의 원인에 대해 과학적 조사를 통해 확인할 수 있는 '탐구력', 문제 해결과 관련된 정보들을 비판적으로 분석·평가하여 이용할 수 있는 '정보활용능력'과 '비판적 사고력', 갈등을 겪고 있는 상대방과 대화와 토론을 통해 설득하고 합의를 도출할 수 있는 '의사소통능력' 등을 가르쳐야 한다. 이런 사고능력들을 적절하게 활용함으로써 사회문제를 과학적으로 분석하고 합리적으로 해결할 수 있는 '의사결정력'을 길러주어야 한다.

(3) 가치·태도

사회문제와 갈등은 사실에 대한 인식의 차이뿐만 아니라 가치 및 이해관계의 차이 때문에 발생한다. 문제와 갈등을 합리적으로 해결하기 위해서는 민주적 가치에 근거하여 대화와 토론을 통해 합리적으로 해결하려는 태도가 필요하다. 또한 갈등을 해결하고 민주 사회의 기본 질서를 유지하기 위해서는 다른 사람의 자유와 권리를 보장하고 법률을 준수하는 태도가 요구된다.

(4) 행동·참여

교실 안에서 배운 사회현상이나 문제에 대한 지식과 사고능력은 교실 밖의 일상생활에서 사회적 행위로 곧바로 실행되지 않는다. 따라서 사회과는 사회현상이나 문제에 대한 지식과 사고 능력을 통해 문제의 합리적 해결책을 선택하는 과정뿐만 아니라 그 문제를 해결하기 위해 사회에 참여하고 실천할 수 있는 체험 학습 프로그램을 제공해야 한다. 그렇게 함으로써 사회과는 교과서에서 배웠던 지식과 사고 능력을 실제의 생활에 적용하여 실천하고 사회문제를 해결하기 위해 적극 참여하는 시민을 길러낼 수 있다.

▌사회과의 목표 4영역▐

영 역	내용 요소
지식	사회과학과 인문학에서 도출된 지식과 연구방법
기능	탐구력, 비판적 사고력, 의사결정력, 정보처리능력 등
가치·태도	민주적 가치의 형성, 갈등의 합리적 해결 태도, 준법 태도 등
행동·참여	지식과 기능의 실천, 의사결정의 실천, 사회문제의 해결 위한 참여

3. 우리나라 사회과의 목표

그러나 우리나라는 제7차 사회과 교육과정부터 2022 개정 사회과 교육과정에서 사회과의 목표를 '지식', '가치·태도', '기능' 3가지 영역으로 분류하고 있다 . 우리나라 사회과는 민주 시민이 갖추어야 할 자질로서 사회생활에 관한 지식의 습득, 민주적 가치와 태도의 함양, 문제의 합리적 해결 능력의 육성을 목표로 제시하고 있다.

> 사회과에서 가르치고자 하는 민주 시민은 사회생활을 영위하는 데 필요한 **'지식'**을 가지고, 인권 존중, 관용과 타협의 정신, 사회 정의의 실현, 공동체 의식, 참여와 책임 의식 등의 **'민주적 가치와 태도'**를 함양하고, 나아가 개인적·사회적 문제를 **'합리적으로 해결하는 능력'**을 기름으로써 개인의 발전은 물론 국가, 사회, 인류의 발전에 기여할 수 있는 자질을 갖춘 사람이다.
>
> (교육부 고시 제1997-15 [별책7]: 28)

사회과에서 기르고자 하는 시민은 인간과 사회현상을 **탐구하고** 지역사회, 국가, 세계의 생활에 참여하는 데 필요한 **지식과 기능의 습득**을 바탕으로 자율적으로 판단하고 행동한다. 또한 **공동체 의식**을 가지고 **타자를 존중하고 배려**하면서 개인적·사회적 문제를 **합리적으로 해결하는 능력**을 갖추어 개인의 성장을 도모하고, 지역사회·국가·세계의 발전에 기여한다.

(교육부 고시 제2022-33호 [별책7]: 6)

❙ 사회과의 세부 목표 ❙

영역	세부 목표
지식 (통합)	• 사회의 여러 현상과 특성을 지리적 환경, 역사적 맥락, 정치·경제·사회 제도와 관련지어 통합적 이해
지식 (지리)	• 자연환경 및 인문환경에 대한 이해 • 지역에 따른 인간 생활의 다양성과 역동성의 파악 • 지리 문제와 쟁점에 대한 관심
지식 (역사)	• 역사 지식과 개념에 대한 이해 • 각 시대의 사회 구조와 상호작용 방식 및 영향의 탐구 • 시대별 생활 모습의 파악
지식 (일반사회)	• 사회생활에 관한 기본적 지식의 이해 • 정치·법·경제·사회·문화 현상의 기본적 원리를 종합적 이해 • 현대 사회의 성격 및 사회문제의 파악
기능 (교과 역량)	• 창의적 사고력 • 비판적 사고력 • 문제 해결력 및 의사 결정력 • 의사소통 및 협업 능력 • 정보 활용 능력
가치·태도	• 개인과 사회생활의 민주적 운영 • 사회문제에 대한 관심 • 지속가능한 삶을 위한 노력과 태도

(교육부 고시 제2022-33호 [별책7]: 6-7)

제4장

사회 변동과 사회과교육의 변화

1990년대 이후 세계화가 진행되면서 지구 공동체가 형성되고 있으며, 민주 국가 안에서는 지역의 자치와 다양한 문화를 존중하는 제도가 정착되어 가고 있다. 그에 따라 한 사람이 국가의 '국민'뿐만 아니라 지구 공동체의 '세계시민'과 지역의 '주민'이라는 다중적 지위와 정체성을 갖게 되었다. 또한 4차 산업혁명과 스마트 혁명으로 미래 사회는 급격히 변화하고 예측하기 어렵다. 그래서 미래 사회는 복합적인 문제의 해결을 위해 창의적 사고력, 비판적 사고력, 의사소통력, 협력 같은 미래 역량을 요구하고 있다.

이 장에서는 세계화와 지역화에 따라 요구되는 다중 시민성에 대해 살펴보고, 미래 사회에서 요구하는 시민 역량이 무엇인지 고찰할 것이다. 그다음 사회문제와 갈등, 민주주의의 위기를 해결하기 위한 해법으로 강화되고 있는 인성교육의 동향을 살펴볼 것이다.

1. 세계화와 지역화 시대: 다중 시민성의 교육

1) 세계화와 지역화에 따른 다중 시민성

20세기 후반 세계에는 두 가지 현상이 나타난다. 1990년대 이후 공산주의 정권들이 붕괴되면서 민주정치와 시장경제가 대부분의 국가들에 도입되었다. 그에 따라 기본적 가치와 원리가 일반화되었고, 국가 간 상호 의존성이 증가되었다. 다른 한편 경제 성장으로 생활 수준과 교육 수준이 향상되고 시민 의식이 발달하면서, 한 국가 안에서도 다양한 집단과 민족의 정체성, 전통 문화, 다양성, 자치의 보장을 요구하는 목소리가 높아지고 있다. 전자는 **'세계화'**(globalization)와 관련되고, 후자는 **'지역화'** 또는 지방화(localization)와 관련된 현상이다.

세계화와 지역화가 진전되면서 개인은 한 국가의 '국민'(national citizen)이고, 동시에 특정한 지역사회의 '지역 주민'(municipal citizen)이고 세계 공동체의 '세계 시민'(global citizen)이다. 세계화와 지역화가 진행되면서, 한 사람이 국민, 지역 주민, 세계 시민이라는 다중적인 지위를 동시에 갖는데, 국가, 지역사회, 세계 공동체는 각 구성원에게 서로 다른 시민의 역량을 요구한다.

근대 국민국가에서 전체 시민에게 요구하는 것은 '국가 시민성'이었다. **'국가 시민성'**(national citizenship)은 한 국가의 구성원, 즉 '국민 모두에게 동일하게' 요구되는 자질 – 애국심, 법 준수, 의무 이행 등 – 을 의미했다.

그러나 20세기 후반 세계화와 지역화가 진전되면서 새로운 형태의 시민성, 즉 '세계 시민성'과 '지역 시민성'이 요구되고 있다(설규주, 2000: 24-34). **'세계 시민성'**(global citizenship)은 한 국가의 구성원이 아니라 세계 공동체의 구성원, 즉 세계 시민에게 요구되는 자질이다. 세계 시민성은 세계화에 대응하는 시민의 역량으로서 특정한 집단이나 국가의 이해관계를 초월하여 보편적 가치를 추구하고 그것을 실천하는 시민성이라 할 수 있다. 즉, 인권, 환경과 기후, 전쟁과 평화, 핵무기, 빈곤과 기아, 전염병 등의 문제와 관련하여 특정 집단이나 국가의 입장을 초월하여 인류 전체의 보편적 관점에서 접근하고 해결하기 위해 참여하는 시민의 역량이다. 세계 시민성은 보편적 가치를 추구하는 초집단적·초국가적인 반성과 참여로 특징지워진다.

반면에 **'지역 시민성'**(local citizenship)은 지역사회 또는 지방자치단체의 구성원, 즉 지역 주민에게 요구되는 자질이다. 지역 시민성은 지역화에 대응하는 시민의 역량으로서 자신이 속한 지역의 정체성을 확립하고 공동체가 추구하는 목적을 실현하기 위해 자발적으로 참여하는 시민성이다. 자신이 속한 집단과 공동체가 직면한 문제를 자신의 문제로 인식하고 합리적으로 해결하기 위해 능동적으로 참여하며 공동체의 선과 복지를 향상시키기 위해 헌신하는 태도이다.

이렇게 여러 공동체의 수준에서 다중적 지위를 갖는 한 시민에게 요구 되는 다양한 형태의 시민의 역량을 **'다중 시민성'**(multiple citizenship)이라고 부른다(김왕근, 1999: 47,53-56; 2010: 235-238). 다중 시민성은 한 개인에게 서로 다른 수준의 지위들이 부여되고, 다중적인 지위에 대해 서로 다른 시민의 역량이 요구되는 것을 가리킨다.

▌다중 시민성▐

시민의 다중적 지위	다중 시민성
국 민 (national citizen)	• 국가 시민성(national citizenship) - 한 국가의 구성원 전체에게 동일하게 요구되는 자질 - 국가적 정체성, 애국심, 국가적 문제의 해결 능력
세계 시민 (global citizen)	• 세계 시민성(global citizenship) - 세계 공동체의 구성원에게 요구되는 자질 - 보편적 가치를 추구하는 초집단적·초국가적인 반성과 참여
주 민 (municipal citizen)	• 지역 시민성(local citizenship) - 지역사회의 구성원에게 요구되는 자질 - 지역의 정체성의 획득과 공동체에 대한 참여

2) 다중 시민성의 교육

지구촌 시대에 다중 시민성을 육성하기 위해서는 지역사회, 국가, 세계 공동체의 수준에서 요구되는 시민의 역량에서 공통된 요소들을 찾아 시민성을 정의하는 것이 필요하다. 그래서 히터(D. Heater)는 시민성의 요소, 지역의 수준, 교육 측면에서 다중 시민성을 규정하고, **'시민성의 3차원 구조'**(the cube of citizenship)라고 불렀다(Heater, 1990: 318).

히터에 따르면, 시민성은 정체성, 덕목, 지위의 법률적 측면, 정치적 측면, 사회적 측면이라는 5가지 요소를 갖고 있다. 시민성의 5가지 요소는 지역의 수준－ 지방, 국가, 대륙, 세계－ 안에서 경험된다. 세계화 시대에 시민의 역할은 다양한 사회집단이나 지방자치단체의 수준뿐만 아니라 국가, 세계 공동체라는 다양한 수준에서 수행된다. 그리고 사람들은 시민의 지위를 갖고 태어나지만 시민의 역할을 적절하게 수행하기 위해서는 그 지위와 관련된 지식, 기능, 태도를 배워야 한다.

이와 같이 시민성의 3차원적 형태를 그림으로 표시하면 다음과 같다. (Heater, 1990: 319. 인용).

▌시민성의 3차원 구조▐

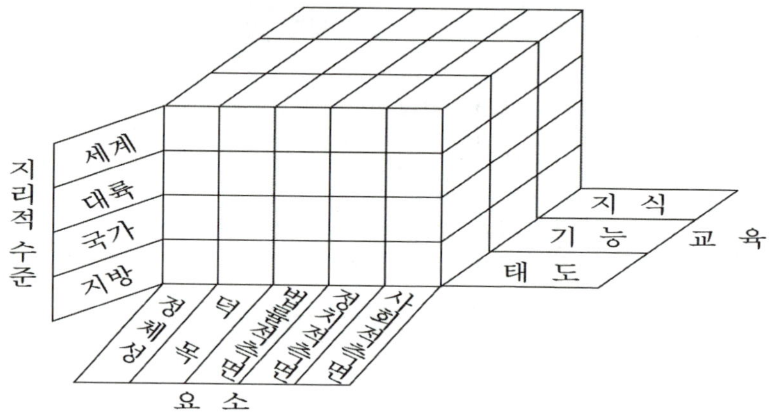

이 그림은 지방, 국가, 대륙, 세계의 수준에서 다중적 지위를 차지하면서 다양한 사회생활을 영위하는 **'다중적 시민'**(multiple citizen)에게 요구되는 역량, 즉 '다중 시민성'을 잘 보여준다. 세계화 시대에 요구되는 "다중적 시민은 공적 일에 대한 지식을 갖추고 시민의 덕목을 습득하고 정치적 영역에 참여하는 기능을 지닌 시민이다." 이런 다중 시민성을 육성하기 위한 학습 목표는 지식, 태도, 기능으로 제시된다(Heater, 1990: 336-338).

| 다중 시민성의 육성을 위한 학습목표 |

지식 (knowledge)	기능 (skills)	태도 (attitudes)
사 실 해 석 개인적 역할	지성과 판단 의사소통 행위	자기 이해 타인의 존중 가치의 존중

(Heater, 1990: 336, 인용)

2. 4차 산업혁명과 미래 사회의 변화: 지식에서 핵심 역량으로

1) 4차 산업혁명과 사회의 변화

2016년 '세계 경제 포럼'(WEF)에서 클라우스 슈밥(Klaus Schwab) 회장이 '4차 산업혁명'(the fourth industrial revolution)의 시대를 선언하면서 4차 산업혁명과 그에 따른 사회 변화에 관한 논의가 활발하게 진행되고 있다.

21세기 초부터 융합적인 디지털 기술, 인공 지능, 유비쿼터스 모바일 인터넷 등이 경제와 사회 전반에 큰 변화를 일으키면서 4차 산업혁명이 진행되고 있다. 이런 현상을 MIT 교수 E. Brynjolsson과 A. McAfee는 '제2의 기계 시대'라고 불렀고, 독일에서는 **'인더스트리 4.0'**(Industry 4.0)으로 논의하고 있다. 이처럼 물리적 기술, 디지털 기술, 생물학적 기술이 상호 교류하고 융합하면서 경제와 사회생활에 근본적 변화를 가져오는 현상을 **'4차 산업혁명'**이라고 한다(Schwab, 2016: 25-26).

이러한 4차 산업혁명을 가능하게 한 기술은 인공 지능(AI), 사물 인터넷(IoT), 빅 데이터, 3D 프린팅, 나노 기술, 바이오 기술 등이다(KT경제경영연구소, 2017: 82-96). 이러한 기술의 융합을 통해 4차 산업혁명은 인간, 사물, 가상 공간을 네트워크로 밀접하게 연결되는 **'초연결 사회'**(hyper-connected society) 또는 **'지능정보사회'**를 발전시키고 있다. 4차 산업혁명은 산업뿐만 아니라 가정과 사회생활, 사물, 가상공간까지 네트워크로 연결하여 포괄적 변화를 일으키고 있다.

많은 학자들이 논의한 내용을 종합하여, 필자는 1차 산업혁명부터 4차 산업혁명이 가져온 변화와 특징을 정리해 다음과 같이 제시할 것이다.

▎산업혁명 시기별 특징▐

구분	1차 산업혁명	2차 산업혁명	3차 산업혁명	4차 산업혁명
시기	1760's~1860's	1870's~1950's	1960's~2000's	2001~
신기술 신제품	• 방적 기계 • 증기 기관 • 증기기차/증기선	• 전기 • 자동차 • 전화/라디오	• 컴퓨터(PC) • 인터넷 • 텔레비전	• 인공 지능 • 사물 인터넷 • 생명 공학 • 로봇 공학
혁명	• 기계화 혁명	• 전기 혁명	• 디지털 혁명	• 스마트 혁명
생산 방식	• 기계 생산	• 컨베이어 시스템 (대량 생산)	• 자동화 생산 시스템	• 고객 맞춤 생산
노동자 계급	• 육체 노동자 (blue collar)	• 사무직 노동자 (white collar)	• 정보·지식 노동자 (gold collar)	• 창의적 노동자 (new collar)
사회 변화	• 산업사회	• 고도 산업사회	• 후기 산업사회 • 탈산업 사회	• 초연결 사회 • 지능정보사회

과거의 1~3차 산업혁명보다 4차 산업혁명은 확산되는 '속도'가 매우 빠르고, 경제와 사회 전반에 미치는 영향의 '범위'가 매우 넓다는 특징을 나타낸다. 예컨대 1차 산업혁명의 기계가 유럽 이외의 지역에 보급되는 데 약 120년이 걸렸는데, 3차 산업혁명의 인터넷이 전 세계에 확산되는 데 약 10년 정도 걸렸다. 2차 산업혁명이 일어난 지 약 140여 년이 지났지만, 아직 세계 인구의 17% 정도가 그것을 경험하지 못했고, 전기를 사용하기 어려운 사람이 약 13억 명에 달한다. 인터넷이 발달했지만, 아직 전 세계의 약 40억 명이 인터넷을 사용하지 못하는 상태이다(Schwab, 2016: 26-27).

4차 산업혁명은 전 세계를 연결한 네트워크와 무역 관계를 통해 엄청나게 빠른 속도로 확산되고 있다. 또한 인공 지능, 로봇 공학, 사물 인터넷, 자율 주행차, 3D 프린팅, 나노 기술, 생명 공학 기술, 신에너지 기술, 양자 컴퓨팅 등 신기술을 통하여 생산과 소비, 노동 같은 경제 영역뿐만 아니라 정치과정, 도시의 구조, 사회생활과 문화, 개인 생활에까지 광범위한 변화를 가져오고 있다.

이처럼 4차 산업혁명이 가져올 변화에 대하여, 2015년「세계경제포럼 보고서」는 ICT 분야 전문가 800명을 조사하여 2025년까지 미래 사회에 구현될 **'티핑 포인트'**(tipping point)를 다음과 같이 제시하였다(Schwab, 2016: 51-53).

2025년 발생할 티핑 포인트

티핑 포인트(2025년 미래 실현될 사항)	실현 가능성(응답율)
• 인구의 90%가 스마트 폰을 사용한다.	80.7%
• 인구의 90%가 무한 용량의 무료 저장소를 보유한다.	91.0%
• 인구의 80%가 인터넷 상에서 디지털 정체성을 갖는다.	84.4%
• 인구의 10%가 인터넷에 연결된 의류를 입는다.	91.2 %
• 상업화된 최초의 인체 삽입형 모바일 폰이 등장한다.	81.7%
• 3D 프린터로 소비자 제품 가운데 5%를 생산한다.	81.1%
• 3D 프린터로 제작된 간이 최초로 이식된다.	76.4%
• 미국 도로를 달리는 차들의 10%가 자율 주행차이다.	78.2%
• 인구 조사를 위해 인구 센서스 대신 빅 데이터를 활용한 정부가 최초로 등장한다.	82.9%
• 5만 명 이상 거주하는 스마트 도시가 최초로 등장한다.	63.7%
• 블록 체인을 통해 세금을 징수하는 최초의 정부가 등장한다.	73.1%
• 전 세계 GDP의 10%가 블록 체인 기술에 저장된다.	57.9%
• 미국 최초의 로봇 약사가 등장한다.	86.5%
• 인공 지능이 기업 감사의 30%를 수행한다.	75.4%
• 기업의 이사회에 인공 지능 로봇이 최초로 등장한다.	45.2%

(Schwab, 2016: 52).

대부분의 선진국이 1차 산업혁명에 적극 대응하여 근대화를 추진함으로써 현재까지 계속 경제발전과 부를 누리고 있다. 이런 사실은 우리 사회가 4차 산업혁명에 어떻게 대응하여 경제와 사회 발전을 추진해야 하는지를 알려준다. 4차 산업혁명이 미래의 경제적·정치적·사회적·문화적 환경에 가져올 변화에 대응하기 위하여 기업가뿐만 아니라 노동자, 시민, 정부도 적극적으로 준비해야 한다. 그러기 위해서 기업과 정부는 신기술의 개발에 투자하고, 학교는 4차 산업혁명이 가져올 미래 사회에 필요한 창의적 인재와 시민의 능력을 기르도록 교육해야 한다.

4차 산업혁명은 인공 지능, 사물 인터넷, 빅 데이터, 바이오 기술 등이 융합되어 경제뿐만 아니라 사회생활과 일상생활 전반에 커다란 변화를 가져올 것이다. 직장에서는 인공 지능 로봇이 대부분의 단순 생산 활동을 대체할 것이다. 인공 지능 비서(Amazon Alexa, Google Asistant), 인공 지능 의사(Watson), 인공 지능 상담원 등은 이미 실용화되고 있다. 사회생활에서도 자율 주행차, 무인 비행기 드론 등이 이동 수단으로 일반화되고, 생체 인식 칩이 신분증과 신용 카드를 대체하게 될 것이다. 가정에서는 사물 인터넷에 연결된 가전제품을 음성으로 작동하고 스마트 폰을 이용하여 외부에서 원격 조정하게 된다. 또한 인공 지능 로봇이 청소, 빨래, 요리 등 대부분의 가사 노동을 대신해 줄 것이다. 4차 산업혁명은 가까운 미래에 스마트 공장, 스마트 도시, 스마트 홈, 스마트 학교를 만들 것이다.

2) 미래 사회의 핵심 역량과 사회과 역량

이처럼 4차 산업혁명은 다양한 신기술의 융합을 통해 경제뿐만 아니라 사회 전반에 대변혁을 가져올 것이다. 4차 산업혁명으로 도래할 미래 사회는 기존의 지식을 저장하고 기억하는 능력이 아니라 새로운 지식을 창출하고 복잡한 문제를 창의적으로 해결할 수 있는 시민의 능력을 요구한다. 그에 따라 4차 산업혁명과 미래 사회는 전통적인 교육의 내용과 방법의 혁신을 요구하고 있다. 그러면서 많은 단체들이 4차 산업혁명과 미래 사회에서 요구되는 시민의 '핵심 역량'을 제시하였다.

OECD는 2030년 미래 사회에 대비한 교육의 방향을 설정하기 위해

「Education 2030」 프로젝트를 발표했다(OECD, 2018). 이 프로젝트는 교육의 비전을 공동 번영, 지속 가능성, 웰빙으로 정하고, 미래 사회에 대응할 수 있는 변혁적 역량을 교육목표로 제시했다. 미래 교육은 학생이 주도성(student agency)을 가지고 급변하는 미래 사회에 대응하고 복잡한 문제를 창의적으로 해결할 수 있는 역량, 즉 '변혁적 역량'을 함양하는 것을 목표로 한다(박상준, 2022: 53-54).

변혁적 역량(transformative competencies)은 크게 3가지 능력으로 구성된다. '새로운 가치 창출'은 일자리, 사업, 서비스 등 보다 좋은 삶을 위해 새로운 가치를 만들어 내는 능력이다. '갈등과 딜레마 조정'은 서로 충돌하는 문제의 공통점을 찾아내고 여러 대안들의 단기적·장기적 결과를 예측하여 합리적 해결 방안을 선택하는 능력이다. 갈등의 해결 과정에서 다른 입장과 차이를 이해하고 합리적인 해결책을 찾아가는 능력이 길러질 수 있다. '책임의 이행'은 자기 행동의 과정 및 결과에 대해 책임지고 자기 행동에 대해 성찰할 수 있는 것과 관련된다(OECD, 2018: 5).

❙ OECD 변혁적 역량 ❙

- **새로운 가치 창출**(creating new value)
- **갈등과 딜레마의 조정**(reconciling tension and dilemmas)
- **책임의 이행**(taking responsibility)

다른 한편 21세기 학습 파트너십(P21)은 미국교육학회(NEA)와 협력하여 수 년간 연구를 진행하여, 2009년 '21세기 학습 프레임워크'(Framework for 21st Century Learning)을 개발했고, 21세기 기능을 12가지로 제시했다(P21, 2009). 2010년 기준으로 미국의 16개 주가 P21이 제시한 21세기 학습 프레임워크 – 21세기 학습을 위한 학제적 주제 5개, 학습 기능 4개, 정보·미디어·기술 활용 기능 3개, 삶과 경력 기능 5개 – 를 학교 교육의 표준과 평가에 반영하는 데 동의했다(NEA, 2010).

그 후 2015년 P21은 여러 가지 역량들 중에서 미래 사회에서 핵심이 되는 역량을 4개 추출하여, 학생이 미래 사회와 일에서 성공하기 위하여 배워야 할 핵심 역량을 제시했다. '4 핵심 역량'(4Cs)은 '창의성과 혁신', '비판적 사고와 문제 해결', '의사소통', '협력'이다(P21, 2015: 1-5).

▌4 핵심 역량(4Cs)▐

핵심 역량	하위 구성 요소
창의성과 혁신 (Creativity and Innovation)	• 새롭고 가치 있는 아이디어 창출하기 • 자기 아이디어를 정교화, 개선, 분석, 평가하기 • 새 아이디어를 효과적으로 발전, 실행, 전달하기 • 새롭고 다양한 관점에 개방적으로 반응하기 • 실패를 배움의 기회로 간주하기
비판적 사고와 문제 해결 (Critical thinking and problem solving)	• 상황에 적합하게 다양한 유형의 추론을 사용하기 • 증거, 주장, 신념, 대안적 관점을 분석하고 평가하기 • 정보와 주장 사이를 연결하고 종합하기 • 최상의 분석에 기초하여 정보를 해석하고 결론 도출하기 • 관습적 방식과 혁신적 방식에서 다양한 문제를 해결하기 • 더 좋은 해결책으로 이끄는 질문을 제기하고 확인하기
의사소통 (Communication)	• 다양한 맥락에서 생각과 아이디어를 효과적으로 표현하기 • 효과적으로 경청하여 의미를 해독하기 • 미디어와 기술을 활용하고 그 효율성과 영향을 파악하기 • 다양한 목적으로 의사소통을 사용하기
협력 (Collaboration)	• 다양한 팀과 효율적으로 일하는 능력을 보여주기 • 공동 목표를 달성하기 위해 타협할 수 있는 유연성과 의지를 행사하기 • 공동 작업에 대해 공동 책임을 지고, 팀 구성원의 개별적 기여도를 소중히 평가하기

(P21, 2015: 4-5)

P21의 공동 의장이었던 B. Trilling과 C. Fadel은 21세기 미래 사회에서 성공적인 삶을 살기 위해 학습하는 방식을 제시했다. 그들은 전통적 교육에서 강조하던 기초 문해력(3Rs) – 읽기, 쓰기, 계산 능력 – 과 미래 사회에서 요구되는 7 역량(7Cs)을 결합하여 '**21세기 학습**' 공식을 제시했다(Trilling & Fadel, 2009: 230-232).

3Rs × 7Cs = 21st Century Learning

그 후 미국교육학회(NEA)는 P21이 제시한 21세기 기능들 중에서 초·중등교육에서 가장 중요한 '4 핵심 역량'(Four Cs) – '비판적 사고와 문제 해결', '의사소통', '협력', '창의성과 혁신' – 을 선정하고, 학교 교육 안에 구축하고 있다. 이 협회는 4 핵심 역량의 교육을 강조하면서 교실 수업에서 역량을 가르치도록 도와주는 「4 핵심 역량 교육을 위한 교사용 안내서」를 발간했다. 이 협회는 미국사회과협회(NCSS), 미국지리교육협회(NCGE) 등과 협력하여 교사용 안내서를 개발했다(NEA, 2010).

미국교육학회와 P21이 제시한 '4 핵심 역량'과 비슷하게, 세계경제포럼(WEF)도 미래 사회에서 요구되는 21세기 기능들 중에서 디지털 시대에 성공하기 위해 필요한 '4 핵심 역량'을 제시했다. 세계경제포럼은 2015년 21세기 기능의 격차 문제와 과학·기술을 통해 그 문제를 해결하는 방법을 다룬 보고서 「교육을 위한 새로운 비전(New Vision for Education)」를 발표했다.

이 보고서는 21세기 기능 관련 연구들에 대한 메타 분석을 통해 미래 교육을 위한 16가지 역량 세트, 즉 21세기 기능을 추출해 제시했다. '21세기 기능' (21st-Century Skills)은 기초 문해력, 역량, 인성 자질로 구성된다. 그 중에서 '4 핵심 역량'은 학생이 어떻게 복잡한 문제를 해결하는지와 관련된 기능이고, '비판적 사고와 문제 해결', '창의성', '의사소통', '협력'으로 구성된다. '혁신'이 빠졌지만, 이 역량은 P21이 제시한 4 핵심 역량과 매우 유사하다. 세계경제포럼은 학생이 디지털 시대에 성공하기 위해서는 전통적인 학습을 넘어서 21세기 기능 – 특히 4 핵심 역량 – 을 습득해야 한다고 강조했다(WEF, 2015).

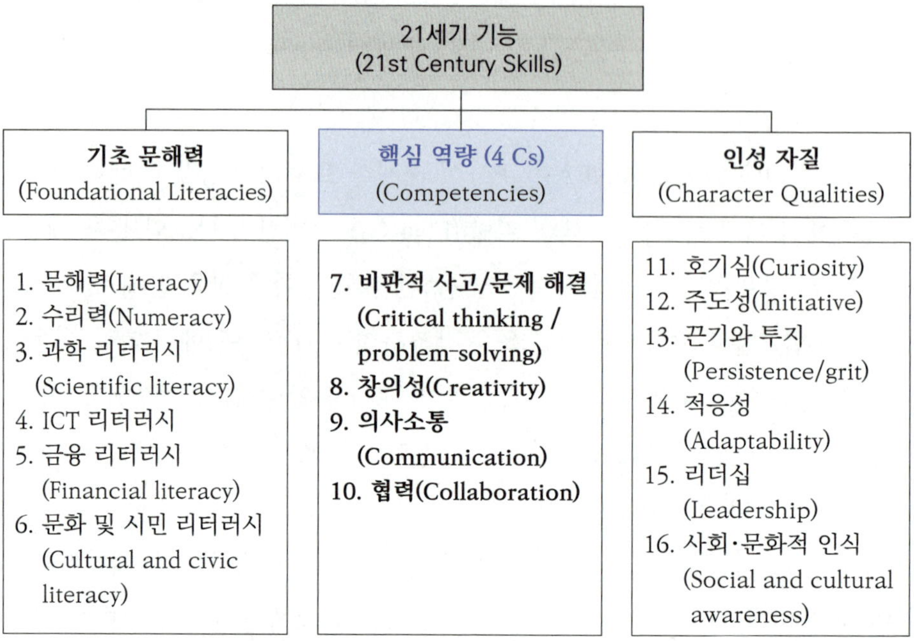

(WEF, 2016: 4. 저자 수정)

미래 사회에서 요구되는 핵심 역량을 반영하여, 2013년 한국교육과정평가원은 미래의 사회과교육에서 요구되는 **'핵심 역량'**을 인성 역량, 사회적 역량, 지적 역량으로 제시하였다.

▌사회과의 핵심 역량▐

범주	핵심 역량	하위 구성 요소
인성 역량	도덕적 역량	도덕 의식, 도덕적 감수성, 도덕적 판단, 도덕적 행동
	자아 정체성	자기 정체성 확립, 자신감
	개인적·사회적 책무성	개인적 책임, 사회적 책임
	개방성과 유연성	타인의 배려, 관용, 개방적 태도, 상황에 유연한 대응
	자기 관리 능력	정체성 확립, 여가 선용, 건강 관리, 합리적 경제생활, 기본 생활 습관, 자기 주도적 학습

범주	핵심 역량	하위 구성 요소
사회적 역량	대인관계능력	대인 관계의 형성, 갈등의 관리,
	의사 소통 능력	명료한 표현, 다양한 표현, 의미 설명, 진술 분석
	시민의식	합리적 판단, 타인 및 공동체 존중, 양성 평등 의식, 인권 보호 의식, 참여 의식, 타문화 이해 태도, 문화 상대주의, 전통문화 계승 및 세계 문화 발전 태도
	참여와 공헌	사회문제 해결의 참여 태도, 사회 발전에 공헌 태도
지적 역량	기초 학습 능력	기초적 읽기, 쓰기, 수리력, 기초 지식 이해
	비판적 사고력	제시된 근거의 분석, 근거에 의한 평가, 다양한 관점에서 평가
	창의적 사고력	유창한 사고, 유연한 사고, 독창적 사고, 생산적 사고, 확산적 사고, 변형적 사고, 발명적 사고
	문제 해결 능력	문제 파악, 사회 탐구, 대안 모색, 제도 분석, 정책 분석, 인과적 추론, 합리적 선택, 합리적 의사 결정
	정보 활용 능력	정보 조사, 정보 수집, 정보 분석, 정보 생성, 정보 활용

(한국교육과정평가원, 2013: 24-36.수정)

미래 사회의 변화에 대응하기 위해 미래 교육에서 가르쳐야 할 핵심 역량의 교육이 강조되면서, 「2022 개정 사회과 교육과정」은 사회과에서 시민의 역량으로 길러야 할 **'교과 역량'**을 5가지로 제시했다.

▌2022 개정 사회과 교육과정의 교과 역량▐

교과 역량	의 미
창의적 사고력	새롭고 가치 있는 아이디어를 생성하는 능력
비판적 사고력	사태를 분석적으로 평가하는 능력
문제해결력 및 의사결정력	사회문제를 해결하기 위해 합리적으로 결정하는 능력
의사소통 및 협업 능력	자기 견해를 분명하게 표현하고 타인과 효과적으로 상호작용하는 능력
정보 활용 능력	다양한 자료와 테크놀로지를 활용하여 정보를 수집·해석·활용·창조할 수 있는 능력

(교육부 고시 제2022-33호 [별책7]: 6)

3. 민주 사회의 위기와 시민교육의 강화: 인성 교육, 민주시민교육

1) 미국의 인성 교육 강화

1970~80년대 미국 사회는 학교 폭력, 총기 사건, 마약 남용, 흉악 범죄 등 사회문제가 심각해졌다. 이러한 사회문제를 교육적 차원에서 해결하기 위해 1990년대에 '인성 교육 운동'(character education movement)이 전개되었다. 1995년 클린턴 대통령이 인성 교육 학술회의를 개최하며 인성 교육을 강조하였고, 부시 대통령은 인성 교육을 교육 개혁의 핵심 의제로 추진하였다. 그러면서 1994년 이후 연방 의회에서 인성 교육을 강화하는 법률을 제정 또는 개정하였고, 인성 교육 협회(CEP)와 인성 교육 연합회(CEC) 등 민간단체에 재정을 지원하고 있다. 연방 의회는 1994년 '미국 학교 향상법'을 제정하여 '인성 교육 주 파일럿 프로젝트 파트너십 프로그램'을 운영하도록 하였다. 또한 2011년에는 '학술적·사회적·정서적 학습법을 제정하여 학생의 인성과 행동 개선을 위한 훈련 프로그램을 운영하고 있다.

이러한 인성 교육 운동과 법제화의 흐름 속에서 시민의 역량을 육성하려는 사회과에서도 인성 교육이 강조되었다. 1997년 미국사회과협회는 '시민 덕목의 육성: 사회과에서 인성 교육'(Fostering Civic Virtue: Character Education in the Social Studies)이란 성명서에서 사회과에서 시민의 덕목 또는 인성을 가르치는 것을 강화해야 한다고 제안하였다(NCSS, 1997: 2-4).

민주 사회에서 요구되는 시민의 역량은 사회현상이나 문제에 대한 지식과 사고 기능을 가르치는 것만으로 충분하지 않고, 공동체의 구성원과 함께 소통하고 문제 해결을 위해 협력할 수 있는 시민의 덕목을 필요로 하기 때문이다. 사회과의 인성 교육은 초등학교 수준에서 다른 사람들과 협력하며 사는 데 필요한 예의와 자제력 같은 기본적 덕목과 습관의 형성에 초점을 맞춘다. 중·고등학교 수준에서는 사회생활의 기본 원리에 대한 이해, 공적 토론과 결정에 참여하기 위한 기능과 성향의 발달에 초점을 맞춘다.

다른 한편 시민교육센터(CCE)의 버츠(R. F. Butts)는 1980년 제시했던 '미국 학교를 위한 민주 시민의 12가지 가치'를 현대 사회에 맞게 일부 수정하여 2000년에 '시민성의 12가지 목록: 입헌 민주주의의 토대'를 제시했다. 버츠는 공민 정신(civism) 대신에 **'시민성'** 또는 **'시민의 덕목'**(civitas)이란 용어가 시민교육의 목표를 규정하는 합리적 방식이라고 보고, 시민교육의 목표 2가지를 다음과 같이 제시했다(Butts, 2000: preface, 4-5): (1)학생들에게 자신의 정부, 역사, 가치, 원리, 제도 등에 대해 알게 해야 한다. (2)자신의 지역사회, 국가, 세계 공동체에 참여할 때 훌륭한 시민에게 요구되는 것을 할 수 있도록 해야 한다.

그에 따르면, 민주적 시민성은 크게 책임 부분과 권리 부분으로 구성된다. '시민의 책임 부분'은 정치 공동체에서 구성원들을 통합하는 요소들을 증대시키는 가치 또는 덕목들로 구성된다. 그리고 '시민의 권리 부분'은 정치 공동체에서 다원주의적이고 개인주의적 요소들을 증대시키는 가치 또는 덕목들로 구성된다.

버츠가 제시한 입헌 민주주의의 토대로서 '시민성의 12가지 목록'(Twelve Table of Civitas)은 다음과 같다:

| 시민성의 12가지 목록 |

시민의 책임		시민의 권리	
타락한 형태	참된 형태	참된 형태	타락한 형태
법과 질서 강요된 동질성, 복종 권위주의, 전체주의 다수결주의 가장된 위선 국수주의, 외국인 혐오	**정의** **평등** **권위** **참여** **진실** **애국심**	**자유** **다양성** **사생활** **적법 절차** **소유권** **국제적 인권**	무정부 상태 불안한 다원주의 자유의 절대화, 사유화 범죄에 취약성 인권보다 소유권의 중시 문화적·민족적 제국주의
	↘ **민주적 시민성**	↙	

(Butts, 2000: preface, 6, 인용)

2) 우리나라의 인성 교육 강화

서양과 마찬가지로 우리 사회에서도 "지식(앎)이 행동(행함)으로 나타난다"는 '주지주의 가정'에 기초하여, 학교는 전통적 지식을 전달하는 교육을 해 왔다. 그러나 지식 위주의 주입식 교육은 급변하고 복잡한 미래 사회에 필요한 시민을 기르는 데 한계를 드러냈고, 또한 사회문제를 해결하기 위해 실천하는 시민을 기르지 못했고, 개인의 도덕성이나 인성을 향상시키는 데 기여하지 못하였다.

또한 우리 사회는 독재 정권의 장기 집권과 빠른 경제성장과 양극화 등으로 지나친 개인주의, 황금만능주의, 책임 의식의 결여, 편법과 반칙, 불공정한 경쟁 등이 만연하면서 세월호 같은 대형 참사, 흉악 범죄 등이 급증하였다. 학교에서도 교실 붕괴, 학교 폭력, 청소년 범죄, 청소년 자살 등이 증가하였다. 이런 문제는 부조리한 사회와 제도 때문에 증가하기도 하지만, 다른 한편 개인의 도덕성과 인성이 결여되어 발생하기도 한다.

흥사단 투명사회운동본부가 조사한 청소년 정직 지수와 윤리 의식의 결과에 의하면, 전반적으로 청소년의 정직 지수와 윤리 의식은 매우 낮은 수준이었고, 2013년에 비해 2015년에 더 낮아졌으며, 초등학생에서 고등학생으로 갈수록 더 낮아지는 경향을 나타냈다. 구체적인 조사 결과를 살펴보면, "이웃의 어려움과 관계없이 나만 잘 살면 된다"고 생각하는 고등학생이 2013년 36%에서 2015년 45%로 증가하였다. "10억이 생기면 1년 정도 감옥에 가도 괜찮다"고 생각하는 고등학생이 2013년 47%에서 2015년 56%로 증가하였다. 또한 "숙제를 인터넷의 내용 그대로 베낀다"고 응답한 고등학생이 2015년 63%를 차지하였다(흥사단, 2015. 12. 29.).[1)]

1) 흥사단 투명사회운동본부는 2013년에 전국 초·중·고교 학생 10,000명을, 2015년에 11,000명을 대상으로 정직 지수와 윤리 의식을 조사한 결과를 발표했다(흥사단 보도자료, 2015. 12. 29).

▌청소년의 정직 지수 및 윤리 의식▐

년 도 (인 원)	이웃 관계없이 나만 잘살기			10억 주면 감옥에 갈 수 있음			인터넷에서 숙제 베끼기		
	초	중	고	초	중	고	초	중	고
2013 (10,000명)	19%	27%	36%	16%	33%	47%			
2015 (11,000명)	19%	30%	45%	17%	39%	56%	26%	46%	63%

(흥사단, 2015. 재구성)

이러한 조사 결과가 보여주듯이, 타인과 약자를 배려하지 않는 문화, 갑질의 일상화, 지나친 이기주의, 황금만능주의 등이 우리 사회에 만연하면서 청소년의 인성과 윤리 의식이 갈수록 낮아지는 추세이다. 이러한 심각한 사회문제를 해결하고 지식 위주의 주입식 교육의 한계를 극복하기 위해서 우리나라에서도 인성 교육에 대한 요구가 증가하고 있다. 이런 사회적 요구를 반영하여 2009 개정 교육과정은 '창의·인성'의 함양을 목표로 제시하면서 창의적 체험활동 및 각 교과에 인성 교육을 포함시켰다. 그리고 2015년 1월 국회는 각급 학교의 학교 교육과정에 인성 교육을 편성·운영하고, 1년마다 인성 교육의 추진 성과를 평가받도록 하는 '인성교육진흥법'을 제정하였다.

인성교육진흥법은 "인성 교육이 자신의 내면을 바르게 가꾸고 타인·공동체·자연과 더불어 살아가는 데 필요한 인간다운 성품과 역량을 기르는 것을 목적으로 한다"고 규정했고, 인성 교육에서 길러야 할 핵심 가치와 덕목으로 '예, 효, 정직, 책임, 존중, 배려, 소통, 협동'을 제시했다(제2조).

▌인성교육진흥법▐

핵심 가치·덕목	예, 효, 정직, 책임, 존중, 배려, 소통, 협동
핵심 역량	• 핵심 가치·덕목을 실천하는 데 필요한 지식 • 의사소통 능력 • 갈등 해결 능력

3) 민주 시민 교육의 강화

전 세계에서 경제 침체로 이주민에 대한 적대감이 증가하고 소득 양극화와 불평등이 심화되고 우익 정당이 득세하며 이념 대립이 심화되면서, 민주주의가 위기를 맞고 있다. 그에 따라 민주주의의 지속·발전과 시민의 역량을 기르기 위한 민주시민교육이 강화되고 있다. 2016년 미국사회과협회도 사회과교육은 대학, 직업 및 시민 생활에 필요 시민 역량을 길러서 민주 사회의 지속과 발전에 필수적이라고 재차 강조하였다(NCSS, 2016: 180).

우리나라도 민주주의 위기를 극복하고 미래 민주주의를 발전시켜 나갈 시민의 역량을 기르기 위하여 민주시민교육이 요구된다. 이런 국가·사회적 요구에 따라 2021년 민주주의 연구소는 교육부의 정책연구비를 지원받아 학교급별로 민주시민교육 교과의 교육과정을 개발하였다. 이 보고서는 여러 가지 의견들을 종합하여, **민주시민교육**을 자유, 평등, 연대를 지향하는 공동체 형성과 사회문제의 민주적 해결을 가정, 학교, 지역 공동체부터 국가, 세계에서 실천할 수 있는 주권자의 역량을 함양하는 교육으로 정의했다(김동춘·장원순 외, 2022: 8-10).

이 보고서는 23명의 전문가 델파이 조사를 통해 민주시민교육의 주제와 하위 개념을 다음과 같이 제시했다(김동춘·장원순 외, 2022: 206-210, 218-223, 231-236).

❙ 민주시민교육의 주제와 개념 ❙

영역	주제	하위 개념
시민과 민주주의	• 민주주의의 이념과 원리 • 민주정치와 시민 참여 • 시민과 인권	• 민주주의 이념, 원리, 핵심 가치, 발전 과정 • 정부형태, 국가기관, 정치과정, 시민 참여, 선거, 정당 • 인권, 헌법, 기본권, 인권 침해 구제
사회 쟁점과 민주주의	• 사회 정의와 불평등 • 시장경제와 인권 • 문화 다양성과 존중	• 사회 정의, 불평등, 약자와 소수자, • 시장경제, 경제활동, 노동자 권리, 사회복지 • 차별과 혐오, 이주민과 난민, 성평등, 문화 다양성

영역	주제	하위 개념
	• 미디어 발달과 비판적 활용	• 미디어의 기능과 역할, 미디어 리터러시
사회 변화와 민주주의	• 지구촌의 분쟁과 평화 • 생태 위기와 지속 가능성 • 과학기술의 발달과 지능정보사회	• 지구촌 분쟁, 평화, 세계 시민 • 기후 위기, 생태환경문제, 지속 가능성, 연대 • 지능정보사회, 디지털 민주주의

그리고 2020년 8월 전국사회교사모임을 포함하여 30여 개 시민사회단체는 '학교 민주시민 교과목 연대'를 결성하고 2022 개정 교육과정에서 민주시민교육을 정식 교과목으로 편성할 것을 주장하였다. 이 단체는 기존의 통합사회 과목을 '민주시민' 과목으로 변경하고, 중학교 사회 중 일반사회 영역을 분리하여 민주시민 과목으로 전환할 것을 요구했다. 이러한 사회적 요구에 따라 2020년과 2021년에 민주당 박찬대 의원 등이 민주시민교육을 위한 교과목을 만드는 법률안을 5건 발의했지만, 야당과 보수 단체의 반대로 무산되었다.

그러나 민주시민교육에 대한 국가·사회적 요구를 반영하여 1997년 김영삼 정부에서 제정된 '교육기본법' 제2조는 **민주시민의 자질 함양**을 우리나라 교육의 기본 이념으로 규정했고, 그에 따라 2007 개정 교육과정 이후 지금까지 민주시민의 자질을 우리나라 교육의 목적으로 제시하고 있다. 이러한 교육의 이념과 목적을 바탕으로 2022 개정 교육과정은 '자기 주도적인 사람'과 함께 공동체 의식을 바탕으로 다양성을 이해하고 존중하며 세계와 소통하는 '민주 시민'으로서 배려와 나눔, 협력을 실천하는 '더불어 사는 사람'을 인간상으로 제시했다(교육부, 2022a: 5).

그 밖에 소셜 미디어의 영향력이 커지고 가짜 뉴스가 여론을 왜곡하는 현상이 심해지면서 **'미디어 리터러시 교육'**이 강조되고 있다. 여러 시·도 교육청이 학생인권조례를 제정하고 사람들의 인권 의식이 향상되면서 **'인권 교육'**이 강화되고 있다. 또한 외국인 이주민의 유입이 증가하고 다양한 문화가 확산되면서 **'다문화 교육'** 또는 **'문화 다양성 교육'**이 활성화되고 있다. 최근에는 환경 파괴와 기후 위기로 인해 지구 생태계와 미래 세대의 생존이 위협받으면서 '**지속 가능성 교육**'이 요구되고 있다.

이처럼 최근 미래 사회의 변화와 요구를 반영하여 사회과에서 강조되는 새로운 교육 영역에 대해서는 제15장에서 자세히 설명할 것이다.

제5장

사회과의 분과 영역

사회과는 시간, 공간, 환경, 사회현상 및 문제와 관련된 다양한 지식, 사고 기능, 민주적 가치와 태도를 습득하여 사회생활에 주도적으로 참여하고 실천하는 시민의 역량을 기르는 교과이다. 그렇기 때문에 사회과는 지리, 역사, 정치, 법, 경제, 사회·문화와 관련된 주요 사실, 개념, 일반화, 이론, 탐구 방법을 통합하여 시·공간, 환경, 사회현상을 종합적으로 이해할 수 있도록 지리 교육, 역사 교육, 정치 교육, 법 교육, 경제 교육, 사회·문화 교육 등으로 구성된다.

이 장에서는 사회과의 각 분과 영역별로 추구하는 목표와 주요한 개념과 내용을 조사하고, 그런 내용 요소가 학교 급별로 어떻게 구성되어 있는지를 살펴볼 것이다.

1. 지리 교육

1) 지리 교육의 의미

지리 교육이 무엇인가에 대한 정의는 학자마다 다양하다. 임덕순은 "지리 교육을 폭넓은 지리적 통찰력을 지닌 민주적·애국적 인간을 양성하는 것"으로 규정했고, 미국 교육부의 지리평가위원회는 "지리적 지식과 기능을 발견하여 이를 체계적으로 실생활에 적용하는 시민을 기르는 것"으로 정의했다(서태열, 2010: 61).

그러나 일반적으로 "**지리 교육**은 지리학적 지식과 탐구방식에 대한 이해를 통하여 지리적 관점에서 세계를 이해하고 가치 있는 세계에 입문하도록 도와주는 교육"이다. 지리 교육은 지리적 지식과 기능을 발견하여 실생활에 적용할 수 있는 시민을 기르는 교육이라 할 수 있다(서태열, 2010: 36).

지리 교육은 단순히 지리학의 지식을 개론적으로 가르치는 것이 아니라 지리적 지식을 통하여 지리 현상과 세계를 이해하도록 도와주는 것이다. 교과 교육으로서 '지리'는 자연환경 및 인문환경에 대한 지식을 바탕으로 지리적 현상과 인간 생활방식의 상호 관계를 이해하고 공간 상에 나타나는 문제들을 지리적 관점으로 파악하여 대응할 수 있는 능력을 기르는 과목이다(교육과학기술부, 2012b: 79).

2) 지리 교육의 목표

여러 학자들이 지리 교육의 목적에 대하여 다양한 견해를 제시하였는데, 이를 종합하여 서태열은 지리 교육의 목적을 4가지로 제시하였다(서태열, 2010: 69-75).

① 장소감	② 지리 도해력
③ 공간 능력	④ 지리적 상상력

다른 한편 여러 학자들의 견해를 종합하여, 이경한은 지리 교육의 목표를 크게 지리적 통찰력, 개인의 자아실현, 민주 시민 정신의 신장으로 정리하였다(이경한, 2007: 12-21).

| 지리 교육의 목적 |

목표	주요 내용	주요 개념
지리적 통찰력	• 지역 인식 능력의 배양 • 지역의 특성 이해 • 지리학의 기본 개념 이해 • 지리학적 기능, 분석 방법 습득	• 인간과 자연의 상호관계 • 지역성 • 지리적 사고력
개인의 자아 실현	• 자아 인식 • 행동화 • 공간 지각 능력	• 관찰력 • 도해력 • 표현력
민주 시민 정신 신장	• 지리적 문제 해결에 참여하는 자세 • 비판적, 건설적인 사회 구성원의 육성 • 국제 시민정신의 고양 • 국토에 대한 이해와 사랑	• 문제해결능력, 의사결정력 • 비판적 사고력 • 국제 이해 • 국토애와 향토애

(이경한, 2007: 19, 인용)

지리 도해력(geo-graphicacy)은 언어나 숫자로 표시하기 어려운 공간의 정보를 전달할 수 있는 소통 능력이다(Balchin, 1976: 33-38). 다시 말하면, 도해력은 지리적 공간 정보를 시각적·공간적으로 표시하고 전달할 수 있는 능력이다. 이런 도해력은 문해력, 수리력, 표현력과 함께 인간의 기본적 능력으로 간주된다. 도해력의 교육에서는 지리적 정보를 다양한 그래픽으로 표현하고 만들 수 있는 활동을 제공하는 것이 필요하다. 그래서 지도 학습은 도해력을 기르는 데 중요한 역할을 한다.

장소감(sense of place)은 특정 장소에 대한 느낌을 넘어서 장소에 대한 인지적 인식과 함께 장소에 대한 정서적 유대감을 모두 포괄하는 개념이다. E. Relph(1976)는 장소감을 개인과 공동체 구성원으로서 어떤 장소에 속해 있다는 느낌이라고 정의했다. 또한 M. H. Matthews(1992)는 장소감을 인간과 장소 간의 정서적 유대라고 규정하였다. 장소감은 개인이나 집단이 경험과 의미 부여를 통해 어떤 장소에 대해 갖는 정서적 유대감이다. 사람은 어떤 장소와 만나면서 그 장소가 지리적으로 어떤 특성을 가진 곳인지 인식하고 나아가 그 장소와 만나는 과정에서 장소에 대해 인식하고 그 장소에 대한 친밀감, 애착심,

소속감 등 정서적 유대감을 형성하게 된다. 이러한 장소에 대한 지리적 인식과 정서적 유대감이 바로 장소감이다.

3) 지리 교육의 내용

지리 교육은 지리 현상을 종합적으로 파악하고, 지리적 관점과 탐구 방식에 의거해 지리적 현상과 문제를 분석하고 해결할 수 있는 지리적 사고력을 기르고자 한다. 이런 능력을 육성하기 위해서 지리 교육의 내용은 지리의 핵심 개념, 지리적 탐구 방법, 지리적 사고와 추론, 지리적 상상력 등으로 구성된다(서태열, 2010: 92-113).

지리 교육에서 가르쳐야 할 핵심 개념 또는 주제를 정리하면 다음과 같다(서태열, 2010: 95-99).

| 지리 교육의 핵심 개념 또는 주제 |

학자/단체	핵심 개념 또는 주제
E.N. Thomas(1964)	지리적 사실, 공간적 분포, 지역 결합
R. Hall(1982)	장소, 경관, 지역, 공간, 환경
미국 지리 교육공동위원회(1984)	입지, 장소, 장소 내의 연관성, 이동, 지역

이러한 지리 교육의 내용은 학교 급별로 다음과 같다.

| 지리 교육의 내용 |

학교	학년	과목	내용 요소	
초등학교	3~4년	사회	• 우리 지역의 위치 • 장소 경험과 장소감 • 지도의 종류와 요소 • 도시와 촌락의 환경	• 지역의 자연환경 • 지역의 인문환경 • 우리 지역의 지리 정보 • 좋은 환경과 삶의 질
	5~6년	사회	• 우리나라의 위치와 영토	• 세계 나라의 위치와 영토

학교	학년	과목	내용 요소
			• 우리나라의 자연환경 • 우리나라의 인구 분포 • 균형적인 국토 발전 • 세계의 기후 • 지구촌 환경 문제 • 기후 변화와 자연재해
중학교	1~3년	사회	• 세계 지역의 위치와 특성 • 아시아 국가의 위치와 특성 • 유럽 국가의 위치와 특성 • 아프리카 국가의 위치와 특성 • 아메리카 국가의 위치와 특성 • 오세아니아 국가의 위치와 특성 • 우리 국토의 위치와 영역 • 주요 도시의 위치와 장소감 • 우리나라의 자연환경과 인간생활 • 중부, 남부, 북부 지방 • 지속 가능 세계와 글로컬 시민
고등학교	2~3년	세계 시민과 지리	• 세계화와 세계 시민 • 지역 변화의 역동성 • 기후, 지형과 인간생활 • 종교와 인간생활 • 인구 분포와 구조, 이동의 영향 • 글로벌 경제와 공간적 불평등 • 에너지 문제와 대안 • 환경문제·분쟁의 해결과 평화
	2~3년	한국 지리 탐구	• 지리적 관점과 지리 탐구 • 여가와 관광 및 장소 개발 • 인구 구조의 변화 • 농업과 산업 구조의 변화 • 수도권 집중과 지방 소멸 • 세계유산과 자연경관 • 환경 개발과 보전 • 자연 재해 • 탄소 중립과 에너지 정책 • 경계와 영토 갈등

(교육부 고시 2022-33호 [별책7]: 8-11, 131, 169)

2. 역사 교육

1) 역사 교육의 의미

역사 교육이 무엇인가에 대해서는 다양한 견해가 존재하는 데, 명확한 정의가 내려지지 않았다. 교과교육으로서 역사 교육은 초·중등학교에서 역사를 가르치는 데 유용한 교수 방법의 개발과 적용에 관한 것으로 간주되거나 역사와 관련된 교수 내용 지식에 대한 교육으로 이해되기도 한다. 넓은 의미에서 역사 교육은 역사학의 내용과 방법을 교육적 목적으로 이해하고 구성하는 것과 관련된 지식과 연구의 체계를 말한다(양호완 외, 2010: 17-24).

그러나 일반적으로 "**역사 교육**은 과거에 관한 지식을 가르치고 그에 기초하여 역사적 사고력을 신장시키며, 바람직한 역사적 가치관과 태도를 함양하기 위한 교육활동"이라고 할 수 있다(정선영 외, 2009: 19-20). 교과교육으로서 '역사'는 과거 인류의 삶에 대한 이해를 바탕으로 현재 우리 삶의 모습을 과거와 연관시켜 살펴봄으로써 인간과 삶에 대한 이해와 안목을 기르는 과목이다(교육과학기술부, 2012b: 36).

사회과와 역사과의 관계에 대해서는 통합을 강조하는 입장과 역사과의 독립을 주장하는 입장이 있다. 어느 입장을 취하든지 역사과는 시민성 교육을 목표로 하고, 민주 시민에게 필요한 지식, 가치, 태도 등을 육성하며, 인간의 사회생활을 다루는 교과교육이라는 점에서 지리, 일반사회 교과와 공통점을 갖고 있다. 그러나 역사과와 지리 및 일반사회 교과는 다른 부분도 있다. 지리는 주로 사회생활의 공간적 측면을, 일반사회는 현상적·원리적 측면을 다루지만, 역사는 사회생활의 시간적 측면을 다룬다는 점에서 다르다. 즉, 역사과는 사회생활에 대한 과학적 설명과 원리의 발견보다는 인간 행위와 사건의 동기와 성격에 대한 해석 및 상상적 이해 등을 강조한다(정선영 외, 2009: 22-24).

2) 역사 교육의 목표

여러 가지 견해를 종합하면, 역사 교육의 목표는 크게 ① **역사적 교훈의 획득**, ② **유산의 전승**, ③ **현재의 이해**, ④ **인격과 교양의 육성**, ⑤ **역사의식과 역사적 사고력**으로 제시될 수 있다(최상훈 외, 2010: 15-26).

최근에는 사실을 전달하는 것보다는 '역사 의식'과 '역사적 사고력'이 역사 교육의 목표로 강조된다(양호환 외, 2010: 50-65, 307-384). **'역사 의식'**(historical consciousness)은 역사가 무엇인가에 대한 관점을 비롯하여 역사 속에서 자신의 존재를 파악하고, 문제를 발견하고 실천하려는 의식을 포함하는데, 6가지 요소로 구성된다(최상훈 외, 2010: 23-24).

① 역 사 관: 역사란 무엇인가에 대한 관점
② 자아의식: 역사 속에서 자신의 실체를 파악하는 의식
③ 존재의식: 역사 속에서 자신의 위치에 대한 의식
④ 시간의식: 역사 속에서 시간의 존재와 시대의 차이에 대한 인식
⑤ 변화의식: 역사의 변화와 발전에 대한 의식)
⑥ 실천의식: 역사 속에서 인간과 사회의 문제 해결과 실천에 관한 의식)

'역사적 사고력'(historical thinking)은 어떤 문제에 처했을 때 역사적 지식을 활용하여 역사 문제에 가설을 세우고 해결 방안을 모색하면서 역사를 이해하려는 복합적인 정신의 능력이다. 역사적 사고력은 보통 4가지 하위 범주로 구성된다(최상훈 외, 2010: 25).

① **연대기 파악력**: 시간에 따른 변화를 중시하고 인간의 삶과 여러 현상을 연대기 속에서 이해하는 능력
② **역사적 탐구력**: 사료를 근거로 과거 사건이나 행위에 대한 해석과 설명을 통해 이해를 도출하는 능력
③ **역사적 상상력**: 사료의 불완전성을 보완하기 위해 관련 근거를 토대로 증거의 간극을 채워가거나 과거 인물의 심적 상황을 추체험하는 능력
④ **역사적 판단력**: 증거의 중요성을 판별하고 자료를 해석하고 추론하는 과정에서 편견을 찾아내고 균형 잡힌 결론을 도출하는 능력

3) 역사 교육의 내용

역사 교육에서 가르쳐야 할 내용은 역사적 사실, 개념, 일반화, 탐구방법, 시대적·사회적 요구와 관련된 내용을 포함한다(정선영 외, 2009: 109-120). 역사 교육은 역사적 사실과 개념을 활용하여 역사와 관련된 현상을 이해하는 안목과 역사의식, 역사적 사고력을 기르는 내용으로 구성된다.

역사 교육의 내용은 크게 역사 지식, 역사적 사고력, 역사적 태도 3가지로 구성된다(최상훈 외, 2010: 52-71). '역사 지식'은 역사와 관련된 구체적 사실(史實)과 개념, 일반화, 이론을 포함한다. '역사적 사고력'은 연대기 속에서 역사적 사실을 이해하며 사실의 의미를 해석하고, 객관적 자료에 의거해 역사적 문제를 추론하고 판단하는 능력이다. '역사적 태도'는 역사 교육을 통해 삶의 다양성을 이해하고 관용하는 태도, 역사의 변화를 추구하는 태도, 역사의 주체가 되려는 태도 등으로 구성된다.

역사 교육에서 개념은 그 자체가 목적이 아니라 역사적 사실을 이해하고 해석하기 위한 도구로서 가르쳐진다.

❙ 역사 교육의 주요 개념 ❙

학자	주요 개념
최상훈 외 (2010)	변화, 지속, 시대, 발전, 인과관계, 사료, 증거, 실증, 문화사, 경제사, 심성사, 풍속사, 노동사, 노예제, 종교개혁, 절대주의, 계몽사상 등(한국사: 호족, 양반사회, 독립운동, 의병전쟁 등)
Savage & Armstrong (2000)	변화, 계속성, 연대기, 다중 인과관계, 해석, 타당성, 사료(1차, 2차), 연대, 시대, 혁신

(최상훈 외, 2010: 61; Savage & Armstrong, 2000: 42)

이러한 역사 교육의 내용이 학교 급별로 다음과 같다.

❙ 역사 교육의 내용 ❙

학교	학년	과목	내용 요소
초등학교	3~4년	사회	• 역사의 시간 개념 • 변화와 연속성 • 지역의 역사 이해 • 지역의 박물관, 유적지
	5~6년	사회	• 역사 탐구 방법 • 유교와 조선 사회의 생활 • 선사 시대의 생활 • 조선 후기 사회의 변화 • 고대 사람의 생활 • 광복과 6·25전쟁으로 달라진 생활 • 고려 사회와 사람의 생활 • 일제에 저항과 사회의 영향 • 민주화와 산업화로 달라진 생활

학교	학년	과목	내용 요소
중학교	2년	사회	• 역사의 의미, 역사 학습의 목적, 역사 탐구의 방법 • 문명의 발생과 고대 세계의 형성 • 세계 종교의 확산과 지역 문화의 발전 • 지역 세계의 교류와 변화 • 제국주의와 국민국가 건설 운동 • 세계대전과 사회 변동 • 현대 세계의 전개와 과제 • 우리나라 국가의 형성과 발전(고조선, 삼국, 가야) • 통일 신라와 발해 • 고려의 성립과 발전 • 조선의 성립과 발전 • 조선 사회의 변동 • 근·현대 사회로의 전환
고등학교	1년	한국사	• 근대 이전 한국사의 이해 • 근대 이전 한국사의 탐구 • 근대 국가 수립의 노력 • 일제 식민 통치와 민족 운동 • 대한민국의 발전 • 오늘날의 대한민국
	2~3년	세계사	• 지역 세계의 형성(인류 문명, 인도, 지중해, 유럽의 문화와 종교) • 교역망의 확대(이슬람, 몽골, 유럽의 신항로 개척, 세계 교역) • 국민 국가의 형성(청, 무굴, 오스만 제국, 미국과 프랑스 혁명, 산업혁명과 제국주의, 국민국가 형성) • 현대 세계의 과제(1·2차 대전, 냉전, 지구적 과제와 노력)

(교육부 고시 2022-33호 [별책7]: 16-18, 76-77, 94-95, 143)

3. 정치 교육

1) 정치 교육의 의미

전통적으로 정치 교육은 주로 지배 계급의 필요에 의해 이루어졌기 때문에, 기존의 정치 체제와 질서의 존속에 필요한 지식이나 규범을 구성원들에게 내면화시키는 '**정치 사회화**'로 이해되었다(박상준, 2005: 22). 정치 사회화의 입장에서 전통적인 정치 교육은 정치적 내용의 주입을 통해 특정한 정치적 태도와 행동 성향을 육성하려는 의도적 노력(Bereday & Stretch, 1963), 정치 체제의 규범과 가치관을 구성원에게 내면화시키는 과정(Massialas, 1969), 또는 정치 체제의 유지와 안정을 위하여 구성원의 확산적 지지를 창출하는 일련의 과정(Tapper, 1976)으로 이해되었다(김용찬, 2010: 138-139, 재인용).

그러나 1960년대 신사회과 운동이 일어나면서 사회과의 한 영역으로서 정치 교육의 성격이 변화되었다. 전통적인 정치 교육과 달리, 새로운 정치 교육은 정치 현상을 과학적으로 탐구하거나 정치문제를 합리적으로 해결하는 사고능력을 발달시키는 것으로 이해되었다(박상준, 2005: 23).

새로운 관점에서 J. J. Patrick(1977)은 "정치 교육이 개인의 정치적 신조와 행위에 대한 교수·학습 과정으로서 비판적이고 독립적으로 사고하는 능력을 육성하는 과정이다"라고, L. Masterman(1981)은 "**정치 교육**은 학생들이 정치현상에 대해 이해력을 획득하고 그것을 변화시킬 능력을 습득하는 과정이다"라고, D. Heater와 J. A. Gillespie(1981)는 "정치 교육은 정치생활의 영역에 대해 생각하고 활동하는 능력을 개발하는 과정이다"라고 정의하였다. 최근에 P. Canivez(1995)는 "정치 교육을 정치적 판단력의 교육이라"고 규정하였다(박상준, 2005: 23-24, 재인용).

다른 한편 김용찬은 정치 교육에 대한 거시적 수준과 미시적 수준을 상보적 입장에서 접근해야 한다고 주장하면서 "정치 교육이란 정치 체제의 유지와 안정 및 생존과 변화를 추구하기 위해 필요한 정치적 가치관과 태도 및 지식과 기능을 정치 교육기관이 의도적으로 육성하는 과정이다"라고 정의하였다(김용찬, 2010: 142).

여러 학자들의 견해를 종합하면, 오늘날 "**정치 교육**은 정치 현상에 대한 이해에 기초하여 정치과정이나 정치적 문제에 대하여 비판적으로 사고하고 판단하는 능력을 신장시켜 정치과정에 적극 참여하고 실천하는 시민의 역량을 함양하는 교육"이라고 할 수 있다.

2) 정치 교육의 목표

전통적인 정치 교육은 기존의 정치체제를 존속시키는 데 필요한 지식과 규범의 전달을 목표로 하였다. 그러나 이러한 정치 교육은 상대적 가치와 규범을 주입하는 문제점을 지녔다. 그래서 오늘날 정치 교육은 정치 현상에 대하여 비판적으로 사고하거나 판단하는 능력 또는 정치 문제를 합리적으로 해결하는 능력의 신장을 목표로 제시하고 있다(박상준, 2005: 22-24).

사회과의 분과 영역으로서 '정치'는 정치 현상에 대한 기본 개념과 원리의 이해, 정치적 문제를 해결하기 위한 비판적 사고와 합리적 의사결정력, 정치과정에 능동적으로 참여하고 공동체 발전에 이바지하는 자세를 기르고자 한다(교육과학기술부, 2009b: 300).

여러 견해들을 종합하여, 정치 교육의 목표를 제시하면 다음과 같다.

❙ 정치 교육의 목표 ❙

목 표	구성 요소
정치적 지식	• 정치 현상 관련 사실, 개념, 일반화, 이론의 이해
정치적 기능	• 정치 현상과 제도에 대한 비판적 사고력 및 정치적 판단력 • 정치 문제의 합리적 해결 능력
정치적 가치와 태도	• 민주정치 관련 가치(인간 존엄, 자유, 평등, 정의 등) • 정치 참여 및 민주적 생활 태도
정치적 참여와 실천	• 정치과정에의 참여와 정치적 행동의 실천 • 정치 문제 해결에의 참여와 해결 노력

3) 정치 교육의 내용

기존 정치체제를 정당화하는 지식이나 규범으로 구성되었던 전통적인 정치 교육과 달리, 오늘날 정치 교육은 정치 현상에 대한 비판적 사고력이나 문제해결력의 신장에 도움이 되는 내용으로 재구성된다. 그래서 정치 교육의 내용은 정치 현상에 대한 이해, 정치 현상이나 문제에 대해 비판적으로 사고하거나 과학적으로 탐구하는 방법, 정치 문제를 합리적으로 해결하는 방법, 정치 과정과 정치 생활에 주체적으로 참여하고 실천하는 체험 학습 등으로 조직된다(박상준, 2005: 24-25).

정치 교육에서 가르쳐야 할 주요 개념들은 다음과 같다.

❙ 정치 교육의 주요 개념 ❙

학 자	주요 개념
Banks(1990)	권력, 권위, 사회 통제, 국가, 이익집단, 정치 사회화, 정부, 리더십
Savage & Armstrong (2000)	권력의 분배, 권위, 갈등 해결, 의사결정, 타협, 헌법, 법, 입법권, 권리, 책임, 자유, 평등, 정의, 정당한 절차, 법 체계, 민주정치, 군주정치, 신권정치(theocracy)

(Banks, 1990: 348-355; Savage & Armstrong, 2000: 74)

이러한 정치 교육의 내용은 학교 급별로 다음과 같다.

❙ 정치 교육의 내용 ❙

학교	학년	과목	내용 요소	
초등학교	3~4년	사회	• 민주주의와 학교 자치, 주민 자치 • 주민 참여와 지역 문제 해결	
	5~6년	사회	• 선거의 의미와 역할 • 미디어의 역할과 내용 분석	
중학교	1~3년	사회	• 정치와 민주주의 • 민주주의의 이념과 원리 • 국제 사회의 주체와 특징 • 지방자치와 시민 참여	•선거와 정당 •정치과정과 정치 주체 •지방자치와 시민 참여 •국제 분쟁과 대응 방안
고등학교	2~3년	정치	• 정치와 일상생활 • 민주주의의 이념과 원리 • 민주주의의 모델 • 국가권력의 구성 원리 • 지방자치 • 지구적 문제와 세계 시민	• 시민의 권리와 의무 • 시민 의사의 투입: 정당, 선거 • 미디어와 시민 참여 • 정부형태 • 국제 사회의 갈등과 협력 • 평화와 지속 가능한 발전

(교육부 고시 2022-33호 [별책7]: 12, 209)

4. 법 교육

1) 법 교육의 의미

법에 대한 교육은 전통적으로 법과대학에서 법률 전문가를 양성하는 '법학 교육'(legal education)으로 실시되었다. 그러다가 1960년대 미국에서 법 교육 운동이 일어나면서, 초·중등학교에서 법치주의 사회에 필요한 기본적인 법적 지식, 기능, 태도를 길러주는 '법 교육'(law-related education)이 시작되었다(박상준, 2012c: 3).

이런 운동으로 1978년 제정된 미국 법 교육법에서는 "법 교육은 일반인들에게 법적 지식, 기능, 법적 절차, 법체계 및 그것의 바탕에 놓여 있는 기초 원리와 가치를 가르치는 것이다"라고 정의하였다. 그 후 미국 변호사협회(1995)에서는 "법 교육을 법, 권력, 정의, 자유, 평등 등 민주주의의 기본 개념들과 그것들의 상호 관계를 가르치고, 사회가 필요로 하는 능동적 시민을 길러내기 위해 지식, 기능, 가치를 전달하기 위해 노력하는 것이다"라고 정의하였다(곽한영, 2007: 66).

우리나라는 제7차 교육과정에서 고등학교에 '법과 사회' 과목을 신설하면서 대학에 법 교육 강좌가 개설되고 법 교육이 활성화되었다. 이러한 법 교육의 발달사를 고찰하면서, 박성혁은 사회과에서 "법 교육은 학습자로 하여금 법 현상을 이해하고 일상의 법적 문제나 쟁점을 합법적으로 판단하고 행동할 수 있는 능력을 갖추며 이를 바탕으로 준법의식을 갖춘 책임 있는 민주시민을 양성하는 것을 목표로 한다"고 제시하였다(박성혁, 2005: 64). 곽한영은 법에 대한 지식과 이해를 강조하는 시각과 법에 대한 태도와 활용 능력을 강조하는 시각이 상호보완 관계에 있음을 주장하면서 "법 교육은 학생들에게 사회생활에 필요한 법적 지식, 기능, 가치와 태도를 전달하여 건전한 법의식을 확립하는 것을 목표로 하는 시민교육이다"라고 정의했다(곽한영, 2007: 70).

법 교육의 활성화를 위해 2008년 제정된 법 교육지원법 제2조에서는 “법 교육이란 청소년 및 일반 국민에게 법에 관한 지식과 기능, 법의 형성 과정, 법의 체계, 법의 원리 및 가치 등의 제공을 통하여 민주시민으로서 필요한 법적 이해능력, 합리적 사고능력, 긍정적 참여의식, 질서 의식, 헌법적 가치관 등을 함양함을 목적으로 하는 법과 관련된 일체의 교육을 말한다”고 정의하였다.

여러 학자들의 견해와 입장을 종합하면, 한마디로 “**법 교육**은 법에 대한 기본 지식과 이해에 기초하여 법적 문제를 합리적으로 해결하는 능력과 태도를 발달시킴으로써 법률생활을 자율적으로 영위하는 시민의 역량을 기르는 교육”이라고 할 수 있다. 한마디로 법 교육은 이런 **‘법적 시민성’**을 길러주는 교육이라 할 수 있다(박상준, 2012c).

2) 법 교육의 목표

법 교육에 대한 관점에 따라서 법 교육의 목표는 법에 대한 지식과 이해의 습득을 강조하는 입장과 법적 문제를 해결하는 능력과 법에 대한 태도의 발달을 강조하는 입장으로 구분될 수 있다. 표면적으로 두 입장이 강조하는 것이 다르게 보이지만, 실제로 법 교육을 통해 최종적으로 육성하고자 하는 법적 시민성은 유사하다. 법 교육에서 기르고자 하는 ‘법적 시민성’은 법적 문제와 관련된 개념과 원리의 이해, 법적 문제해결력, 법치주의에 대한 신념, 준법 태도 등이다(박상준, 2012c: 3-4).

사회과의 분과 영역으로서 ‘법과 사회’ 는 법의 이념과 원리에 대한 이해를 통해 법치사회의 시민에게 요구되는 법적 사고력, 가치판단 능력, 문제 해결능력을 함양하고 올바른 법의식과 준법정신을 형성하는 것을 목표로 한다(교육과학기술부, 2009b: 274).

법 교육에서 육성하고자 하는 **‘법의식’**은 크게 3가지 영역으로 구성되어 있다(곽한영, 2007: 85-86).

① 인지적 영역: 법적 지식, 법에 대한 인식, 법의 필요성 자각, 법적 추론
② 정서적 영역: 법적 동일시, 친근감, 신뢰감, 중화 기제, 비행에 우호적 태도
③ 행동적 영역: 법적 효능감, 법 사용 의사, 법적 관용성

3) 법 교육의 내용

법 교육의 성격과 목표에 대한 강조점에 따라 다를 수 있지만, 일반적으로 법 교육은 법에 대한 기본 지식과 이해, 법적 사고력, 법적 문제의 해결 능력, 법의식과 준법 태도, 법률생활에의 참여 등과 관련된 내용으로 구성된다.

❙ 법 교육의 구성 요소 ❙

학자/기관	구성 요소
교육과학기술부 (2009)	법 생활의 기초, 국가적 생활과 법, 개인적 생활과 법, 사회적 생활과 법, 범죄와 형사 절차
박상준 (2017)	법의 의미와 기능, 권리·의무와 헌법, 가정생활과 법, 학교생활과 법, 사회생활과 법, 범죄와 형벌, 법문화와 법의식

(교육과학기술부, 2009b: 101; 박상준, 2017a: 56-58)

이러한 법 교육의 내용은 학교 급별로 다음과 같다.

❙ 법 교육의 내용 ❙

학교	학년	과목	내용 요소	
초등학교	3~4년	사회	-	
	5~6년	사회	• 법의 의미와 역할 • 인권 침해 문제의 해결 • 헌법과 국가기관의 구성	• 인권과 헌법 • 인권 보호 활동의 참여 • 권력 분립
중학교	1~3년	사회	• 법의 의미와 목적 • 법의 종류 • 재판의 종류와 공정한 재판 • 정부형태	• 인권과 기본권 • 기본권의 제한과 구제 • 근로자의 권리와 구제 • 국가기관의 역할

학교	학년	과목	내용 요소	
고등학교	2~3년	법과 사회	• 가족관계, 채권, 물권 관련 법 • 민주주의와 법치주의 발전 • 헌법의 기본 원리와 기본권 • 형법의 의의와 기능 • 법원과 헌법재판소	• 근로자의 권리 • 사회보장법과 경제법 • 지적 재산권 • 청소년의 권리와 의무 • 학교 폭력의 해결

(교육부 고시 2022-33호 [별책7]: 13, 221)

5. 경제 교육

1) 경제 교육의 의미

자본주의 사회에서는 어린 학생도 소비자로서 경제활동에 참여하고, 성인이 되어서 소비자, 노동자 또는 투자자, 생산자로서 경제활동을 수행할 것이다. 그러므로 학생들에게 경제활동에 대해 이해하고 합리적으로 '경제적 의사결정'을 할 수 있는 능력을 기르는 경제교육이 필요하다.

경제 교육이 무엇인가에 대해서도 다양한 견해가 존재한다. M. C. Schug (1985)는 경제 교육을 경제학의 기본 개념과 원리에 대한 이해와 적용을 통하여 경제적 의사결정 과정을 도와주는 것으로 이해하였다. 다른 한편 안병근은 "경제교육을 학생들이 개인적, 사회적 경제 문제에 직면할 경우에 합리적 사고와 합리적 의사결정을 함으로써 책임 있는 시민의 성장을 목표로 하는 교육이라"고 규정하였다(안병근, 2005: 10-11).

여러 학자들의 견해를 종합하면, **경제 교육**은 경제 현상에 대한 이해에 기초하여 경제 문제를 합리적으로 해결하는 능력과 경제적 사고력을 육성함으로써 경제생활을 합리적으로 영위하는 경제 주체의 자질을 길러주는 교육이다.

2) 경제 교육의 목표

경제 교육은 단순히 경제학적 지식을 가르치는 것이 아니라 경제적 개념과 원리의 이해를 통해 경제문제를 해결하고 합리적인 경제활동을 하는 것을 도와주기 위한 것이다.

경제 교육의 목표가 무엇인가에 대해서는 다양한 견해가 존재하지만, 일반적으로 3가지로 제시될 수 있다(김진영·박형준, 2004: 25).

> ① 경제현상을 지배하는 개념, 경제 원리나 법칙의 이해 증진
> ② 당면한 경제문제를 해결하기 위한 합리적 의사결정 능력 배양
> ③ 경제발전과 복지사회 건설에 참여하는 태도나 가치관의 함양

사회과의 분과 영역으로서 '경제'는 학생들이 경제 질서의 기본 원리와 경제 현상의 상호 연관성을 체계적으로 이해하고, 변화하는 경제 상황에 대한 자료를 수집·분석하여 문제를 해결할 수 있는 능력을 기르며, 경제생활에 참여하여 개인과 공동체의 조화로운 삶의 질 향상에 기여할 수 있는 태도를 함양하는 것을 목표로 한다(교육과학기술부, 2012b: 135).

여러 견해를 종합하면, 경제 교육의 목표는 다음과 같이 제시될 수 있다.

❙ 경제 교육의 목표와 구성 요소 ❙

목표	구성 요소
경제적 지식	• 경제 현상 관련 사실, 개념, 법칙, 이론의 이해
경제적 기능	• 경제 문제 해결을 위한 합리적 의사 결정 능력 • 경제 문제에 대한 합리적 선택 능력
경제적 가치와 태도	• 경제생활 관련 가치(자유, 평등, 정의, 경제발전, 복지 등) • 경제적 태도(노동자의 근면성, 기업의 사회적 책임 등)
경제적 행위와 실천	• 합리적 경제 활동(합리적 소비와 투자, 윤리적 소비 등) • 경제 문제 해결에의 참여와 해결 노력

3) 경제 교육의 내용

경제 교육에서 가르쳐야 할 내용이 무엇인가에 대해서는 여러 가지 견해가 있다. 1977년 미국경제교육협회(NCEE)는 경제 교육의 내용과 방법에 대하여 다음과 같은 결론을 제시하였다(안병근, 2005: 20).

(1) 사실적 지식을 많이 아는 것보다 기본적인 경제 개념을 이해하는 것이 중요하다.

(2) 학생이 기본적인 경제 개념과 그 개념들의 상호 관계를 잘 이해할 수 있도록 지도해야 한다.

(3) 학생이 경제를 잘 이해할 수 있도록 경제학 개념의 구조를 제공하고, 체계적이고 객관적 분석을 하는 사고 습관을 길러 주어여 한다.

그리고 1998년 미국 경제교육협회는 경제교육에서 가르쳐야 할 내용 기준을 20가지 제시하였다(안병근, 2005: 23). 그와 비슷하게 2007년 한국경제교육협의회(KCEE)는 경제 교육에서 가르쳐야 할 주요 개념을 20가지로 제시했다.

경제교육의 주요 개념

단체	주요 개념
NCEE (1998)	① 희소성과 선택, ② 비용 편익 분석을 통한 효율적 의사결정, ③ 자원배분과 경제체제, ④ 인센티브, ⑤ 자발적 교환, ⑥ 특화, ⑦ 시장과 가격, ⑧수요와 공급, ⑨ 경쟁의 역할, ⑩ 경제기구, ⑪ 화폐, ⑫ 이자율, ⑬ 생산요소와 소득, ⑭ 이윤과 기업가, ⑮ 투자와 경제성장, ⑯ 정부의 역할, ⑰ 정부의 비효율성, ⑱ 국내 총생산의 결정, ⑲ 실업과 인플레이션, ⑳ 통화정책과 재정정책
KCEE (2007)	① 희소성과 선택, ② 경제체제와 제도, ③ 시장과 경쟁, ④ 수요·공급과 가격, ⑤ 생산과 소비, ⑥ 화폐와 금융, ⑦ 임금과 이자, ⑧ 정부의 역할, ⑨ 국민소득, ⑩ 실업과 인플레이션, ⑪ 국제무역, ⑫ 환율

(NCEE, 1998; KCEE, 2007: 39)

이러한 경제 교육의 내용은 학교 급별로 다음과 같다.

❙ 경제 교육의 내용 ❙

학교	학년	과목	내용 요소	
초등학교	3~4년	사회	• 자원의 희소성과 경제활동 • 생산과 소비	• 합리적 선택 • 지역 간 교류와 상호의존 관계
초등학교	5~6년	사회	• 가계와 기업의 역할 • 근로자의 권리 • 기업의 자유와 사회적 책임	• 경제성장의 효과 • 경제성장의 문제 해결 • 무역의 이유
중학교	1~3년	사회	• 합리적 선택 • 경제생활과 금융생활 • 기업의 역할 • 시장의 사례와 특징	• 수요와 공급, 시장 가격 • 경제 성장 • 물가 변동과 실업 • 국제 거래와 환율
고등학교	2~3년	경제	• 경제문제와 합리적 선택 • 시장 경제의 원리와 제도 • 수요와 공급, 시장의 균형과 변동 • 공공 부문의 조세와 공공재	• 거시 경제의 변수 • 경제성장, 경기 변동과 정책 • 국제 거래와 무역의 원리 • 외환 시장과 환율

(교육부 고시 2022-33호 [별책7]: 14, 232)

6. 사회·문화 교육

1) 사회·문화 교육의 의미

법 교육이나 경제 교육과 달리, 사회·문화 교육에 대한 연구는 별로 이루어지지 않았다. 이런 상황에서 최현섭은 "사회·문화 교육은 구성원들에게 사회, 문화의 구조와 과정에 개혁적으로 개입하도록 하는 실천 역량을 함양하여 국가의 사회·문화적 측면을 발전시키는 교과교육이다"라고 정의하였다(최현섭, 1991: 56). 다시 말하면 사회·문화 교육은 사회학과 인류학의 지식, 방법, 탐구 자세를 바탕으로 사회·문화 현상을 비판적으로 분석하고 반성적으로 재조명하여 사회, 문화적 삶을 변화, 발전시키는 주체적이고 자율적인 능력과 자질을 함양하는 교육활동이다(최현섭, 1994: 166).

다른 한편 장원순은 "사회·문화 교육은 학생들로 하여금 사회·문화적 삶을 바르게 이해하고 반성적으로 재조명하는 과정을 통하여 궁극적으로 사회·문화적 삶을 원만하게 그리고 주체적이고 자율적으로 살아갈 수 있는 행위능력을 길러주기 위한 교과이다"라고 정의하였다(장원순, 2006: 10,16).

여러 학자들의 견해를 종합하면, "**사회·문화 교육**은 사회현상과 문화현상에 대한 이해에 기초하여 사회적·문화적 문제에 대하여 비판적으로 사고하고 합리적으로 해결하는 능력과 보편적 가치를 함양하여 사회생활과 문화생활을 주체적으로 영위하는 시민을 육성하려는 교육이다"라고 할 수 있다.

2) 사회·문화 교육의 목표

사회·문화 교육은 사회·문화 현상과 사회문제를 학문적으로 탐구하는 '사회과학자'가 아니라 사회·문화 현상의 이해에 기초하여 사회문제를 해결하고 사회생활과 문화생활을 영위하는 '일반 시민'을 육성하는 것을 목표로 한다. 그래서 사회·문화 교육은 일상적인 사회·문화 현상에 관한 과학적 이해, 보편적 가치와 태도의 형성, 사회적·문화적 문제에 대한 비판적 사고력과 합리적 의사결정력의 신장, 사회생활과 문화생활에의 주체적 참여와 실천을 목표로 한다(박상준, 2004: 2-3).

사회과의 분과 영역으로서 '사회·문화'는 사회적 행위와 문화를 다양한 관점에서 이해하고, 사회·문화 현상을 과학적으로 탐구하여 지식을 구성하는 능력과 사회·문화적 문제에 대한 가치 탐구 능력을 기르고, 그에 기초하여 공동체의 문제에 대한 합리적 해결책을 탐색하는 문제해결력과 의사결정력, 비교 문화적 이해 능력과 개방적 태도를 지니며, 다문화 시민으로서 사회에 참여하는 능력을 함양하는 것을 목표로 한다(교육과학기술부, 2012b: 150).

여러 견해들을 종합하여 사회·문화 교육의 목표를 제시하면 다음과 같다.

▌사회·문화 교육의 목표 ▌

목표	구성 요소
사회·문화 관련 지식	• 사회·문화 현상 관련 사실, 개념, 일반화, 이론의 이해 • 사회·문화 현상의 이해 관점 및 탐구 방법의 습득
사회·문화 관련 기능	• 사회문제의 합리적 해결 능력 • 사회·문화 현상 관련 정보 활용 능력 및 비판적 사고력
사회·문화 관련 가치와 태도	• 사회·문화 생활 관련 가치(자유, 평등, 정의, 관용, 다양성 등) • 사회·문화 생활 태도(협력, 배려, 문화 상대주의 등)
사회·문화생활의 참여	• 사회·문화 생활에의 능동적 참여 • 사회문제 해결에의 참여와 해결 노력

3) 사회·문화 교육의 내용

사회·문화 교육의 내용은 사회문제의 해결과 사회적 행위의 실천에 직접적으로 도움이 되는 '실천적 지식'(practical knowledge)을 중심으로 구성해야 한다. 명제적 지식과 달리, 실천적 지식은 '실제 상황에서 무엇을 할 줄 아는 것'과 관련된 지식이다(박상준, 2004: 15-16).

사회·문화 교육에서 가르쳐야 할 주요 개념들은 다음과 같다.

▌사회·문화 교육의 주요 개념 ▌

학자	주요 개념
Banks (1990)	• **사회학**: 사회화, 역할, 규범과 제재, 가치, 사회 운동, 사회 계층, 의사 소통, 상호 의존성, 사회, 사회 집단과 조직, 갈등, 사회 변동 • **인류학**: 문화, 문화 전파, 문화화, 전통, 상징, 종교, 문화 상대주의, 통과의례
Savage & Armstrong (2000)	• **사회학**: 사회화, 지위, 역할, 규범, 가치, 제재, 갈등, 편견, 인종주의, 차별, 관습, 전통, 신념, 사회제도, 사회 계층, 계급, 집단, 협동, 경쟁, 동화, 이주, 집합 행동 • **인류학**: 문화, 문화 변동, 문화 지체, 적응, 문화 전파, 문화 해체, 관례, 종교, 전통, 인종, 자문화중심주의, 핵가족, 확대가족, 학습된 행동, 기술, 발명

(Banks, 1990: 295-304,318-328; Savage & Armstrong, 2000: 119,127)

이러한 사회·문화 교육의 내용은 학교 급별로 다음과 같다.

사회·문화 교육의 내용

학교	학년	과목	내용 요소	
초등학교	3~4년	사회	• 다양한 문화의 확산과 문제 • 문화의 다양성	• 사회 변화의 양상과 특징 • 생활 모습의 변화
	5~6년	사회	• 지구촌의 문제	• 지속 가능한 미래
중학교	1~3년	사회	• 사회화와 정체성 • 지위와 역할 • 사회적 갈등과 차별 • 문화의 사례와 특징	• 미디어와 문화 • 문화 이해 태도 • 사회 변동과 사회문제 • 사회 변동의 대응과 시민 역할
고등학교	2~3년	사회와 문화	• 사회현상의 특징과 관점 • 연구 방법의 특징과 사례 • 연구자의 가치중립과 윤리 • 사회 구조와 사회화 • 사회 집단과 조직 • 일탈 행동과 사회 통제	• 사회 변동의 요인과 양상 • 미디어의 효과와 메시지 분석 • 주류와 하위 문화, 다문화 • 사회 계층 구조와 사회 이동 • 불평등의 양상과 해결 • 사회 복지 제도의 유형과 쟁점

(교육부 고시 2022-33호 [별책7]: 15, 153)

제6장 사회과의 이론적 접근

사회과는 민주 사회가 요구하는 시민의 역량, 즉 시민성을 육성하는 교과이다. 그런데 어떤 관점에서 접근하는가에 따라 시민성이 무엇인가에 대한 해석이 달라진다. 시민성에 대한 관점에 따라 사회과에서 무엇을 어떻게 가르쳐야 하는가에 대한 입장이 다르다. 많은 학자들이 사회과의 개념, 목표, 내용, 방법에 대하여 다양한 의견을 제시하였다.

이 장에서는 먼저 사회과의 전통과 이론적 관점을 간략히 살펴볼 것이다. 그다음 학교 수업에서 가장 많이 이루어지는 사회과의 전통(모형) 3가지를 중심으로 고찰할 것이다.

1. 사회과의 전통과 이론적 관점

1) 사회과의 전통

1978년 바, 바스, 셔미스(R. Barr, J.L. Barth, S.S. Shermis)는 사회과 교사들의 수업을 관찰한 후 교사가 생각하는 사회과의 목표, 내용, 방법에 대한 비슷한 입장들을 분류해 사회과의 '전통'을 크게 3가지로 제시하였다. 교사들은 특정한 방식에 따라 사회과를 가르치고 있는데, 그런 교수 방식이 사회과의 전통을 결정한다(Barr, et al., 1978: 39-194).

그런데 학교 현장에는 다른 전통이나 관점에 의거하여 상호 모순되는 교수 활동을 권고하는 지침들이 내려오고 있다. 하지만 이 지침에 의거해 교사가 학생들에게 전통적인 가치와 신념을 그대로 전달하면서 동시에 다른 사람의 다양한 가치와 의견을 존중해야 한다고 가르치는 것은 상호 모순된 것이다. 또한 교사가 옳은 가치를 따라야 한다고 가르치면서 동시에 다양한 문제와 가치들에 대하여 비판적으로 분석하고 평가하라고 요구하는 것은 서로 모순되는 교육이다. 그러므로 교사는 세 가지 전통/관점에 비추어 자신이 어떤 방식으로 가르치는가를 성찰하고, 일관된 관점과 입장을 가지고 사회과를 가르치도록 노력해야 한다.

(1) **시민성 전달**로서의 사회과(social studies as citizenship transmission)
(2) **사회과학**으로서의 사회과(social studies as social science)
(3) **반성적 탐구**로서의 사회과(social studies as reflective inquiry)

그 후 1980년 넬슨과 마이클리스(J. L. Nelson & J. U. Michaelis)는 바, 바스, 셔미스(1978)와 I. Morrissett(1977)의 연구 결과에 2가지를 추가하여, 사회과의 전통을 5가지로 분류하였다(Nelson & Michaelis, 1980: 11-15).

(1) 문화 유산 전달	(2) 사회 과학 교육
(3) 반성적 사고 또는 반성적 탐구	(4) 사회 비판과 사회적 행위
(5) 학생의 개인적·사회적 발달	

2) 사회과의 이론적 관점

사회과의 개념과 목표가 무엇이고 어떤 내용을 어떻게 가르칠 것인가의 문제에 대한 이론적 관점(접근)은 다양하다. 이 문제에 대해 사회과교육 전문가들은 다양한 의견을 제시하고 있다. 그렇지만 울레버와 스콧(R. M. Woolever

& K. P. Scott)은 사회과의 본성과 목적을 기준으로 서로 유사한 견해와 입장들을 묶어서 5가지 '관점'으로 분류하였다(Woolever & Scott, 1988: 10-13):[1]

(1) **시민성 전달**로서의 사회과 (citizenship transmission)
(2) **개인적 발달**로서의 사회과 (personal development)
(3) **반성적 탐구**로서의 사회과 (reflective inquiry)
(4) **사회과학 교육**으로서의 사회과 (social science education)
(5) **합리적 의사결정과 사회적 행위**로서의 사회과 (rational decision making and social action)

울레버와 스콧이 분류한 5가지 관점 이외에, 넬슨과 마이클리스가 분류한 '사회 비판과 사회적 행위'(social criticism and social action)를 포함하면, 사회과에 대한 이론적 관점 또는 접근은 크게 6가지로 분류될 수 있다.

(1) 시민성 전달 모형 또는 문화유산 전달 모형

이 관점에서는 사회과의 핵심 목표를 젊은 학생들을 '훌륭한 미국 시민'으로 훈련시키는 것으로 간주한다. 이 관점에서 훌륭한 미국 시민이란 미국의 역사, 지리, 정부, 경제체제에 대해 잘 알고 있고, 미국적 가치 – 정의, 평등, 다수결 원칙, 정직, 경쟁 등 – 를 공유하는 시민이다. 교육의 최종적 결과는 기존의 사회 질서와 현 상태가 그대로 유지된다는 것이다. 즉, 학생들이 사회과교육을 통해 사회 구성원으로서의 책임을 받아들이고 민주적 생활방식에 따르게 됨으로써, 결국 현재 문화유산이 다음 세대로 전달되고 보존된다는 것이다. 그래서 '시민성 전달 모형'은 '문화유산 전달 모형'과 비슷한 입장으로 간주된다.

1) 울레버와 스콧은 사회과 목표의 중요성을 (5)부터 (1)의 순서대로 등급화하면서, 자신들이 지지하는 관점 (5) '**합리적 의사결정과 사회적 행위로서의 사회과**'가 최고의 위치에 있다고 주장했다. 그 이유는 합리적 의사결정과 책임있는 사회적 행위가 미국 시민들의 민주적 이상을 달성·유지하기 위해 필요한 기능과 태도이기 때문이다(Woolever & Scott, 1988: 11, 16).

(2) 개인적 발달 모형

이 관점에 따르면 사회과의 핵심 목표는 학생 개인이 자신의 '잠재 능력'을 최대한 발달시키도록 도와주는 것이다. 충분히 발달된 사람은 높은 자아 존중감을 갖고, 다른 사람들과 잘 지내며, 실제적인 목표를 달성하고자 노력하고, 일상적 문제를 효과적으로 잘 처리하며, 기본적 능력 -읽기, 산수, 의사소통 등-과 직업기술을 개발하는 사람이다. 한마디로 사회과교육의 목표는 건강하고 생산적인 사회 구성원을 기르는 것이다.

(3) 반성적 탐구 모형

이 관점은 학생들이 '반성적 사고력'을 개발하도록 도와주는 것을 사회과의 핵심 목표로 제시한다. 여기서 '반성적 탐구' 또는 '반성적 사고'는 다양한 사고의 과정, 즉 비판적 사고, 과학적 탐구, 귀납적 사고, 윤리적·법적 추론, 가치 탐구, 합리적 의사결정 등을 포함한다. 이런 사고의 과정들의 공통점은 자료의 수집과 분석을 통해 문제의 해답을 검증하고 일반화하는 고차적 사고, 즉 반성적 탐구 과정에 포함된다.

이러한 사회과교육을 받은 학생들은 지식(사실) 문제와 가치문제에 대한 해결책을 찾기 위해 충분한 지적 능력을 사용할 수 있게 된다. 사고의 과정을 배우는 것에 더하여 학생들은 반성적으로 사고하는 법을 배우고 사고를 위한 사고의 즐거움을 경험할 수 있게 된다. 이런 사회과교육의 결과로 학생들은 개방적이고 책임감 있는 사회 구성원이 될 것이고, 사회는 더 높은 단계로 발전할 것이라고 가정된다.

(4) 사회과학 모형

이 관점에서는 사회과의 핵심 목표를 학생들이 사회과학자와 같이 사고하도록 가르치는 것– 즉 '꼬마 사회과학자'의 육성– 에 둔다. 이 관점의 지지자들은 학생이 사회과학적 지식의 구조– 사회과학적 지식과 탐구방법– 를 배우고, 사회과학자가 경험적 문제를 해결하는 방법에 따라 학생이 과학적 문제의 해답을 찾는 활동에 능동적으로 참여하는 수업 방법이 사용되어야 한다고 믿는다.

이런 탐구의 결과로 학생은 과학적 탐구 방법을 사용하여 지식이 어떻게 획득되는지를 평가할 수 있고, 과학적 지식과 태도를 소유하게 될 것이라고 가정된다. 그 결과 학생들은 인간관계와 물리적 환경에 대해 과학적으로 이해하고 대중매체에서 제공되는 정보를 유능하게 사용하는 소비자가 될 것이라고 간주된다.

(5) 합리적 의사결정 모형

이 관점은 사회과의 핵심 목표를 '합리적 의사결정'과 그 결정에 따른 '행동'을 가르치는 것으로 간주한다(Engle: 1960, 1988; Banks: 1977, 1990; Woolever & Scott: 1988). 합리적으로 의사결정 한다는 것은 개인적·사회적 문제들을 해결하기 위해 최고의 지적 능력을 사용하는 것이다. 문제 해결을 위한 사고의 과정(방법)을 가르친다는 측면에서 이 관점은 반성적 탐구로서의 사회과와 많은 부분이 중복된다. 두 관점의 차이는 사고 능력이 가르쳐지는 '목적'과 사고 능력이 실천되는 '맥락'에 있다.

합리적 의사결정으로서 사회과에 있어서 '목적'은 개인이 개인적·사회적 문제들에 대해 결정할 때, 실제로 의사결정력을 사용하여 문제를 해결하는 것이다. 반면에 반성적 탐구로서의 사회과에 있어서 목적은 학생에게 사고 방식을 가르치는 것이다. 후자는 무엇을 해야 하는가(가치 판단과 실천)에 대한 의사결정을 필연적으로 요구하지 않는다. 예컨대 학생들은 교복의 자유화를 허용할 것인가에 관한 찬·반 주장에 대해 제3의 입장에서 객관적으로 생각하고 검토하겠지만, 교복 자유화와 관련된 가치 판단과 실천에 대해 당사자의 입장에서 자신의 의사를 결정하지 않아도 된다.

그러나 전자는 의사결정에 기초한 사회적 행위의 실천을 사회과의 목표로 포함한다. 학생들이 합리적 결정을 했다면, 실제의 '사회적 맥락'(상황) 에서 어떤 방식으로든 그 결정에 따라 행동할 것이라고 가정된다. 예컨대 어떤 학생이 교복을 자유화해야 한다고 결정했다면, 교복 자율화를 위해 서명을 받고, 국가인권위원회와 교육감 등에게 민원을 제기하고, 캠페인을 벌이거나 언론에 투고할 것이다.

이처럼 합리적 의사결정의 능력과 방법을 배움으로서, 학생들은 일생 동안 개인적·사회적 문제에 직면했을 때 반성적인 시민으로 행동할 것이라고 가정된다. 학생들은 합리적 의사결정이 문제 해결의 가장 좋은 방법이라고 확신하고, 자신의 삶과 사회를 발전시키기 위해 그 결정에 따라 실천하는 데 헌신할 것이라고 가정된다.

(6) 사회 비판 모형

사회 비판 모형은 사회문제와 제도를 비판적으로 분석하고 사회를 개혁하는 방안을 제시하는 능력을 개발시키는 것을 사회과의 핵심 목표로 간주 한다(Nelson & Michaelis, 1980: 13). 학교는 사회생활의 다양한 영역에서 부정의, 불평등과 차별, 빈부 격차, 집단 갈등 같은 사회문제를 비판적으로 분석하고 해결함으로써 사회를 발전시키는 매개체가 되어야 한다.

사회과의 내용은 사회에서 논쟁이 되는 문제와 쟁점 및 그와 관련된 자료들로 구성된다. 이런 문제와 쟁점에 대해 학생이 비판적으로 사고하고 해결책을 찾는 과정과 능력이 강조된다. 이런 사회문제와 쟁점을 해결하는 것과 관련된 정의, 기회균등, 인간 존엄성, 발전, 지성 같은 가치들이 매우 강조된다.

이 모형을 지지하는 교사들은 학생에게 사회문제와 쟁점에 대한 비판의 기회를 제공했지만, 학교 밖 실제 상황에서 그 문제를 해결하기 위한 사회적 행위에 참여하는 프로그램을 제공하는 데 소극적이었다. 이런 한계를 극복하기 위해 1988년 울레버와 스콧은 교실 안에서 사회문제를 해결하는 의사결정 수업을 실시한 후에 그에 따라 교실 밖에서 사회적 행위를 실천하는 프로그램을 사회과의 교육과정에 포함시켜야 한다고 강조했다. 이런 점에서 '합리적 의사결정 모형'과 '사회 비판 모형'이 다르다.

▌사회과의 이론적 관점▐

분류	시민성 전달 모형	사회과학 모형	반성적 탐구 모형	합리적 의사 결정 모형	사회 비판 모형
교육 목표	• 애국적 시민: 국가에 충성, 규범의 준수, 권위에 복종, 의무 이행	• 꼬마 사회 과학자: 사회과학자의 탐구 방식, 사고 능력의 습득	• 합리적 의사 결정자: 문제를 합리적으로 결정하여 해결하는 능력	• 합리적 의사 결정자 및 실천가: 합리적 의사결정과 사회적 행위의 실천	• 비판적 사고: 사회문제의 비판과 사회개혁 방안의 제시 능력
교육 내용	• 전통적인 문화 유산: 역사, 지리, 정부, 시장 경제	• 사회과학적 탐구 방식: 탐구 방법과 절차 • 사회과학적 지식의 구조	• 사회문제와 자료: 학생의 흥미에 기초한 문제 및 관련 자료	• 사회문제와 자료 • 사회참여 및 체험 학습 프로그램(행위와 실천 강조)	• 사회문제와 자료: 정의, 평등, 인간 존엄, 발전 같은 보편 가치의 강조
교육 방법	• 주입과 교화: 미화된 사실의 기술을 통한 특정 가치의 주입 • 행동수정의 기술: 보상과 교정	• 탐구 학습: 양적 연구, 질적 연구	• 반성적 탐구 방법/토론: 경험-문제의 체계화-가설 설정-탐색과 검증-일반화(제3자의 객관적 관점에서 탐구)	• 의사결정의 방법: 문제인식-사회탐구-가치탐구-의사결정-행동·실천(당사자의 관점에서 탐구하고, 최종 목표는 행동·실천)	• 사회 비판과 토론: 사회문제에 대한 비판적 분석과 토론 후 해결 방안 제시(제3자의 관점에서 문제의 비판 및 대안 제시)

반성적 탐구 모형과 합리적 의사결정 모형은 사회과교육을 통해 기르고자 하는 시민의 모습과 가르치는 내용과 방법이 유사한 측면이 많다. 이런 측면을 고려하면, 사회과에서 길러야 할 시민의 역량이 무엇이고, 무엇을 어떻게 가르쳐야 하는가에 대해서 사회과에 대한 이론적 접근 또는 전통은 크게 (1) 시민성 전달로서의 사회과, (2) 사회과학으로서의 사회과, (3) 반성적 탐구로서의 사회과로 정리될 수 있다. 3가지 이론적 관점을 중심으로 자세히 살펴보자.

2. 시민성 전달 모형

'시민성 전달로서의 사회과'(social studies as citizenship transmission)는 20세기 중반 사회과의 이론적 관점들이 체계적으로 발전하기 훨씬 이전부터 행해졌다. 시민성 전달 모형은 이론적으로 많은 비판을 받고 있지만, '애국적 시민'을 길러내야 한다는 사회의 요구, 법률 제정, 정부의 압력에 힘입어 교육 당국과 사회 교사들에게는 여전히 광범위하게 지지를 받고 있다. '시민성 전달 모형' 또는 **'문화유산 전달 모형'**은 사회과에서 가장 오래된 전통이고 현재까지 사회과 수업에 많은 영향을 미치고 있다.

1) 교육 목표

시민성 전달 모형은 사회과의 목표를 **'훌륭한 시민성'**(good citizenship)의 육성이라고 믿는다(Barr & Shermis, 1970: 744, 746). 하지만 이 모형에서 제시하는 시민성은 그 사회에서 승인된 가치와 규범을 내면화하고, 사회 규범에 복종하고, 법과 규칙을 준수하는 시민, 즉 **'애국적 시민'**이다.

하틀리와 빈센트(W. H Hartley & W. S. Vincent)는 훌륭한 시민의 모습을 다음과 같이 제시했다:

> "**훌륭한 시민**은 미국 시민으로서 각종 의무와 책임을 이행하는 사람이다. 훌륭한 시민은 법을 준수하고, 납세 의무를 이행하며, 교육을 충실히 받는 사람을 뜻하고, 국가를 기꺼이 수호하려는 정신을 가지고 있는 사람을 말한다."
>
> (Hartley & Vincent, 1967: 38)

이 모형에서 훌륭한 시민은 한마디로 '애국적 시민'이다. 애국적 시민을 육성하기 위한 사회과의 목표를 더 상세화하면 다음과 같다(Barr, et al., 1978: 78-79):

① 애국심의 개발
② 사회의 가치, 제도, 관습에 대한 헌신
③ 성실하고 책임감 있는 시민의 역량 육성
④ 사회 전통에 관한 이해의 형성
⑤ 민주적 참여의 격려
⑥ 사회문제에 관한 인식의 획득
⑦ 소위 '바람직한' 가치, 태도, 행동 능력과 실천의 강조
⑧ 현 자본주의에 대한 이해와 확신

2) 교육 내용

이 모형은 애국적 시민을 기르기 위해 '**전통적 문화유산**'의 전달을 강조한다. 여기서 중요한 것은 문화유산에 관한 지식 자체가 아니라 그것에 대한 '교사의 해석과 주입'이고, 학생들은 교사의 해석과 가치관을 의심 없이 수용해야 한다는 점이다. 교사는 애국적 시민의 육성에 적합하지 않은 수업내용은 가르치지 않거나 가볍게 언급하고 넘어간다. 예컨대 서부개척 정신을 강조하면서 인디언 대량학살을 언급하지 않고, 미국식 민주주의와 정부 기능의 우수성을 전달하면서 닉슨 정부의 워터게이트에 대해 가르치지 않는다.

사회의 문화유산에 대한 지식은 훌륭한 시민의 필수적 요소이고, 따라서 자국의 역사와 정치제도에 대한 학습이 필요하다고 생각되었다. 이런 생각에서 20세기 중반 많은 주들이 미국의 역사, 헌법, 정부 기구의 교육을 규정하는 법을 만들었다. 또한 역사와 정부 기구에 대한 교육내용이 상세히 명시되었고, 교육내용은 대학입학시험의 필수 과목이 되고, 교사 자격 프로그램에도 반영되었다(Barr, et al., 1978: 81).

애국적 시민을 기르기 위해 미국의 자랑스러운 문화유산만을 선별해서 가르치는 전통은 사회과가 시작될 때부터 현재까지 사회과 교육과정에 많은 영향을 미치고 있다. 1960년대 미국 사회교과서의 내용을 보면, 미국의 자랑

스러운 문화유산을 주입하기 위한 내용들이 잘 나타난다(Barr, et al., 1978: 69-70, 인용):

> "미국이 세계에서 가장 위대한 국가로 계속 남으려면, 노력의 고삐를 늦출 수 없다. 우리는 현재의 자유기업체제를 한층 더 나은 상태로 이끌기 위해 분발해야 한다. 자본주의는 국민 모두에게 더 많은 이득을 가져다주며, 동시에 국가 경제의 성장과 번영에도 공헌하는 최선의 제도임을 증명해야 하는 것이다."
>
> - Hartley & Vincent, *American Civics* -

또한 애국적 시민을 육성하기 위해서 교과서 이외에 **'잠재적 교육과정'**도 은밀하게 이용된다. 예컨대 교실 주변에 설치된 위인 사진, 명언 게시판 등은 사회 규범에 대한 복종과 애국심 등을 주입하는 기능을 한다. 또한 수업 시간에 특정한 가치와 규범에의 준수를 강조하고, 교사와 어른 등에 대한 존경과 복종을 강요하는 교사의 발언은 기존 권위와 질서에 대한 복종을 전달하는 역할을 한다. 교사가 수업을 장악하고 학생의 발표와 움직임 등을 엄격하게 통제하는 수업 분위기, 교사의 지시에 따르지 않는 학생에 대한 제재와 잘 순종하는 학생에 대한 보상은 기존 권위와 규칙에 대한 복종의 태도를 기르는 데 기여한다.

3) 교육 방법

이 모형에서 애국적 시민을 기르는 데 중요한 요소는 문화유산과 관련된 내용보다는 그 내용을 해석하고 주입하는 방식이다. 한마디로 이 모형의 교수 방법은 문화유산의 **'전달'-주입**(inculcation) 또는 **교화**(indoctrination)-이다. 문화유산의 전달 방법은 직접적 전달과 간접적 전달로 나눌 수 있다.

문화유산의 직접 전달 방법은 기술과 설득을 교묘하게 혼합한 것이다(Barr & Shermis, 1970: 744-745). 여기서 **'기술'**(description)은 사실을 있는 그대로 묘사하는 것이 아니라 불리한 내용은 생략하고 애국적 시민을 육성하는 데 도움이 되는 문화유산만을 묘사하는 것이다. 문화유산의 기술은 그 자체가 목적이 아니라 특정한 가치, 신념, 규범을 주입하기 위한 재료이고 수단이다.

사실의 기술은 문화유산의 전달을 위해 **'설득'**(persuasion)과 교묘하게 혼합되어 사용된다. 교사는 사실적 기술을 통하여 사회 질서를 유지하고 국가를 발전시키기 위해서 궁극적으로 옳고 그른 가치와 규범이 있다는 것을 설득시키고자 한다. 예컨대 교사는 미국식 대통령제가 가장 좋은 정부형태이고, 자본주의가 다른 경제체제보다 더 우월하다는 신념을 주입하고자 한다.

문화유산의 전달에서 기술과 설득이 혼합되어 사용되는 데, 이런 혼합은 특히 역사교과서에서 잘 나타난다. 예컨대 서부 개척과 도시 발전을 서술할 때, 백인 이주민들이 원주민 인디언을 대량 학살하고 그들의 토지를 강제로 빼앗은 부분에 대해서는 언급하지 않고, 오히려 인디언이 백인들을 공격했으므로 인디언 제거는 불가피한 일이었고 발전을 위해 지불해야 할 대가였다고 세뇌시키는 것이다. 또는 남북전쟁은 미국인 사이의 내란이 아니라 노예 해방과 경제 발전을 위해 불가피한 갈등이었다고 주입하는 것이다.

이 모형에 따라 교사가 특정한 가치와 규범을 전달하는 방법을 구체적으로 살펴보면 다음과 같다(Barr, et al., 1978:90-91):

① **교훈**이 담긴 자료에서 내용을 선정하기
② 문제가 될 만한 내용을 **생략하기**
③ 교과서 읽기, 과제물 부여, 강의를 통해 **가치를 전달하기**
④ 설득력 있는 내용을 해석하고, 그와 관련된 **가치와 태도를 주입하기**
⑤ 수업 내용에 대한 **기억과 수용 여부를 평가하기**

또한 교사는 **'행동 수정 기술'**을 사용하여, 교사가 원하는 가치와 태도에 잘 따르는 학생에게는 칭찬과 보상을 줌으로써 학생의 행동과 태도를 강화하고, 그렇지 않은 학생은 '문제아'로 낙인을 찍고 벌을 줌으로써 교사가 원하는 대로 학생의 행동과 태도를 교정하고자 한다.

4) 비판적 평가

시민성 전달 모형은 불확실한 가정에 근거하여 사회과교육에 접근했기 때문에 여러 가지 한계를 지녔다.

첫째, “시민성은 전통적 문화유산을 주입함으로 잘 달성될 수 있다”는 주장 뒤에는 **‘주지주의적 가정’**(지식－실천의 일치 가정)이 깔려있다. 즉, 어떤 지식을 주입하면 그에 따라 행동할 것이라고 가정한다. 사람들은 알면 그대로 행한다는 것이다. 이런 주지주의적 가정은 고대 그리스 이후 서양의 자유주의적 교육관에 전제된 것이었다(박상준, 2002a: 133-136; 2002b: 72-73). 소크라테스와 플라톤은 덕을 지식으로 파악하면서(Knowledge is virtues), 덕에 대한 지식을 가르침으로써 덕을 실천하는 시민을 기를 수 있다고 믿었다(Plato, Gorgias, 460b-c; Republic, 441d-442b; Carr, 1991: 23, 33).

그러나 전통적인 가치와 규범, 역사에 대한 지식의 전달이 실제의 상황에서 구체적인 행위로 직접 실행되지 않는다는 증거들은 많이 있다(박상준, 2002a: 22-24; 2002b: 72-75). 지식과 행위의 상관관계에 대한 연구들은 학생들이 사회과학적 지식을 배울지라도, 그 지식이 실제의 사회적 행위로 직접 연결되지 않는다는 사실을 잘 보여준다. 청소년의 소비자 ‘지식’과 소비자 ‘행동’의 관계에 대한 연구에 의하면, 청소년들이 소비행위에 대한 지식이 많다고 해서 그 지식에 따라 합리적으로 소비하지 않는 것으로 드러났다(정진화, 1985: 49). 또한 민주주의 지식과 실천의 관계에 대한 연구에 의하면, 지금까지 사회과교육은 사회과학적 지식을 중심으로 이루어져왔기 때문에, 학생들이 민주주의에 대한 지식을 소유하고 있지만, 전반적으로 그것을 실천하는 정도가 높지 않은 것으로 나타났다(박순봉, 1987: 41-46).

둘째, “과거에 타당했던 교육과정은 현재에도 타당하다”는 가정은 잘못된 신념에 근거하고 있다. 정보·통신 혁명에 의해 급속하게 변하는 현대사회에서 과거에 타당했던 지식이나 규범이 여전히 타당하다고 주장하기 어렵다. 또한 역사적 사건의 해석이나 사회현상에 대한 설명은 시대와 학자에 따라 변할 수 있는 것이다. 예컨대 군사정권 때에 국사 교과서는 1961년 박정희와 군부 세력이 정권을 잡은 사건을 5·16 '혁명'이라고 서술했고, 1980년 전두환 등 신군부 세력에 저항하면서 민주화를 요구했던 사건을 5·18 광주 '항쟁'으로 서술했지만, 문민정부 이후에 각각 5·16 '군사정변'과 5·18 광주 '민주화 운동'으로 변경되었다. 이런 측면에서 과거에 타당한 내용이었다고 해서 현대사회에서도 타당한 내용으로 가르쳐야 한다고 주장할 수 없다.

셋째, 이 모형에 의거한 사회과교육이 성공한다면, 기존의 사회 질서와 기득권층의 문화를 그대로 **'재생산'**하는 결과를 초래할 것이다. S. Bowles & H. Gintis는 미국 대중교육의 기원과 전개과정을 분석한 결과에 의거하여, 미국의 공교육은 자본주의적 사회관계에 잘 순응하는 노동자를 양산하기 위한 제도로 전개되어 왔다고 주장했다. 또한 잠재적 교육과정은 학생들에게 기존 체제에 순응적인 성격을 은밀하게 형성시켰다고 주장했다(Bowles & Gintis, 1976).

그리고 P. Bourdieu는 대중교육 제도가 본래의 의도와 달리 계층 간의 불평등을 계속 유지하거나 더 심화시키는 결과를 가져왔다는 점을 보여주었다. 문화 자본과 지배계층의 문화적 아비투스(habitus)가 대중교육을 통해 그대로 재생산된다는 것이다(Bourdieu & Passeron, 1977). 즉, 지배계층의 자녀들은 사회화를 통해 지배계층의 문화를 자연스럽게 내면화하는 데, 대학교육의 내용과 평가 기준이 지배 계급의 문화자본과 문화적 아비투스와 거의 비슷하다. 그래서 대학교육이 지배계층의 자녀들에게는 성취를 확인하는 장이지만 피지배 계층의 자녀들은 좌절을 경험하는 장이 된다.

그래서 N. Chomsky(2001)의 표현을 차용하면, 시민성 전달로서 사회과는 기존의 사회 체제와 규범에 맹목적으로 길들이는 '잘못된 교육'(mis-education)이 될 가능성이 크다.

▎시민성 전달 모형▎

목표	• 애국적 시민의 양성 - 전통적 가치와 신념의 수용과 내면화 - 규범의 준수/권위에 복종/의무와 책임의 이행
내용	• 전통적 문화유산 - 전통적으로 중요시 되는 지식이나 규범 - 미화된 역사와 사회 제도 - 잠재적 교육과정(전통적 가치와 규범의 내면화 수단)
방법	• 주입(교화): 기술 + 설득 - 전통적인 가치와 사실의 기술(생략, 왜곡, 과장된 사실) - 사회 유지에 필수적인 가치와 태도, 규범의 전달 • 행동수정 기술(특정한 가치, 태도, 행동의 강화)
비판	• 주지주의 가정의 오류: 지식의 주입이 행위로 연결되지 않음 • 가치의 주입: 가치 절대주의의 오류, 비판적 사고의 무시 • 교육내용의 미화: 사실의 생략, 왜곡, 과장 • 기존 사회 질서와 문화의 재생산

3. 사회과학 모형

'사회과학으로서의 사회과'(social studies as social science)는 사회과학의 지식과 탐구 방식의 학습이 훌륭한 시민의 필수요건이라고 가정하고 사회과학의 탐구 방식과 탐구력을 학습해야 한다고 강조했다.

1) 교육 목표

사회과학 모형은 사회과의 목표를 '꼬마 사회과학자'(junior social scientist)를 양성하는 것으로 간주한다(Barr & Shermis, 1970: 748). 꼬마 사회과학자는 사회과학자의 관점, 탐구 방식, 사고 방식을 습득한 학생이다. 사회과학자는 적합한 개념, 과학적인 분석 도구, 체계적인 탐구 방법을 사용하여 복잡한 사회를 연구하여 일반화된 지식을 형성한다.

학생에게 사회과학의 지식과 탐구 방식을 가르쳐주면, 복잡한 사회현상을 더 잘 이해하고 분별력을 가지고 사회문제를 능숙하게 해결할 것이라고 믿었기 때문이다. 즉, 사회과학적 지식과 탐구 능력의 획득이 훌륭한 시민을 육성할 것이라고 암묵적으로 가정된다(Barr, et al., 1978: 110). **'탐구력과 시민성의 동일시'** 가정에 기초하여, 사회과학자는 시민성보다는 사회과학적 탐구 방식과 사고 능력에 더 우월한 지위를 부여했다. 이런 가정에 의거해 이 모형은 사회과의 목표를 사회과학의 '탐구 방식'과 '탐구력'의 습득으로 제시하였다.

이런 맥락에서 역사학자 펜톤은 「중등학교의 신사회과 교수법」에서 사회과학 교육으로서의 사회과의 목표에 대해 명료하게 제시하였다.

> "진정으로 역사를 가르치려 한다면, 우리는 **역사의 해석 방법**을 가르쳐야 한다. 그리고 학생들이 역사를 지적으로 이해하고 스스로 역사를 정립할 수 있도록 하려면, 역사학자가 증거를 수집하고 해석하는 데 사용하는 규칙을 배워야 한다. 우선 학생들은 역사학자가 내린 결론이 증거에 의해 지지되고 있는지를 판단할 수 있어야 하고, 또한 결론을 도출하는 방식과 증거를 찾는 방식도 배워야 한다. 만일 그들이 역사의 해석법을 배우지 않는다면 역사를 배운 것이 아니다. 역사와 사회과학의 **'탐구 방식'**(mode of inquiry)의 교수는 사회과교육의 핵심이다."
>
> (Fenton, 1966: 151)

사회과학 모형에 따르면, 사회과에서 꼬마 사회과학자를 기르기 위해 가르쳐야 할 목표를 구체화하면 다음과 같다(Barr, et al., 1978: 110-111):

- 사회과학자의 관점과 '**탐구 방식**'의 습득
- 사회과학자의 '**탐구 과정** 또는 **사고 과정**'의 훈련

2) 교육 내용

이 모형은 사회과학적 지식을 전달하는 것보다는 과학자가 사회현상을 연구하는 관점, 탐구 방식, 사고 과정을 더 강조한다. 1960년대 사회과학자들이 개발한 신사회과 교과서는 **'사회과학적 탐구 방식'**으로 구성되었다.

실례로 미국사회학회가 개발한 교과서 「사회탐구 시리즈의 에피소드」를 보면, 사회 교과서는 사회현상과 관련된 1차 자료와 탐구 문제, 그것의 탐구 방법으로 구성되었다(Barr, et al., 1978: 125-126):

❙ 사회탐구 시리즈 ❙

(1) 미국 사회의 리더십: 흑인의 리더십 연구
(2) 미국에서의 빈곤 발생과 빈곤의 영향
(3) 진리 검증: 가설 평가의 학습
(4) 미국에서의 사회 이동
(5) 사회 변동: 중국 농촌의 사례
(6) 과학과 사회
(7) 소집단의 생활방식
(8) 미국의 종교
(9) 가족 제도와 사회적 환경

구체적으로 '(4) 미국에서의 사회 이동' 단원을 보면, 교과서는 교사를 위한 지침, 학생을 위한 안내-사례 연구·신문기사·사회문제 등, 사회 이동 관련 도표와 그래프, 사회 이동에 관한 토론 기록표 등으로 구성되어 있다.

다른 한편 미국인류학회에서 개발한 교과서 「인간 역사의 유형들」에 보면, 사회과학으로서의 사회과의 특징이 잘 나타난다(Barr, et al., 1978: 122-124). 이 교과서에는 여러 가지 사진, 글, 그림들이 실려 있는데, 기존의 사회 교과서와 달리, 어느 곳에도 설명적이고 교훈적인 내용이 없으며 개념을 단순하게 나열하지도 않았다. 이 교과서는 실제로 한 문화 속으로 들어가 주민들의 삶을 심층적으로 이해하려는 인류학자들이 관찰한 자료와 방법으로 구성되었다. 예컨대, '이란 사람들의 생활'이란 주제에서는 이란 사람들의 일상생활-농사, 종교의식, 토지 소유방식, 교육제도, 계층, 결혼과 가족 제도 등-을 서술하면서, 가부장제, 일부다처제, 신부값의 의미를 학생 스스로 찾게 한다.

이처럼 사회과학으로서의 사회과는 주로 사회과학자들이 탐구하는 **'1차 자료와 탐구 문제'**를 제시하고, 그것의 **'탐구 방식'**에 의거하여 학생 스스로 조사하여 일반화된 지식을 형성하는 방식으로 내용을 구성하였다.

3) 교육 방법

사회과학으로서의 사회과는 주로 사회과학의 탐구 방법으로 구성되기 때문에, 교수 방법은 **'탐구 학습'**이 적합하다(Barr & Shermis, 1970: 747; Barr, et al., 1978: 111-119, 128-134). 탐구 학습은 사회현상의 이유 또는 원인을 찾기 위한 가설을 세우고 관련된 자료를 수집하여 검증을 통해 일반화된 지식을 형성하는 과정이다. 탐구 학습에서는 사회과학자가 연구해 놓은 결과로서의 지식이 아니라 사회현상이나 문제의 **'탐구 방식과 과정'**을 가르치는 것이다.

사회과학자의 연구 방법은 크게 양적 연구와 질적 연구로 구분될 수 있다. 양적 연구 방법은 보통 실증주의적 연구로서 자연현상의 연구 방법을 사회현상의 연구에 그대로 적용할 수 있다고 가정한다. 양적 연구의 목적은 사회현상들의 상관관계 또는 규칙을 발견하여 미래를 예측하는 것이다. 양적 연구 방법은 자연과학의 탐구 방법과 동일하게 다음과 같은 절차에 따라 이루어진다.

(1) 문제 인식	(2) 가설 설정	(3) 자료 수집
(4) 자료 분석	(5) 검증 및 일반화	

하지만 양적 연구 방법은 사회현상과 인간의 의도, 가치를 분리시킨 채

겉으로 드러난 현상에 대해서 분석함으로써, 계량화 어려운 인간의 정신세계를 연구할 수 없고 사회현상의 심층적인 원인을 밝혀내기 어렵다.

그래서 질적 연구 방법은 자연현상과 사회현상이 동일한 현상이라는 가정을 거부하고, 인간 행위의 상호주관적 의미를 이해(해석)하고자 한다. 인간 정신과 행위의 의미를 이해하기 위해 감정이입, 관찰, 해석 같은 방법이 사용된다. 질적 연구 방법은 개별적인 행위의 의미를 파악하는 데 기여할 수 있지만, 연구자의 주관이 개입될 가능성이 있어서 연구자의 이해와 해석의 정확성에 의문이 제기될 수 있다.

4) 비판적 평가

사회과학 모형은 사회과의 교육과정과 교수 방법을 획기적으로 변화시키는 데 기여했지만 여러 가지 한계를 지녔다.

첫째, 사회과학 모형은 학생들이 사회과학자의 관점, 탐구 방식을 습득하면, 더 분별력있는 사람이 되고 더 능숙하게 사회문제를 해결할 것이라고 가정한다(Barr & Shermis, 1970: 747; Barr, et al., 1978: 110, 111, 114). 이러한 **'인지주의적 가정'**(사고-행위의 일치 가정)에 기초하여, 사회과학 모형은 과학적 탐구력 또는 사고력을 증진시키는 데 초점을 맞추었기 때문에 실제의 상황에서 실천하는 시민을 기르는 데 한계가 있다.

그러나 인지주의적 가정은 당연한 것이 아니라 그 자체가 증명하기 어려운 전제이다(박상준, 2002a: 18-22; 2002b: 69-72). 또한 학생들이 과학적으로 사고하는 능력이 향상되었다고 할지라도, 그것이 실제 상황에서 사회적 행위로 실행되는 것을 확실히 보장하지 못한다. 사고력과 행위의 연관성을 확인하려는 연구들을 검토해보면, 도덕적 사고와 도덕적 행위의 관계에 대한 17개의 연구들 중에서, 7개의 연구들은 '도덕적 추론과 도덕적 행위가 관련되어 있다'는 가설을 지지해주었지만, 나머지 7개의 연구들은 그 가설을 부정하였고, 3

개의 연구들은 어떤 행위에 대해서는 그 가설을 지지해주었지만, 다른 행위에 대해서는 지지해주지 않은 것으로 나타났다(Blasi, 1980: 20, 37).

둘째, 사회과학적 탐구와 지식은 '가치 중립적 특성'을 지니기 때문에, '가치 의존적인' 의사결정과 행위에 직접적인 해결책을 제시해주기 어렵다(Barr, et al., 1978: 137). 베버(M. Weber)가 주장했듯이, 사회과학자의 탐구 과정에서는 가치 중립성이 강조되고 과학적 결론에는 과학자의 '가치 판단'이 배제된다. 하지만 시민들이 실제의 사회생활에서 결정하고 행동하는 것은 대부분 가치 판단 문제이다. 객관적이고 가치 중립적인 사회과학적 지식은 가치와 관련된 사회적 행위와 의사결정에 직접적인 해결책을 제시해주기 어렵다.

셋째, 사회과학의 지식은 실제 사회현상을 추상화하여 만들어진 '객관적 지식'이기 때문에, 실제의 상황에서 '구체적' 사회적 행위를 지시해주기 어렵다(박상준, 2002a, 22-23; 2002b: 73-74). 추상화된 객관적 지식은 행위자가 고려할 경험적 자료를 제공할 뿐이지, 사회문제의 구체적 해결책을 직접적으로 지시해주지 못한다. 실제로 하나의 사회문제에 대하여 같은 사회과학적 지식을 탐구한 전문가들조차도 서로 다른 결정을 내리고 다르게 행동하는 것을 종종 볼 수 있다.

과거 교육심리학자들은 한 교과 내용이 다른 교과로 또는 현실 세계로 '전이된다'(transfer)고 믿었지만, 최근 인지 심리학자들의 연구는 그런 전이가 어렵다는 것을 보여주고 있다. 어떤 연구에서는 '단어'의 기억과 '숫자'의 기억 사이에 상관관계가 없는 것으로, 다른 연구에서는 '철자 쓰기'의 정확성과 '계산'의 정확성이 서로 관계가 없는 것으로 나타났다(Anderson, 1995: 302-303). 이처럼 비슷한 기능 또는 행위의 영역 사이에서도 전이가 이루어지지 않는다면, 전혀 다른 기능 또는 행위 영역으로의 전이는 어렵다고 할 수 있다. 이런 연구결과가 암시하듯이, 사회로부터 추상화된 사회과학적 지식의 획득이 실제의 상황에서 구체적 행위의 실천으로 전이될 것이라고 말할 수 없다.

▌사회과학 모형▌

목표	• 꼬마 사회과학자의 양성 - 사회과학의 탐구 방법과 사고 능력의 획득 - 사회과학적 탐구 과정의 훈련
내용	• 사회과학적 탐구 방법(과학적 자료 분석과 결론의 도출) • 사회과학적 지식(사회과학의 개념과 연구 방법의 획득)
방법	• 탐구 학습(사회과학자가 사회현상을 탐구하는 과정의 학습) - '가설'을 설정하여 '객관적 자료'를 수집·분석하여 검증하고, '일반화된 지식'을 형성하는 과정.
비판	• 인지주의 가정의 오류: 과학적 탐구력이 행위로 실행되지 않음 • 가치 중립적 탐구와 지식은 가치와 관련된 행위를 지시해 주기 어려움 • 추상적 지식은 구체적 행위를 지시해 주기 어려움

4. 반성적 탐구 모형

'반성적 탐구로서의 사회과'(social studies as reflective inquiry)는 1920년대 듀이(J. Dewey)의 철학에서 시작되었고, 듀이의 저서와 제자들에 의해 보급되었다. 반성적 탐구의 전통은 1950~60년대 M. P. Hunt & L. E. Metcalf, D. W. Oliver & J. P. Shaver, S. H. Engle 등을 통해 더욱 발전되었다(Barr & Shermis, 1970: 748).

1) 교육 목표

반성적 탐구모형은 사회과의 목표를 '의사결정력'(decision-making ability)의 발달로 제시한다. 합리적 의사결정은 민주정치에서 시민성의 필요조건으로 간주되기 때문이다(Barr & Shermis, 1970: 748-749; Barr, et al., 1978: 161-162).

시민성 전달 모형과 달리, 반성적 탐구 모형에서의 시민성은 의사결정의 '과정'(process) 또는 '능력'으로 규정된다. 반성적 탐구에서 기르고자 하는 시민성은 사회적·정치적 틀 안에서 합리적 의사결정의 과정을 통해 사회문제를 해결하는 능력이다.

이 모형에서 제시하는 **'합리적 의사결정자'**(rational decision-maker) 로서의 시민은 사회문제를 확인하여 객관적 자료를 분석하고, 그 자료에 근거하여 반성적으로 결정하는 사람이다(Barr & Shermis, 1970: 749; Barr, et al., 1978: 161). 미국 사회에 많은 사회문제들이 발생하였기 때문에, 그 문제를 인식하고 객관적 자료를 분석하여 문제를 합리적으로 해결할 수 있는 시민이 요구되었다. 이렇게 '합리적으로 의사 결정하는 시민'이 사회과교육을 받은 이상적인 시민의 모습으로 규정되었다.

2) 교육 내용

반성적 탐구의 교육내용은 **'사회문제'** 및 그와 관련된 **'자료'**(data)로 구성된다(Barr & Shermis, 1970: 750; Barr, et al., 1978: 162). 이 모형에서 제시하는 교육내용은 단순한 사실들이나 정보를 배열하는 것이 아니라 사회문제의 해결에 필요한 탐구의 자료들로 구성된다. 자료는 학생들이 문제를 해결하는데 필요한 실마리 또는 증거의 역할을 한다.

이 모형은 듀이의 철학에 따라 사회과의 교육내용이 학생의 흥미와 필요에 기초하여 조직되어야 한다는 점을 강조했다(Barr & Shermis, 1970: 750; Barr, et al., 1978: 164-175). 듀이가 주장했듯이, 교육의 목적으로서 자연적 발달은 학생의 개인차를 존중하고 학생의 흥미와 필요에 주의를 기울여야 한다는 점을 암시해준다(Dewey, 1952: IX-§1, 10-11, pp. 174, 181-182).

하지만 학생의 흥미와 필요는 학생이 소속된 지역, 계층과 집단, 지적 수준 등에 따라 다르다. 그래서 반성적 탐구의 교육내용은 전국적으로 통일되게 제작된 교과서 형태로 제공될 수 없기 때문에, 각 교사가 그 지역의 사회적 상황, 학생의 흥미와 필요를 고려하여 교육내용을 구성해야 한다.

반성적 탐구의 내용: 법과 질서

(1) 자기 소개 글을 발표하기: 자기 생활의 반성
(2) 청소년 범죄에 대한 자료 제시와 토론하기
(3) 지방 경찰관이나 판사를 초빙하여 연설 듣기
(4) 학생 자신의 문제를 점검하기
(5) 소년원 생활자의 경험담 듣기
(6) 경찰서와 소년원 방문하고 소감문 쓰기
(7) 시민의 권리에 대해 토론하기
(8) 학생 개인의 권리와 가치, 장래 희망에 대해 발표하기

위 자료는 인디애나주의 가난한 농촌지역 학교에서 실시된 반성적 탐구의 한 사례이다. 이 지역의 학생들은 대부분 가난하였고, 학습에 대한 의욕이 별로 없고 대학에 진학하는 학생도 별로 없었다. 이 반성적 탐구의 내용은 지역 학생들의 사회적 환경과 학습 동기 등을 반영하여 구성된 것이다(Barr, et al., 1978: 166-168).

이와 같은 반성적 탐구의 과정을 거쳐 한 문제에 대한 수업이 끝나면, 교사는 학생과 밀접하게 연관된 다른 문제들 – 즉, 미혼모와 성교육, 직업 선택, 빈곤 문제와 교육 등– 을 같은 탐구 방식으로 진행한다.

사회과 수업에서 '문제'를 다룬다는 점에서 사회과학 모형과 반성적 탐구 모형이 비슷하다. 그러나 두 모형에서 다루는 **'문제의 성격'**은 매우 다르다. 전자에서 다루는 문제는 사회과학자가 탐구할 가치가 있다고 생각하는 **'과학적 문제'**이고, 주로 객관적 자료를 통해 검증 가능한 **'사실 문제'**를 조사한다. 사회과학자는 과학적 문제를 탐구하여 사실관계를 확인하고자 하는 것이다. 반면에 후자에서 다루는 문제는 학생이 실제 경험하는 **'일상적 문제'**이고, 사

회문제는 사실과 가치가 혼재되어 있는 '**가치 판단 문제**'이다. 반성적 탐구 학습에 참여하는 교사와 학생은 단순히 사회문제를 조사하는 것이 아니라 사실 관계와 가치 갈등을 확인하여 문제의 합리적 해결 방안을 찾고자 하는 것이다.

▌문제의 성격 비교▐

시민성 전달 모형	• 전통적 문제 – 애국심 또는 질서 유지에 도움이 되는 문제 • '기득권 세력'이 중시하는 문제의 선정
사회과학 모형	• '과학적 문제' – 사실문제(객관적 자료로 검증 가능한 문제) • '**과학자**'가 관심을 갖는 문제의 선정
반성적 탐구 모형	• '일상적 문제' – 사실과 가치가 혼재된 문제(객관적으로 검증 어려운 문제) • '**학생**'이 흥미를 갖는 문제의 선정

3) 교육 방법

반성적 탐구 모형의 교수 방법은 '**탐구**'(inquiry)이다. 이 모형에서 탐구는 유의미한 사회문제를 인식하고, 가설 즉, 문제의 해결책을 설정하여 검증하고 해결 방법을 일반화하는 것이다. 이 모형에서 제시하는 탐구는 시민성 전달 모형처럼 교사가 원하는 결론으로 학생을 이끌어가는 과정은 아니다. 또한 탐구는 문제 해결의 증거나 논리를 제시하지 않고 여러 가지 주제에 대해 자유분방하게 말하는 난상 토론도 아니다. 문제 해결의 방법으로서 '탐구'는 교사와 학생이 유의미한 사회문제를 확인하고, 객관적 기준과 증거에 의해 관련된 사실과 가치를 조사하는 과정이다(Barr & Shermis, 1970: 749). 한마디로 반성적 탐구의 과정은 '**증거에 의한 사고 과정**'이라고 할 수 있다.

반성적 탐구의 과정은 '**토론**'으로 진행된다(Barr, et al.,1978: 184-185). 토론은 훈련된 사고 또는 의견의 교환이고, 증거에 입각한 사고 방법을 습득시키는 과정이라는 점에서, 고전의 암송, 난상 토론과 다르다. 반성적 탐구에서는 문제와 관련된 기초 자료, 문제 해결과 관련된 지식들의 해석과 타당성, 학생의 가치관이나 신념 등과 관련된 질문에 대하여 토론한다.

그리고 반성적 탐구는 어떤 문제에 대하여 단지 사회학, 정치학, 역사 등의 관점에서 연속적으로 다루는 것이 아니라 여러 학문들로부터 문제 해결과 관련된 자료를 추출하여 활용한다. 이런 측면에서 반성적 탐구는 사회문제를 해결하기 위해 학제적 접근을 사용한다.

'반성적 탐구의 과정'은 5단계로 이루어진다(Barr, et al., 1978: 170-173).

반성적 탐구의 과정

(1) 경험
- 학생이 불확실한 상황이나 문제 상황을 경험함으로써, 기존의 설명 방식에 대해 의심하거나 가치 혼란을 겪게 한다.
- 교사는 의심과 불확실성을 자극하여 학생이 반성적 사고를 하도록 동기화한다.

(2) 문제의 체계화
- 학생이 문제에서 '갈등의 원인을 명료화' 하도록 질문한다.
- 문제의 체계적 진술은 '사실 관계, 대립 가치를 명료화' 함으로써 문제해결을 위해 무엇을 조사하고 토론해야 하는지를 안내해 준다.

(3) 가설의 설정
- 가설은 인과관계를 확인하는 과학적 탐구 문제가 아니라 '사회문제의 해결 방안에 관한 진술'이다.
- 가설은 자료를 활용하여 문제의 해결 방안을 검증할 수 있는 형태로 진술되어야 한다.

(4) 탐색과 검증
- 문제 해결에 필요한 '자료를 수집하고 평가'한다.
- 수집된 자료와 증거에 입각하여 '가설의 타당성을 검토'한다.

(5) 일반화
- 수집된 자료와 증거에 기초하여 '문제의 해결 방안을 일반적 형태로 진술' 한다.

3가지 모형 모두 사회과에서 탐구의 과정을 사용할 수 있다. 그러나 반성적 탐구 모형에서의 '탐구'(inquiry)는 다른 두 모형에서의 '탐구'와 구별되어야 한다(Barr, et al., 1978: 144). 시민성 전달 모형도 탐구의 과정을 도입할 수는 있지만, 탐구의 주체는 학생이 아니라 지식과 정보를 더 많이 갖고 우월한 지위에 있는 교사이다. 주어진 교재와 자료를 해석하고 모범적 행동을 제시하는 사람은 교사이고, 학생은 교사의 가르침과 주입을 내면화하는 것이다. 사회과학 모형에서 탐구의 과정은 사회과학자가 사회현상을 탐구하는 과정을 활용한다. 그러나 탐구 과정에서 정보와 자료를 제공하고, 탐구 또는 사고의 과정을 제시하는 사람은 학생이라기보다는 교사이다. 학생은 교사가 제시하는 탐구의 과정에 따라 탐구 문제에 대한 해답을 찾는다. 반면에 반성적 탐구 모형에서 탐구의 수행자는 학생이다. 사회문제를 확인하고, 관련된 자료를 수집하여 해결책을 결정하는 것은 주로 학생에게 맡겨진다. 학생이 스스로 관련 자료를 찾아 평가하고 문제의 해결책을 결정한다.

❙ 탐구의 성격 비교 ❙

시민성 전달 모형	• 탐구: 교재와 자료에서 '교훈적 내용'과 의미를 파악하는 것 • 자료: '생략·과장된' 교훈적 자료
사회과학 모형	• 가설: 현상의 원인(이유)와 결과의 '상관관계'를 진술하는 것 (가설=사실들의 상관관계 진술) • 탐구: '객관적 자료'에 기초해 원인과 결과의 관계를 '과학적 방법과 절차'를 거쳐 검증하는 과정 • 자료: 과학자가 인정하는 '객관적 자료'
반성적 탐구 모형	• 가설: 사회문제의 '해결 방안'을 진술하는 것 (가설=사실+가치 판단 혼합된 진술) • 탐구: 문제 해결에 필요한 자료를 수집하여 해결 방안의 타당성을 검증하는 과정 • 자료: 과학적 자료 및 '일상적 자료' 모두 활용 가능

4) 비판적 평가

반성적 탐구 모형은 학생의 흥미를 반영하고 문제 해결 능력을 직접 가르친다는 점에서 장점을 가지고 있지만, 몇 가지 한계를 지녔다.

첫째, 반성적 탐구 모형은 '인지주의적 가정'에 의거하여 의사결정력을 발달시키는 데 초점을 맞추기 때문에(Barr & Shermis,1970:750), 실제 사회생활에서 실천하는 시민을 기르는 데 한계가 있다. 이 모형은 의사결정력을 길러주면 그에 따라 사회문제를 합리적으로 해결하고 실천할 것이라는 가정에 기초하고 있다.

그러나 의사결정력과 사회적 행위 사이의 연관성은 증명된 사실이 아니다. 사고력과 행위의 연관성에 대한 연구결과들은 둘 사이에 높은 상관관계가 있다는 것을 분명하게 증명하지 못하였다. 실제로 의사결정력, 도덕적 판단 능력 같은 사고력의 발달이 실제 행위로 연결되지 않는다는 것을 보여주는 사례들은 많이 있다.

둘째, 이 모형은 '가치 상대주의'를 가정하고 있다. 즉, 사회문제를 해결하기 위한 의사결정은 보편적인 선과 악 사이가 아니라 '선한 것으로 생각되는 것'과 '보다 더 선한 것으로 간주되는 것' 사이에서 발생한다는 것이다. 그리고 훌륭한 시민이라면 어느 것을 선택해야 할지 미리 알고 있다고 가정한다(Barr & Shermis, 1970: 749).

하지만 반성적 탐구의 과정을 거쳐 이루어진 의사결정일지라도 보편적 선(good)이나 원칙이 전제되지 않으면, 그 의사결정의 옳음이나 타당성을 객관적으로 판단할 수 없다. 예를 들면 어떤 집단은 혁신도시 건설이 지역의 균형발전을 가져오기 때문에 선한 것이라고 주장하고, 다른 집단은 국론을 분열시키고 행정의 효율을 떨어뜨리기 때문에 나쁜 것이라고 주장한다. 이 경우에 혁신도시 건설과 관련하여 모두 인정할 수 있는 보편적 가치와 원칙이 없기 때문에, 두 집단이 서로 대립하고 합리적인 해결의 실마리를 찾지 못하는 것이다.

셋째, 이 모형에서 강조한 학생의 흥미와 필요에 기초한 교육내용의 구성은 현실적으로 어렵다(Barr, et al., 1978: 157). 학생의 흥미와 필요에 기초한 사회과 교육내용이 어떻게 구성되어야 하는가를 명확하게 제시한 학자와 교과서가 없었다. 많은 교육학자들이 학생의 흥미와 필요를 직접 확인하려고 시도했으나 대부분 실패했다. 학생들은 대체로 공부하기를 싫어하였고, 기껏해야 연예인, 이성 친구, 스포츠, 인터넷 게임 등 일시적이고 자극적인 것들에 주로 관심을 갖고 있었다. 따라서 학생의 흥미와 필요에 따라 사회과 수업을 하려고 한다면, 수업이 교육과정에 따라 운영되기 어렵게 된다.

반성적 탐구 모형

목표	• 의사 결정력의 발달 - 반성적 사고를 통해 문제(갈등)를 해결하는 능력 - 반성적 사고(탐구)를 통해 문제를 합리적으로 결정하는 능력
내용	• 사회문제(학생이 흥미 갖는 가치 갈등 문제) • 관련 자료(문제 해결에 필요한 증거 자료)
방법	• 반성적 탐구와 토론 - '가치 갈등'의 원인과 대립 가치를 명료화하고 자료를 수집·분석하여 '문제의 해결책'을 검증하고 일반화하는 과정
비판	• 인지주의 가정의 오류: 의사결정력이 행위로 실행되지 않음 • 가치 상대주의의 문제: 의사결정과 행위의 옳음을 판단할 보편적 기준과 원리를 제시하지 못 함. • 학생의 흥미에 기초한 교육 내용의 구성 어려움

제7장 사회과 교육과정의 조직 원리와 조직 유형

사회과에서 복잡한 사회현상과 문제를 종합적으로 이해하여 문제를 합리적으로 해결하는 시민을 기르기 위해서는 하나의 학문보다는 여러 학문들에서 추출한 개념, 일반화, 탐구 방법 등을 통합하여 재구성할 필요가 있다. 사회과학과 인문학의 지식을 통합적으로 구성하는 방식에는 환경 확대법, 나선형 교육과정, 통합적 접근법, 핵심 지식 접근법[1] 이 있다.

이 장에서는 우리나라 사회과 교육과정을 조직하는 데 적용된 4가지 조직 원리를 탐색하고, 그다음 사회과 교육과정의 조직 유형을 살펴볼 것이다.

❙ 사회과 교육과정의 조직 원리 ❙

환경 확대법	학생이 경험하는 '공간의 범위'를 점차 확대하며 '공간'을 중심으로 지리, 역사, 일반사회현상을 통합적으로 구성하는 방식
나선형 교육과정	여러 학문에서 '핵심 개념이나 주제'를 선택하여 그것의 '복잡성'과 '깊이'가 점증하도록 구성하는 방식
통합적 접근법	여러 학문에서 '공통된 주제/개념 또는 사회생활과 관련된 '문제/쟁점을 중심으로 '통합적으로' 구성하는 방식
교육과정의 지역화	환경 확대법과 연계해 학생이 경험하는 '지역의 특성'을 반영하여 교육 내용과 방법을 구성하는 방식

1) **핵심 지식 접근법**(core knowledge approach)은 1980년대 E. D. Hirsch가 환경 확대법의 대안으로 제시한 것으로, 사회과의 교육과정을 **세계사, 미국사, 정부, 지리, 문화**에서 모든 학생이 배워야 할 **'핵심 지식'**을 추출하여, 유치원부터 고등학교까지 학년별로 지식의 복합성과 깊이를 증가시키면서 구성하는 방식이다. 예컨대 초등학교 1학년 사회과는 고대의 역사, 미국의 역사, 지리, 민주정치에 관한 내용을 고전 동화, 신화 등의 자료를 통해 학습하도록 구성하고, 학년이 올라갈수록 역사적 시기, 지리, 정치제도 관련 지식을 점차 증대시키며 구성하는 방식이다(Duplass, 2004: 21-24).

1. 환경 확대법

1) 환경 확대법의 의미와 구성 방식

1940년대 초반 해나(P. R. Hanna)가 사회과의 범위와 계열은 학생이 경험하는 공동체(환경)을 중심으로 학년이 올라갈수록 그 공동체의 범위를 확대시키는 방식으로 구성해야 한다고 주장하였다. 학생들이 처음에 작은 공동체로부터 시작해서 점차 큰 공동체에 대하여 배워야 한다는 것이다. 해나는 이렇게 사회과의 교육과정을 공동체를 확장시키며 구성하는 방식을 '공동체의 확대'라고 불렀다(Banks, 1990: 10; Duplass, 2004: 20-21).[2)]

환경 확대법(expanding environments approach) 또는 '공동체 확대법'(expanding communities approach)은 가족, 학교, 이웃, 주, 국가, 세계 공동체 순으로 개인이 접할 수 있는 공동체(지역)의 범위를 동심원적으로 확대시키며 사회과의 계열을 구성하는 방식이다(Banks, 1990: 10-11, 47, 인용):

아동의 가족 공동체
아동의 학교
아동의 이웃
아동의 지역사회
아동의 주(시·도) 공동체
아동의 주 연합 공동체
연방 국가 공동체
미국과 북아메리카 공동체
미국과 대서양 공동체
미국과 태평양 공동체
미국과 세계 공동체

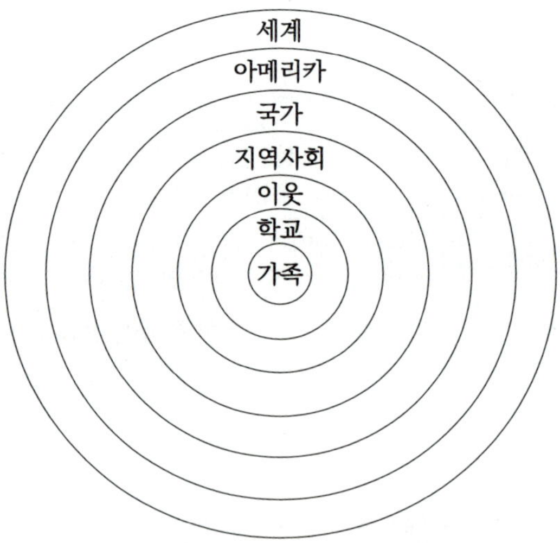

❙ 환경 확대법 ❙

2) 해나가 제시한 '공동체의 확대 방식'을 뱅크스는 **'환경 확대법'**이라고 불렀다(Banks, 1990: 45,47). 우리나라에서는 **'지역 확대법'**, **'공간 확대법'** 등으로 번역되기도 했다.

이런 환경 확대법은 학생들이 친숙한 공동체(지역)와 제도부터 배워야 그것을 가장 잘 이해할 수 있다고 가정한다. 즉, 학생이 공동체 속에서 이루어지는 인간의 생활방식, 역사, 제도 등을 잘 이해하려면, 자신이 직접 경험하고 있는 가정, 학교, 이웃, 지역사회에서 출발하여 학년이 올라가면서 공동체의 범위를 점차 확대하여 배워야 한다는 것이다. 이런 환경 확대법에 따르면, 초등학생은 먼저 가정, 학교, 이웃, 지역사회에서의 인간 생활과 제도에 대해 학습해야 한다. 중학생은 지역의 연합체(북부·중부·남부 지역), 자기 나라와 주변 대륙의 역사와 지리에 대해 배워야 한다. 그 다음 고등학생은 공동체의 범위를 더욱 확대하여 자기 나라와 세계 공동체의 역사 및 지리에 대해 학습해야 한다.

환경 확대법은 최근 많은 비판을 받았지만, 여전히 사회과의 범위와 계열을 구성하는 일반적인 방식으로 사용되고 있다. 미국의 많은 주들과 우리나라는 기본적으로 환경 확대법의 틀을 유지하면서 탄력적인 방식으로 사회과의 범위와 계열을 구성하고 있다.

2) 환경 확대법에 의한 구성 사례

실제로 1980년 수퍼카(D. P. Superka)와 동료 교수들이 미국의 사회과 교육과정의 주제들을 연구한 결과, 사회과의 범위와 계열의 구성 방식이 해나의 환경 확대법과 매우 유사한 것으로 밝혀졌다. 또한 미국사회과협회(NCSS: 1984)에서 개발한 사회과의 범위와 계열을 구성하는 방법, 캘리포니아주 공립학교 사회과 교육과정의 기본틀(1988), 우리나라 사회과 교육과정의 내용체계(1997)는 해나의 환경 확대법에 기초하여 구성되었다.

▌환경 확대법에 의한 사회과의 구성▐

학년	전통적 사회과 패턴	미국 사회과협회 모형 (1984)	한국 제7차 사회과 교육과정 (1997)
유치원	**자아**, 학교, 공동체, 가정	사회적 상황에서 **자아** 인식	
1학년	**가족**	1차 집단에서 개인: **가정**과 **학교** 생활	우리 집: 가족의 구성원과 행사
2학년	**이웃**	사회집단의 기본 수요 충족: **이웃**	우리 이웃: 주변 조사와 그림 지도
3학년	**지역사회**	타인과 지역의 공유: **지역 사회**	고장의 생활 모습: 자연환경, 문화
4학년	**주**의 역사와 지리	다른 환경에서의 인간 생활: **지역**	지역의 생활 모습: 자연환경, 생산 활동
5학년	**연방국가**의 역사	미국인: **미국**과 **주변 국가**	우리나라의 국토 개발과 경제 성장
6학년	**세계** 문화, 서반구	인간과 문화: **동반구**	우리나라의 민주정치 **우리나라와** 관련 나라들
7학년	세계의 지리 또는 역사	변동하는 **세계**: **지구촌**의 관점	각 지방의 생활, 각 대륙의 생활 아시아 역사
8학년	미국 역사	자유 국가의 건설: 미국	현대 세계의 전개 **서양** 근대사
9학년	공민 또는 세계 문화	민주 사회의 기본 틀: 법, 정치, 경제	현대 사회의 변화와 대응 지구촌 사회와 한국
10학년	세계 역사	문화의 기원: 세계사	문화권과 지구촌 시민사회의 발전 국민 경제
11학년	미국 역사	미국의 발전: 미국사	사회과의 선택 과목
12학년	미국 정부	사회과학의 선택 과목	사회과의 선택 과목

(표: Banks, 1990: 11, 16-17 / 제7차 사회과 교육과정의 추가)

3) 환경 확대법의 비판

환경 확대법이 사회과 교육과정을 조직하는 원리로 일반적으로 사용되고 있지만 최근 여러 가지 비판을 받고 있다.

첫째, 정보 사회가 되면서 학생들은 텔레비전, 인터넷, 스마트 폰 등 에 의한 '간접 경험'을 통해 다른 나라의 환경, 문화, 역사, 제도 등을 접하고 있다. 다양한 정보·통신 매체는 멀리 떨어진 나라의 환경과 문화를 학생들이 경험할 수 있는 범위 안으로 가져왔다(Banks, 1990: 11). 그래서 학생이 경험한 친숙한 지역 공동체부터 공부해서 다른 국가 공동체로 확장시켜야 한다는 환경 확대법의 기본 가정에 의문이 제기되고 있다.

둘째, 환경 확대법은 학생이 공간을 인식하는 방법을 '기계적으로' 확장시키는 잘못을 범하였다. 학생이 반드시 가까운 지역에서 먼 지역으로 인식의 범위를 확대시키는 것은 아니다. 이런 측면에서 2009 개정 사회과 교육과정 이후 초등 3~4, 5~6, 중 1~3 학년군으로 내용 체계를 묶어 여러 고장 및 지역, 나라의 환경 및 생활 모습을 다룰 수 있도록 구성함으로써 환경 확대법을 탄력적으로 적용하고 있다. 즉, 초등학교 사회과는 '**탄력적 환경 확대법**'을 적용하여 구성하고 있다.

2. 개념 중심 나선형 교육과정

1) 개념 중심 나선형 교육과정의 구성 방식

환경 확대법에 기초한 전통적인 사회과 교육과정은 복잡한 사회문제를 해결하거나 급속하게 발전하는 사회과학과 인문학의 지식들을 반영하기 어려운 한계점을 지녔다. 그래서 사회과교육자들은 사회과의 교육과정을 새롭게 구성하도록 요구받았는데, 나선형 교육과정에서 그 해결책을 찾고자 했다.

민주 시민의 역량을 육성하려는 사회과의 교육과정은 학제적 접근에 따라 다양한 사회과학과 인문학의 지식들에서 공통적인 주제와 개념을 추출하여 재구성할 필요가 있었다. '**개념**'(concepts)은 다양하고 복잡한 현상, 대상,

사건 등을 공통된 것끼리 분류하여 놓은 범주이다. 이런 개념은 육안으로 볼 수 없는 대상을 뚜렷하게 보게 해주는 현미경과 같은 역할을 하기 때문에, 학생들이 복잡한 사회현상을 보다 명확하게 이해하도록 도와주는 도구이다. 그래서 개념을 가르치면, 학생들이 그 개념을 통하여 복잡한 사회현상과 문제를 보다 분명하게 이해하고 문제를 합리적으로 해결할 수 있다.

여러 사회과학과 인문학에서 중요한 '핵심 개념'(key concepts)을 추출하고, 그 개념을 중심으로 학년 별로 교육내용의 범위와 깊이를 점차 확장시켜 가며 구성하는 방식을 **'개념 중심 나선형 교육과정'**(spiral conceptual curriculum)이라고 한다. 핵심 개념은 사회현상을 종합적으로 이해하는 데 기초적인 것이고, 많은 주제와 정보를 포함하는 개념이어야 한다. 그래서 핵심 개념은 사회과학이나 인문학에서 사회현상을 파악하는 데 기초가 되는 주요 개념들에서 추출된다.

뱅크스(J. A. Banks)는 다양한 사회과학과 인문학에서 도출된 5가지 핵심 개념- 물리적 환경, 희소성, 권력, 문화적 차이, 사회화-을 중심으로 나선형 교육과정을 구성하는 방식을 제시했다(Banks, 1990: 60). 이런 핵심 개념들은 다양한 학문들에서 선택된 것으로 '학제적 특성'을 지니고 있다. 핵심 개념이 선택되면 그것과 관련된 일반화들이 선택되고, 주요 일반화와 관련된 하위 개념들이 선정된다.

이렇게 선택된 핵심 개념과 일반화들은 각 학년마다 연속적으로 조직되고, 학년이 올라갈 때마다 더 깊이 더 폭넓게 학습하도록 구성된다(Banks, 1990: 60-61). 예컨대 유치원에서는 두 개념- 사회화, 문화적 차이-를 중심으로, 초등학교 1년에서는 세 개념-사회화, 문화적 차이, 권력-을 중심으로 구성되고, 초등학교 2년부터 5가지 핵심개념이 연속적인 수준에서 복잡성과 추상성, 깊이가 점증하도록 구성된다.

학년별로 핵심 개념을 중심으로 사회과의 내용 체계를 구성하는 '개념 중심 나선형 교육과정'을 그림으로 표현하면 다음과 같다(Banks, 1990: 61, 인용).

개념 중심 나선형 교육과정

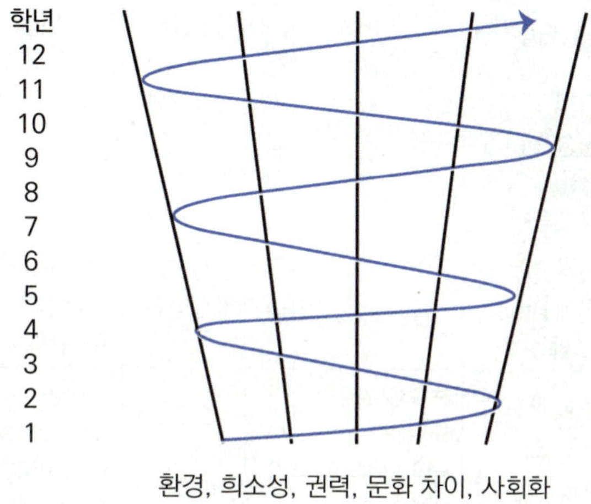

나선형 교육과정에 따라 사회과의 교육내용을 조직하기 위해서는 사회현상을 종합적으로 이해하는 데 필요한 '핵심 개념'을 선정하는 기준이 필요하다. 1967년 타바(H. Taba)는 개념 중심 교육과정을 구성하기 위한 핵심 개념을 선정하는 기준을 5가지 제시했다(Banks, 1990: 48-49, 인용):

(1) **타당성**: 그 개념이 도출되는 학문 분야의 개념들을 적절하게 대표할 수 있는가?
(2) **유의미성**: 그 개념이 세계의 중요한 부분(현상)들을 잘 설명할 수 있는가?
(3) **적합성**: 그 개념이 학생의 필요, 흥미, 성숙도에 적합하게 가르칠 수 있는가?
(4) **지속성**: 그 개념의 중요성이 오랫동안 지속되는가?
(5) **균형성**: 그 개념이 교육과정의 범위와 계열의 전개에 적절한가?

2) 개념 중심 나선형 교육과정의 구성 방안

뱅크스는 타바의 개념 선정 기준에 의거하여 선택된 핵심 개념 및 관련 일반화들을 중심으로 개념 중심 나선형 교육과정의 구성 방안을 제시하였다:

▌나선형 교육과정▐

학년	개념의 초점	사회화	희소성	문화적 차이	권력	물리적 환경
유치원	정체성	개인의 정체성은 주변 사람들에 의해 영향 받는다.		개인의 문화와 소속집단은 그의 정체성에 영향을 미친다.		
1년	인간 집단	개인의 행동은 집단에 의해 영향 받는다.		문화는 집단의 성격에 영향을 미친다.	집단은 규칙과 제재에 의해 지배받는다.	
2년	인간 제도	제도는 인간의 욕구충족을 돕는다.	경제제도는 상품과 서비스의 교환을 돕는다.	제도는 모든 문화에 존재한다.	정치제도는 사회 안정을 유지하는 것을 돕는다.	물리적 환경은 사회제도의 구조에 영향 미친다.
3년	인간 공동체	개인의 행동은 공동체에 의해 영향 받는다.	공동체의 구성원은 상품과 서비스의 충족을 위해 상호 의존 한다.	소수 문화와 인종은 한 문화권보다는 다양한 문화에서 기능한다.	개인은 정책에 영향을 미치는 공동체를 형성한다.	다양한 집단이 같은 물리적 환경을 다르게 활용한다.
4년	인간 사회	사회 내 개인들은 행동적 특성을 공유한다.	희소성은 모든 사회의 문제이다.	한 사회 내 하위 문화의 존재는 갈등을 증대시킨다.	정치제도는 모든 사회에서 발생한다.	물리적 환경은 사회제도의 성격에 영향을 미친다.
5년	인간 문화	사회의 문화는 개인의 행동과 가치에 영향을 미친다.	문화는 서로 다른 방식으로 상품과 서비스의 필요를 충족시킨다.	다른 문화를 지닌 사람들이 상호작용할 때 갈등이 발생한다.	법과 규칙은 모든 문화에서 인간행동을 지배한다.	물리적 환경은 문화가 발달하는 방식에 영향을 미친다.
6년	사회 문제와 사회 운동	개인은 사회문제를 해결 하는 사회운동 에 참여한다.	희소한 자원(가치)는 사회문제를 일으킨다.	문화적·인종적 차이는 사회문제를 일으킨다.	권력 투쟁은 국가와 사회 사이에 발생하고, 국제문제를 일으킨다.	자연 자원의 이용은 사회문제를 일으킨다.

(표: Banks, 1990: 62-63, 인용)

3) 나선형 교육과정의 비판적 평가

나선형 교육과정은 개념이나 주제를 중심으로 학문의 구조와 교육 내용의 계열성을 유지하고 학생의 인지 발달 단계에 맞게 교육 내용을 심화시키는 장점이 있다. 하지만 나선형 교육과정은 사회과 교육과정의 조직 원리로서 몇 가지 한계를 지니고 있다.

첫째, 몇 개의 핵심 개념을 가지고 다양한 사회현상을 모두 설명하기 어렵다. 사회현상은 다양한 요소들에 의해 복잡하게 얽혀 있기 때문에, 몇 개의 개념으로 그것을 충분히 설명하기 어렵다.

둘째, 소수의 핵심 개념으로 사회과 교육과정을 구성하기 때문에, 비슷한 내용이 계속 반복될 수 있다. 학생의 발달 수준에 맞게 내용을 심화시킨다고 하지만, 그 개념과 관련된 연구가 충분하지 않은 경우에, 비슷한 내용이 학년별로 계속 반복되고 그에 따라 학생의 흥미와 학습 의욕을 떨어뜨릴 가능성도 있다.

셋째, 나선형 교육과정은 학문적 개념이나 주제로 구성되기 때문에, 학습의 동기와 흥미를 유발하기 어렵다. 또한 학문적 개념이나 주제는 학생이 일상생활에서 겪는 문제의 해결과 직접적인 관계가 없는 추상적인 지식으로 구성된다.

4) 환경 확대법과 나선형 교육과정의 구분

환경 확대법과 나선형 교육과정은 '교육내용을 학년별로 점차 확대시키며 구성한다'는 점에서 공통적이다. 그러나 두 조직 원리는 교육내용을 확대시키는 '기준'과 '방식'에 있어서 서로 다르다.

환경 확대법은 **'공간'** 또는 **'지역'**을 기준으로 학생이 거주하는 지역이나 생활환경을 학년별로 점차 확대시키고, 그 지역과 관련된 개념이나 주제로 구성한다. 그래서 학년이 올라갈수록 공간이나 지역이 확대되지만, 그 지역과 관련된 개념이나 주제(자연환경, 인문환경, 경제생활 등)은 유사하게 반복된다. 예컨대, 3학년에서 시·군의 '자연환경'과 '생활 모습'으로, 4학년에서 시·도의 '자연환경'과 '생활 모습'으로, 6학년에서 우리나라의 '자연환경'과 '경제생활' 내용으로 구성하는 방식이다. 학년이 올라가면서 공간이나 지역이 고장(시·군) → 지역(시·도) → 우리나라로 확대되었지만, 그 공간에서 나타나는 자연환경 및 생활 모습 관련 내용이 유사하기 때문에, 학년 별로 비슷한 내용이 계속 반복된다.

반면에 나선형 교육과정은 몇 개의 '개념' 또는 '주제'를 기준으로 그와 관련된 내용의 범위와 깊이를 증대시키면서 교육내용을 구성한다. 즉, 나선형 교육과정은 지역을 확대하는 것이 아니라 '주제나 개념'의 복잡성과 깊이를 증대시키는 방식이다. 그래서 학년이 올라갈수록 교육내용은 주제나 개념의 수준과 범위가 더욱 복잡해지고 추상화된다. 예컨대, '사회화' 개념을 기준으로 나선형 교육과정을 구성하면, 3학년은 공동체가 개인의 행동에 미치는 영향으로, 4학년은 사회에서 개인들의 행동적 특성으로, 5학년은 문화가 개인의 행동과 가치에 미치는 영향으로, 6학년은 개인이 사회문제를 해결하고 사회운동에 참여하는 방식으로 내용의 범위와 깊이가 학년이 올라갈수록 더 심화되는 방식으로 구성하는 것이다.

❙ 환경 확대법과 나선형 교육과정의 구분 ❙

구분	환경 확대법	나선형 교육과정
구성 기준	• '공간' 또는 '지역'	• '개념' 또는 '주제'
교육 내용	• 학년별 지역 관련 내용의 '반복'	• 학년별 내용의 복잡성과 깊이의 '증대'
내용 구성 방식	• 3년: 고장의 자연환경과 생활모습 • 4년: 지역의 자연환경과 생활모습 • 6년: 우리나라의 자연환경과 경제활동	• 3년: 공동체가 개인의 행동에 미치는 영향 • 4년: 사회에서 개인의 특성의 공유 • 5년: 문화가 개인의 행동과 가치에 미치는 영향 • 6년: 사회문제의 해결 위한 사회 운동의 참여

3. 통합적 접근법

‘시민성의 육성’과 ‘사회현상의 복잡성과 상호 연관성’을 고려할 때, 사회과의 교육과정은 시민성을 기르는 데 도움이 되는 내용들을 통합하여 구성하는 것이 바람직하다. 복잡한 사회생활과 사회적 행위를 이해하고 다양한 사회문제를 합리적으로 해결하기 위해서는 하나의 분과 학문보다는 여러 학문들을 통합하여 파악할 필요가 있다.

사회과 교육과정을 통합하는 방식과 유형은 학자들에 따라 다르지만, 교육의 목적과 도구에 대한 관점에 따라 크게 ‘학문적 형태’(academic forms)와 ‘교육적 형태’(educational forms)로 분류할 수 있다(Wraga, 1993: 201-231).

1) 학문적 형태의 통합적 접근법

학문적 형태의 통합은 교육과정을 구성할 때 학문에 우선권을 두는 관점(academic priority)을 취한다. 이 관점은 교육적 목적보다는 학문의 발달을 더 중요시하고, 학교 교육의 목적을 대학 진학의 준비 과정으로 이해한다. 그래서 학문적 형태의 통합 교육과정은 각 분과 학문의 고유한 정체성을 그대로 유지하면서 각 학문의 주요 개념과 이론들로 구성된다. 이러한 통합 교육과정은 여러 교과목에서 중복되는 내용을 줄이고 주요 내용들의 상호 연결을 통해 복잡한 사회현상에 대한 이해를 더 증대시키는 데 기여한다.

학문적 형태의 통합 교육과정(integrated curriculum)은 다학문적 접근, 학제적 접근, 초학문적 접근에 따라 구성될 수 있다(Drake, 1993).

(1) 다학문적 접근

다학문적 접근(multidisciplinary approach)은 여러 학문들에서 중요한 개념이나 주제 등을 추출하여 교육내용을 단원 별로 **‘병렬적으로’** 구성하는 방식이다. 예컨대 사회과학뿐만 아니라 심리학, 철학 등 여러 학문들에서 사회생활과 관련된 개념 또는 주제 등을 추출하여 병렬적으로 조직하는 방식이다. 2022 개정 사회과 교육과정에서 초등학교와 중학교 사회 교육과정은 지리와 일반사회 영역(사회학, 정치학, 경제학, 법학, 인류학 등)에서 추출한 사실, 개념, 이론 등 단원별로 병렬적으로 구성하였다.

(2) 학제적 접근

학제적 접근(interdisciplinary approach)은 여러 학문들에서 공통적인 주제와 개념을 추출하여 교육내용을 '**통합적으로**' 조직하는 방식이다. 예컨대 '가족 문제'를 탐구하는 내용으로 구성할 때, 가족생활과 관련하여 사회학, 경제학, 정치학, 문화인류학, 심리학 등에서 공통된 개념, 일반화 - 즉, 지위와 역할(사회학), 희소성(경제학), 권력과 권위(정치학), 전통(문화인류학), 사랑과 인정(심리학), 그와 관련된 일반화 등-을 추출하여 교육내용이 유기적으로 통합되도록 조직하는 방식이다. 학제적 접근의 사례는 다음 절에서 제시할 것이다.

(3) 초학문적 접근

초학문적 접근(transdisciplinary approach)은 특정 분과 학문을 초월하여 학생이 관심을 갖는 주제 또는 사회생활에 필요한 주제나 개념을 선정하여 새롭게 통합하는 방식이다. 이 접근에 따르면, 독립된 개별 교과목은 사라지고 학생의 흥미를 유발하고 사회생활에 필요한 주제와 개념, 활동을 중심으로 새로운 형태의 통합교과가 형성된다.

우리나라 초등학교 1, 2학년의 「슬기로운 생활」, 「즐거운 생활」 과목이 초학문적 접근의 의도에 따라 새로 구성된 통합 교과라 할 수 있다. 하지만 이 교과목의 내용이 초학문적 접근의 본래 의도대로 하나의 주제 아래에 여러 가지 내용이 실질적으로 통합된 것은 아니다.

| 학문적 형태의 통합 교육과정 |

다학문적 접근	여러 학문들에서 중요한 개념이나 주제 등을 추출하여 교육내용을 단원별로 '병렬적으로' 구성하는 방식
학제적 접근	여러 학문들에서 '공통적인' 주제와 개념을 추출하여 교육내용을 '통합적으로' 구성하는 방식
초학문적 접근	특정 분과학문을 초월하여 '학생의 흥미' 또는 '사회생활에 필요한 주제나 개념'을 중심으로 새롭게 통합하는 방식

(4) 학제적 접근의 구성 방안

학제적 접근은 다양한 사회과학과 인문학의 지식들 중에서 공통적인 주제나 개념을 추출하여 통합적으로 교육내용을 구성하는 방식이다.

사회과에서 학제적 접근이 필요한 이유는 **'시민성의 육성'**, 사회현상과 문제의 **'복잡성'** 및 **'상호 연관성'**에서 찾을 수 있다. 첫째, 사회과의 목표는 복잡한 사회현상과 문제를 종합적으로 이해할 수 있는 지식, 문제를 합리적으로 해결할 수 있는 탐구력, 의사결정력 같은 고차적 사고력, 민주적 가치와 태도, 행위의 실천과 사회 참여를 통합한 시민성을 육성하는 것이기 때문이다.

둘째, 사회현상과 문제는 복잡 다양하고 상호 연관되어 있기 때문에, 여러 학문의 지식과 탐구 방법을 종합하여 통합적으로 접근해야 한다. 실제 사회현상과 문제는 매우 복잡하고 밀접하게 연관되어 있으며, 그 속에서 행해지는 사회적 행위도 쪼개서 설명할 수 있는 것은 아니다. 복잡하고 상호 연관된 사회현상과 문제를 정확하게 이해하고 현명하게 행동하기 위해서는 하나의 학문보다는 많은 학문들에서 종합적 관점과 탐구 방식, 고차적 사고력 등을 통합적으로 배울 필요가 있다.

학제적 접근에 의거한 학습 단원의 구성은 1969년 타바(H. Taba)의 사회과 교육과정에서 잘 나타났다. 타바는 다양한 사회과학들에서 사회과 교육과정을 구성할 11개의 핵심 개념을 제시했다. 11개의 핵심 개념은 인과관계, 갈등, 협동, 문화 변동, 차이, 상호 의존성, 사회 개혁, 권력, 사회 통제, 전통, 가치

등이다(Banks,1990: 45). 어떤 주제가 선정되면, 그것과 관련된 핵심 개념과 핵심 일반화를 추출하고, 그와 관련된 하위 개념, 학습 목표, 학습 활동, 참고 자료 등으로 단원을 구성하는 것이다.

그러면 학제적 접근은 사회과 교육과정을 어떻게 구성하는가? 먼저 시민이 사회생활을 영위할 때 중요한 주제를 선정하고, 그것을 이해하는 데 도움이 되는 사회과학이나 인문학의 지식에서 공통적인 개념이나 일반화를 추출하여 교육과정을 재구성한다. 예컨대 '가족'에 대해서 사회학은 집단과 사회화의 측면에서 설명하고, 경제학은 주로 소비의 주체로서 다루고, 문화인류학에서는 가족의 구성 방식과 가족의 형태를 설명하는 데 초점을 맞춘다. 그러나 사회과에서 학생이 가족 문제를 종합적으로 이해하여 합리적인 해결책을 찾도록 도와주기 위해서 학제적 접근에 따라 교육내용을 통합적으로 구성해야 한다.

'가족 문제'에 대하여 학제적 접근에 따라 사회과 교육내용을 구성하는 방안을 제시하면 다음과 같다.

학제적 접근의 단원 구성(예)

1. **단원 주제**: 가족 문제
2. **핵심 개념**: **희소성**(경제학), **지위와 역할**(사회학), **권력**(정치학), **전통**(인류학)
3. **핵심 일반화**:
   (1) 가족 구성원의 욕구는 무한하지만 가정의 소득 및 자원은 제한되어 있다.
   (2) 가족 내에서 각 구성원은 지위를 갖고 역할을 수행한다.
   (3) 가족 내에서 각 구성원의 역할 수행 방식과 의사결정은 구성원이 가진 힘에 의해 결정된다.
   (4) 구성원의 역할 수행과 의사결정 방식은 가족의 전통에 의해 정해진다.
4. **하위 개념**: 합리적 선택, 기회 비용, 역할 갈등, 관습
   (1) **합리적 선택**: 가족의 소득이 제한되기 때문에, 구성원들은 욕구 충족을 위해 합리적으로 선택해야 한다.
   (2) **기회비용**: 가족 구성원은 저축한 돈으로 해외여행 가는 것 대신에 TV를

새로 구입했다.

(3) **역할 갈등**: 어머니는 자녀 양육과 직장 일로 갈등을 겪고 있다.

(4) **관습**: 성역할의 관습이 바뀌면서 부모-자녀, 남편-아내 등의 역할 수행 방식이 달라진다.

5. **학습 목표**:

학생은 희소성, 지위와 역할, 권력, 전통의 개념을 알고, 그 개념에 기초하여 가족생활과 관련된 현상을 종합적으로 이해하고 가족 문제를 합리적으로 해결하는 능력을 기른다.

6. **동기 유발**

최근 우리 사회의 가족 문제에 대한 영상자료를 보여주고, 가족 문제가 발생하는 이유에 대해 질문한다.

7. **교수·학습 활동**(학생의 개념 이해와 사고력의 발달을 촉진하는 활동)

(1) 부모 모시기, 부모의 유산 상속, 자녀 교육 문제 등으로 갈등을 겪고 있는 가족에 관한 자료를 제시한다.

(2) 학생은 가족 구성원 사이에 갈등이 발생하는 하는 이유를 분석한다.

(3) 학생은 가족 구성원의 갈등을 합리적으로 해결할 수 있는 방안에 대해 토론한다.

8. **평가 활동**(학생의 개념 이해와 사고력을 측정하는 활동)

학생에게 희소성, 지위와 역할, 권력, 전통 개념을 가지고 가족 문제를 설명하는 짧은 글을 쓰도록 한다.

9. **수업자료 첨부**

2) 교육적 형태의 통합적 접근법

교육적 형태의 통합은 교육과정을 구성할 때 학문 자체보다는 교육에 우선권을 두는 관점(educational priority)을 취한다. 이 관점은 학교 교육이 포괄적 의미에서 민주 시민의 역량을 육성하는 것을 목적으로 하고, 각 학문은 이런 목적을 달성하기 위한 도구로 간주한다. 그래서 교육적 형태의 통합 교육과정은 특정한 학문을 상정하지 않고 여러 학문에서 추출한 주제와 개념 또는 사회문제와 쟁점을 중심으로 구성된다. 이런 시도는 크게 '주제 또는 개념 중심의 통합적 접근'과 '문제 또는 쟁점 중심의 통합적 접근'으로 나눌 수 있다.

▌교육적 형태의 통합 교육과정▐

주제(개념) 중심의 통합적 접근	사회과학과 인문학에서 중요한 '주제' 또는 '개념'을 추출하고, 그것을 중심으로 교육 내용을 통합하는 방식
문제(쟁점) 중심의 통합적 접근	사회에서 중요한 '사회문제' 또는 '쟁점'을 합리적으로 해결하는 능력을 기르도록 교육내용을 통합하는 방식

(1) 주제(개념) 중심의 통합적 접근

이 접근은 사회과학이나 인문학에서 중요한 주제 또는 개념을 추출하고 그것을 중심으로 교육 내용을 통합하는 방식이다. 이러한 통합적 접근법은 1965년 해나(P.R. Hanna)가 제시한 **'주제 중심 접근법'**(thematic approach)에서 찾을 수 있다. 사회과의 범위와 계열을 구성하는 방식으로 해나가 제시한 주제들은 자원의 보존, 생산, 지배, 창조, 운송, 정신적 표현, 교육, 재창조, 의사소통 등이다(Duplass, 2004: 20,22).

해나가 제시한 사회과의 주제들은 미국사회과협회(NCSS)가 제시한 10가지 주제 스트랜드와 유사하다.

▌주제 중심의 통합적 접근▐

해나의 주제 중심 접근법(1965)	NCSS의 주제 중심 접근법(1994)
	문화
	시간, 연속성, 변화
자원 보존	인간, 장소, 환경
정신적 표현	개인의 발달과 정체성
	개인, 집단, 제도
지배	권력, 권위, 거버넌스

해나의 주제 중심 접근법(1965)	NCSS의 주제 중심 접근법(1994)
생산	생산, 분배, 소비
창조	과학, 기술, 사회
운송	글로벌 연결
교육	시민의 이상과 실천
재창조	
의사소통	

(표: Duplass, 2004: 22)

우리나라의 경우, **'주제 중심의 통합적 접근'**은 「2007 개정 사회과 교육과정」에서 잘 드러났다. 2007 개정 사회과 교육과정에서 10학년 사회는 민주 시민의 자질을 육성하는 데 도움이 되는 지리 영역에서 추출된 5개 주제와 일반사회 영역의 5개 주제-문화, 정의, 세계화, 인권, 삶의 질-를 중심으로 주제 중심의 통합 교육과정으로 조직하고자 했다.

▌2007 개정 사회과의 내용 체계▐

학년	역사 영역	지리 영역	일반사회 영역
10	• 우리 역사의 형성과 발전 • 조선 사회의 변화 • 동아시아의 변화 • 근대 국가 수립 운동 • 일제의 식민지 지배 • 전체주의의 대두 • 대한민국 정부의 수립 • 대한민국의 발전 • 세계화와 우리의 미래	• 국토와 지리 정보 • 자연환경과 인간 생활 • 문화 경관의 다양성 • 장소 인식과 공간 행동 • 지역 개발과 환경 보전	• 문화 • 정의 • 세계화 • 인권 • 삶의 질

(교육인적자원부 고시 2007-79호 [별책7]: 5)

그러나 또한 사회과의 통합 교육과정에 대한 연구가 충분하게 진행되지 못했고 지리, 역사, 일반사회 등의 교과 이기주의가 작용하였기 때문에, 개정 사회과 교육과정의 본래 의도와 달리, 주제 중심의 통합적 접근에 따라 교육과정을 구성하는 단계까지 나아가지 못했다. 결국 2009년 이후 사회과의 지리 영역과 일반사회 영역은 '주제 중심 통합 교육과정'에서 **분과형 '학문 중심 교육과정'**으로 다시 개정되었다.

사회과 교육과정은 '주제 중심의 통합적 접근'을 추구하였지만, 실제 사회 교과서는 **'다학문적 접근'**에 따라 구성되었다. 개정 사회과 교육과정이 초등학교 3~4학년에서 고장 및 지역의 생활 모습과 관련하여 지리, 역사, 일반사회 영역을 통합하려고 의도하였지만, 실제 사회 교과서는 각 영역이 단원별로 '병렬적으로' 구성되었다. 또한 중학교 1, 3학년의 사회과 교육과정은 우리나라의 자연환경, 역사, 민주정치, 경제생활 등과 관련하여 지리와 일반사회 영역을 통합하려고 의도하였지만, 실제 교과서는 지리와 일반사회 영역을 구분하여 단원별로 내용을 '병렬적으로' 구성되었다.3)

(2) 문제(쟁점) 중심의 통합적 접근

이 접근은 사회에서 중요한 문제 또는 쟁점을 선정하고 그것을 합리적으로 해결하는 능력을 기르도록 교육내용을 통합하는 방식이다. 미국의 경우에 1960년대 다양한 인종과 집단들로 인해 사회문제와 갈등이 급증하면서, 사회과에서 사회문제나 쟁점을 합리적으로 해결하는 시민을 요구하였다.

이런 사회적 상황과 요구에 따라, D. W. Oliver & J. P. Shaver는 사회과를 사회적 쟁점들에 대해 비판적으로 사고하는 능력을 육성하는 것으로 보고, 사회과에서 다루어야 할 문제로 '인종·민족 갈등, 이념 갈등, 개인의 안전 문제, 경제 집단의 갈등, 의료·교육·복지 문제, 국가 안보 문제 등'을 제시했다(Oliver & Shaver, 1966: 7-8, 136-165).

J. A. Banks는 합리적 의사결정력의 육성과 행위의 실천을 고려할 때, 사회과에서 다루어야 할 사회적 쟁점으로 국제 문제, 핵 문제, 성 문제, 소수 인

3) 사회과 교육과정과 달리, 실제 초등 3~6, 중1~3학년 사회 교과서는 지리와 일반사회 영역(사회학, 정치학, 경제학, 문화인류학, 법학 등)에서 추출한 사실, 개념, 이론을 단원별로 병렬적으로 구성하였기 때문에, 실제 사회 교과서는 **'다학문적 접근'**에 따라 통합되었다.

종· 민족 문제, 법 관련 문제 등을 제시하였다(Banks, 1990: 200-204,209-230). R. E. Gross & T. C. Dynneson는 사회과에서 '빈곤, 편견, 공해, 인구 과잉, 불법 이민, 범죄, 갈등, 전쟁' 같은 사회문제를 합리적으로 해결하는 능력이나 비판적 사고력을 발달시켜야 한다고 강조했다(Gross & Dynneson, 1997: 21).

문제 또는 쟁점 중심의 통합적 접근

학자	Oliver & Shaver (1966)	Banks (1990)	Gross & Dynneson (1997)
사회과 내용	• 인종·민족 갈등 • 이념 갈등 • 개인의 안전 문제 • 경제 집단의 갈등 • 의료·교육·복지 문제 • 국가 안보 문제	• 국제 문제 • 핵 문제 • 성 문제 • 소수 인종·민족 문제 • 법 관련 문제	• 빈곤 • 편견 • 공해 • 과잉 인구 • 불법 이민 • 범죄 • 갈등·전쟁

'문제(쟁점) 중심의 통합적 접근'은 학생이 사회에서 실제로 경험하는 문제 또는 쟁점을 해결하는 방법과 사고 능력을 학습하게 하여 사회과 교육내용과 실제 생활을 연결시키는 특성을 갖는다. 그래서 이 접근에 기초하여 구성된 사회과는 학생들의 흥미를 유발하고 사회문제를 해결하기 위해 참여하는 시민을 기르는 데 효과적이다. 하지만 문제(쟁점) 중심의 통합 교육과정에 대한 연구가 충분히 이루어지지 않았고 다양한 분야의 학자들 사이에 합의가 어렵기 때문에, 실제 우리나라에서는 문제(쟁점) 중심의 통합적 접근에 의한 사회과 교과서는 만들어지지 못했다.

(3) 주제 스트랜드 중심 통합적 접근

1994년 미국사회과협회(NCSS)는 현대 사회의 변화와 요구에 부응하여 사회과의 범위와 계열을 조직하는 표준을 제시했다. 이 협회는 초·중·고등학교 수준에서 수월성을 달성하기 위해 10가지 '주제 스트랜드'(thematic strands)

에 기초하여 교육과정을 구성하는 모형으로서 「사회과 교육과정의 표준」(the social studies standards)을 제시했다(NCSS, 1994).

「사회과 교육과정의 표준」은 (1) 10가지 주제 스트랜드를 활용하여 사회과 프로그램을 기획하는 기본 틀로 작동하고, (2) 모든 학생에게 본질적인 지식, 사고 과정, 태도와 관련된 행위기대들을 제공함으로써 사회과 교육과정을 정하는 안내 지침으로 작용하며, (3) 수업 지도안을 작성하는 데 안내가 되는 교실 활동의 사례를 제시한다. 또한 사회과 교육과정의 표준은 사회과 교과서 집필자와 교사가 왜 사회과를 가르쳐야 하고, 사회과 교육과정은 무엇으로 구성해야 하고, 그것을 어떻게 가르치고, 어떻게 평가할 것인가를 결정할 때 기준을 제공해준다(NCSS, 2001: 3).

미국사회과협회는 사회과의 범위와 계열을 조직하는 표준으로 '10가지 주제 스트랜드' 를 제시하였다(NCSS, 2001: 4).

Ⅰ. 문화	Ⅱ. 시간 연속성, 변화
Ⅲ. 인간, 장소, 환경	Ⅳ. 개인의 발달과 정체성
Ⅴ. 개인, 집단, 제도	Ⅵ. 권력, 권위, 거버넌스
Ⅶ. 생산, 분배, 소비	Ⅷ. 과학, 기술, 사회
Ⅸ. 글로벌 연결	Ⅹ. 시민의 이상과 실천

10가지 주제 스트랜드는 사회생활을 이해하는 데 중요한 사회과학과 인문학에서 선택된 주제와 개념들이라는 점에서 **'학제적 특성'**을 갖는다. 또한 10가지 주제들은 **'상호 연관성'**을 갖는다. 예컨대 학생이 'I 문화'를 이해하려면, 'II 시간, 연속성, 변화'(문화가 시간의 흐름에 따라 변화되어 온 모습) 그리고 'III 인간, 장소, 환경'(문화가 지역과 환경에 따라 다르게 나타나는 모습), 'V. 개인, 집단, 제도'(문화가 집단의 특성에 어떤 영향을 미치고, 집단에 따라 제도가 달라지는 모습)등과 연관시켜 파악해야 한다(NCSS, 2001: 4).

이와 같이 사회과학이나 인문학에서 상호 연관된 주제들을 선정하여 각 주제들을 씨줄과 날줄처럼 상호 연관되도록 사회과의 교육내용을 통합적으로 조직하는 방식을 '**주제 스트랜드 중심 통합적 접근**'이라고 한다.

3) 통합적 접근법의 비판적 평가

주제(개념) 또는 문제(쟁점) 중심의 통합적 접근은 사회문제를 비판적으로 이해하고 합리적 해결 방안을 찾는 비판적 사고력이나 의사결정력의 발달에 기여할 수 있지만, 몇 가지 한계를 지닌다.

첫째, 통합적 접근은 각 학문의 구조와 체계에 맞게 교육내용을 구성하기 어렵고, 사회현상과 문제에 대한 체계적인 지식을 가르칠 수 없다. 통합적 접근은 사회생활에서 중요한 주제 또는 문제를 중심으로 구성하기 때문에 사회문제와 쟁점을 해결하는 능력을 기르는 데 효과적이겠지만, 사회현상을 체계적으로 이해하고 설명할 수 있는 지식을 일관되게 가르치기는 어렵다.

둘째, 통합적 접근은 개별 사회과학의 고유한 정체성과 체계를 무너뜨리는 문제점을 안고 있다. 개별 사회과학은 각각 설명하고자 하는 사회현상이 있고 그에 대한 체계적인 지식들을 형성하고 있기 때문에, 한 측면에서는 사회현상을 더 명확하고 체계적으로 이해하도록 도와준다. 이런 의미에서 사회과 교육과정을 분과 학문의 논리에 따라 구성하는 방식이 선호되고 있다.

셋째, 문제 또는 쟁점 중심의 통합 교육과정은 실제 교과서로 만들어지기 어렵다. 통합 교육과정을 만들기 위해서는 관련 전문가들이 사회과에서 다루어야 할 문제 또는 쟁점에 대해 서로 합의하고 교육내용을 통합적으로 구성하기 위해 협력해야 한다. 하지만 통합 교육과정에 대한 연구 부족과 교과 이기주의 등 여러 가지 이유로 통합 교육과정의 구성이 어렵다. 그래서 현재 우리나라 사회과 교육과정은 통합적 접근을 지향하고 있지만, 실제 사회 교과서는 '**다학문적 접근**'에 따라 지리, 역사, 일반사회 영역이 별개의 단원으로 병렬적으로 구성되어 있다.

또한 사회과 교과서를 만드는 기간 1～2년을 고려할 때, 사회과에서 다루어야 할 문제 또는 쟁점은 시의 적절성, 학생의 흥미 반영 등에서 한계를 지닌다. 사회 교과서가 출판되어 학교에서 가르칠 시기에는 그 문제와 쟁점은 이미 해결되어 더 이상 쟁점이 아니고, 그에 대한 학생의 흥미도 떨어지는 경우가 많기 때문이다.

4. 교육과정의 지역화

우리나라는 기본적으로 중앙 집권적인 교육과정 체제로 운영되지만 일부 교과의 경우에 국가 수준 교육과정의 범위 안에서 지역 교육청에서 교육내용을 개발하고 운영할 수 있도록 허용하고 있다.[4] 사회과 교육과정의 지역화는 정부가 고시한 교육과정의 범위 안에서 지역사회의 실정에 적합하게 교육과정을 재구성하여 운영하는 것을 말한다. 현재 3~4학년의 사회과는 지역 교육청에서 '지역 교과서'를 개발하여 운용하고 있다.

교육과정의 지역화에 따라 사회과교육내용을 조직하는 방식은 '내용의 지역화'와 '방법의 지역화'로 구분된다(남상준, 1999: 89-90; 2005: 109-111).

1) 내용의 지역화

내용의 지역화는 **'지역에 대한 학습'**을 위해 교육내용을 지역사회의 실정과 특성에 적합하게 구성하는 방식이다. 즉, 사회과의 교육내용을 학생들이 살고 있는 지역을 중심으로 그 지역의 지리, 역사, 사회생활 등을 학습하도록 구성하는 것이다. 내용의 지역화는 학생들이 자신의 고장과 지역에 대한 이해

4) 교육과정의 지역화는 2001년 개정된 「초·중등교육법」 제23조 제2항(각 시·도 교육감이 지역의 실정에 적합한 기준과 내용을 정할 수 있다)에 근거를 두고 있다.

를 통하여 지역사회의 문제를 합리적으로 해결하는 능력과 사회에 참여하는 태도를 형성하려는 목적에서 이루어진다.

따라서 사회과 교육과정은 자기 고장과 지역의 지리, 역사, 사회생활 전반을 통합하여 구성된다. 교육과정의 지역화는 자기 고장과 지역사회를 사랑하는 태도, 고장과 지역사회의 문제를 합리적으로 해결하는 가치 및 태도를 형성하는 것에 기여할 수 있다. 교육과정의 지역화에 따라 구성된 3~4학년의 사회과 지역 교과서는 각 시·도 지역의 특성에 적합하게 재구성되어 있다. 예컨대 3학년의 사회과 지역 교과서는 「전주의 생활」, 그리고 4학년의 사회과의 지역 교과서 는 「전라북도의 생활」 형태로 재구성되어 있다.

2) 방법의 지역화

방법의 지역화는 **'지역에 의한 학습'**을 실시하는 방식이다. 즉, 학생이 지역에서 일어나는 현상과 문제를 과학적으로 탐구하고 해결하는 능력을 기르기 위해 주변 지역을 수업자료로 활용하는 것이다. 방법의 지역화는 단순히 주변 지역에서 일어나는 현상이나 사실을 가르치는 것이 아니라 사회과 목표 달성에 적합한 지역의 사실과 문제들을 선정하고 그것에 대한 과학적 탐구와 합리적 의사결정의 방법을 가르치는 것이다. 이런 점에서 방법의 지역화는 내용의 지역화와 구별된다.

방법의 지역화에 기초하여, 사회 교사는 고장과 지역의 지리, 역사, 사회생활에 관한 지식뿐만 아니라 고장과 지역의 문제를 해결하는 능력, 지역사회에 참여하는 태도를 가르치기 위한 교수·학습 방법과 프로그램을 활용할 수 있다. 그렇게 가르칠 때 학생들은 자기 고장과 지역사회에 대해 이해하고, 고장과 지역의 문제를 합리적으로 해결하는 데 참여하고, 지역 사회의 발전에 기여하는 태도를 형성할 수 있다.

5. 사회과 교육과정의 조직 유형

앞에서 제시한 4가지 조직 원리 이외에 전통적 교과, 학생의 경험, 학문 중 어느 것을 중심으로 사회과 교육과정을 조직할 것인가에 따라 교과 중심 사회과 교육과정, 경험 중심 사회과 교육과정, 학문 중심 사회과 교육과정 3가지 유형으로 분류할 수 있다. 3가지 조직 유형이 기초하고 있는 이론과 기본적 가정이 서로 다르고, 그에 따라 교육과정을 구성하는 방식이 달라진다.

1) 교과 중심 사회과 교육과정

교과 중심 교육과정(subject-centered curriculum)은 전통적 교과를 중심으로 교육과정을 구성하는 것이다. 이것은 교육과정을 학교에서 가르쳐야 할 교과로 이해하는 교육 사조를 가리킨다(박천환·박채형, 2013: 17-19). 전통적 교과가 곧 교육과정이라는 입장은 고대 그리스부터 중세시대까지 7 자유학과(seven liberal arts)를 중심으로 교육과정을 구성한 것에서 잘 드러난다.

이러한 교과 중심 교육과정은 **'정신 도야론'**(doctrine of mental discipline) 또는 '형식 도야론'에 기초하고 있다. 정신 도야론은 기존의 전통적 교과를 중심으로 구성했던 교육과정을 정당화하기 위해서 19세기에 들어와서 제시되었는데, 1828년 예일대학교의 보고서에서 잘 나타났다. 이 보고서는 교육의 기능을 '정신(mind)의 능력'을 강화시키는 것으로 보는 정신 도야론의 입장을 제시하였다(김재춘 외, 2010: 91-96).

정신 도야론은 교과의 학습을 통해 훈련된 정신(마음)의 능력은 다른 사태에 **'전이'**될 수 있다고 가정하였다. 이런 가정 위에서 인간의 신체가 근육으로 구성되고 반복적 운동(연습)을 통해 단련되는 것처럼, 인간의 정신도 지각, 상상, 추론, 의지 등의 능력으로 구성되고, '훈련' 또는 '도야'(discipline)를 통해 발달할 수 있다고 보았다. 반복적 연습을 통해 단련되는 신체의 운동 능력과 마찬가지로, 정신의 능력도 반복적 훈련을 통해 발달한다고 보았다. 그래서 전통적인 교과 지식을 '반복적 암기'를 통해 가르치는 교수 방법이 강조되었다.

이러한 교육 사조에 따라 '교과 중심 사회과 교육과정'은 사회에서 전통적으로 중시하는 역사, 지리, 공민 교과를 중심으로 사회과의 교육내용을 구성하는 방식이다. 역사, 지리, 공민 교과의 내용은 그 사회에서 중시하는 역사적 사실, 지리적 사실, 정치 및 경제 제도와 관련된 '사실적 지식'으로 구성된다. 교과 중심 사회과 교육과정에 따라 1920년대까지 대부분의 학교들은 역사, 지리, 정치 및 경제와 관련된 단편적인 사실을 중심으로 구성된 '역사', '지리', '공민' 교과를 가르쳤다. 우리나라의 교수 요목기(1945~1954)의 사회생활과는 교과 중심 사회과 교육과정에 따라 공민, 지리, 역사 과목으로 구성되었다.

교과 중심 사회과 교육과정은 그 사회가 전통적으로 중시하는 문화유산에 관한 단편적인 **'사실적 지식'**을 중심으로 교과의 내용을 구성하였고, 이런 전통적인 사실적 지식을 가르침으로써 훌륭한 **'시민 정신의 훈련'(도야)**을 목표로 하였다. 이 교육과정은 젊은 세대들에게 전통적 문화유산에 관한 사실적 지식을 '전수'함으로써 그 사회의 질서와 문화를 지속하는 데 초점을 맞추었다.

▶ 비판적 평가 :

그러나 교과 중심 사회과 교육과정의 주장과 달리, 사회과에서 훈련된 정신의 능력이 다른 교과와 사태로 '전이' 되지 않았고, 역사와 지리 같은 전통적 교과가 새로운 교과에 비해 '정신의 능력'을 개발하는 데 더 효과적인 것으로 입증되지 않았다.

나아가 교과 중심의 사회과 교육과정은 20세기 중반 이후 새로운 '사회의 요구'를 반영하지 못 하였고, Dewey의 비판처럼, 아동의 흥미와 필요를 반영하여 '학습자 중심의 교육'을 실시하지 못 하는 한계를 지녔다.

2) 경험 중심 사회과 교육과정

경험 중심 교육과정(experience-centered curriculum)은 J. Dewey의 진보주의 교육철학에 기초하여 발전하였다. 듀이에 의하면, 교육은 아동의 흥미와 필요에서 출발하고, 아동이 생활에서 겪는 경험을 다루어야 한다. 따라서 교육 내용은 학생이 생활 속에서 경험하는 문제들과 그런 경험과 문제를 반성적 사고를 통해 해결하는 과정과 방법으로 구성된다. 듀이에 기초하여 경험 중심 교육과정은 '아동의 흥미'를 반영하여 학생이 사회생활에서 겪는 '경험'을 중심으로 교육과정을 구성하는 것이다. 이런 점에서 '아동 중심 교육과정' 또는 '생활 중심 교육과정'이라고 부르기도 한다(박천환·박채형, 2013: 20).

경험 중심 교육과정은 활동 중심 교육과정과 생활 중심 교육과정으로 구성될 수 있다. **'활동 중심 교육과정'**은 학생의 흥미와 필요에 따라 감각, 개념의 발달, 상호작용 같은 '학생의 활동'을 중심으로 교육과정을 구성하는 방식이다. **'생활 중심 교육과정'**은 사회생활 영역에서 학생이 겪는 '경험'을 주요 내용으로 구성하는 방식이다. 생활 중심 교육과정은 제2차 사회과 교육과정의 중학교 사회 3학년에서 잘 드러난다. 3학년 사회의 '1. 인간과 사회생활' 단원은 사회생활의 발달, 가정생활, 향토 생활, 그 밖의 사회생활, 사회 발전에 이바지하는 길 그리고 '4. 문화와 사회문제' 단원은 종교와 생활, 도의와 생활, 보도와 오락, 직업과 생활, 사회 개선과 책임 등 구성하였다(문교부령 제120호, 1963: 50-54).

이러한 경험 중심 교육과정의 특징을 L. T. Hopkins는 다음과 같이 제시했다(김재춘 외, 2010: 120-121. 인용).

① 교육과정의 중점은 교과가 아니라 **'학습자'**에 둔다.
② 교과서를 가르치는 데 치중하지 않고, **'학생의 성장'**을 조성하는 데 노력한다.
③ 교재는 사전에 조직되는 것이 아니라 학습 현장에서 정해진다.
④ 교육과정은 교사가 부과하는 것이 아니라 **'학습자**의 **협동적 참여'**로 구성된다.
⑤ 단편적 사실을 가르치는 것보다 통합된 의미를 '경험' 시키는 것이 더 중요하다.
⑥ 교재와 관련된 교수 방법보다 **'아동의 학습법'**을 존중하여 지도한다.
⑦ 교육은 (교사의) 교수가 아니라 (학생의) 지속적인 **'성장의 과정'**이다.

이러한 교육 사조에 기초하여 '경험 중심 사회과 교육과정'은 학생이 사회생활에서 겪는 경험 또는 문제를 중심으로 사회과의 내용을 구성하는 방식이다. 국어, 수학, 과학 같은 전통적 교과에 따라 구성하지 않고, 사회과 교육과정은 학생이 실제로 경험하는 '생활의 문제'를 중심으로 그 문제를 해결하는 과정과 방법을 통합적으로 구성하는 것이다.

경험 중심 사회과 교육과정은 단편적인 사실적 지식을 가르치는 것이 아니라 학생이 경험하는 문제를 반성적으로 탐구하여 합리적으로 해결하는 사고력, 즉 **'반성적 사고력'** 또는 **'의사결정력'**을 기르는 것을 목표로 한다. 그리고 교육내용은 아동이 생활 속에서 경험할 수 있는 **'사회문제/쟁점'**을 해결하는 과정과 방법으로 구성하거나 학생의 흥미와 필요를 반영하여 정치 활동, 경제 활동, 사회참여 활동, 문화 활동 같은 **'사회 활동'**으로 구성된다. 이 교육과정은 학생이 경험하는 문제를 객관적으로 조사하여 합리적으로 해결하는 과정을 중심으로 구성된다.

▶ 비판적 평가 :

경험 중심 사회과 교육과정은 사회생활의 문제를 해결하는 경험을 가르침으로써 민주시민의 역량을 육성하는 데 기여하는 장점을 지녔다. 반면에 사회과학적 지식의 '체계적 교육'이 어렵고, 그에 따라 학생의 '기초 학력'을 저하시킨다는 비판을 받았다.

3) 학문 중심 사회과 교육과정

학문 중심 교육과정(discipline-centered curriculum)은 1960년 J. Bruner의 「교육의 과정」 보고서에 기초해 발전하였다. 브루너는 개념, 일반화, 이론 등 지식의 구조에 의해 교육과정을 조직해야 한다는 교과의 구조화를 주장하였다. 학문의 핵심 아이디어 – 기본 개념과 원리 – 가 **'지식의 구조'**(structure of knowledge) 또는 '교과의 구조'이다. 지식의 구조는 단편적인 사실들의 모음이 아니라 사실들을 연결하고 체계화하는 주요 개념이나 원리이다. 이러한 지식의 구조를 중심으로 교과의 내용을 구성한 것이 '교과의 구조화'이다(김재춘 외, 2010: 98-104).

브루너는 "어떤 교과이든지 지적으로 올바른 형식으로 표현하면, 어떤 발달 단계에 있는 아동에게도 효과적으로 가르칠 수 있다"는 가정에 기초하여 교육과정을 나선형으로 구성해야 한다고 주장하였다(Bruner, 1960). **'나선형 교육과정'**은 각 교과의 기본 개념과 원리를 반복적으로 조직하고, 학년이 올라갈수록 관련 내용을 더 넓고 깊게 구성하는 것이다.

또한 브루너는 "학자가 하는 일이나 초등 3학년이 하는 일이나 모든 지적 활동은 근본적으로 동일하다"는 가정에 기초하여, 학자처럼 학생이 현상이나 사실을 직접 탐구하여 그것에 내포된 일반적 원리나 법칙을 발견하도록 가르쳐야 한다고 주장하였다(Bruner, 1960). 이러한 **'발견 학습'**(discovery learning) 또는 **'탐구 학습'**(inquiry learning)은 지식의 구조를 배우는 과정에서 학생이 일반적 원리나 법칙을 스스로 찾도록 하는 교수 방법이다. 예컨대 "이집트 문명이 처음에 나일강 주변에서 발생했다"는 사실 또는 현상을 가르쳐 주고, 문명이 발달하는 원리나 법칙을 학생이 스스로 찾도록 하는 방법이다.

다른 한편 R. S. Peters와 P. H. Hirst(1970)는 '지식의 형식'(forms of knowledge) 개념을 통해 학문적 지식을 교육내용으로 구성해야 한다는 주장을 정당화하였다(김재춘, 2010: 106-110). 지식의 형식이란 인간의 경험을 일반적으로 인정되는 방식으로 분류해 놓은 지식의 틀로서 논리학, 수학, 자연과학, 인문 과학, 역사, 문학, 철학 등이 해당된다. 지식의 형식은 각 학문에 고유한 개념과 탐구 방법과 관련된다. 예를 들면 인문과학의 개념과 탐구 방법은 자연과학의 그것과 다르고, 이런 측면에서 인문과학과 자연과학은 서로 다른 '지식의 형식'을 지닌다.

학문 중심 교육과정에서 지식의 구조를 중심으로 교육 내용을 구성하는 이유는 지식의 '전이 가능성'을 전제하기 때문이다. 각 교과에서 지식의 구조를 배움으로써 학생들은 사회현상이 어떻게 작동하고 상호 관련되는지를 파악할 수 있는 일반적 '원리 또는 법칙'을 발견하게 된다. 학생들이 주어진 현상이나 사실 속에 들어있는 원리 또는 법칙을 발견하여 다른 비슷한 현상에 적용함으로써 사회현상을 과학적으로 '설명'하고 미래를 '예측'할 수 있다.

이러한 교육 사조에 기초한 **'학문 중심 사회과 교육과정'**은 사회과학의 '지식의 구조'를 중심으로 교육내용을 구성하는 것이다. 여기서 '지식의 구조'는 사회과학을 구성하는 핵심적인 아이디어-개념, 일반화, 이론 및 탐구 방법-을 말한다. '단편적인 지식'을 전달하여 정신의 훈련을 목표로 하였던 교과 중심 사회과 교육과정과 달리, 학문 중심 사회과 교육과정은 사회과학의 '지식의 구조'를 가르침으로써, 현상이나 사실 속에 들어있는 원리나 법칙을 학생 스스로 발견하여 새로운 사회현상을 설명하고 예측할 수 있는 '탐구력'을 발달시키는 것을 목표로 하였다.

이러한 학문 중심 사회과 교육과정은 기존의 전통 교과 중심 또는 경험 중심 사회과 교육과정과 새로운 형태의 사회 교과서를 만드는 **'신사회과'**(New Social Studise)의 이론적 토대를 제공하였다. 최근에 **'빅 아이디어'**(big ideas)를 중심으로 '이해를 위한 교육'(education for understanding) 운동으로 다시 나타나고 있다(김재춘 외, 2010: 106). 우리나라의 제3차 사회과 교육과정(1973~ 1981)의 사회과는 학문 중심 사회과 교육과정에 따라 '정치·경제', '사회·문화', '국토지리', '인문지리', '세계사' 과목으로 구성되었다.

▶ 비판적 평가 :

학문 중심 사회과 교육과정은 사회과학의 주요 개념과 이론을 중심으로 사회과를 구조화하는데 기여했다. 그러나 추상화된 사회과학의 지식이 실제 사회생활에서 문제를 해결하고 실천하는 것으로 전이되지 않았다. 또한 브루너의 가정과 달리, 아무리 사회과학의 지식의 구조를 쉽게 표현할지라도, 배경 지식이나 학습 능력이 부족한 초·중등 학생이 사실이나 현상에 내포된 일반적 원리와 법칙을 스스로 발견하는 것은 매우 어렵고, 추상적인 지식의 구조를 스스로 파악하기 어렵다.

이런 이유에서 브루너 본인이 '교육과정의 재탐색'(The Process of Education revisited) 글에서 학문 중심 교육과정의 한계를 인정했으며, 교과(지식)의 구조를 줄이고, 사회문제와 관련해 올바른 가치 주제를 다루어야 한다고 제안했다(Bruner, 1971: 18-21).

▎사회과 교육과정의 조직 유형▎

구분	교과 중심 사회과 교육과정	경험 중심 사회과 교육과정	학문 중심 사회과 교육과정
시기	18세기~1920년대	1930~1950년대	1960년대~
목표	• 시민 정신의 훈련(도야)	• 반성적 사고력 • 합리적 의사결정력	• 사회현상의 탐구력 • 사회현상의 설명과 예측 능력
내용	• 지리, 역사, 공민, 정치 교과의 '사실적 지식' • 문화유산 관련 사실적 지식	• 학생의 경험 및 활동 • 문제 해결의 과정과 방법	• 지식의 구조: 개념, 일반화, 이론, 탐구 방법 • 나선형 교육과정
방법	• 주입식 교육 • 직접 교수법 • 교사의 가르침 중심 수업	• 토론 수업 • 문제 해결 학습 • 학생의 활동 중심 수업	• 탐구 학습(발견 학습) • 학생의 자기 주도적 학습
사례	• 전통적인 지리, 역사, 공민 교과서	• 생활 중심 교육과정 • 활동 중심 교육과정	• 신사회과 교과서 • 인간: 탐구의 과정(MACOS)

구분	교과 중심 사회과 교육과정	경험 중심 사회과 교육과정	학문 중심 사회과 교육과정
비판	• 정신 능력이 전이되지 않음 • 전통 교과가 정신을 계발하는데 효과 없음 • 학습자 중심의 교육 어려움	• 지식의 체계적 교육이 어려움 • 기초 학력의 저하 우려	• 지식의 구조가 실천으로 전이되지 않음 • 지식의 구조를 이해하기 어려움 • 지식에 내포된 원리와 법칙을 발견하기 어려움

6. 2022 개정 사회과 교육과정의 특징

미래 사회에서 요구하는 시민 역량을 기르기 위하여 2022 개정 사회과 교육과정은 학생이 '주도성'(agency)을 갖고 학습할 수 있도록 사회현상이나 문제의 특징이나 영향 등을 스스로 '탐구'하는 활동을 강화했고, 쟁점의 합리적 해결 방안을 찾는 토의·토론 활동을 증대하였다. 또한 최근 '민주시민교육'에 대한 사회적 요구를 반영하여 생활 속 민주주의의 실천, 노동 인권교육, 선거 교육, 미디어 리터러시 교육 등의 내용 요소를 강화했다(은지용 외, 2022).

1) 핵심 아이디어 중심 학습량의 적정화

총론의 개정 방향에 맞추어, 사회과는 일반사회, 지리, 역사 영역별로 '핵심 아이디어'를 중심으로 학습량을 적정화하여 구성하였다. 그래서 초등학교 사회의 성취기준을 3-4학년은 24개에서 22개로, 5-6학년은 48개에서 27개로 대폭 축소하였다. 고교 학점제 시행으로 고등학교 선택 과목의 기본 이수 학점이 5→4학점(단위)으로 줄었기 때문에, 사회과의 선택 과목은 5~8개 단원의 18~28개 성취기준에서 과목별로 4개 단원의 12~16개 성취기준으로 축소했다.

2) 민주시민교육 관련 내용 요소의 강화

초등학교 사회에는 학교 자치, 주민 자치, 시민의 주권 행사와 선거 참여 등 '생활 속 민주주의'의 실천 관련 내용을 강화했으며, 근로자의 권리 보호 등 '노동 인권교육'의 내용을 추가했다. 또한 최근 급증하는 가짜 뉴스와 여론 왜곡에 대응할 능력을 기르도록 미디어 콘텐츠에 대한 이해와 비판적 분석 등 '미디어 리터러시' 관련 내용을 신설했다.

> [4사08-01] 학교 자치 사례를 통하여 민주주의의 의미를 이해하고, 학교생활에서 민주주의를 실천하는 능력을 기른다.
> [4사08-02] 지역에서 이루어지는 민주주의 사례를 통해 주민 자치와 주민 참여의 중요성을 파악하고, 지역사회의 문제 해결에 참여하는 태도를 기른다.
> [6사08-03] 민주주의에서 미디어의 의미와 역할을 이해하고, 여러 가지 미디어의 내용을 비판적으로 분석하여 올바르게 이용하는 태도를 기른다.
> [6사11-01] 시장경제에서 가계와 기업의 역할을 이해하고, 근로자의 권리와 기업의 자유 및 사회적 책임을 탐색한다.

2020년 1월 공직선거법의 개정으로 18세 이상 국민에 선거권이 부여되었고, 2022년 1월 정당법의 개정으로 16세 이상 국민에 정당 가입이 허용되었다. 고등학생이 주권자로서 투표하거나 정당에 가입해 활동하는 방식으로 정치에 직접 참여할 수 있다. 이런 선거권과 정당 제도의 변화를 반영하여 고등학교 정치 교육과정은 유권자로서 정치 참여 방법의 분석, 미디어 활용한 정치 참여 등 '선거 교육' 관련 내용을 강화했다.

> [12정치02-02] 민주정치에서 정당의 의미와 역할을 탐구하고, 다양한 정치 참여의 방법을 비교, 분석한다.
> [12정치02-04] 미디어를 통한 정치 참여 방법의 특징과 문제점을 분석하고, 유권자이자 피선거권자로서 미디어를 비판적으로 활용하는 태도를 지닌다.

3) 탐구 또는 쟁점 중심 교육의 강화

사회과 교육과정은 시민의 역량을 함양하기 위해 학생 주도형 **'탐구'**가 가능하도록 조직했다. 학생이 일상생활에서 경험하는 현상이나 문제를 조사하고, 자료에 근거하여 그것의 이유, 특징, 영향 등을 스스로 분석하고 일반화된 결론을 도출하는 탐구 활동이 강화되었다.

> [4사03-01] 최근 사회 변화의 양상과 특징을 파악하고, 그로 인해 나타난 생활 모습의 변화를 탐색한다.
> [6사11-02] 경제성장이 우리 생활에 미치는 영향을 파악하고, 빠른 경제성장으로 발생한 문제의 해결 방안을 탐색한다.
> [9사(일사)02-01] 일상생활에서 접하는 문화의 사례를 탐색하고, 이를 바탕으로 문화의 의미와 특징을 도출한다.
> [9사(일사)12-01] 오늘날 우리 사회가 겪는 사회 변동에 대해 조사하고, 이러한 사회 변동이 우리 생활에 미치는 영향을 분석한다.

또한 중학교 사회의 일반사회 영역은 사회과학의 개념과 원리를 스스로 탐구하는 '사회과학 교육'과 사회문제 또는 쟁점을 토의·토론을 통해 해결하는 **'쟁점 중심 교육'**을 조화시키도록 구성했다. 학생이 일상생활에서 경험하거나 미디어를 통해 접하는 사회문제 또는 쟁점을 조사하고, 문제의 해결 방안을 찾는 토의나 토론 활동을 강화하였다.

> [9사(일사)03-03] 현대 민주주의의 특징과 과제를 검토하고, 우리나라 민주주의의 발전을 위한 제도적 방안과 시민의 역할에 대해 토의한다.
> [9사(일사)12-03] 사회 변동과 사회문제에 대응하는 국내외의 사례들을 검토하고, 시민으로서 지녀야 할 태도와 실천 방안에 대해 토의한다.

4) 내용 구성 방식의 변경

초등학교 사회 교육과정은 지리와 역사 영역에서 내용 구성 방식을 변경했다. 지리 영역은 행정구역을 기반으로 하여 3학년에 고장(시·군)과 4학년에 지역(시·도) 단위로 편성한 것에서 학년별로 고장이나 지역을 제한하지 않고 지역의 범위를 유연하게 적용하는 **'탄력적 환경 확대법'**을 적용했다. 역사 영역은 역사의 의미와 시간 개념 등 역사학습의 기초를 추가했으며, 내용 구성 방식을 통사 위주의 정치사·문화사에서 **'생활사'** 중심으로 변경하였다.

중학교 사회의 지리 영역은 내용 체계를 주제 중심의 계통 지리에서 **'지역 지리'** 중심으로 변경하여, 위치 지식이나 장소감 등 지역 학습을 강화했다. 또한 지리적 문해력, 글로컬 시민성, 지속 가능성을 위한 생태 감수성 등 시민성을 함양하는데 중점을 두었다. 그리고 다양한 지리 정보와 매체, 지리정보기술을 활용해 '지리적 기능'을 습득하는 것을 강화했다. 중학교 역사는 세계사를 먼저 배치하고 한국사는 전근대사(5단원) 중심으로 구성했으며(근현대사 1단원), 그에 따라 고등학교 한국사는 근현대사를 중심으로 편성했다.

5) 학제적 접근의 통합 강화 : 통합 사회

고등학교 사회과는 '한국사' 1, 2와 '통합사회' 1, 2를 공통 과목(필수)으로 편성했다. 통합사회는 기존의 3개 영역의 9개 핵심 개념에서 10개 영역의 10개 '핵심 아이디어'를 중심으로 조직했고, **학제적 접근**의 통합을 강화하여 일반사회, 지리, 역사, 윤리 영역이 유기적으로 통합되도록 내용 체계와 성취기준을 구성했다.

▍통합사회의 내용 체계▍

<table>
<tr><th rowspan="2">영역</th><th rowspan="2">핵심 아이디어</th><th colspan="3">내용 요소</th></tr>
<tr><th>지식·이해</th><th>과정·기능</th><th>가치·태도</th></tr>
<tr><td>통합적 관점</td><td rowspan="2">• 시간적, 공간적, 사회적, 윤리적 측면을 함께 고려하는 통합적 관점의 적용을 통해 인간, 사회, 환경의 특성 및 관련 문제를 잘 파악할 수 있다.
• 질 높은 정주 환경의 조성, 경제적 안정, 민주주의의 실현, 윤리적 실천은 행복한 삶을 위한 중요한 조건이다.</td><td>• 통합적 관점
• 시간적 관점
• 공간적 관점
• 사회적 관점
• 윤리적 관점</td><td rowspan="2">• 주제와 관련된 다양한 가치를 통합적 관점에서 이해하고 가치 간의 관계 탐구하기
• 통합적 관점에서 해결 방안을 도출하고 타당성 평가하기
• 민주적 절차와 방법을 활용하여 합의 도출하기
⋮</td><td rowspan="2">• 시간적, 공간적, 사회적, 윤리적 차원의 다양한 쟁점에 관한 관심
• 갈등 해결을 위한 타인과의 소통과 협력
• 다양한 생활방식과 문화에 대한 이해와 존중
⋮</td></tr>
<tr><td>인간, 사회, 환경과 행복</td><td></td></tr>
</table>

(교육부 고시 2022-33호 [별책7]: 108-109)

6) 과목의 신설과 분리 및 과목명의 변경

고등학교 사회과의 선택 과목은 고교 학점제 시행에 대비하여 일반 선택, 진로 선택(9 과목) 이외에 '융합 선택'(6 과목)을 새로 추가하였다. 진로 선택에 '국제 관계의 이해'와 '도시의 미래 탐구' 과목을 신설했고, 융합 선택에 '금융과 경제생활', '기후 변화와 지속 가능한 세계' 과목을 신설했다.

진로 선택에서 기존의 '정치와 법' 과목을 '정치', '법과 사회'로 분리했다. 그래서 '법과 사회'의 교육과정을 개인 생활과 법, 국가 생활과 법, 사회 생활과 법, 학교 생활과 법 4개 영역에 성취기준 13개로 확대하여 조직했다. 융합 선택에 '금융과 경제생활'이 별도 과목으로 신설됨에 따라, '경제' 교육과정에서 '경제생활과 금융' 영역을 삭제하고, 경제학과 경제 문제, 미시 경제, 거시 경제, 국제 경제 4개 영역에 성취기준 12개로 축소했다. 또한 '사회·문화'

를 '사회와 문화'로 '세계 지리'를 '세계 시민과 지리' 등으로 일부 과목의 과목명과 성격을 변경했다.

앞에서 살펴본 것처럼, 2015 개정 사회과 교육과정과 비교하여 2022 개정 사회과 교육과정에서 변경된 사항과 특징을 제시하면 다음과 같다.

▌사회과 교육과정의 비교▐

요소	2015 개정 사회과 교육과정	2022 개정 사회과 교육과정
교육 과정의 개정 방향	• 핵심 개념 중심의 학습 내용 적정화	• 핵심 아이디어 중심의 학습량 적정화 - 초등 사회 성취기준 수: 72개→ 48개 • 민주시민교육의 강화 • 학생 주도형 탐구 또는 쟁점 중심 교육의 강화
내용 구성 방식의 변경	• 3년(시·군), 4년(시·도) 구분에 의한 환경 확대법의 적용 • 중학교 지리: 주제 중심의 계통 지리	• 3년(시·군), 4년(시·도) 구분 없애고, 탄력적 환경 확대법의 적용 • 초등 역사 영역: 정치사→생활사 중심 • 중학교 지리: 지역 지리 중심 지역 학습 • 중학교 역사: 세계사-한국사 (전근대사 중심) • 고교 한국사: 근현대사 중심
초등 학교	• 주제 중심의 통합적 접근 강화	• 민주시민교육의 강화: 학교 자치, 주민 자치, 근로자의 권리, 미디어 리터러시
중학교	• 사회현상의 이해 및 탐구 중심 • 금융 교육, 영토 교육 반영	• 사회과학 교육과 함께 탐구 또는 쟁점 중심 교육의 강화
고등 학교	• 공통 과목에 '통합사회', '한국사' 과목 신설 • 선택 과목에 '진로 선택'(3과목) 신설 • 과목명 변경: '법과 정치' →'정치와 법'	• 공통 과목에 '통합사회1,2', '한국사 1,2' 편성 • 선택 과목에 '융합 선택'(6과목) 신설 • 과목 신설(4과목) • 과목명 변경: '사회·문화'→'사회와 문화' • 과목 분리: '정치', '법과 사회'

사회과의 내용 체계 (제2012-14호 [별책7])

<table>
<tr><th>학년</th><th>지리 영역</th><th>일반 사회 영역</th><th>역사 영역</th></tr>
<tr><td>초등
3~4</td><td>• 우리가 살아가는 곳
• 달라지는 생활모습
• 촌락의 형성과 주민생활
• 민주주의와 주민 자치</td><td>• 이동과 소통하기
• 우리 지역, 다른 지역
• 경제생활과 선택
• 지역사회의 발전</td><td>• 사람들이 모이는 곳
• 도시의 발달과 주민생활
• 다양한 삶의 모습들
• 사회 변화와 우리 생활</td></tr>
<tr><td>초등
5~6</td><td>• 살기 좋은 우리 국토
• 환경과 조화를 이루는 국토
• 이웃 나라의 환경과 생활모습
• 세계 여러 나라의 환경과 생활모습</td><td>• 우리 경제의 성장
• 우리나라의 민주정치
• 우리 사회의 과제와 문화의 발전
• 정보화, 세계화 속의 우리</td><td>• 우리 역사의 시작과 발전
• 세계와 활발하게 교류한 고려
• 유교 문화가 발달한 조선
• 조선 사회의 새로운 움직임
• 근대 국가 수립을 위한 노력과 민족 운동
• 대한민국의 발전과 오늘의 우리</td></tr>
<tr><td rowspan="2">중학교
1~3</td><th>지리 영역</th><th colspan="2">일반 사회 영역</th></tr>
<tr><td>• 내가 사는 세계
• 인간 거주에 유리한 지역
• 극한 지역에서의 생활
• 자연으로 떠나는 여행
• 자연재해와 인간 생활
• 인구 변화와 인구 문제
• 도시 발달과 도시 문제
• 문화의 다양성과 세계화
• 글로벌 경제와 지역 변화
• 세계화 시대의 지역화 전략
• 자원의 개발과 이용
• 환경문제와 지속 가능한 환경
• 우리나라의 영토
• 통일 한국과 세계시민의 역할</td><td colspan="2">• 개인과 사회생활
• 문화의 이해와 창조
• 사회의 변동과 발전
• 정치생활과 민주주의
• 정치과정과 시민 참여
• 경제생활의 이해
• 시장경제의 이해
• 일상생활과 법
• 인권 보장과 법
• 헌법과 국가 기관
• 국민 경제와 경제성장
• 국제 경제와 세계화
• 국제 사회와 국제 정치
• 현대 사회와 사회문제</td></tr>
</table>

(표: 교육과학기술부, 2012b: 6)

사회과의 내용 체계(제2015-74호 [별책7])

영역	핵심 개념	일반화된 지식	내용 요소			기능
			초등학교		중학교	
			3~4	5~6	1~3	
정치	민주주의와 국가	현대 민주국가에서 민주주의는 헌법을 통해 실현되며, 헌법은 국가기관의 구성 및 역할을 규율한다.	• 민주주의 • 지역사회 • 공공기관 • 주민 참여 • 지역문제 해결	• 민주주의 • 국가기관 • 시민 참여	• 정치 • 민주주의 • 정부형태 • 지방자치제도	• 조사하기 • 분석하기 • 참여하기 • 토론하기 • 비평하기 • 의사결정하기
	정치 과정과 제도	현대 민주국가는 정치과정을 통해 시민의 정치 참여가 실현되며, 시민은 정치 참여를 통해 다양한 정치활동을 한다.		• 생활 속 민주주의 • 민주정치 제도	• 정치과정 • 정치 주체 • 선거 • 시민 참여	
	국제 정치	세계화로 인해 다양한 국제기구들이 활동하고 있으며, 한반도의 국제질서도 복잡해지고 있다.		• 지구촌 평화 • 국가간 협력 • 국제기구 • 남북 통일	• 국제 사회 • 외교 • 우리나라의 • 국가간 갈등	
법	헌법과 우리생활	헌법은 국민의 기본권을 보장하고, 국가기관의 구성 및 역할을 규정한다.		• 인권 • 헌법 • 기본권과 의무 • 국가기관	• 인권 • 헌법 • 기본권 • 국가기관의 조직	• 조사하기 • 분석하기 • 구분하기 • 적용하기 • 존중하기 • 참여하기
	개인 생활과 법	민법은 가족 관계를 포함한 개인 간의 법률관계와 재산관계를 규율한다.		• 법 • 법의 역할	• 법 • 법의 구분 • 재판	
	사회 생활과 법	우리나라는 질서 유지를 위한 형법과 사회적 약자 보호를 위한 사회법을 통해 정의로운 사회를 구현한다.				
경제	경제 생활과 선택	희소성으로 인해 경제 문제가 발생하며, 이를 해결하기 위해서 비용과 편익을 고려해야 한다.	• 희소성 • 생산 • 소비 • 시장	• 가계 • 기업 • 합리적 선택	• 희소성 • 경제 체제 • 기업의 역할 • 자산 관리 • 신용 관리	• 조사하기 • 분석하기 • 추론하기 • 적용하기 • 탐구하기 • 의사결정하기
	시장과 자원배분	경쟁시장에서 시장 균형을 통해 자원 배분의 효율성이 이루어지고, 시장 실패에 대해서 정부가 개입한다.		• 자유 경쟁 • 경제 정의	• 시장 • 수요 법칙 • 공급 법칙 • 시장 가격	
	국가 경제	경기 변동 과정에서 실업과 인플레이션이 발생하며, 국가는 경제 안정화 방안을 모색한다.		• 경제 성장 • 경제 안정	• 국내 총생산 • 물가 상승 • 실업	

영역	핵심 개념	일반화된 지식	내용 요소			기능
			초등학교		중학교	
			3~4	5~6	1~3	
	세계 경제	국가 간 비교 우위에 따른 특화와 교역이 발생하며, 외환 시장에서 환율이 결정된다.		• 국가간 경쟁 • 상호 의존성	• 국제 거래 • 환율	
사회·문화	연구 방법	사회·문화 현상에 대한 정확하고 올바른 탐구를 위해 다양한 관점과 연구 방법이 활용된다.	자료 수집/자료 분석/자료 활용			• 조사하기 • 비교하기 • 존중하기 • 분석하기 • 비평하기 • 참여하기
	개인과 사회	개인은 사회를 통해서 성장하고, 사회는 개인의 역할 수행을 통해 유지·존속된다.	가족 구성원의 역할 변화		• 사회화 • 지위와 역할 • 역할 갈등 • 사회 집단	
	문화	생활양식으로서 문화를 이해하고 향유하기 위해서 다양한 요인에 따라 나타나는 문화 다양성 및 변동 양상에 대한 올바른 인식과 태도가 중요하다.	• 문화 • 편견과 차별 • 타문화 존중		• 문화 • 문화 이해 태도 • 대중 매체 • 대중 문화	
	사회 계층과 불평등	다양한 양상으로 나타나는 사회 불평등과 관련 문제를 해결하기 위해 개인과 사회 차원의 노력이 필요하다.		• 신분 제도 • 평등 사회	• 차별 • 갈등 • 사회문제	
	현대의 사회 변동	사회 변동 양상에 대한 정확한 이해와 내용을 통해 지속 가능한 사회가 실현된다.	• 가족 형태의 변화 • 사회 변화 • 일상생활의 변화	• 지속 가능한 미래	• 사회 변동 • 현대사회의 변동 • 한국사회의 변동	

(표: 교육부, 2015b: 5-7)

영역	핵심 개념	일반화된 지식	내용 요소			기능
			초등학교		중학교	
			3~4	5~6	1~3	
지리 인식	지리적 속성	지표상에 분포하는 모든 사건과 현상은 절대적, 상대적 위치와 다양한 규모의 영역을 차지하며, 위치와 영역은 해당 사건과 현상의 결과이자 주요 요인으로 작용한다.	• 고장의 위치와 범위 인식	• 국토의 위치와 영역 • 세계 대륙과 대양의 위치와 범위 • 대륙별 국가의 위치와 특징	• 위치와 인간 생활	• 인식하기 • 표현하기 • 지도읽기 • 수집하기 • 기록하기 • 비교 하기 • 활용하기 • 실행하기 • 해석하기
	공간 분석	다양한 공간 자료와 도구를 활용한 지리 정보 수집과 지리 정보 시스템의 활용은 지표상의 현상과 사건들을 분석하고 해석하며 추론하는 데 필수적이다.	• 지도의 기본 요소(방위, 기호, 줄인자, 땅의 높낮이 표현)	• 공간 자료와 도구의 활용	• 지도읽기 • 지리 정보 • 지리 정보 기술	
	지리 사상	지표상의 위치와 영역을 차지하는 인간 집단들은 자신들을 둘러싼 장소와 지역, 다양한 세계에 대한 고유하고 지속적인 경험, 인식, 관점을 갖고 있다.			• 자연-인간의 관계	
장소와 지역	장소	모든 장소는 다른 장소와 차별되는 자연적·인문적 성격을 지니며, 어떤 장소에 대한 장소감은 개인이나 집단에 따라 다르다.	• <u>**마을(고장)**</u>의 모습과 장소감		• 우리나라 영역 • 국토애	• 설계하기 • 수집하기 • 기록읽기 • 분석하기 • 평가하기 • 의사결정하기 • 비교하기 • 구분하기 • 파악하기 • 공감하기
	지역	지표 세계는 장소적 성격의 동질성, 기능적 상화 관련성, 지역민의 인지 등의 측면에서 다양하게 구분되며, 이렇게 구분된 지역마다 고유한 지역성이 나타난다.	• **지역** 중심지의 위치, 기능, 경관 특성	• **국토**의 지역 구분과 지역성 • 우리와 밀접 국가의 지리적 특성 • **인접 국가**의 지리 정보 및 상호 의존 관계	• **세계화**와 지역화	
	공간 관계	장소와 지역은 인구, 물자, 정보의 이동 및 흐름을 통해 네트워크를 형성하고 상호작용한다.	• 촌락과 도시의 상호 의존 관계	• 인접 국가의 지리 정보 및 상호의존관계	• 인구·자원의 이동 • 지역 간 상호 작용	
자연 환경과 인간 생활	기후 환경	지표상에는 다양한 기후 특성이 나타나며, 기후 환경은 특정 지역의 생활양식에 중요하게 작용한다.		• 국토의 기후 환경 • 세계의 기후 특성과 인간	• 기후 지역 • 열대우림 기후 • 온대기후 지역 • 기후 환경	• 도출하기 • 활용하기 • 구성하기 • 의사소통

영역	핵심 개념	일반화된 지식	내용 요소			기능
			초등학교		중학교	
			3~4	5~6	1~3	
				생활 간 관계	극복 • 자연재해 지역	하기 • 그리기 • 해석하기 • 도식화 하기 • 공감하기
	지형 환경	지표상에는 다양한 지형 환경이 나타나며, 지형 환경은 특정 지역의 생활양식에 중요하게 작용한다.		• 국토의 지형 환경	• 산지 지형 • 해안 지형 • 우리나라 • 지형 경관	
	자연-인간 상호작용	인간 생활은 자연환경과 상호작용하면서 이루어지고, 자연환경은 인간 집단의 활동에 의해 변형된다.	• 고장별 자연 환경과 의식주 생활모습의 관계 • 고장의 지리적 특성과 생활모습의 관계 • 고장의 생산 활동	• 국토의 자연재해와 대책 • 생활 안전 수칙	• 열대우림 지역의 생활 • 온대 지역의 생활 • 기후 환경 극복 • 산지 지역의 생활 • 해안 지역의 관광 • 자연재해와 인간 생활	
인문 환경과 인간 생활	인구의 지리적 특성	인구는 지표상의 특성에 따라 차별적으로 분포하며, 인구 밀도와 인구 이동, 인구 성장 단계는 지역의 특성을 반영하고 동시에 지역이 변화에 영향을 미친다.		• 국토의 인구 특징 및 변화 모습	• 인구 분포 • 인구 이동 • 인구 문제	• 도출하기 • 수집하기 • 기록읽기 • 분석하기 • 평가하기 • 의사결정 하기 • 해석하기 • 그리기 • 비교하기 • 설명하기 • 구분하기 • 탐구하기 • 공감하기
	생활 공간의 체계	촌락과 도시는 인간의 생활공간을 이루는 기본 단위이고, 입지, 기능, 공간 구조와 경관 등의 측면에서 다양한 유형이 존재하며, 여러 요인에 의해 변화한다.	• 촌락과 도시의 공통점과 차이점 • 촌락과 도시의 문제점 및 해결 방안	• 국토의 도시 분포 특성 및 변화 모습	• 도시 특성 • 도시화 • 도시 구조 • 살기 좋은 도시	
	경제 활동의 지역 구조	지표상의 자원은 공간적으로 불균등한 분포를 보이고, 인간의 경제활동은 지역에 따라 다양한 구조를 나타내며, 여러 요인에 의해 변화한다.	• 교통 수단의 발달과 생활 모습의 변화	• 국토의 산업과 교통 발달의 특징 및 변화 모습	• 농업 입지와 변화 • 공업 입지와 변화 • 서비스업 입지와 변화 • 자원의 편재성 • 자원과 인간 생활	

영역	핵심 개념	일반화된 지식	내용 요소			기능
			초등학교		중학교	
			3~4	5~6	1~3	
					• 지속가능한 자원 개발	
	문화의 공간적 다양성	인간은 자연환경 및 인문환경에 적응하거나 이를 극복하는 과정에서 장소나 지역에 따라 다양한 문화를 형성하고, 문화는 여러 요인에 의해 변동된다.		• 세계의 생활 문화와 자연환경 및 인문환경의 관계	• 문화권 • 지역의 문화 변동 • 지역의 문화 공존과 갈등	
지속 가능한 세계	갈등과 불균등의 세계	자원이나 인간 거주에 유리한 조건은 공간적으로 불균등하게 분포하고, 이에 따라 지역간 갈등이나 분쟁이 발생한다.		• 지역갈등의 원인과 해결 방안	• 지역 불균형	• 수집하기 • 기록읽기 • 분석하기 • 평가하기 • 의사결정하기 • 설명하기 • 공감하기 • 탐구하기 • 의사결정하기 • 그리기 • 해석하기 • 조사하기
	지속 가능한 환경	자연환경과 조화를 이루며 살아가려는 인간의 신념 및 활동은 지구 환경의 지속 가능성을 담보한다.		• 지구촌 환경 문제 • 지속가능한 발전 • 개발과 보존의 조화	• 지구 환경 문제 • 지역 환경 문제 • 환경 의식	
	공존의 세계	인류는 공동의 번영을 위해 지역적 수준에서 지구적 수준까지 다양한 공간적 스케일에서 상호 협력 및 의존한다.			• 인류 공존을 위한 노력	

(표: 교육부, 2015b: 7-10)

❙ 사회과의 내용 체계(제2022-33호 [별책7]) ❙

(1) 지리 인식

<table>
<tr><td colspan="2">핵심 아이디어</td><td colspan="3">• 지표상에 분포하는 모든 사건과 현상은 절대적, 상대적 위치와 다양한 규모의 영역을 차지한다.
• 장소는 다른 장소와 차별되는 자연적·인문적 성격을 지니며, 특정 장소에 따른 장소감은 개인이나 집단에 따라 다양하다.
• 지표 세계는 장소적 성격의 동질성, 기능적 상호 관련성, 지역민의 인지 등의 측면에서 다양하게 구분되며, 이렇게 구분된 지역은 고유한 지역성이 나타난다.
• 지도를 비롯한 다양한 공간 자료와 도구를 통한 지리 정보 수집은 장소와 지역의 여러 현상과 사건을 분석하고 해석하며 추론하는 데 필수적이다.</td></tr>
<tr><td colspan="2" rowspan="3">범주</td><td colspan="3">내용 요소</td></tr>
<tr><td colspan="2">초등학교</td><td>중학교</td></tr>
<tr><td>3~4학년</td><td>5~6학년</td><td>1~3학년</td></tr>
<tr><td rowspan="3">지식·이해</td><td>위치와 영역</td><td>• 우리 지역의 위치
• 우리나라 행정구역</td><td>• 우리나라의 위치와 영토
• 세계 여러 국가의 위치와 영토</td><td>• 우리나라 행정구역과 주요 도시의 위치
• 세계 속 우리나라의 위치와 영역
• 세계 각 지역의 국가와 주요 도시의 위치</td></tr>
<tr><td>장소와 지역</td><td>• 장소 경험과 장소감
• 생활 주변의 주요 장소
• 우리 지역의 지리 정보</td><td>• 독도의 지리적 특성
• 세계 대륙과 대양</td><td>• 장소감과 장소성
• 다양한 스케일에서의 지역 간 연계와 상호 작용
• 지역의 문제와 발전 전망
• 세계(아시아, 유럽, 아프리카, 아메리카, 오세아니아, 극지방)
• 우리나라(중부, 남부, 북부 지역)</td></tr>
<tr><td>공간 분석</td><td>• 지도의 종류와 쓰임
• 지도와 공간 자료
• 지도의 요소</td><td>• 공간 자료와 도구
• 세계지도와 지구본</td><td>• 다양한 지리 정보와 매체 분석 및 활용
• 지도 표현
• 지리적 시각화</td></tr>
<tr><td colspan="2">과정·기능</td><td colspan="2">• (디지털) 지도에서 우리 지역 위치와 정보 확인하기
• 야외에서 관찰 및 조사 수행하기
• 생활 주변의 주요 장소 조사하기
• 생활환경을 분류하고 조사하기
• 지역의 정보를 수집하고 비교하기
• (디지털) 지도 및 지구본을 활용하여 지역 및 국가의 위치와 정보 확인하기</td><td>• 지리적 질문이나 주제에 적합한 데이터, 지리 정보를 수집하고 비교분석하기
• 다양한 지리 정보와 매체를 활용하여 지리적 시각화하기
• 지리적 특성이나 문제를 지도로 표현하기
• 지리정보기술을 활용하여 장소와 지역의 위치, 거리, 이동 경로, 특징 등 파악하기
• 다양한 데이터 및 시사 자료를 활용하여 지역의 특성, 당면 과제와 지역의 변화 추론하기
• 지역의 변화와 그 영향을 다양한 스케일 상의 다른 지역과의 상호연계성과 관련하여 파악하기</td></tr>
<tr><td colspan="2">가치·태도</td><td colspan="2">• 장소에 대한 경험 공감 및 장소에 대한 감수성
• 자신의 생활공간에서 일어나는 일에 대한 관심
• 삶의 터전으로서의 국토의 위치와 영역에 대한 관심
• 세계 여러 국가에 대한 편견 없는 관심과 호기심</td><td>• 세계와 우리나라 여러 지역에 대한 인식과 호기심
• 세계와 우리나라 여러 지역 및 장소에 대한 자신의 인식과 감정, 관점에 대한 성찰
• 세계와 우리나라에서 벌어지는 다양한 지역 이슈에 대한 관심과 참여</td></tr>
</table>

(2) 자연환경과 인간 생활

<table>
<tr><td colspan="2">핵심 아이디어</td><td colspan="3">• 지표상에는 다양한 기후 특성이 나타나며, 기후 환경은 특정 지역의 생활양식에 중요하게 작용한다.
• 우리나라와 세계 각지에 다양한 지형 경관이 나타나고, 해당 지역의 인문환경과 인간 생활에 중요한 영향을 미친다.
• 인간은 자연환경에 의존하고 적응하며, 자연환경을 변형시키기도 한다.</td></tr>
<tr><td colspan="2" rowspan="3">범주</td><td colspan="3">내용 요소</td></tr>
<tr><td colspan="2">초등학교</td><td>중학교</td></tr>
<tr><td>3~4학년</td><td>5~6학년</td><td>1~3학년</td></tr>
<tr><td rowspan="3">지식 · 이해</td><td>기후 환경</td><td>• 우리 지역의 기온과 강수량
• 사례 지역의 기후 환경</td><td>• 우리나라의 계절별 기후
• 세계의 기후</td><td>• 우리나라의 계절별, 지역별 기후 특성과 변화 양상
• 세계 각 지역의 기후 특성</td></tr>
<tr><td>지형 환경</td><td>• 사례 지역의 지형 환경</td><td>• 우리나라의 지형
• 세계의 지형</td><td>• 우리나라 주요 지형의 위치와 특성, 지형 경관
• 세계 각 지역의 지형 특성</td></tr>
<tr><td>자연 – 인간의 상호 작용</td><td>• 이용과 개발에 따른 환경 변화</td><td>• 다양한 자연환경과 인간 생활
• 기후 변화
• 자연재해</td><td>• 기후 변화에 대한 지역별 대응 노력
• 자연재해의 지리적 특성과 대응 노력</td></tr>
<tr><td colspan="2">과정·기능</td><td colspan="2">• 자료를 바탕으로 다양한 자연환경과 생활모습 조사하기
• 자료를 바탕으로 우리나라의 계절별 기후 특징 탐구하기
• 지도, 기후 그래프, 사진 등을 활용하여 세계의 다양한 기후 비교하기
• 사진, 기록물, 영상자료 등을 활용하여 다양한 지형의 사례 조사하기
• 자연재해 대비 노력 조사하기</td><td>• 지도상에서 세계와 우리나라의 주요 자연환경 요소의 위치 파악하기
• 다양한 지리 정보와 매체를 활용하여 지리적 시각화하기
• 지리적 특성이나 문제를 지도로 표현하기
• 자연환경과 인간생활 간 상호 연계성 파악하기
• 일상생활에서 자연재해에 적극 대처하기</td></tr>
<tr><td colspan="2">가치 · 태도</td><td colspan="2">• 개발과 보전에 대한 균형 있는 관점
• 자연환경에 대한 감수성
• 기후변화 대응에 대한 관심</td><td>• 세계와 우리나라의 자연경관에 대한 호기심과 소중히 여기는 태도
• 자연환경 보호 활동의 참여 및 실천
• 기후변화 문제 해결을 위한 생활 속 실천과 참여</td></tr>
</table>

(3) 인문 환경과 인간 생활

<table>
<tr><td colspan="2">핵심 아이디어</td><td colspan="3">• 자연적, 인문적 특성은 특정 지역의 인구 분포, 인구 구성, 인구 이동에 영향을 미친다.
• 장소나 지역에 따라 다양한 문화가 형성되고, 문화는 여러 요인에 의해 변동된다.
• 도시와 촌락은 입지, 기능, 공간 구조와 경관 등의 측면에서 다양한 유형이 존재하며, 여러 요인에 의해 변화한다.
• 인간의 경제활동은 자원이나 산업구조 등 지역의 특성에 따라 다양한 모습으로 나타나며, 교통과 통신은 시·공간적 제약을 감소시키고 지역을 변화시킨다.</td></tr>
<tr><td colspan="2" rowspan="3">범주</td><td colspan="3">내용 요소</td></tr>
<tr><td colspan="2">초등학교</td><td>중학교</td></tr>
<tr><td>3~4학년</td><td>5~6학년</td><td>1~3학년</td></tr>
<tr><td rowspan="4">지식·이해</td><td>인구</td><td>• 우리 지역 인구 정보</td><td>• 우리나라의 인구 분포와 문제
• 세계의 인구 분포와 특징</td><td>• 지역별 인구 특징</td></tr>
<tr><td>문화</td><td>• 지역의 문화</td><td>-</td><td>• 종교, 문화 경관과 생활양식
• 문화 다양성과 문화 혼종성</td></tr>
<tr><td>도시와 촌락</td><td>• 도시의 특징과 도시 문제
• 촌락의 환경</td><td>-</td><td>• 다양한 유형의 도시
• 공간 구조</td></tr>
<tr><td>경제와 교통</td><td>• 지역의 생산물
• 교통, 통신과 생활의 변화</td><td>-</td><td>• 지역별 산업 변화와 당면 과제
• 자원 수출과 자원 안보
• 초국적 기업의 글로벌 생산체제와 입지 변화
• 교통 발달과 지역 변화</td></tr>
<tr><td colspan="2">과정·기능</td><td colspan="2">• 도시의 특징과 관련지어 도시문제를 파악하고 해결 방안 탐구하기
• 인구 자료를 바탕으로 인구 특징과 인구문제 파악하기
• 자료를 바탕으로 교통과 통신의 변화를 찾고, 생활 변화와의 관계 파악하기</td><td>• 지도상에서 세계와 우리나라의 주요 인문환경 요소 위치 파악하기
• 각 지역의 인문환경과 주민생활 간 상호연계성 파악하기
• 다양한 데이터 및 시사 자료를 활용하여 지역의 특성, 당면 과제와 지역의 변화 추론하기
• 지역의 변화와 그 영향을 다양한 스케일 상의 다른 지역과의 상호 연계성과 관련하여 파악하기</td></tr>
<tr><td colspan="2">가치·태도</td><td colspan="2">• 세계 여러 국가의 다양한 인구 특징에 대한 관심
• 도시문제 해결을 위한 실천 노력
• 교통과 통신의 변화에 따른 미래 사회에 대한 호기심</td><td>• 다른 지역의 문화와 생활양식에 대한 이해, 관심, 존중
• 문화 다양성에 대한 열린 태도와 다문화 감수성
• 다른 지역, 문화, 종교, 인종에 대한 인식 및 관점에 대한 반성적 성찰
• 세계와 우리나라의 지역 이슈에 대한 관심
• 세계와 우리나라의 지속 가능한 발전을 위한 참여 및 실천</td></tr>
</table>

(4) 지속 가능한 세계

<table>
<tr><td colspan="2">핵심 아이디어</td><td colspan="3">• 인간이 거주하기에 유리한 조건은 공간적으로 불균등하게 분포하고, 이에 따라 지역 간 갈등이나 분쟁이 발생한다.
• 조화를 이루며 살아가려는 인간의 신념 및 활동은 지구환경의 지속가능성을 가능하게 한다.
• 인류는 공동의 번영과 공존을 위해 지역적 수준에서 지구적 수준까지 다양한 공간적 스케일에서 상호 협력 및 연대가 필요하다.</td></tr>
<tr><td colspan="2" rowspan="3">범주</td><td colspan="3">내용 요소</td></tr>
<tr><td colspan="2">초등학교</td><td>중학교</td></tr>
<tr><td>3~4학년</td><td>5~6학년</td><td>1~3학년</td></tr>
<tr><td rowspan="3">지식·이해</td><td>갈등과 불균등의 세계</td><td>-</td><td>• 지구촌 갈등 사례</td><td>• 지역의 통합과 분리
• 지역 불균형
• 분단과 접경지역</td></tr>
<tr><td>지속 가능한 환경</td><td>• 우리가 사는 곳의 환경
• 살기 좋은 환경과 삶의 질</td><td>• 지구촌을 위협하는 문제</td><td>• 지역 개발과 환경 문제
• 지역문제 해결
• 지속 가능한 도시
• 글로컬 환경 이슈 및 지속 가능한 발전</td></tr>
<tr><td>공존의 세계</td><td>-</td><td>• 균형적인 국토 발전
• 분단과 평화의 장소</td><td>• 한반도 평화와 통일 국토의 미래상</td></tr>
<tr><td colspan="2">과정·기능</td><td colspan="2">• 학생의 관점에서 살기 좋은 환경의 조건 나열하기
• 균형적인 국토 발전을 위한 방안 탐색하기
• 지구촌을 위협하는 문제 해결을 위한 노력 조사하기</td><td>• 다양한 이해관계 및 가치를 둘러싼 문제에 대해 자신 및 상대방의 의견을 비판적으로 검토하고 합리적으로 의사소통하기
• 지리적 문제 해결 방안과 실천 방안 모색하기</td></tr>
<tr><td colspan="2">가치·태도</td><td colspan="2">• 우리가 사는 곳의 환경에 대한 감수성
• 삶의 질과 관련 있는 환경에 대한 관심
• 국토의 아름다움과 생태적 환경에 대한 인식
• 인류 공동 문제에 대한 관심</td><td>• 특정 지역에 대한 자신의 인식과 관점에 대한 반성적 성찰
• 다양한 가치, 관점과 의견에 대해 이해하고 존중하는 열린 마음
• 한반도 평화와 통일에 대한 관심과 평화 감수성
• 지리적 문제 해결을 위한 지리적 상상력
• 환경 문제의 심각성 인식 및 지속 가능한 미래를 위한 생태 감수성
• 지역, 국가, 세계 수준에서 지역 문제 해결 및 지속가능한 발전을 위해 참여하고 실천하는 태도</td></tr>
</table>

(5) 정치

<table>
<tr><td colspan="2">핵심 아이디어</td><td colspan="3">• 민주주의의 이념과 원리를 실현하기 위해서는 제도와 의식의 개선이 필요하다.
• 다양한 정치 주체가 정치과정에 참여하며, 민주주의는 여러 제도와 시민 참여를 통해 실현된다.
• 국제 사회에는 여러 행위 주체가 활동하며, 우리나라를 비롯한 국제 사회의 행위 주체는 다양한 국제 문제 해결을 위해 노력한다.</td></tr>
<tr><td colspan="2" rowspan="3">범주</td><td colspan="3">내용 요소</td></tr>
<tr><td colspan="2">초등학교</td><td>중학교</td></tr>
<tr><td>3~4학년</td><td>5~6학년</td><td>1~3학년</td></tr>
<tr><td rowspan="3">지식·이해</td><td>민주주의</td><td>• 민주주의의 의미
• 학교 자치 사례
• 주민 자치 사례</td><td>-</td><td>• 정치와 민주주의
• 민주주의의 발전, 민주주의의 이념과 원리
• 현대 민주주의와 시민의 역할</td></tr>
<tr><td>정치과정</td><td>• 민주주의의 실천
• 주민 참여와 지역사회문제 해결</td><td>• 선거의 의미와 역할
• 미디어의 역할
• 미디어 콘텐츠의 분석</td><td>• 선거와 유권자 및 정당의 활동
• 정치 주체와 정치과정
• 지방 자치와 시민 참여</td></tr>
<tr><td>국제정치</td><td>-</td><td>• 평화 통일을 위한 노력
• 지구촌의 평화</td><td>• 국제 사회의 주체와 특징
• 국제 사회의 분쟁과 시민의 역할
• 우리나라의 국제 문제와 대응 방안</td></tr>
<tr><td colspan="2">과정·기능</td><td colspan="2">• 민주주의 사례를 조사하기
• 미디어 콘텐츠를 비판적으로 분석하기
• 사회문제 해결에 참여하기</td><td>• 정치 현상 및 문제의 사례 조사하기
• 정치적 쟁점에서 사실과 가치문제 구분하기
• 정치 관련 자료 및 정보의 타당성과 신뢰성 검토하기
• 공동체 의사 결정 과정에서 의사소통하기
• 정치적 쟁점 해결 과정에 적극 참여하고 협력하기
• 국제 문제를 조사하고 대응 방안을 모색하기</td></tr>
<tr><td colspan="2">가치·태도</td><td colspan="2">• 민주적 기본 가치
• 선거 과정의 참여
• 학교 자치에의 참여
• 미디어에 대한 비판적 태도</td><td>• 민주주의의 이념과 원리의 내면화
• 개인의 자유와 공공선의 조화로운 실천
• 민주적 의사 결정 과정에 대한 존중
• 다양한 정치 주체의 입장과 선호에 대한 존중
• 민주 시민으로서 정치과정에 적극 참여하려는 태도
• 국제 문제에 관심을 가지고 적극 대응하려는 자세</td></tr>
</table>

(6) 법

<table>
<tr><td colspan="2">핵심
아이디어</td><td colspan="3">• 우리 사회에는 일상을 규율하는 다양한 법들이 있으며, 사람들은 재판을 통해 권리를 실현할 수 있다.
• 인권 보장을 위해 헌법에 기본권을 규정하고, 국가와 시민은 기본권 보장을 위해 노력한다.
• 헌법에 따라 우리나라의 국가기관은 국회, 대통령과 행정부, 법원과 헌법재판소 등으로 구성된다.</td></tr>
<tr><td colspan="2" rowspan="3">범주</td><td colspan="3">내용 요소</td></tr>
<tr><td colspan="2">초등학교</td><td>중학교</td></tr>
<tr><td>3~4학년</td><td>5~6학년</td><td>1~3학년</td></tr>
<tr><td rowspan="3">지식
·
이해</td><td>법과
생활</td><td>-</td><td>• 법의 적용 사례
• 법의 의미와 역할</td><td>• 법의 의미와 목적
• 다양한 법과 사회법의 필요성
• 재판의 의미와 종류, 공정한 재판</td></tr>
<tr><td>인권과
기본권</td><td>-</td><td>• 인권의 의미
• 헌법상 인권의 내용
• 인권 침해 문제의 해결
• 인권 보호 활동 참여</td><td>• 인권과 기본권
• 기본권 제한, 기본권 침해 구제
• 근로자의 권리, 근로자의 권리 침해 대응</td></tr>
<tr><td>헌법과
국가</td><td>-</td><td>• 국회
• 행정부
• 법원
• 권력 분립</td><td>• 우리나라 정부 형태, 대통령과 행정부의 역할
• 입법 과정과 국회의 역할
• 법원의 역할과 헌법재판소의 성격</td></tr>
<tr><td colspan="2">과정·
기능</td><td colspan="2">• 법적 문제 관련 정보를 수집·분석하기
• 인권 침해 문제를 합리적으로 해결하기
• 권력 분립의 이유를 탐구하기</td><td>• 법과 관련된 자료를 수집하기
• 다양한 분쟁을 법적 관점에서 조망하기
• 법적 쟁점에 대한 자료 및 정보를 수집·분석하기
• 법적 쟁점에 대한 다양한 관점을 고려하면서 의사소통하기
• 법적 근거를 바탕으로 법적 쟁점에 대한 해결 방안을 모색하기
• 기존 법의 한계를 분석하고 대안을 마련하기</td></tr>
<tr><td colspan="2">가치·
태도</td><td colspan="2">• 시민으로서의 준법 태도
• 권리와 책임의 조화
• 인권 친화적 태도
• 국가 기관에 대한 비판적인 태도</td><td>• 민주주의와 법치주의의 기본 가치 내면화
• 법에 따른 권리의 행사와 의무의 수행
• 법체계와 절차에 대한 존중
• 법적 쟁점에 대한 다양한 관점의 존중
• 법을 개선하는 활동에 적극적으로 참여하려는 태도</td></tr>
</table>

(7) 경제

<table>
<tr><td colspan="2">핵심 아이디어</td><td colspan="3">• 가계와 기업은 합리적 선택을 통해 소비와 금융, 생산 등의 경제활동에 참여하면서 각자의 역할을 수행한다.
• 시장에서 가격은 수요와 공급을 통해 결정되고 다양한 요인으로 인해 변동한다.
• 우리나라 경제에서는 경제 성장, 물가 변동, 실업 등의 현상이 나타나며, 세계화 과정에서 다른 나라와의 교역이 활발해지고 있다.</td></tr>
<tr><td colspan="2" rowspan="3">범주</td><td colspan="3">내용 요소</td></tr>
<tr><td colspan="2">초등학교</td><td>중학교</td></tr>
<tr><td>3~4학년</td><td>5~6학년</td><td>1~3학년</td></tr>
<tr><td rowspan="3">지식 · 이해</td><td>경제 생활</td><td>• 자원의 희소성
• 경제활동
• 합리적 선택
• 생산과 소비 활동</td><td>• 가계와 기업의 역할
• 근로자의 권리
• 기업의 자유와 사회적 책임</td><td>• 합리적 선택
• 경제생활과 금융 생활
• 기업의 역할과 기업가 정신</td></tr>
<tr><td>시장 경제</td><td>-</td><td>-</td><td>• 시장의 사례와 특징
• 수요와 공급, 시장 가격의 결정
• 시장 가격의 변동</td></tr>
<tr><td>국가 경제</td><td>• 지역 간 교류
• 상호의존 관계</td><td>• 경제성장의 효과
• 경제성장과 관련된 문제 해결
• 무역의 의미
• 무역의 이유</td><td>• 경제성장과 국내 총생산
• 물가 변동과 실업
• 국제 거래와 환율</td></tr>
<tr><td colspan="2">과정·기능</td><td colspan="2">• 합리적으로 선택하기
• 지역 간 상호의존 관계를 조사하기
• 무역의 이유를 탐구하기
• 경제성장의 문제를 합리적으로 해결하기</td><td>• 경제 현상 및 문제 사례 조사하기
• 경제 현상 및 문제 탐구 방법 파악하기
• 경제 현상 및 문제 탐구 계획 수립하기
• 경제 관련 정보와 자료 수집 · 분석하기
• 경제 관련 분석 결과를 종합하여 추론하기
• 경제 문제의 원인 및 해결 방안 도출하기</td></tr>
<tr><td colspan="2">가치 · 태도</td><td colspan="2">• 합리적 소비의 실천
• 경제활동의 자유를 존중하는 태도
• 공정한 분배에 대한 감수성</td><td>• 선택 상황에서 편익과 비용을 고려하는 합리적 태도
• 경제 문제 관련 주장 및 근거의 경청과 존중
• 상충하는 가치를 균형 있게 고려하는 자세
• 공동체의 경제 문제 해결에 적극 참여하려는 태도
• 다양한 관점을 가진 구성원들과 협력하려는 태도</td></tr>
</table>

(8) 사회·문화

<table>
<tr><td colspan="2">핵심 아이디어</td><td colspan="3">• 인간은 사회 속에서 성장하면서 사회적 지위를 가지고 역할을 수행하며, 다양한 갈등과 차별을 인식한다.
• 우리는 일상생활에서 여러 문화를 접하고 있으며, 이로 인해 다양한 문화를 이해하고 존중하는 태도가 필요하다.
• 우리 사회는 급격한 사회 변동과 다양한 사회문제를 경험하고 있으며, 이에 대응하기 위해서는 시민의 역할이 중요하다.</td></tr>
<tr><td colspan="2" rowspan="3">범주</td><td colspan="3">내용 요소</td></tr>
<tr><td colspan="2">초등학교</td><td>중학교</td></tr>
<tr><td>3~4학년</td><td>5~6학년</td><td>1~3학년</td></tr>
<tr><td rowspan="3">지식·이해</td><td>사회 생활</td><td>-</td><td>-</td><td>• 사회화의 의미와 자아 정체성
• 사회적 지위와 역할, 역할 갈등
• 사회적 갈등과 차별</td></tr>
<tr><td>문화 이해</td><td>• 다양한 문화의 확산 효과와 문제
• 문화 다양성</td><td>-</td><td>• 문화의 사례, 의미와 특징
• 미디어와 문화
• 다양한 문화와 문화 이해 태도</td></tr>
<tr><td>사회 변동</td><td>• 사회 변화의 양상과 특징
• 생활 모습의 변화</td><td>• 지구촌의 문제
• 지속 가능한 미래</td><td>• 사회 변동과 우리 생활
• 오늘날의 사회문제
• 국내외의 대응과 시민의 역할</td></tr>
<tr><td colspan="2">과정·기능</td><td colspan="2">• 다양한 문화의 사례 조사하기
• 문화 다양성으로 인한 문제를 해결하기
• 사회 변화의 양상과 특징을 조사하기</td><td>• 사회 및 문화 현상 탐구 및 자료 수집 방법 파악하기
• 사회 및 문화 현상의 탐구에 필요한 자료 수집하기
• 자료 및 정보의 타당성과 신뢰성 검토하기
• 자료 및 정보를 분석하여 결론 도출하기
• 다양한 관점과 이론을 비판적으로 평가하기
• 사회 및 문화 현상 개선을 위한 합리적인 대안 마련하기</td></tr>
<tr><td colspan="2">가치·태도</td><td colspan="2">• 문화 다양성을 존중하는 태도
• 상대주의 관점에서 문화를 이해하는 태도
• 사회 변화에 주체적으로 대응하는 태도</td><td>• 사회 및 문화 현상에 대한 자신과 타인의 관점 파악과 존중
• 인류 보편적 가치와 우리 사회의 기본 가치에 대한 존중
• 자신과 다른 입장을 가진 타인과 소통하고 협력하려는 자세
• 논쟁 문제 해결을 위한 민주적인 절차에 대한 존중
• 다른 문화의 가치에 대한 존중과 문화 다양성 보존을 위한 노력
• 사회적 소수자에 대한 공감과 배려</td></tr>
</table>

(9) 역사 일반

<table>
<tr><td colspan="2">핵심 아이디어</td><td colspan="3">• 시대에 따라 지역, 교통·통신, 풍습 등 생활 모습이 달라진다.
• 과거의 모습을 보여주는 자료는 역사의 증거로 활용된다.
• 일상생활 속 과거에 관심을 가짐으로써 자신을 역사적 존재로 인식한다.</td></tr>
<tr><td colspan="2" rowspan="3">범주</td><td colspan="3">내용 요소</td></tr>
<tr><td colspan="2">초등학교</td><td>중학교</td></tr>
<tr><td>3~4학년</td><td>5~6학년</td><td>1~3학년</td></tr>
<tr><td>지식·이해</td><td>역사 학습의 기초</td><td>• 역사의 <u>시간 개념</u>
• 역사 증거
• <u>변화와 지속</u>(지역, 교통·통신, 풍습)</td><td>• 역사 탐구 방법</td><td>• <u>역사의 의미와 역사학습의 목적</u>
• <u>역사 탐구</u>의 절차와 방법</td></tr>
<tr><td colspan="2">과정·기능</td><td colspan="2">• 역사적 질문 생성하기
• 신뢰성 있는 역사 정보를 선택, 분석, 추론하기
• 역사적 서사를 구성하여 다양한 방식으로 표현하기
• 사회문제의 역사적 연원을 파악하는 질문 생성하기</td><td>• 자료의 선택·분석·해석과 논쟁을 통해 역사 지식을 형성하기
• 적절하고 타당한 근거를 가지고 역사적 사실에 대해 해석, 판단하기
• 역사적 개념을 이해하고 활용하기
• 역사적 서사를 구성하여 다양한 방식으로 표현하기</td></tr>
<tr><td colspan="2">가치·태도</td><td colspan="2">• 역사에 대한 관심과 흥미
• 역사적 시간 속에서 자기 위치 확인
• 타인의 역사적 해석을 존중하는 태도
• 역사에 성찰적으로 접근하는 태도</td><td>• 타인의 역사적 해석을 존중하는 태도
• 역사적 연원에 대한 이해를 토대로 다양한 문화와 정체성 존중
• 역사에 성찰적으로 접근하는 태도
• 지속 가능한 삶을 위한 가치관
• 자신을 역사적 존재로 인식하고 실천하는 자세</td></tr>
</table>

(표: 교육부, 2022b: 8-16)

제8장 미래 교육과 사회과교육 패러다임의 전환

2001년 토플러(A. Toffler)는 우리나라 학교 교육이 기존 지식을 주입하고, 학생은 미래에 필요하지 않은 지식과 직업을 위해 하루 15시간 이상 시간을 낭비한다고 진단했다. 하지만 교육 혁신의 노력에도 불구하고 현재에도 여전히 교사 주도의 수업과 입시 위주의 주입식 교육이 그대로 이루어지고 있다. 마찬가지로 사회과 수업도 주로 교사가 주도하여 학생들에게 사회과학의 지식을 획일적으로 전달하는 방식으로 이루어진다. 이런 전통적인 교사 중심 수업은 급변하는 미래 사회에서 요구하는 시민의 역량을 기르기 어렵다.

다른 한편 디지털 기술, 인공 지능, 메타버스 등이 급속하게 발달하면서 미래 사회는 빠르게 변화하고, 학생이 스스로 배울 수 있는 학습 환경과 온라인 교육 플랫폼이 구축되고 있다. 그래서 미래 사회에 대응하기 위해서 **교육 패러다임**[1]을 학생의 배움 중심으로 전환해야 한다는 주장이 제기되고 있다.

이 장에서는 전통적으로 사회과를 지배해왔던 교사 중심 교육 패러다임의 특징과 한계를 검토하고, 미래 시민 역량을 기르기 위해서 요구되는 학생 중심 교육 패러다임의 의미와 적용 방법을 제안할 것이다.

1) 교육 패러다임은 교사들이 교육에 대하여 공유하는 인식, 신념, 관점, 관행 등을 통틀어 일컫는 것이다. 교육은 교사가 가르치는 것인가 또는 학생이 배우는 것인가? 교사가 무엇을 어떻게 가르쳐야 하고, 학생은 무엇을 어떻게 배워야 하는가? 교사와 학생은 어떤 역할을 해야 하는가? 평가는 어떻게 해야 하는가? 이런 문제에 대하여 교사들이 공유하는 인식, 신념, 관행 등의 결합체가 교육 패러다임이다.

1. 미래 교육과 미래 시민 역량2)

1) 미래 사회와 미래 시민 교육

사회가 완만하게 변화하는 시대에는 과거에 유용한 지식이나 기능을 가르치면, 몇십 년 후 미래에도 그것을 그대로 활용할 수 있었다. 그래서 학교에서 전통적 지식이나 기능을 가르쳐도, 10~20년 후 학생의 미래를 대비하는 교육이 될 수 있었다. 이런 이유에서 '미래' 교육이라고 이름 붙일 필요가 없었다.

하지만 최근 4차 산업혁명, 디지털 기술의 발달로 인해 과학·기술이 급속하게 발전하고, 미래 사회가 어떻게 변할지 예측하기 어렵다. 디지털 기술은 산업뿐만 아니라 인간과 사물, 가상 공간을 연결하여 새로운 디지털 가상 세계를 만들고 있다(박상준, 2022a: 81-87). 시스코(Cisco) 보고서에 의하면, 2020년 전 세계 네트워크 연결 기기 수는 2015년 163억 개에서 2020년 263억 개 이상으로 증가하고, 기계-기계(M2M) 연결 건수는 2015년 1억 4400만 건에서 2020년 7억 2900건으로 급증할 것으로 전망했다. 그리고 인터넷라이브스탯(internetlivestats.com)에 의하면, 2023년 1월 기준 웹사이트는 13억 1250만 개이고, 인터넷 이용자는 38억 1500만 명이고, 페이스북 이용자는 20억 7500만 명이고, 유튜브 시청자는 52억 500만 명에 달했다.

이처럼 급변하는 사회에서는 현재 유용한 지식이나 기능이 십 년 뒤 쓸모없는 것이 될 수 있다. 그래서 전통적인 학교 교육과 구별하여, 급변하는 미래 사회에 창의적으로 대응할 수 있는 핵심 역량을 함양하는 교육이라는 의미에서 최근에 '미래 교육'이 강조되고 있다(박상준, 2022a: 49).

미래 교육이란 과거에 축적된 지식이나 기능을 전달하기 보다는 급변하는 미래 사회에 대응할 수 있는 역량을 함양하도록 지원하는 활동이다. 즉, 미래 교육은 전통적인 지식의 교육을 넘어서 미래 역량을 교육하는 것을 목표로

2) 미래 사회의 변화에 대응하기 위한 미래 교육의 방향과 미래 사회에서 요구되는 시민 역량에 대해서는 이 책의 제4장 2절을 참고하세요.

한다(박상준, 2022a: 49-50). 미래 교육은 교사가 주도해 과거 지식을 전달하는 것이 아니라 학생이 주도성을 갖고 주체적·능동적으로 학습하고 상호 소통과 협력을 통해 미래 사회의 문제를 창의적으로 해결할 수 있는 역량을 계발하도록 도와주는 것이다.

미래 사회는 변화 속도가 매우 빠르고, 네트워크를 통해 변화의 흐름이 개인의 생활방식부터 경제와 사회 전반에 걸쳐 광범위하게 영향을 미친다. 그에 따라 선진국은 이미 몇십 년 전부터 미래 사회의 변화에 대응하기 위하여 교육의 패러다임을 바꾸고 미래 교육을 준비하고 있다. 과거에 축적된 지식을 전달하는 전통적인 교육을 넘어서 미래 사회에서 요구되는 시민 역량을 가르치는 것이 미래 사회과교육의 핵심이다. 미래 시민의 역량을 함양하기 위해서는 근본적으로 교사 중심의 사회과 교육 패러다임을 바꾸고, 학생이 주도성을 갖고 능동적으로 학습할 수 있는 수업의 구조와 환경으로 전환해야 한다.

2) 미래 시민의 역량

그러면 미래 사회는 시민에게 어떤 역량을 요구하는가? 급변하는 미래 사회는 기존의 지식을 기억하고 재생하는 능력이 아니라 복합적인 문제를 창의적으로 해결할 수 있는 시민의 역량을 요구한다. 그래서 OECD는 미래 사회에 대비한 교육의 방향을 설정한 「Education 2030」 프로젝트(2018)에서 미래 사회의 변화에 대응할 수 있는 변혁적 역량을 교육 목표로 제시했다. 미래 교육은 학생이 '주도성'(student agency)을 가지고 급변하는 미래 사회에 대응하고 복잡한 문제를 창의적으로 해결할 수 있는 역량, 즉 **'변혁적 역량'**의 함양을 목표로 했다(박상준, 2022a: 53-54).

다른 한편 21세기 학습 파트너십(P21)은 2009년 제시한 열두 가지 '21세기 기능' 중에서 미래 사회에서 핵심이 되는 역량을 4개로 추출하여 제시했다. **'4 핵심 역량'**(4 Cs)은 창의성과 혁신, 비판적 사고와 문제 해결, 의사 소통, 협력이다. 이것은 학생이 미래 사회와 직업에서 성공하기 위하여 학습해야 할 역량이다(P21, 2015: 1-5). 그 후 미국교육학회(NEA)는 P21이 제시한 '4 핵심 역량'을 초·중등교육에서 가장 중요한 역량으로 선정하고 학교 교육에서 가르치는 시스템을 구축하고 있다.

이와 비슷하게, 세계경제포럼(WEF)도 21세기 기능 중에서 디지털 시대에 성공하기 위해 필요한 '4 핵심 역량'을 제시했다. 이 핵심 역량은 학생이 복잡한 문제 상황을 어떻게 해결하는지와 관련된 기능이다(WEF, 2015). 역량을 제시한 순서가 바뀌었지만, 기본적으로 P21, NEA, WEF가 제시한 핵심 역량 4가지는 매우 유사하다. 이 단체들은 미래 사회의 변화에 대응하고 성공적인 삶을 살기 위해 역량이 중요하다는 점을 강조했다.

4 핵심 역량(4Cs)

- 창의성과 혁신(Creativity and Innovation)
- 비판적 사고와 문제 해결(Critical thinking and problem solving)
- 의사소통(Communication)
- 협력(Collaboration)

이처럼 미래 사회는 전통적인 지식의 기억이 아니라 급변하는 사회에 창의적으로 대응하고 복합적인 문제를 비판적으로 해결할 수 있는 시민의 역량을 요구한다. 미래 사회의 변화에 대응하여 시민 역량을 기르기 위해서는 전통적인 교사 중심 교육 패러다임을 학생 중심 교육 패러다임으로 전환해야 한다.

2. 교사 중심 교육 패러다임

교사의 관점에서 '교사의 가르침'에 초점을 맞추면, 교육은 교수(teaching)로 간주된다. 반면에 관점을 바꾸어 학생의 입장에서 '학생의 배움'에 초점을 맞추면, 교육은 학습(learning)으로 이해된다. 그렇다면 오늘날 우리는 누구의 관점과 입장에서 교육에 접근하여 어떻게 이해해야 하는가?

1) 교사 중심 교육 패러다임의 특징

어떤 패러다임을 가지고 보느냐에 따라 교육이나 수업이 전혀 다르게 이해될 수 있다. 전통적으로 교육은 교사의 관점에서 교사가 의도한 목표와 내용 지식을 가르치는 활동으로 이해되었다. 교육은 많이 알고 있는 교사가 무지한 학생들에게 새로운 지식을 가르치는 활동, 즉 '**교사 주도의 가르침**'으로 이해된다. 교육은 교사가 주도해 다수의 학생에게 교과서 지식을 전달하는 것으로 간주된다. 교사는 수업의 주도자 또는 지식의 전달자의 역할을 수행한다. 지식을 효과적으로 전달하는 교사가 훌륭한 교사이고, 배운 지식을 잘 암기하는 학생이 우수 학생으로 평가받는다.

마찬가지로 사회과교육도 전통적으로 교사가 주도하면서 사회 교과서의 지식을 전달하고 학생들은 수동적으로 듣는 강의식 수업이 주류를 이루었다. 19세기 산업사회는 최소 비용으로 최대 이윤을 얻기 위하여 표준화된 생산 방식에 따라 대량 생산하는 시스템을 발달시켰다. 표준화된 생산 라인에서 빠른 시간에 최대한 많은 상품을 만드는 공장 시스템은 주어진 작업과 임무를 효율적으로 수행할 수 있는 노동자를 필요로 하였다. 이러한 산업사회의 요구에 맞추어 근대 학교는 '표준화된' 교육과정에 의거해 주어진 교육 내용을 학생들에게 '효율적으로 전달하는' 시스템으로 강의식 수업을 발전시켰다(박상준, 2021: 159).

전통적인 '**강의식 수업**'은 한 명의 교사가 앞에서 새로운 지식을 설명하고, 다수의 학생들은 앉아서 듣는 시스템이다. 수업의 효율성을 극대화하기 위해서 한 교사가 많은 학생에게 새로운 지식이나 기능을 빠르게 전달하는 데 초점을 맞춘다. 각 학생은 배경지식, 경험, 학습 능력과 속도가 서로 다르지만, 교사가 주도하는 한 가지 교수 방법과 똑같은 속도에 맞추어 획일적으로 배워야 한다. 교사가 수업의 전 과정을 주도하여 획일적으로 전달하기 때문에, 학생은 가만히 앉아서 수동적으로 배우게 된다. 수업 목표의 달성도는 동일한 시험을 통하여 교사가 전달한 지식을 얼마나 잘 기억하는지에 의해 측정된다(박상준, 2021: 159-160).

강의식 수업의 특징

- 1명의 교사가 다수의 학생을 가르침 : 대집단 학습
- 교사 주도의 가르침 → 학생의 수동적 학습
- 지식의 효율적 전달에 초점
- 교사가 수업의 과정과 내용을 주도함

(박상준, 2022b: 110.)

사회과교육도 교사가 사회 교과서의 지식을 획일적으로 전달하는 패러다임에 의해 지배되었다. 이러한 **교사 중심 교육 패러다임**은 한 명의 교사가 다수의 학생들에게 '동일한' 수업 목표와 내용을 '똑같은' 수업 방법과 속도로 획일적으로 가르치고, 학생들은 '수동적으로 배우는' 시스템이다. 이 교육 패러다임에서는 배경 지식, 학습 능력과 속도가 서로 다른 학생들을 나이를 기준으로 한 교실에 앉혀놓고 전체 학생을 대상으로 똑같은 교과서 지식을 동일한 속도로 가르친다. 교사는 수업의 설계자요 전문가로서 수업의 전 과정을 주도하고 교과서 지식을 전달하기 때문에, 학생은 수동적으로 받아들일 수밖에 없다(박상준, 2021: 160-161).

2) 교사 중심 교육 패러다임의 한계

하지만 미래 사회는 지식의 기억력이 아니라 급변하는 사회에 대응하고 복잡한 문제를 창의적으로 해결할 수 있는 역량을 요구한다. 이런 측면에서 교사 중심의 교육 패러다임은 여러 가지 한계를 지닌다(박상준, 2021: 162-168).

첫째, 교사의 가르침이 중심이 되는 사회과교육은 학생을 '수동적 학습자'로 만든다. 교사가 주도해 교과서 지식을 일방향으로 전달하기 때문에, 학생은 앉아서 교사의 강의를 수동적으로 들어야 한다. 무엇을 어떻게 가르칠 것인지, 학생들이 어떻게 활동해야 하는지, 학생들에게 질문을 받을 것인지 등 수업의 모든 것을 교사가 혼자 계획하고 주도한다. 교사는 교과서의 많은 지식을 빠르게 전달하면서 진도 나가는데 바쁘다. 이런 교사 주도의 수업에서 학생들은 자신의 지적 수준, 학습 능력과 속도 등에 맞추어 개별적으로 배우기 어렵다.

둘째, 사회과교육에서 교사 주도의 전달식 수업과 암기 위주 학습은 '겉핥기식 학습'에 머문다. 교사는 사회 교과서의 내용을 빠르게 전달하느라 바쁘고, 학생들도 교사가 전달하는 수업 내용을 받아 적고 암기하는 데 힘쓴다. 학생은 교사가 전달하는 내용 지식을 잘 암기해야 시험에서 좋은 성적을 얻을 수 있기 때문이다.

이런 전달식 교육과 암기 위주 교육에서는 교사의 가르침과 학생의 배움은 모두 '지식의 기억과 이해'에 초점이 맞추어지고, 지식을 활용하고 새로운 것을 창조하는 활동을 하기 어렵다. 학생은 왜 그런 지식을 배우는지, 그 지식이 실제 생활에서 어떻게 활용되는지에 대하여 반성적으로 성찰하지 못하고, 지식을 활용해 문제를 해결하는 기회를 갖지 못한다.

셋째, 교사 주도의 사회과교육은 '학습의 효과'도 매우 낮다. 많은 연구 결과들을 분석해 보면, 교수·학습 방법에 따라 수업 후 학생이 배운 내용을 이해하는 정도에 있어서 큰 차이가 나타났다. 읽기, 강의 듣기, 시청각 수업, 시범 강의 등 교사 중심 수업은 학습 내용의 보유율이 5~50% 정도에 머물렀다.

교사가 주도해 설명하고 학생은 앉아서 수동적으로 듣기 때문에, 수업 후 학습 내용이 자신의 지식으로 저장되는 비율이 매우 낮다. 이것은 교사 주도의 가르침과 그에 따른 학생의 수동적 학습이 가진 구조적 한계점이다.

반면에 집단 토론, 실제로 해보기, 다른 학생 가르치기 등 학생 중심 교육은 학습 내용의 보유율이 50~90%로 매우 높게 나타났다. 학생은 자신이 이해한 것을 말로 표현하고 다른 학생과 상호작용하면서 주체적이고 능동적으로 배우기 때문이다. 그래서 수업 내용에 대한 이해도가 높아져서 학습한 내용을 자신의 지식으로 보유하는 비율이 매우 높다.

수업 후 학습 내용의 보유율을 교수·학습 방법의 유형별로 제시하면, 다음과 같이 **'학습 피라미드'** 형태로 구성된다(박상준, 2021: 165-166).[3)]

▌학습 피라미드: 교수학습 방법별 학습의 보유율▐

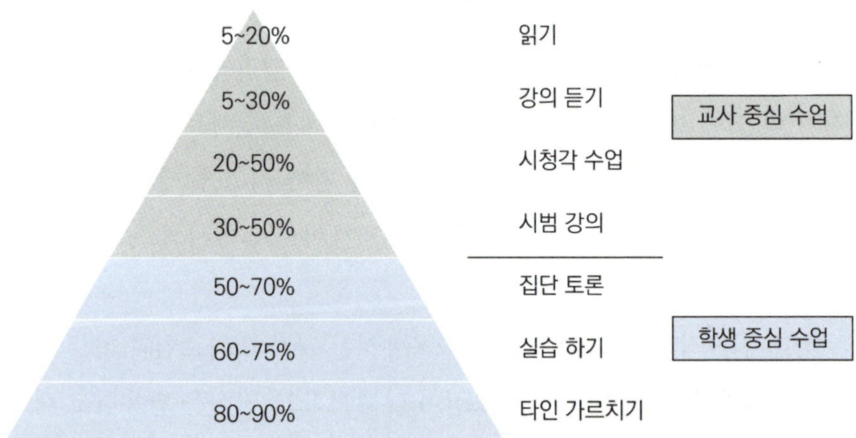

(박상준, 2021: 166. 인용)

3) 이 학습 피라미드는 필자가 켄 마스터스(Ken Masters)의 분석 결과를 종합해 재구성한 것이다. 마스터스는 1991~2012년 사이 교수·학습 방법에 따른 학습의 보유율을 조사한 42개의 연구 결과들을 분석하여 유형별로 제시했다(Masters, 2013). 교수·학습 방법에 따른 학습의 보유율은 고정된 것이 아니라 교사의 수업 준비, 학생의 참여 의지와 노력, 개인의 지적 능력 등 교사와 학생의 개인적 요소에 따라 같은 교수·학습 방법의 효과는 달라질 수 있다.

3. 학생 중심 교육 패러다임

1) 학생 중심 교육 패러다임으로 전환

교사 주도 교육의 한계를 극복하고 미래 시민 역량을 교육하기 위해서 사회과교육은 19세기에 만들어진 교사 중심 교육 패러다임을 21세기 미래 사회에 맞게 바꾸어야 한다. 미래 사회에서 요구하는 비판적 사고력, 문제 해결력, 의사소통력 같은 시민 역량을 기르기 위해서는 단순히 수업 방식을 바꾸는 것이 아니라 근본적으로 학생 중심 교육 패러다임으로 전환해야 한다. 미래 교육은 교사가 주도해 지식을 전달하는 방식에서 벗어나서 각 학생이 자신의 학습 능력과 속도에 맞추어 주체적으로 배울 수 있는 새로운 교육 패러다임을 요구한다. 그러므로 미래 사회와 디지털 교육환경에 맞게 학생 중심 교육 패러다임으로 바꾸어야 한다(박상준, 2021: 168-169).

교육 패러다임을 바꾸기 위해서는 우선 수업에 대한 고정관념을 버리고 교육을 바라보는 관점을 바꾸어야 한다. 교사 주도의 수업을 학생 주도의 학습으로 바꾸는 데 가장 큰 걸림돌은 수업에 대한 '고정관념'이다. 많은 교사들이 "수업의 중심은 교사이고 교사가 가르쳐야 학생이 배울 수 있다"라는 고정관념을 갖고 있다. 이런 고정관념에서 벗어나서, 교사가 직접 가르치는 내용과 시간을 대폭 줄이고 학생이 스스로 탐구하거나 토론할 기회를 주면, 학생이 주체적이고 능동적으로 학습하면서 더 많이 배울 수 있다.

요즘 많은 교사들이 학생 중심 수업으로 바꾸어야 한다는 점에 동의할 것이다. 그래서 최신 수업 방법을 적용하려고 시도하는 교사들이 늘어나고 있다. 하지만 단순하게 최근 유행하는 수업 방법을 적용한다고 해서, 학생 중심 교육이 되는 것은 아니다. 근본적으로 교사가 교육에 접근하는 패러다임을 바꾸어야 한다. 즉, 교사가 수업 전문가로서 혼자 수업을 설계하고 수업의 주도권을 갖고 진행해야 한다는 관념을 근본적으로 바꾸어야 한다.

교사와 학생이 모두 동등한 '수업의 주체'이고, 따라서 수업의 계획 단계부터 교사는 학생과 서로 협의하여 학생이 무엇을 어떻게 배울지 함께 결정해야 한다. 그다음 학생이 자신의 학습 능력과 속도에 맞추어 능동적으로 학습할 수 있는 수업의 구조와 환경을 제공해야 한다. 그리고 교사 주도의 가르침과 학생의 수동적 학습으로 이루어지는 수업 방법을 교사의 지원과 학생의 주체적·능동적 학습이 이루어지는 새로운 교수·학습 방법으로 바꾸어야 한다. 한마디로 수업의 중심을 교사에서 '학생'으로, 교사의 가르침에서 학생의 '배움'으로 전환해야 한다(박상준, 2021: 169-170).

학생 중심 교육 패러다임에서 보면, 교육은 학생이 주체적·능동적으로 배우는 과정이다. 교육은 학생이 자신의 학습 능력과 속도에 따라 주체적으로 학습하고, 교사는 학생이 능동적으로 학습하도록 지원하는 역할을 하는 것이다. 교사의 직접 가르침은 최대한 줄이고, 학생이 스스로 배우도록 도와주며, 교과서 지식을 외우는 것보다 지식을 활용해 문제를 해결하도록 도와준다. 이런 패러다임에서 교육은 **'학생 주도의 배움'**으로 이해된다.

2) 학생 중심 교육 패러다임의 적용

학생 중심 교육 패러다임은 교사가 주도해 일방향으로 가르치는 형태가 아니라 학생이 주도성을 갖고 자신의 학습 능력과 속도에 따라 능동적으로 학습하는 것이다. 그러기 위해서는 우선 한 명의 교사가 다수의 학생에게 획일적으로 가르치는 대집단 학습 공간과 수업 구조를 학생의 능력과 속도에 맞추어 개별적으로 배우는 소집단 학습과 수업 구조, 개별 맞춤 학습 공간으로 전환해야 한다(박상준, 2021: 170-171). 그리고 교사가 학생을 수업의 주체로 인정하고, 교육의 초점을 교사 주도의 가르침에서 학생 주도의 배움으로 전환해야 한다. 교사가 수업의 주도권을 갖고 지식을 획일적으로 전달하는 것이 아니라 학생이 스스로 목표를 정하고 자신의 학습 능력과 속도에 맞게 주체적이고 능동적으로 배우도록 도와주어야 한다.

그다음 교사는 수업 과정에서 학생이 능동적으로 학습하도록 촉진하고 지원하는 퍼실리테이터(facilitator) 역할을 해야 한다. 교사는 전체 학생 대상의 가르침을 최대한 줄이고, 학생이 주체적이고 능동적으로 학습하도록 도와준다. 그러면 학생은 교사가 전달하는 지식을 외우는 것이 아니라 다른 학생들과 함께 토론이나 탐구하면서 새로운 지식을 이해하고 문제를 해결하는 활동을 할 수 있다. 교사 주도의 가르침과 학생의 객체적·수동적 학습이 학생 주도의 배움과 학생의 주체적·능동적 학습으로 전환된다.

이처럼 학생 중심 교육 패러다임으로 전환하는 방식 중의 하나가 블렌디드 러닝 또는 거꾸로 교실이다. 이것은 '학생의 배움'이란 측면에서 교사 주도의 가르침을 거꾸로 뒤집어 학생이 주체적이고 능동적으로 학습할 수 있는 수업 구조와 환경을 제공하는 새로운 패러다임이다.[4)]

블렌디드 러닝(blended learning)은 '학생의 온라인 학습'과 '교사의 대면 수업'을 결합한 수업 형태이다. 블렌디드 러닝은 학생이 학습의 시간, 장소, 순서를 조절하여 자신의 능력과 속도에 맞추어 개별적으로 온라인 학습을 하고, 교실에서 교사가 일정한 부분을 지도 및 관리하며, 온라인 학습의 내용과 교실 수업의 내용을 서로 통합하여 조직한 교육 패러다임이다.

블렌디드 러닝의 수업 방법과 활동 방식을 도식으로 표시하면 다음과 같다(박상준, 2021: 185-186).

4) '블렌디드 러닝'과 '거꾸로 교실'의 의미, 특징, 교수·학습 방법, 적용 사례 등은 박상준, (2021) 「코로나 이후 미래교육: 학생 주도성, 메타버스 교육, 블렌디드 러닝」(2판)의 제10장과 제11장을 찾아보세요.

블렌디드 러닝	온라인 학습	교실 대면 수업
수업 방법	• 학생의 개별 맞춤 학습	• 학생 주도 수업 방법: 토론 학습, 탐구 학습, 프로젝트 기반 학습, 협력 학습 등
활동 방식	• 학생이 집에서 온라인으로 혼자 학습함. • 자기 능력과 속도에 맞추어 개별적으로 학습함.	• 학생: 모둠별로 온라인 학습의 내용을 바탕으로 새로운 문제를 해결하기 위해 토론, 탐구하며 학습함. • 교사: 전체 강의 대신에 학생 주도의 능동적 학습을 촉진하고 지원함 / 기초 학력 부족 학생의 보충 학습을 지원함.

(박상준, 2021: 192)

거꾸로 교실(flipped classroom)은 교사의 가르침이 중심이 되는 전통적 교실 공간을 학생의 배움이 중심이 되는 교실 공간으로 전환하고, 교수·학습 과정을 '집에서 학습 → 교실에서 활동'으로 거꾸로 뒤집어 놓은 것이다. 거꾸로 교실을 실시하는 방법은 다양하지만, 공통점은 교실 수업의 구조를 교사 중심의 가르침에서 학생 중심의 배움으로 바꾼 것이다. 교사가 전체 학생을 대상으로 직접 가르치는 것을 그만두고, 학생이 주체적·능동적으로 학습하도록 지원하는 것이 특징이다(박상준, 2021: 243-245).

수업 영상 제작	⇨	수업 영상 시청	⇨	질의·응답	⇨	모둠 활동	⇨	평 가
• 수업 영상/자료 만들기 • 수업 영상/자료 올리기		• 집에서 수업 영상/자료 시청하기 • 수업 영상/자료 내용 요약하기		• 수업 내용 관련 학생의 질문 • 교사의 답변 / 피드백		• 모둠별 과제의 부여 • 모둠 활동의 수행 • 교사의 순회 지도 / 보충 학습의 지원		• 다양한 평가

(박상준, 2021: 250)

그러면 구체적으로 학생 중심 교육 패러다임에서는 어떻게 수업하는가? 어린 학생을 수업 설계에 참여시키면 교사의 수업권이 침해되고 수업이 제대로 되지 않을 것이라고 걱정할 수 있다. 하지만 그런 걱정과 편견을 내려놓고 한번 시도해 보면, 학생들이 달라지고 수업이 바뀔 수 있다. 광주의 한울초등학교 교사는 학생에 대한 편견을 버리고 '학생 중심 교육 패러다임'으로 전환했다. 초등학생도 스스로 학습할 수 있다는 믿음을 갖고 학습의 주도권을 학생에게 넘겨주었다. 그러자 5학년 학생들도 모둠별로 주도적으로 학습하기 시작했다. 학생들끼리 활발하게 토론하고 서로 물어보고 가르쳐 주면서 적극적으로 학습에 참여하였다(미래교실네트워크, 2015: 23-43).

또한 울산의 화암고등학교는 학생 중심의 거꾸로 교실을 실시했다. 교사는 수업 내용을 10분 정도의 디딤 영상 또는 PPT로 만들어 반별 밴드에 올렸다. 학생들은 수업 전에 밴드의 영상을 다운로드 받아서 자신의 학습 능력과 속도에 맞추어 여러 차례 보면서 공부했다. 영상을 보지 않고 온 학생이 있으면, 쉬는 시간이나 수업 시작 초반에 다시 시청하도록 했다. 수업 시간에 교사는 먼저 학생들이 영상을 보고 수업 내용을 얼마나 이해했는지 확인하고, 모르는 내용에 대해 질문받고 설명하였다. 그다음 교사는 모둠별로 학습지와 과제를 제공했고, 학생들은 모둠별로 서로 토론하고 협력하면서 학습 과제를 해결했다. 활동이 끝나면, 교사는 각 모둠별로 완성한 과제와 문제를 발표시키고 수업을 마무리했다(미래교실네트워크, 2015: 213-231).

다른 한편 인천의 한 초등학교는 교사가 가르치지 않고 학생이 주도적으로 배우는 협력 학습을 실시했다. 교사는 과제를 제시하고 해결 방법에 대해 5분 정도 설명한다. 그다음 학생들은 4~6명 정도씩 모둠을 형성하여 함께 문제를 해결하면서 배웠다. 과제를 해결하기 위해 학생들은 모둠을 자유롭게 이동했다. 학생들끼리 서로 물어보고 가르쳐 주면서, 모든 학생이 학습과제를 해결했고, 교사는 학생이 주도적으로 학습하는 활동을 격려하고 지원하였다. 그 결과 수학의 평균 점수가 85.4점에 달했고, 대부분의 학생이 85점 이상의 점수를 얻었으며, 학습 목표에 도달하지 못한 학생(35점)은 1명에 불과했다(니시카와준, 2018: 19-20, 242-262).

▌사회과교육 패러다임의 전환▐

구분	교사 중심 교육 패러다임	⇨	학생 중심 교육 패러다임
관점	• 교사 중심 관점		• 학생 중심 관점
수업 목표	• 지식의 이해		• 변혁적 역량, 창의적 문제 해결력 등 미래 역량의 발달
교수 학습 과정	• 교사 주도의 가르침 • 교사 주도의 획일적 전달 → 학생의 객체적·수동적 학습		• 학생 주도의 배움 • 교사의 학습 지원과 촉진 → 학생의 주체적·능동적 학습
수업 방법	• 강의식 수업 / 직접 교수법 • 전체 학생 대상의 획일적 수업	⇨	• 토론, 탐구, PBL, 협력 학습 등 • 자신의 학습 능력과 속도에 맞춘 학습
학습 속도	• 학생 개인 수준에 맞춘 수업 및 속도의 조절 곤란		• 학생 개인의 능력과 속도에 맞춘 개별 학습의 가능
수업 규모	• 대집단 학습		• 소집단 학습 / 개별 맞춤 학습
교사/학생 역할	• 교사 : 수업의 주도자 또는 통제자 • 학생 : 수동적 학습자		• 교사 : 수업의 지원자 또는 촉진자 • 학생 : 능동적 학습자 / 학습의 책임

(박상준, 2021: 172)

제9장 사회과에서 지식의 교육

사회과에서 기르는 민주 시민은 사회생활에 필요한 지식과 사고 기능, 민주적 가치에 기초하여 사회문제를 합리적으로 결정하고 그에 따라 행동하는 사람이다. 이러한 시민의 역량을 기르기 위해서는 사회현상이나 문제에 대한 사실적 이해를 증대시키는 **'지식의 교육'**, 사회문제를 비판적으로 분석하고 과학적으로 탐구하여 합리적으로 해결책을 결정하는 **'사고 기능의 교육'**, 사회문제를 판단할 때 기준이 되는 민주적 가치와 태도를 형성하는 **'가치의 교육'**, 사회문제를 해결하기 위해 주도적으로 참여하고 실천하는 **'행위의 교육'**이 필요하다.

그러면 민주 시민에게 요구되는 지식, 사고 기능, 가치·태도, 행동·참여를 교육하기 위해 사회과에서 무엇을 어떻게 가르쳐야 하는가? 4가지 영역은 시민의 역량을 육성하는 데 상호 연관되어 있으며 통합적으로 작동하는 것이다. 그러므로 실제 학교에서는 4가지 영역들이 **'유기적 통합'**이 되도록 사회과 수업이 이루어져야 한다. 이런 측면에서 최근 사회생활에 필요한 지식뿐만 아니라 사고 기능, 민주적 가치·태도를 통합적으로 기를 수 있는 종합적 교수 방법으로 '협동 학습'이 강조되고 있다.[1)]

1) 사실 학습, 개념 학습, 일반화 학습, 협동 학습의 특성, 교수·학습 방법, 적용 사례 등에 대해서는 박상준(2022), 「**사회과 교재연구 및 교수법**」(**3판**)의 제6장 '개념 학습과 일반화 학습' 및 제13장 '협동 학습'을 찾아보세요.

1. 사회과의 목표로서 지식의 이해

시민의 역량은 사회생활을 영위하는 데 필요한 '지식', '민주적 가치와 태도', 개인적·사회적 문제의 '합리적 해결 능력', 사회와 인류의 발전에 기여하는 '태도'로 규정된다. 이러한 시민의 역량을 육성하기 위해 사회과는 지리, 역사 및 일반사회현상에 대한 종합적 이해를 가르쳐야 한다. 사회현상이 매우 복잡하게 얽혀 있고, 사회문제는 다양한 요인들에 의해 발생한다. 학생이 사회현상이나 문제를 비판적으로 분석하여 합리적으로 해결하기 위해서는 그것들에 대한 과학적 이해가 필요하다. 사회현상이나 문제와 관련된 지식은 그것을 과학적으로 이해하고 합리적으로 해결할 수 있는 토대를 제공해준다.

이런 이유에서 학생들은 사회현상이나 문제를 객관적으로 설명해주는 사회과학적 지식-사실, 개념, 일반화, 이론, 탐구 방법-을 습득할 필요가 있다. 사회과는 학생이 사회현상이나 문제에 대해 과학적으로 이해하도록 관련된 사실, 개념, 일반화, 이론 등을 기본적으로 가르쳐야 한다. 그래서 현재 사회과 교육과정은 지리, 역사, 사회과학의 개념과 원리, 사회문제와 가치, 그리고 연구 방법에 관한 요소를 통합적으로 선정, 조직하여 사회현상을 종합적으로 이해하도록 구성되었다(교육부, 2022b: 6-7).

2. 사실 학습

1) 사실 학습의 의미와 중요성

복잡한 사회현상이나 문제를 비판적으로 분석하여 합리적으로 해결하기 위해서는 그것과 관련된 사실의 이해가 필요하다. 사실은 사회현상을 비판적으로 분석하거나 문제를 합리적으로 결정할 때 기본적 토대가 된다. 관련된 사실과 정보를 모르면 사회현상이나 문제를 정확하게 이해할 수 없고 문제를 합리적으로 해결하기 어렵다. 이런 이유에서 사회과에서 사회현상에 대한 사실의 학습이 필요하다.

사회현상에 관한 '사실'(facts)은 특정 사건, 대상, 사람 등에 관한 정보가 경험적 자료에 의해 증명된 진술이다(Banks, 1990: 86). 사실은 구체적인 사건이나 대상 자체보다는 그것에 관하여 경험적 자료에 의해 증명된 진술이다. 우리나라의 지리, 역사, 정치, 경제 등과 관련된 사실을 살펴보면 다음과 같다.

- 우리나라는 3면이 바다로 둘러 쌓여있다.
- 우리나라는 1948년 헌법을 제정하였다.
- 현재 우리나라의 정부 형태는 대통령제이다.
- 2011년 우리나라의 1인당 국민소득은 22,489달러였다.

사실은 경험적 자료에 의해 증명되기 때문에, 그것을 뒷받침하던 자료의 신뢰성과 타당성이 사라지고, 새로운 경험적 자료가 발견되면 사실은 변경될 수 있다. 역사적 사실은 새로운 유물이나 사료가 발견되는 경우에, 지리 현상과 관련된 사실은 기후와 지형이 변화되는 경우에, 그리고 정치 현상과 관련된 사실은 법률과 정치제도가 바뀌는 경우에 변경될 수 있다.

2) 사실 학습의 방법

사회과에서 사실을 가르칠 때는 고정 불변하는 진리로서가 아니라 변경 가능한 사실로서 받아들이도록 지도해야 한다. 사실은 새로운 경험적 자료가 나타나면 변경될 수 있는 것이기 때문이다.

특히 정보사회에서 사실 자체는 수많은 책과 인터넷에 저장되어 있고 누구나 쉽게 찾을 수 있기 때문에, 사실을 단순히 암기시키는 것은 별로 의미가 없다. 사실을 왜 배우고 어떻게 활용하는가를 가르쳐야 한다. 사실 학습에서 사실이 어떤 역사적 맥락이나 사회적 상황에서 나타났는지, 상위의 개념이나 일반화와 어떻게 연관되는지, 관련된 사회현상이나 문제를 정확히 파악하는 데 어떤 의의를 지니는가를 이해시키는 것이 중요하다.

사회과에서 사실을 가르치는 방법을 제시하면 다음과 같다.

| 사실 학습의 과정 |

학습 단계	교수·학습 활동
1. 상황의 제시	• 사실과 관련된 사회적 상황이나 학생의 경험 등을 소개한다.
2. 사실의 제시	• 상황과 관련된 사실을 제시한다.
3. 사실의 설명	• 사실을 증명하는 '경험적 자료와 정보' 등을 제시하면서 사실의 신뢰성과 타당성을 이해시킨다. • 사실의 인식이 다른 사회현상 또는 문제의 이해에 어떤 의의를 갖는지 설명한다.

3. 개념 학습

1) 개념 학습의 의미와 중요성

사회과학적 지식의 구조는 사실, 개념, 일반화, 이론, 탐구 방법으로 구성되는 데, 그 중에 개념이 중요한 비중을 차지한다. 개념은 유사한 대상, 사건, 관념 등을 하나의 집합으로 분류하여 범주화하는 데 유용한 추상적 용어이다(Banks, 1990: 88). 다시 말하면, '개념'(concept)은 여러 대상이나 현상의 '공통된 특성'에 기초하여 하나의 범주로 분류하기 위해 인위적으로 만든 '추상적 용어'이다.

개념은 우리가 수많은 사실이나 현상을 일일이 암기하지 않더라도, 다양하고 복잡한 사실이나 현상을 간단하게 이해하고 설명하는 것을 도와준다. 개념은 구체적으로 경험하는 사실이나 현상을 넘어서 새로운 현상을 이해할 수 있도록 도와주고, 여러 가지 사실과 경험을 명료하게 이해할 수 있는 안목과 사고틀을 제공해준다. 또한 개념은 복잡한 사회문제를 보다 정확하게 파악해서 적절하게 해결할 수 있도록 도와준다.

그래서 사회과의 교육내용은 수많은 사실들을 나열하기 보다는 사회과학적 지식들에서 선택된 주요 개념들을 중심으로 나선형으로 구성되어 있다. 개념을 가르치면, 학생들이 그 개념을 통하여 복잡한 사회현상을 더 분명하게 이해할 수 있다. 개념은 현미경처럼 복잡한 사회현상을 명확하게 파악하도록 도와주는 도구이기 때문이다. 이런 이유에서 개념 학습은 사회과에서 중요한 부분을 차지한다.

2) 개념의 속성: 결정적 속성과 비결정적 속성

개념은 공통된 특성을 기준으로 다양한 대상이나 사건을 유사한 것 끼리 범주화하는 용어이다. 이처럼 다양한 대상이나 사건이 지닌 공통된 특성을 개념의 '속성'이라고 부른다.

개념의 속성들 중에서 본래 그 대상이나 사건에 속하는 특성으로서 다른 것들과 구별하는 데 결정적으로 중요한 속성을 '결정적 속성'(critical attribute)이라 부른다. 반면에 그 개념을 정의할 때 포함되지만 다른 대상이나 사건도 지닌 특성이기 때문에, 다른 것들과 구별할 때 결정적인 요소가 되지 않는 속성을 '비결정적 속성'(non-critical attribute)이라 부른다.

예를 들면 정치현상에서 기존의 규범에서 벗어난 정권 교체 사건들을 생각해보자. 이 사건들의 공통된 특성을 추출해 유사한 것끼리 같은 범주로 분류한 개념이 쿠데타와 혁명이다. '쿠데타'는 (1) '지배 계층이 군사력을 동원한다', (2) '비합법적 방법이나 수단을 사용한다', (3) '정권을 교체한다' 같은 속성을 지닌다. 이 속성들 중에서 (1) 속성이 혁명이나 반란 등과 구별하여 쿠데타만이 갖는 고유한 '결정적 속성'이다. 반면에 (2), (3) 속성은 쿠데타와 혁명이 모두 갖고 있는 일반적 속성, 즉 '비결정적 속성'이다.

3) 개념의 예와 비예

사회과의 개념들은 대부분 추상적이기 때문에, 교사는 그 개념에 가장 적합한 대표적 사례를 제시해주어야 한다. **'대표 사례'**(best example)는 '공통된 속성'을 모두 갖고 있는 전형적인 사례이다. 이런 대표 사례는 학생이 추상적 개념을 쉽게 이해하고 실제 대상이나 현상에 적용하여 설명할 수 있도록 도와준다. 그리고 **'비예'** 또는 **'예가 아닌 것'**(non-example)는 결정적 속성은 없지만 비결정적 속성을 갖고 있기 때문에 그 개념에 해당되는 것처럼 보이지만 실제로는 관계가 없는 사례이다. 비예는 학생들이 추상적 개념을 다른 개념과 구별하여 더 명확하게 이해하도록 도와준다. 대표 사례는 '긍정적 예'(positive example)로, 비예는 '부정적 예'(nagative example)로 불리기도 한다(Banks, 1990: 91).

예를 들면 '사회 집단'의 개념을 가르칠 때, 동창회, 이익집단, 시민단체 등은 사회 집단의 대표 사례이고, 축구 관중, 지하철 안 승객 등은 비예이다. '2인 이상 모인 집합체'라는 비결정적 속성을 갖고 있기 때문에, 얼핏 보면 모두 사회집단처럼 보인다. 그러나 후자는 구성원들이 '공유된 의식이나 소속감을 갖고 지속적인 상호작용을 하는 모임'이 아니라 일시적으로 우연히 모인 사람들의 집합체이기 때문에, 사회 집단의 비예이다.

개념의 속성에 따라 개념을 가르치는 방식과 절차를 다르게 사용하는 것이 더 효과적이다. 개념 학습의 방법은 크게 속성 모형, 원형 모형, 상황 모형으로 분류된다(Howard, 1987: 85-106,136-154; 차경수, 1997: 173-181; 구정화, 1995: 18-31; 차경수·모경환, 2008: 214-222; 이경한, 2007: 54-61).

속성 모형은 먼저 개념의 결정적 속성 또는 정의적 속성을 제시한 후 개념을 가르치는 방식이다. 반면에 원형 모형은 개념의 원형 또는 대표 사례를 제시하며 개념을 가르치는 방식이다. 상황모형은 개념과 관련된 상황 또는 학생의 경험을 제시하며 가르치는 방식이다.

4) 속성 모형

속성 모형은 개념학습의 방법 중에서 가장 오래된 것으로 '**고전 모형**'이라고 한다. '속성 모형'(attribute model)에 의하면, 개념의 인식은 경험들로부터 추출된 정보들로 구성되는 데, 이 정보는 한 개 이상의 '결정적 속성'의 목록으로 구성된다(Howard, 1987: 90-91). 다시 말하면 한 개념이 다른 개념과 구별되는 고유한 결정적 속성을 가지고 있기 때문에 개념이 성립되고, 모든 개념의 결정적 속성은 항상 인식될 수 있다고 속성 모형은 가정한다(Banks, 1990: 94).

그래서 속성 모형은 학생들이 그 개념의 결정적 속성 또는 정의적 속성을 추출할 수 있고, 결정적 속성 또는 정의적 속성에 의거하여 개념을 이해한다는 것을 강조한다. 어떤 개념이 지닌 결정적 속성을 이해하면 그 개념을 더 쉽게 이해할 수 있다는 것이다.

교사는 먼저 개념과 관련된 현상이나 사례를 제시한 후, 개념을 간략히 정의하고 그 개념의 결정적 속성과 비결정적 속성을 검토한다. 그리고 개념에 분류되는 대표적 예와 비예를 제시한다. 그 다음에 교사는 학생들이 개념을 정확하게 이해했는지를 확인하기 위해 새로운 현상이나 사례에 적용하여 설명하도록 요청한다. 요약하면, 속성 모형은 개념의 '**결정적 속성에 의한 학습**'으로 특징지워진다.

모경환·차경수(2022: 197)는 속성 모형의 수업 과정을 8단계로 제시했다.

1. 문제 제기	5. 가설 검증
2. 속성 제시와 정의	6. 개념 분석
3. 결정적 속성과 비결정적 속성 검토	7. 관련 문제 검토
4. 예와 예 아닌 것 검토	8. 평가

모경환·차경수(2022)와 이경한(2007) 등이 제시한 교수 단계를 종합하여, 속성 모형에서 개념을 가르치는 교수·학습 과정을 제시하면 다음과 같다:

속성 모형의 과정

학습 단계	교수·학습 활동
1. 문제 제기	• 개념과 관련된 사회현상이나 문제를 제기하고 질문한다.
2. 개념의 정의	• 개념을 정의하고 설명한다.
3. 개념의 결정적 속성 검토	• 개념의 정의에서 결정적 속성과 비결정적 속성을 검토하고, 결정적 속성을 통해 개념을 이해하게 한다.
4. 개념의 예와 비예 제시	• 개념의 결정적 속성과 관련하여 대표 사례와 비예를 제시하며, 개념을 이해시킨다.
5. 개념의 이해도 확인	• 다른 사례를 제시하여, 개념의 결정적 속성에 의거하여 설명할 수 있는지 확인한다.
6. 관련 사회현상 검토	• 개념에 의거하여 최근 쟁점이 되는 사회현상이나 문제를 분석 하고 토론하게 한다.

5) 원형 모형

속성 모형이 여러 가지 한계를 드러내면서 그 대안으로 원형 모형이 제시되기 시작했다. 원형 모형(prototype model)은 결정적 속성이 명확하지 않은 추상적 개념들을 가르치기 위해서 제시되었다. 이 모형에 따르면, 개념은 대상이나 사건의 결정적 속성에 의해 인식되는 것이 아니라 그 개념에 적합한 '원형' 또는 '대표 사례'에 의해서 인식될 수 있다(Howard, 1987: 93-100; 차경수, 1997: 176-177).

여기에서 '원형'(prototype)이란 그 개념에 속하는 대상이나 사례들을 이상적으로 추상화시킨 형상이다. 원형은 실제로 존재하는 대상이 아니라 그 개념에 속한 대상과 사례의 공통된 속성을 모두 갖고 있는 이상적인 유형이다. 이러한 원형은 구체적 대상이나 사건을 파악하고 분류하는 기준이 되고, 그 원형에 얼마나 근접되어 있는가에 따라 어떤 대상이나 사례들이 분류된다. 예컨대 '자본주의'의 원형은 실제로 존재하는 경제체제의 모습이 아니라 시장경제의 특성을 잘 보여주기 위해 인위적으로 고안된 이상적인 유형이다. '생산수단의 사유화', '사적 이윤의 추구', '자유와 경쟁을 통한 경제활동'처럼 이상화된 유형의 자본주의는 현실 세계에 존재하지 않으며 우리가 자본주의라고 부르는 경제체제가 이런 속성을 모두 공유하고 있는 것은 아니다. 그러나 우리는 자본주의의 원형에 의거해 현실 세계에서 작동하는 시장경제의 모습을 파악하고 그것에 근접한 형태의 경제체제를 보통 자본주의로 분류하여 설명한다.

교사는 먼저 개념과 관련된 현상을 제시한 후 개념의 원형이나 대표 사례를 제시하고, 그 개념에 분류되지 않는 비예를 설명한다. 그리고 교사는 학생들에게 원형이나 대표 사례를 통해서 그 개념이 지닌 공통된 속성을 찾게 하고, 공통된 속성에 의거하여 개념을 정의하도록 한다. 그 다음 학생들이 개념을 정확하게 이해했는지를 확인하기 위해 새로운 현상이나 사례에 적용하여 설명하도록 요구한다. 요약하면, 원형모형은 개념의 **'원형 또는 대표 사례에 의한 학습'**으로 특징지워진다.

모경환·차경수(2022: 200)는 원형 모형의 수업 과정을 7단계로 제시했다.

1. 문제 제기
2. 원형 또는 예 제시
3. 예 아닌 것 제시
4. 속성 검토
5. 개념 분석
6. 관련 문제 검토
7. 평가

모경환·차경수(2022)와 이경한(2007) 등이 제시한 교수 단계를 종합하여, 원형 모형에서 개념을 가르치는 교수·학습 과정을 제시하면 다음과 같다:2)

❙ 원형 모형의 과정 ❙

학습 단계	교수·학습 활동
1. 문제 제기	• 개념과 관련된 사회현상이나 문제를 제기하고 질문한다.
2. 개념의 원형 (대표 사례) 제시	• 개념의 원형 또는 대표 사례를 제시하고, 어떤 요소에 의해 그 개념에 포함되는지 설명한다.
3. 개념의 비예 제시	• 개념에 포함되지 않는 비예(예가 아닌 것)를 제시하고, 어떤 요소에 의해 그 개념에 포함되지 않는지 설명한다.
4. 개념의 속성 검토 및 개념 정의	• 다른 것과 구별되는 그 개념의 주요 속성을 검토하고, 속성을 정리하여 개념을 정의한다.
5. 개념의 이해도 확인	• 다른 사례를 제시하여 그 개념의 속성에 의거하여 설명할 수 있는지 확인한다.
6. 관련 사회현상 검토	• 개념에 의거하여 최근 쟁점이 되는 사회현상이나 문제를 분석하고 토론하게 한다.

6) 상황 모형

사회과의 개념들 중에는 사회적 상황이나 역사적 배경 속에서 등장한 개념이 있다. 그런 개념은 사회적 상황이나 역사적 배경과 관련시킬 때 보다 효과적으로 이해될 수 있다.

상황 모형(social context model)은 행위의 맥락과 다른 개념들과의 연관성, **'학생의 경험'** 속에서 여러 가지 사례들을 결합시키는 방식으로 개념이 인식된다는 점을 강조한다. 다시 말하면 학생들이 진공상태에서 개념을 이해하는 것이 아니라 **'사회적 상황'** 속에서 이해한다는 점을 강조한다(차경수,

2) 원형모형을 지지한 학자들은 개념의 교수·학습 단계로 원형과 비예를 제시하는 단계까지만 제안하고, 나머지 단계를 구체적으로 언급하지 않았다(차경수, 1997: 178). 하지만 개념을 분명하게 이해하고 적용하는 능력을 길러주기 위해서는 개념의 특성을 검토하고 실제 대상이나 사례에 적용하는 단계가 필요하기 때문에 추가하였다.

1997: 178-179). 즉, 사회과에서 다루는 개념들은 그 사회의 상황, 역사적 배경, 문화적 전통 등과 관련시켜야 적절하게 이해될 수 있다.

교사는 먼저 개념과 관련된 현상을 제시하고, 그 개념과 연관된 사회적 상황 또는 학생의 경험 등을 제시하고, 그 개념으로 설명할 수 있는 적합한 대표 사례와 그렇지 않은 비예를 제시한다. 그리고 교사는 학생들에게 개념의 속성을 찾고, 관련 상황과 속성에 의거하여 개념을 정의해보도록 요청한다. 그 다음 개념을 이해했는지를 확인하기 위해 새로운 대상이나 사례에 적용하도록 요구한다. 요약하면, 상황 모형은 개념과 관련된 '**사회적 상황** 또는 **경험에 의한 학습**'으로 특징지워진다. 상황 모형은 개념과 관련된 사회적 상황이나 학생의 경험을 제시하는 것 이외에는 원형 모형의 교수·학습 단계와 유사하다.

모경환·차경수(2022: 202)는 상황모형의 수업 과정을 7단계로 제시했다.

1. 문제 제기
2. 상황 및 경험의 진술
3. 예와 예 아닌 것 검토
4. 속성 검토
5. 개념 분석
6. 관련 문제 검토
7. 평가

모경환·차경수가 제시한 교수 단계를 수정·보완하여, 상황 모형에서 개념을 가르치는 교수·학습 과정을 제시하면 다음과 같다:

1. 문제 제기
2. 개념의 상황 또는 경험 제시
3. 개념의 비예 제시
4. 개념의 속성 검토 및 개념의 정의
5. 개념의 이해도 확인
6. 관련 사회현상 검토

지금까지 개념의 속성에 따라 학습하는 방법에 대해 살펴보았는데, 3가지 모형의 특징을 비교해 보면 다음과 같다.

❙ 개념 학습의 비교 ❙

구분	속성 모형	원형 모형	상황 모형
특징	• 결정적 속성을 통한 학습	• 원형(대표사례)을 통한 학습	• 상황 또는 경험을 통한 학습
비판	• 결정적 속성을 지닌 사회과학의 개념이 적음 • 사회과학적 개념들의 중첩성 • 학생이 결정적 속성을 추출하기 어려움	• 사람들이 원형에 의거해 대상을 분류하지 않음 • 여러 사례들이 한 개념에 분류되는 기준을 분명하게 제시하기 어려움	• 특정 상황에서 도출된 개념은 모든 상황에 보편화하기 어려움 • 배경지식과 경험이 부족한 학생은 이해하기 어려움

7) 개념 학습과 사실 학습의 논쟁

전통적으로 사회과는 지리, 역사, 정치제도, 경제체제 등과 관련된 사실들을 중심으로 가르쳐왔고, 1960년대 신사회과 운동이 일어나면서 사회과학적 탐구 방식이나 사고력을 가르치는 사회과가 유행하였다.

그런데 1980년대 후반 국가 학력 표준검사에서 학생들의 점수가 낮아지면서, '학력 저하'가 심해지고 충분한 사실들을 배우지 않았다는 점이 언론에서 부각되었다. 또한 일부 교육학자들은 학력 저하의 원인을 검토하면서 그동안 학생들이 사실보다 탐구 방법이나 사고 과정을 학습하고 충분한 사실들을 배우지 않았기 때문이라고 주장했다. 그러면서 사회과에서 "사실을 중심으로 가르쳐야 하는가?" 아니면 "개념이나 사고 과정을 중심으로 가르쳐야 하는가?"라는 논쟁이 발생했다(Banks, 1990: 87).

이 논쟁은 쉽게 해결되지는 않고 계속 논란이 되고 있다. 하지만 개념 학습은 학생이 개념을 통해 복잡한 사회현상과 문제를 보다 명확하게 이해하는 안목과 사고력을 키워주고, 합리적으로 문제를 해결하고 실천할 수 있도록 도와주는 토대가 된다. 그래서 사회과에서 개념의 학습이 중요한 부분을 차지한다.

4. 일반화 학습

1) 일반화의 의미

일반화는 사실이나 개념보다 높은 수준의 지식이다. '일반화'(generalization)는 개념들 사이의 상관관계를 설명한 진술이다(Banks, 1990: 97). 즉, 일반화는 개념과 개념 사이의 관계를 설명하는 '보편적 진술'이다.

현재 사회과에서 다루는 주요한 일반화를 살펴보면 다음과 같다.

- 자연 환경은 인간의 생활 모습에 영향을 미친다.
- 상품의 가격은 수요와 공급에 의해 결정된다.
- 한 지역(국가)의 경제활동은 다른 지역(국가)의 경제활동과 상호의존 관계에 놓여 있다.
- 사회는 질서를 유지하기 위해 여러 가지 제도를 만든다.
- 한 지역(국가)의 문화는 다른 지역(국가)의 문화와 영향을 주고받는다.
- 조선시대에 신분은 출생과 혈통에 의해 정해졌다.

일반화는 사실이나 개념들의 상관관계를 설명하는 진술이지만, 그것이 설명할 수 있는 현상이나 대상은 일반적이고 포괄적이다. 일반화는 그것이 지닌 보편성의 정도에 따라 높은 수준과 낮은 수준의 일반화로 구분될 수 있다. 이러한 일반화는 개념보다 다양한 현상을 이해하고 예측할 수 있도록 해준다.

또한 일반화는 개념들의 상관관계를 구조화시켜 이해하고 복잡한 현상이나 대상들의 관계를 구조적으로 파악할 수 있도록 해준다. 그래서 사실에 대한 학습 이후에 개념들 간의 구조를 파악하도록 가르치는 일반화 학습이 요구된다.

2) 일반화 학습의 방법

전통적으로 교사들은 강의를 통해 일반화를 전달해왔다. 강의식 수업에서 일반화는 대부분 '연역적 방식', 즉 학생이 일반화된 진술을 배운 후에 구체적인 상황에 적용할 수 있는 사례를 찾도록 가르쳤다(Banks, 1990: 97). 강의식 수업은 보통 1명의 교사가 다수의 학생들에게 지식-개념이나 일반화 등-을 설명하고 학생들이 듣고 이해한 후에, 새로운 상황에 적용하도록 하는 수업 방식이다.

그러나 사람들이 어떤 현상에 대해 인식하고 일반화하는 과정을 보면 거꾸로 귀납적 방식을 따른다. 사람들은 구체적 사실들을 관찰하여 유사한 것끼리 분류하여 개념을 만들고, 관련 자료를 분석하여 그 개념들 사이의 상관관계를 설명하는 진술을 만든다. 이처럼 일반화는 사실의 관찰 → 개념 형성 → 자료 분석과 추론 → 일반화의 형성 같은 **'귀납적 과정'**을 거쳐 형성된다.

사실의 관찰 ⇨ 개념의 형성 ⇨ 자료의 분석과 추론 ⇨ 일반화의 형성

그러므로 학생이 일반화를 학습하는 과정도 '귀납적 과정'에 따라 이루어지는 것이 좋다. 일반화를 가르치는 방법으로 유명한 것은 H. Taba가 1969년에 개발한 **'자료 검색 도표'** 또는 **'자료 인출 도표'**(Data Retrieval Chart)이다(차경수·모경환, 2008: 224-226). 자료 검색 도표는 일반화와 관련된 개념들과 그 개념들의 상관관계를 도표로 만들어 제시한다. 그러면 학생들이 그 개념과 관련된 자료들을 검색하고 찾아와서 도표의 빈칸을 채운다. 그 다음 학생들은 자료를 분석하여 개념들의 상관관계를 찾아낸다. 결론적으로 학생들은 자료에 근거하여 개념들 사이의 상관관계를 설명하는 진술, 즉 일반화를 형성한다.

❙ 일반화 학습을 위한 자료 검색 도표 ❙

관련 개념	부모의 사회·경제적 지위				
	5분위	4분위	3분위	2분위	1분위
자녀의 학업 성취도					
자녀의 대학 진학률					

예컨대 최근 계층의 불평등 현상과 관련된 일반화를 학습하는 과정을 생각해보자. 일류 대학에 진학한 학생들의 절반 이상이 그 부모가 고소득 전문직에 종사한다는 사실이 밝혀졌다. 이런 사실들을 관찰하면, 그 사실들과 관련하여 개념을 형성한다. 부모의 소득, 직업 등을 묶어 '지위' 개념을, 대학수학능력 시험의 성적, 대학의 입학 비율 등을 묶어 '학업 성취도'와 '대학 진학률' 개념을 형성한다. 그다음 개념들의 상관 관계를 도표로 만든다. 그러면 학생들은 그 개념들과 관련된 자료를 검색하여 도표의 빈칸을 채운다. 학생들은 자료를 분석하여 '부모의 사회·경제적 지위', '학생의 학업 성취도'와 '대학 진학률' 사이의 상관관계를 찾아낸다. 결론적으로 학생들은 자료에 근거하여 다음과 같은 '일반화'를 도출할 수 있다:

<u>부모의 사회·경제적 지위</u>가 높을수록 <u>자녀의 학업 성취도</u>와 <u>대학 진학률</u>이 높다

일반화 학습의 과정은 학자마다 다양하다. 모경환·차경수(2022: 208)는 일반화 학습의 과정을 6단계로 제시했다.

1. 문제 제기
2. <u>자료 인출 도표 구성</u>
3. <u>개념 간의 관계 분석</u>
4. 관련 개념 분석
5. 자료 수집
6. <u>일반화 도출</u> 및 결론

여러 가지 견해를 종합하여, 일반화를 가르치는 교수·학습의 과정을 제시하면 다음과 같다.

❙ 일반화 학습의 과정 ❙

학습 단계	교수·학습 활동
1. 문제 제기	• 사실을 관찰하고 일반화를 형성하는 질문을 제기한다.
2. 관련 개념의 정의	• 사실들을 설명하는 데 관련된 개념들을 정의한다. • 측정 가능한 자료가 무엇인지 정한다.
3. 자료 검색 도표의 작성	• 관련된 개념들의 상관관계를 나타내는 자료 검색 도표를 만든다.
4. 자료의 수집	• 학생이 개념과 관련된 자료를 검색하고 수집하여 도표의 빈칸을 채운다.
5. 개념의 상관관계 분석	• 학생이 자료를 분석해 관련 개념들 사이의 상관관계를 분석한다.
6. 일반화의 도출	• 학생이 자료에 근거하여 개념들 사이의 상관관계를 찾아내어 일반적 진술을 만든다.

5. 협동 학습

협동 학습에서는 학습의 과정에서 다른 학생과의 협력, 배려 같은 가치와 태도가 형성되고, 또한 과제 해결을 위해 토론하는 의사소통력과 문제 해결력이 부수적으로 길러진다. 이런 이유에서 협동 학습은 '지식'뿐만 아니라 '사고 기능', '가치와 태도'를 통합적으로 기를 수 있는 '종합적 교수 방법'이다.

1) 협동 학습의 의미

4~6명씩 소집단(모둠)을 만들어 학습 활동을 하는 것은 유사하지만, 협동 학습과 소집단 학습(모둠 학습)은 구별되어야 한다. '소집단 학습'(group learning)에

서 집단은 비체계적으로 구성되고 구조화되지 않기 때문에, 소집단 활동에서 협력이 잘 이루어지지 않는다. 반면에 **'협동 학습'**(cooperative learning)에서 집단은 구성원의 역할과 임무가 매우 구조화되기 때문에, 모둠 활동에서 구성원의 적극적인 상호 작용과 협동이 효율적으로 이루어진다.

이처럼 '집단의 구조화, '상호작용 및 협동', '교사의 관리·감독'의 측면에서 소집단 학습과 협동 학습은 구별된다.

▎소집단 학습과 협동 학습의 비교▎

구분	소집단 학습	협동 학습
집단의 구조화	• 집단의 임의적 구성 • 구성원 개인의 역할과 임무가 부여되지 않음	• 이질적 집단으로 구성 • 개인의 역할과 임무의 부여
상호작용과 협동	• 구성원의 활동이 적극적 상호 의존성을 갖지 않음 • 우수 학생의 주도/무임승 차자 • 사회적 기능의 발달이 어려움	• 구성원의 활동이 적극적 상호 의존성을 가짐 • 구성원의 상호 협력과 소통 통해 학습 활동이 이루어짐 • 사회적 기능의 발달에 기여함
교사의 관리·감독	• 소집단 활동에 대한 교사의 관리·감독이 소홀함	• 소집단 활동에 대한 교사의 관리·감독의 강화(집단의 구성, 개인별 역할과 임무의 부여, 집단 활동의 규칙 제시, 소집단 활동의 감독)

2) 협동 학습의 목표

소집단 학습과 달리, 협동 학습은 소집단의 구성원들이 상호작용하고 협력하여 학습 과제를 수행함으로써 **'지식의 이해'**뿐만 아니라 문제 해결력, 의사소통 능력 같은 **'사고 기능'**을 신장시킬 수 있다. 또한 협동 학습은 구성원의 역할과 임무가 구조화되어 있기 때문에, 적극적으로 상호작용하고 협력하는 사회성, 협동 능력, 타인 존중 같은 **'사회적 기능과 가치'**를 형성할 수 있다.

실제로 많은 연구결과에 따르면, 협동 학습은 구성원들의 적극적인 상호 작용을 최대화시켜서 학생의 '인지적 능력'과 '정의적 특성'을 함께 발달시키는 데 효과가 있는 것으로 나타났다. D. W. Johnson & R. T. Johnson 등이 1924년부터 1984년까지의 협동 학습 관련 논문을 조사한 결과에 의하면, 협동 학습이 경쟁 학습이나 개별 학습보다 학업 성취도의 향상에 효과가 큰 것으로 나타났다. 특히 협동 학습은 모든 연령과 모든 교과목에서 개념의 이해, 문제 해결력, 판단 능력 등 과제 해결에서 더 효과적인 것으로 드러났다.

그 밖에 협동 학습은 고차적 사고력, 협동 정신, 사회성 발달, 자아 존중감, 동료에 대한 태도 형성에 긍정적 영향을 미치는 것으로 알려졌다(정문성·김동일, 1999: 46-53; 정문성, 1999: 140-145). 또한 협동 학습은 소집단을 구조화함으로써 각 학생들에게 책임감을 부여하고, 적극적인 상호 의존성을 증대시키고, 학생들에게 소집단 활동을 위한 역할과 규칙을 부여함으로써 사회적 기능을 발달시키는 것을 도와준다(Duplass, 2004: 341).

3) 과제 분담 학습 모형 I (Jigsaw I)

과제 분담 학습 모형(Jigsaw)은 학습 내용을 4~6개의 하위 주제로 나누어서, 학생들이 한 주제를 집중적으로 학습하여 전문가가 된 후에 다른 학생들을 가르쳐주고 배우는 협동 학습의 형태이다.

애론슨(E. Aronson) 등이 직소 모형(Jigsaw)을 개발하면서(Aronson et al., 1978), 경쟁 학습의 구조를 '협동 학습의 구조'로 전환하기 위한 조건을 2가지 제시했다. 첫째로, 1명의 교사와 다수의 학생으로 구성된 경쟁학습의 구조를 4~5명으로 구성된 소집단(모둠)의 협동 학습 구조로 바꾸어야 한다. 학습의 원천은 교사가 아니라 '소집단의 구성원'이고, 학습의 성공은 구성원의 '협동'에 의해서만 얻을 수 있다. 둘째로, 소집단 활동은 구성원들이 다른 학생의 도움 없이는 학습이 불가능하도록 구성되어야 한다. 각 구성원은 '학습 단원의 일부'를 학습 자료로 제공받기 때문에, 구성원들은 학습 단원 전체를 배우기 위해서 서로 협력할 수밖에 없다.

이런 방식으로 구조화된 학습 방식이 과제 분담 학습 모형(Jigsaw)이다. 직소 모형은 (1) 전문가 학습지, (2) 전문가 집단 및 모집단의 활동, (3) 학생 전문가에 의한 학습 등으로 특징지워진다. 직소 모형은 **'전문가 학습 모형'**이다.

과제 분담 협동 학습의 수업 단계는 학자들마다 약간 차이가 있다. Slavin (1990), Jacobs(Jacobs et al., 1997: 5-6), 정문성(2006: 199) 등의 견해를 종합하여, 필자는 과제 분담 학습 모형(Jigsaw I)의 교수·학습 과정을 다음과 같이 제시할 것이다.

Jigsaw I의 학습의 과정

학습 단계	교수·학습 활동
1. 모집단 형성/ 전문가 학습지 배부	• 이질적인 학생 4명씩 모집단을 구성한다. • 교사는 각 학생에게 하위 주제와 문제가 기록된 '전문가 학습지'(하위 주제 4개)와 '학습 자료'를 각각 다르게 나누어 준다.
2. 전문가 집단에서 학습하기	• 각 학생은 같은 전문가 학습지를 가진 학생들끼리 모여 '전문가 집단'을 형성한다. • 전문가 집단에서 학생들은 같은 주제에 대해 집중적으로 학습한다.
3. 모집단에서 다른 학생 가르치기	• 각 학생은 원래 모집단으로 돌아간다. • 각 학생은 전문가 집단에서 학습한 주제에 대하여 다른 학생들에게 설명한다.
4. 전체 학습지 작성/정답 확인	• 각 모둠은 하위 주제 4개를 결합하여 전체 학습지를 작성한다. • 교사가 정답지를 제공하면, 전체 학습지와 정답지를 비교한다.
5. 개별 평가와 개별 보상	• 학생들은 개별적으로 퀴즈 또는 쪽지 시험을 푼다. • 교사는 개인별 점수를 산출하여 우수 학생에게 개별 보상한다.

그러나 E. Aronson 등이 개발한 'Jigsaw I'에서 학생들은 학습 내용의 전체를 파악하지 못하고, 개별 보상으로 인해 다른 학생들과 적극 협력하지 않는 문제를 드러냈다. Jigsaw I은 전문가 학습지를 통해 각 학생에게 학습 내용의 일부만을 제공하기 때문에, 학생들은 학습 내용의 전체를 알지 못한다. 또한 Jigsaw I은 개인별로 보상하고 소집단 전체에 대해 보상하지 않기 때문에, 전문가 집단과 모집단 활동에서 다른 학생들과 학습할 때 적극적으로 협력하지

않는 문제점을 지닌다.

이런 문제점을 해결하기 위해 R. E. Slavin은 학습 내용의 전체를 알려주고, 집단 성취 분담 모형(STAD)의 평가 방식을 결합한 'Jigsaw II'를 개발하였다. 그런데 Jigsaw II는 전문가 집단의 학습 이후에 학습 내용을 정리하고 퀴즈(형성평가)에 대비해 공부할 시간이 없는 문제점을 갖고 있다. 그래서 J. E. Steinbrink와 R. J. Stahl은 과제 분담 협동 학습이 끝난 후 모집단별로 학습의 기회를 주고 일정 기간이 지난 후에 평가하는 'Jigsaw III'를 제시했다.

4) 과제 분담 학습 모형 II (Jigsaw II)

R. E. Slavin은 Jigsaw I의 평가 방식으로는 협동 학습의 효과를 제대로 거두기 어렵다고 주장하면서, 기존의 Jigsaw I에 STAD 모형의 평가 방식을 결합한 'Jigsaw II'를 제시하였다(Slavin, 1980). Jigsaw II는 '향상 점수에 의한 소집단 보상', '성취 결과의 균등 배분'을 도입함으로써 과제 분담 협동 학습이 더 효과를 거둘 수 있도록 만들었다.

S. Kagan에 따르면, Jigsaw II는 '학습 내용의 전체 제공', '자율적인 소집단 활동', '향상점수에 의한 소집단 보상' 등에서 Jigsaw I과 다르다(정문성, 2006: 197-198). Jigsaw II에서는 교사가 학습의 전체 계획과 내용을 설명해주고, 학생이 하위 주제를 자율적으로 선택하여 공부하도록 한다. 또한 Jigsaw II에서는 소집단 활동의 협력과 개인의 책무성을 더 높이기 위해서 향상점수에 의한 소집단 보상을 새로 추가한다. 그래서 Jigsaw II는 Jigsaw I보다 구성원의 역할과 책무성이 더 명확하고, 과제 해결뿐만 아니라 보상의 상호 의존성이 매우 높고, 사회적 관계의 증진에 효과적이라는 장점을 갖는다.

Jigsaw II의 수업 단계도 학자들마다 조금씩 다르다. Slavin(1990), Jacobs(Jacobs, et al., 1997: 27-28), 정문성(2006: 200-202) 등의 견해를 종합하여, 필자는 Jigsaw II의 교수·학습 과정을 다음과 같이 제시할 것이다.

Jigsaw II의 학습의 과정

학습 단계	교수·학습 활동
1. 모집단 형성/ 학습단원 전체 읽기	• 이질적인 학생 4명씩 모집단을 구성한다. • 교사는 학습 내용 전체가 기록된 '전체 학습지'와 '학습 자료'를 각 모둠에 모두 제공한다.
2. 전문가 집단에서 학습하기	• 각 학생은 같은 하위 주제를 선택한 학생들끼리 모여 '전문가 집단'을 형성한다. • 전문가 집단에서 학생들은 같은 주제에 대해 집중적으로 학습한다.
3. 모집단에서 다른 학생 가르치기	• 각 학생은 원래 모집단으로 돌아간다. • 각 학생은 전문가 집단에서 학습한 주제에 대하여 다른 학생들에게 가르쳐 준다.
4. 전체 학습지 작성/ 정답 확인	• 각 모둠은 전체 학습지를 작성한다. • 교사가 정답지를 제공하면, 전체 학습지와 정답지를 비교한다.
5. 개별 평가	• 학생들은 개별적으로 퀴즈 또는 쪽지 시험을 푼다.
6. 향상점수에 의한 소집단 보상	• 교사는 각 학생이 과거에 받은 '기본 점수'와 현재 '평가 점수'를 비교하여 각 학생의 '향상 점수'를 산출한다. • 모둠 구성원의 향상 점수를 합산하여, 향상 점수가 우수한 모둠에 보상한다.

학습 내용의 제공과 보상 측면에서 Jigsaw I과 Jigsaw II의 특징과 한계를 비교하면 다음과 같다.

모형	특징	한계
Jigsaw I	• 전문가 학습지 통해 학습 내용의 제공 • 개별 평가와 개별 보상	• 학습 내용의 전체를 파악 못 함 • 개별 보상으로 책무성, 협력, 상호 의존성의 약화
Jigsaw II	• 전체 학습지 및 학습 내용의 전체 제공 • 향상 점수에 의한 소집단 보상	• 학습 내용을 정리하고 평가 대비할 시간의 부족

5) 집단 성취 분담 모형 (STAD)

협동 학습에서 가장 오래되고 널리 사용되는 수업모형이 집단 성취 분담 모형(Student Teams-Achievement Division)이다. STAD모형은 존스 홉킨스대학에서 개발한 학생 집단 학습(Student Teams Learning) 프로그램 중의 하나이다. STL은 개별적 책무성, 소집단 보상, 성공 기회의 균등이라는 특징을 갖고 있다.

STAD 모형은 '소집단 보상'을 통해 열등한 학생들에게 '학습의 동기'를 부여함으로써 학습의 효과를 높이고자 한다. 협동 학습의 보상에는 3가지 방식이 있다. 첫째, 소집단의 성공에 가장 기여도가 크거나 학업 성취 결과가 가장 향상된 학생에게 최대의 보상을 해 준다. 둘째 학생의 기여도와 점수에 관계없이 소집단 구성원 모두에게 동일하게 보상을 한다. 셋째, 학습자의 능력이 아니라 필요에 따라 차별적으로 보상해 준다. 이런 3가지 보상체제를 적절하게 조화시켜 학습 동기를 유발하는 데 성공하는 협동 학습이 집단 성취 분담 모형(STAD)이다.

STAD 모형은 (1) 교사의 수업 안내, (2) **'소집단 학습과 토론'**, (3) **'향상 점수에 의한 소집단 보상'** 등으로 특징지워진다. STAD 모형은 수업 절차가 비교적 간단하고 소집단 보상을 통해 협동 학습의 효과를 쉽게 달성할 수 있는 장점을 지닌다. 반면에 교사가 사전에 소집단 학습지와 정답지를 만들어야 하고, 개인별 기본 점수와 개인 및 소집단의 향상 점수를 모두 계산해야 하는 번거로움이 발생한다.

STAD 모형의 수업단계는 학자들마다 약간 차이가 있다. Slavin(1990), Jacobs(Jacobs et al., 1997: 78-79), 정문성(2006: 247-251) 등의 견해를 종합하여, 필자는 STAD 모형의 교수·학습 과정을 다음과 같이 제시할 것이다.

▌STAD의 학습의 과정▐

학습 단계	교수·학습 활동
1. 교사의 수업 안내	• 교사가 학습 내용을 자세히 소개한다. • 교사는 모둠 활동의 방법과 활동 규칙, 평가와 소집단 보상에 대해 알려준다.
2. 소집단 학습과 토론	• 교사는 각 모둠에 학습지와 학습 자료를 배부한다. • 모둠별로 각 학생은 학습 자료를 읽고, 학습 문제에 대하여 돌아가며 자신의 의견을 말하고, 서로 토론한다. • 모둠의 구성원이 각 문제에 대해 토론을 통해 한 가지 해답을 정한다.
3. 정답 확인하기	• 교사가 학습지의 정답을 제공한다. • 각 모둠은 학습지와 정답지를 비교하며 확인한다.
4. 개별 평가	• 학생들은 개별적으로 퀴즈 또는 쪽지 시험을 푼다.
5. 향상 점수에 의한 소집단 보상	• 교사는 각 학생이 과거에 받은 '기본 점수'와 현재 '평가 점수'를 비교하여 각 학생의 **'향상 점수'**를 산출한다. • 모둠 구성원의 향상 점수를 합산하여, 향상 점수가 우수한 모둠에게 보상한다.

제10장 사회과에서 사고 기능의 교육

4차 산업혁명과 스마트 혁명이 진행되면서 과학 기술이 급속도로 발전하고 사회는 빠르게 변하고 있다. 단순히 과거에 축적된 지식을 저장하고 검색하는 것은 인간보다 컴퓨터와 인공 지능(AI)이 훨씬 더 잘 수행한다. 그에 따라 미래 사회는 단지 지식의 기억과 저장이 아니라 컴퓨터와 인공 지능이 하기 어려운 창의적 사고, 비판적 사고 같은 고차적 사고력을 지닌 시민을 요구한다. 이런 미래 사회의 변화와 요구에 따라 사회과에서도 단순히 지식의 전달이 아니라 고차적 사고력을 가르쳐야 한다는 요구가 증가하고 있다.

이 장에서는 미래 사회에서 요구하는 핵심 역량으로서 고차적 사고력의 의미와 유형을 조사하고, 고차적 사고력을 신장시키기 위한 다양한 교수 방법을 살펴볼 것이다.[1)]

1. 사회과의 목표로서 고차적 사고력의 발달

현대사회는 빠르게 변동하고 미래 사회가 어떻게 전개될지 불확실하다. 세계화를 통해 지구촌의 상호 의존성은 매우 증가하고 여러 민족과 인종이 활발하게 교류하면서 다문화사회로 나아가고 있다. 그에 따라 사회과는 사회현상이나 문제를 과학적으로 이해하고 문제를 합리적으로 해결할 수 있는 의사

1) 탐구 학습, 문제 해결 학습, 의사 결정 수업, 논쟁 문제 수업, 토론 수업에 대해서는 박상준(2022), 「**사회과 교재연구 및 교수법**」(**3판**)의 제8장~제12장을 찾아보세요.

결정력의 신장을 주요 목표로 제시하고 있다(Woolever & Scott, 1988: 17-19,286-295; Banks, 1990: 4-7; NCSS, 1994: 3; 차경수·모경환, 2008: 267-270).

또한 정보·통신 기술과 통신망을 통해 대량의 정보와 지식이 빠르게 생산·유통되고 개인도 정보를 자유롭게 생산할 수 있는 정보 사회가 전개되고 있다. 이런 지식정보사회에서는 많은 정보와 지식을 비판적으로 분석하고 평가할 수 있는 능력을 필요로 한다. 그래서 비판적 사고력이 사회과의 주요 목표로서 강조되고 있다(박상준, 2006: 11-15; 2012a: 18-23; 교육인적자원부, 2007: 2-3; 교육과학기술부, 2012b: 4,143,150).

이런 이유에서 최근에 사회과에서 중점적으로 가르치고자 하는 목표는 고차적 사고력이다. 「2015 개정 사회과 교육과정」에서는 "사회과는 민주 시민의 역량을 함양하는 데 필요한 창의적 사고력, 비판적 사고력, 문제 해결력, 의사결정력, 의사소통 및 협업 능력, 정보 활용 능력 등을 중점적으로 육성한다"고 제시하였다(교육부, 2015b: 3).

최근 사회과에서 **'고차적 사고력'**의 발달이 중요한 목표로 제시되면서 고차적 사고력을 발달시키기 위한 교수 방법들이 개발되었다. 각 교수 방법은 여러 가지 연속된 과정이나 단계를 통해 진행되고 그 일련의 과정을 통해서 중점적으로 발달시키고자 하는 고차적 사고력이 있다. 그렇기 때문에 어떤 교수 방법이 발달시키고자 하는 고차적 사고력이 무엇인가를 판정할 때는 각 단계에서 부분적으로 작동하는 사고보다는 일련의 연속된 교수·학습 과정을 거친 후 중점적으로 발달시키고자 하는 고차적 사고력이 무엇인지를 고려해야 한다.

그리고 고차적 사고력을 발달시키기 위한 교수 방법을 활용하여 단지 몇 개월 수업을 실시한다고 해서 곧바로 학생의 고차적 사고력이 향상되는 것은 아니다. 외국의 연구 결과들을 보면, 몇 년 동안 실시한 고차적 사고력의 발달 실험이 대부분 큰 효과를 달성하지 못하는 것으로 나타났다. 올리버와 세이버는 2년 동안 보스턴 근교 중학교에서 공공의 쟁점을 가르침으로써 비판적 사고력을 신장시키는 실험 프로젝트를 수행하였다. 그러나 연구 의도와 달리, 실험 교육과정은 일반적인 추론 능력이나 비판적 사고력에 유의미한 영향을 미치지 못한 것으로 나타났다(Oliver & Shaver, 1966: 245-259, 262-264, 272-273).

또한 뉴만은 1986년부터 4년 동안 16개 고등학교에서 고차적 사고력을 발달시키기 위한 실험 수업을 실시했다. 하지만 실험 수업 후의 평가 결과에 의하면, 사회과의 실험 수업과 학생의 고차적 사고력의 발달 사이에 유의미한 상관관계는 발견되지 않았다(Newmann, 1991a: 324-340; 1991b: 410-433).

고차적 사고력을 발달시키기 위한 사회과 수업이 성공하기 위해서는 그에 적합한 교수 방법을 사용하는 것뿐만 아니라 자유로운 수업 분위기, 교사의 민주적인 수업 진행, 고차적 사고력의 신장을 위한 다양한 형태의 질문과 자유로운 토론, 고차적 사고력을 측정하기 위한 수행평가 등이 중요하다. 이런 필요조건이 복합적으로 충족되었을 때 사회과 수업에서 고차적 사고력을 효과적으로 향상시킬 수 있다.

그러나 실제로 사회 교과서와 교실 수업에서는 고차적 사고력이 소홀하게 다루어지고 있다. 그 이유는 권위주의 정권의 장기 집권, 입시 위주의 주입식 교육과 과도한 경쟁 문화, 유교적 전통에서 찾을 수 있다(박상준, 2006: 68-78).

첫째, 과거 권위주의 정부는 반공교육, 안보교육, 국민정신교육의 명목하에 사회과를 정권을 정당화하기 위한 수단으로 이용하였다. 그에 따라 비판적 사고력이나 의사 결정력 같은 고차적 사고력은 소홀하게 취급되었다.

둘째로 대학 입학을 위한 과도한 경쟁 때문에 교실 수업은 거의 모든 과목에서 입시 위주의 교육이 지배하고 있다. 학교 교육은 사고력보다는 시험에 필요한 지식을 빠르게 전달하는 데 초점을 맞추고 있다.

셋째로 오랜 유교적 전통의 영향으로 수직적 인간관계의 질서가 매우 뿌리 깊게 자리 잡고 있으며, 사회적 관계는 혈연·지연·학연 등 연고주의(緣故主義)에 의해 크게 좌우되고 있다. 이런 상황으로 인해 우리나라 사회과에서 고차적 사고력-특히 비판적 사고력-은 별로 강조되지 않았다.

2. 고차적 사고력의 의미와 유형

1) 고차적 사고력의 의미[2)]

고차적 사고력(higher level thinking)은 사실의 기억이나 이해 같은 저차원적 사고보다는 현상이나 문제를 과학적으로 이해하고 문제를 해결할 때 작용하는 더 복잡하고 고차원적 사고력이다. 고차적 사고력의 교육은 1980년대 후반부터 사회과에서 강조되기 시작했다(Woolever & Scott, 1988: 286-295; Banks, 1990: 109-135; Newmann, 1991a: 324-340; 차경수, 1997: 192-222).

울레버와 스콧에 의하면, 고차적 사고력은 교실에서 나타나는 학생의 수동적 반응 태도와 대조되는 것으로 질문, 설명, 구성, 해석 같은 인지적 과정에 학생이 주체적으로 참여하는 것을 요구한다. 고차적 사고력은 학생과 지식 사이에 능동적인 상호작용을 필요로 하기 때문이다. 고차적 사고력은 문제 해결력, 의사결정력, 비판적 사고력, 창의적 사고력 등을 포함한다(Woolever & Scott, 1988: 286).

고차적 사고의 발달에 대해 실험 연구를 했던 뉴만(F.M. Newmann)은 정신을 일상적이고 제한적으로 사용하는 저차원적 사고력과 달리, "**고차적 사고력**은 정신이나 사고를 도전적이고 확장적으로 사용하는 능력이라"고 정의했다. 고차적 사고력은 새로운 상황과 문제를 해결하기 위해 과거에 학습한 지식을 해석하고 정보를 분석하고 재구성할 때 작동된다(Newmann, 1991a: 325-326).

다른 한편 차경수·모경환은 "고차적 사고력을 새로운 상황에 직면했을 때 단순한 암기나 과거에 자기가 행동하던 방법을 넘어서 독창적으로 문제를 해결하고자 하는 정신 작용이다"라고 정의했다(차경수·모경환, 2008: 270).

---

2) 'higher level thinking' 또는 'higher order thinking'은 그 동안 '**고급 사고력**' 또는 '**고등 사고력**'으로 번역되었다(차경수, 1997: 192-222; 정문성·김동일, 1999: 49; 이광성, 1997: 11-23; 노경주, 1998: 225-241). 그러나 이 용어는 창의적 사고, 비판적 사고 등은 매우 '고급' 또는 '고등' 사고이지만, 기억, 이해 등은 매우 '저급' 또는 '하등' 사고라는 의미를 내포한다. 그래서 필자는 중립적 의미의 용어인 '**고차적 사고력**'으로 번역해 사용할 것이다.

고차적 사고력은 차원이 높은 사고이고 증거에 의해 복잡하고 불확실한 문제 상황을 해결하는 능동적이고 독창적인 정신 작용이라는 것이다.

이런 논의를 종합하여, 필자는 "**고차적 사고력**은 사회현상이나 문제를 다양한 관점에서 바라봄으로써 객관적으로 이해하고 비판적으로 평가하여 창의적으로 문제를 해결할 수 있는 사고 능력이다"라고 정의 할 것이다. 사회과에서 강조되는 고차적 사고력은 다른 교과목에서 제시되는 고차적 사고력과 용어는 동일하겠지만 그것이 작동하는 과정과 방식이 다르다고 할 수 있다.

2) 고차적 사고력의 유형

최근 사회과에서 강조되는 고차적 사고력에는 탐구력, 비판적 사고력, 의사결정력, 창의적 사고력, 메타 인지(meta-cognition) 등이 포함된다(Woolever & Scott, 1988: 286-295; Savage & Armstrong, 2000: 237-253; 차경수·모경환, 2008: 272-278).

(1) 탐구력

사회과학에서 '**탐구력**'(inquiry)은 사회현상에 대한 과학적 탐구를 통해 일반화된 지식을 형성하는 사고능력이다. 탐구력은 문제 해결을 위해 가설을 설정하고 관련 자료를 수집·분석하여 검증한 후 일반화를 형성하는 사고 과정으로 구성된다.

탐구는 사회현상이나 문제와 관련된 사실 또는 지식을 탐구하는 것, 즉 '**지식의 탐구**'로 이해되기도 한다(Woolever & Scott, 1988: 287). 지식의 탐구는 사회현상이나 문제에 대해 학생이 스스로 탐구하는 방식을 가르치는 과정이다.

탐구의 과정은 학자들마다 다양하게 제시되었다(Woolever & Scott, 1988: 287-292; Banks, 1990: 74-86; Savage & Armstrong, 2000: 239-241; Duplass,

2004: 291-292). 그러나 여러 학자들의 견해를 종합하면, 탐구 과정의 공통된 요소는 사회현상에 대하여 탐구할 문제(가설)을 세우고, 그 가설을 입증하기 위해 과학적 조사 방법을 활용하여 객관적 자료를 수집하여 분석함으로써 가설을 검증하여 일반화된 지식을 도출하는 것이다.

이러한 탐구의 과정을 통하여 사회과학자와 같이 사회현상에 대하여 과학적으로 탐구할 수 있는 사고 능력, 즉 탐구력을 기를 수 있다.

▌탐구력의 사고 과정▐

문제 제기 ⇨ 가설 설정 ⇨ 자료 수집 ⇨ 자료 분석 ⇨ 검증 및 일반화

(2) 비판적 사고력

최근 비판적 사고력은 사회과교육뿐만 아니라 일반 교육의 핵심 목표로 강조되고 있다. 그런데 비판적 사고가 무엇인가에 대해 학자들마다 다양한 견해를 제시하고 있다.

R. H. Ennis는 '비판적 사고력'(critical thinking)을 초기에 '진술에 대한 올바른 평가'라고 정의했다가, 후기에 "무엇을 믿고 무엇을 행해야 하는가를 결정하는 데 초점을 맞춘 합리적이고 반성적인 사고"라고 수정했다. J. E. McPeck은 비판적 사고의 핵심적 의미를 "반성적 회의를 가지고 어떤 활동에 관여하는 기능과 성향이다"라고 규정했다. M. Lipman은 "비판적 사고는 판단을 이끌어내는 사고로서 기준에 의존하고 자기 수정을 하고 맥락에 민감한 사고"라고 정의했다. B. Beyer는 비판적 사고를 '진술, 논증, 경험에 대하여 평가하고 오류를 찾아내는 사고'로 정의했다(박상준, 2006: 20-36).

이처럼 많은 학자들이 비판적 사고를 다양하게 규정함으로써, 비판적 사고의 연구뿐만 아니라 교육에도 혼란을 가져왔다. 또한 그들은 비판적 사고를 주로 언어적 자료의 오류를 찾는 사고로 한정하고, 사고 기능으로 파악하는 한계를 지녔다.

이러한 혼란을 극복하고 다른 고차적 사고력과 구별하기 위해서 필자는 '비판적 사고'를 객관적이고 합당한 근거에 의거하여 자신이나 타인의 진술, 신념, 정보, 지식, 사태, 현상, 행위, 정책, 제도 등의 신뢰성, 진실성, 적합성 등을 합리적으로 분석하고 평가하는 사고 기능과 사고 성향이라고 정의할 것이다(박상준, 2006: 36-38). 한마디로 비판적 사고는 '객관적 근거'에 의거해 합리적으로 '분석하고 평가하는' 사고 기능과 사고 성향이다.

그러면 비판적 사고력을 구성하는 세부적인 기능과 성향에는 어떤 것들이 있는가를 살펴보자. 비판적 사고의 기능은 학자들마다 다양하게 제시했는데, 베이어는 비판적 사고의 세부적인 기능 또는 규칙을 10가지 형태로 제시했다(Beyer, 1985: 272, 1988:27-57):

① 증명할 수 있는 사실과 가치 주장을 구별하기
② 적절한 정보·주장·근거와 부적합한 것을 구별하기
③ 진술의 사실적 정확성을 결정하기
④ 정보 원천의 신뢰성을 결정하기
⑤ 애매 모호한 주장이나 논증을 확인하기
⑥ 진술되지 않은 가정을 확인하기
⑦ 편견을 발견하기
⑧ 정당한 주장과 부당한 주장을 구별하기
⑨ 추론 과정에서 논리적 모순과 오류를 인식하기
⑩ 논증의 설득력을 결정하기

그리고 비판적 사고의 성향도 학자들마다 다양하게 제시했지만, R. W. Paul은 비판적 사고를 구성하고 있는 태도를 다음과 같이 명료하게 잘 정리했다(Paul, 1987: 127-148):

① 명료성·정확성·공정성에 대한 열망
② 대상의 원천까지 확인하려는 열정
③ 증거를 찾으려는 욕구
④ 모순·비체계적 사고·일관성 없는 기준의 적용 등에 대한 혐오
⑤ 자기 이익에 반하지만 진리에 대한 헌신적 태도
⑥ 사회적으로 신뢰받고 인정되는 것에 대해 기꺼이 의문을 제기하기
⑦ 오랫동안 지속되어온 신념을 기꺼이 버리기

그러나 여러 학자들이 제시한 비판적 사고 기능들은 서로 중복되거나 다른 고차적 사고력과 구별하기 어렵고, 비판적 사고 기능과 사고 성향은 통합되어 있으며 함께 작동한다. 또한 비판적 사고의 하위기능을 너무 세분화하면, 실제 교실에서 교사가 비판적 사고력을 가르치기 위한 교육 내용과 방법을 선정하고 조직하는 데 많은 어려움이 발생된다(박상준, 2006: 46-49, 55-56).

이런 이유에서 필자는 비판적 사고력의 기능과 성향을 통합하여 학교에서 가르치기에 적합한 비판적 사고력을 다음과 같이 제시하고자 한다.

❙ 비판적 사고력의 구조 ❙

<table>
<tr><th>사고 기능</th><th>사고 성향</th></tr>
<tr><td>• 사실 부분과 가치 부분을 구분하기: 사실 진술과 가치 판단을 구별하기</td><td>• 명료성, 정확성, 공정성에 대한 열망
• 대상의 원천까지 확인 하려는 열정</td></tr>
<tr><td>• 제시된 근거의 타당성을 평가하기: 어떤 주장, 행동 등을 정당화하기 위해 제시한 근거의 타당성을 따져보기</td><td rowspan="2">• 증거를 찾으려는 욕구
• 모순, 비체계적 사고, 일관성 없는 기준의 적용 등에 대한 혐오
• 사회적으로 신뢰받고 인정되는 것에 대해 기꺼이 의문을 제기하기</td></tr>
<tr><td>• 객관적 근거에 의거해 평가하기: 객관적 근거에 의거하여 대상의 적합성, 진실성 등을 평가하기</td></tr>
<tr><td>• 다른 관점에서 바라보기: 중립적 입장에서 대상을 뒤집어 보거나 거꾸로 생각해보기</td><td rowspan="2">• 자기 이익에 반하지만 진리에 대한 헌신적 태도
• 오랫동안 지속되어온 신념을 기꺼이 버리기</td></tr>
<tr><td>• 숨겨진 가정과 의도를 찾아내기: 어떤 주장, 행동의 뒤에 숨겨진 가정 또는 의도를 찾아내기</td></tr>
</table>

(표: 박상준, 2006: 60, 재구성)

(3) 의사결정력

의사결정력(decision making)은 사회문제에 대해 과학적 탐구와 가치 탐구의 과정을 거쳐 합리적으로 결정하는 사고 능력이다. 사회문제를 합리적으로 해결하기 위해서는 우선 사회문제와 관련된 사실이나 지식을 탐구하고, 관련된 가치들을 분석하여 명료화하는 것이 필요하다. 그리고 관련 지식과 가치를 종합하여 여러 대안들을 확인하고 그 대안의 결과를 평가한 후에 최종 결정을 내린다. 그 결정에 따라 사회문제를 해결하는 데 참여하고 행동하는 것이다. 이렇게 문제를 해결하는 과정에서 학생들은 의사결정력을 습득하게 된다.

합리적 의사결정의 과정은 학자마다 다르다(Banks, 1990: 32-33, 457-458; Woolever & Scott,1988:68-78). 그러나 여러 학자들의 견해를 종합하면, 의사결정의 공통된 요소는 문제와 관련된 사실적 지식을 조사하는 '과학적 탐구'와 문제와 관련된 대립 가치를 비교·분석하는 '가치 탐구'를 과정을 종합하여 여러 가지 대안들을 평가한 후 대안의 '합리적 선택'을 하고, 그에 따라 '사회적 행위'로 실천하는 것이다.

▌합리적 의사결정의 과정▐

문제 확인 ⇨ 사회 탐구 ⇨ 가치 탐구 ⇨ 의사 결정 ⇨ 행동

(4) 창의적 사고력

창의성의 다양성과 주관적 특성 때문에 명확하게 규정하기 어렵지만, 일반적으로 '창의적 사고'(creative thinking)은 혼란스런 문제 또는 상황을 독창적인 방법으로 해결하는 사고 능력이라고 할 수 있다. 즉, 창의적 사고력은 문제를 해결하기 위해 독창적인 아이디어를 제시하며 정교화 시키고 기존의 것들을 새롭게 변형하고 활용할 수 있는 사고 능력이다.

1966년 토렌스(P. Torrance)는 창의적 사고의 요소 4가지를 규정하였다

(Woolever & Scott, 1988: 293-294):

① 유창성(fluency): 개방된 문제들에 대한 해결책을 찾을 때 많은 아이디어를 제기하는 것
② 유연성(flexibility): 다양한 관점에서 문제를 바라보도록 자신의 관점(발상)을 전환하는 것
③ 독창성(originality): 독특한 생각과 행동을 만드는 것
④ 정교성(elaboration): 아이디어를 세부적으로 그리고 심도 있게 확장하는 것

1986년 데이비스와 림(G. Davis & S. Rim)은 창의적 사고의 요소를 6가지로 제시하였다(Woolever & Scott, 1988: 293-294):

① **마음에 생생하게 그리기**(Visualization): 마음의 눈으로 이미지를 상상하고 조직하는 것
② **아동의 사고로 회귀하는 능력**(Ability to regress): 어떻게 행동해야 하는가에 대한 과거의 규칙, 전통, 습관의 영향을 줄이고 아동처럼 순수하게 생각하는 것
③ **비유적 사고**(Metaphorical thinking): 한 상황에서 나온 아이디어를 빌려 다른 상황에 적용하는 것
④ **변형**(Transformation): 어떤 것을 새롭게 활용하거나 한 아이디어를 다른 아이디어로 변형시키는 것
⑤ **범위의 확장**(Extension of boundaries): 통상적인 방식을 넘어서 어떤 대상을 새로운 방식으로 사용하는 것
⑥ **직관**(Intuition): 가능한 관계들에 기초하여 어떤 것을 예감하는 것

다른 한편 립맨(M. Lipman)은 창의적 사고가 갖는 특징을 12가지로 제시했다(Lipman, 2003: 312-317).

❙ 창의적 사고력의 특징 ❙

① **독창성**: 전례에 따르지 않고 독창적으로 생각하는 것
② **생산성**: 문제 상황에 적용되어 성공적인 결과를 가져오는 생각
③ **상 상**: 마음 속에 가능한 세계를 구체적으로 그리는 생각
④ **독자성**: 다른 사람이 생각하는 것과 달리 독자적으로 생각하는 것
⑤ **실 험**: 확실한 증거를 찾고 분석함으로써 미완성의 해결책을 실험하는 것
⑥ **총체성**: 그것에 의미를 부여하는 전체-부분 또는 목적-수단의 관계 속에서 결과물을 선택하는 것
⑦ **표 현**: 주체가 대상에 대한 생각을 자신의 경험과 결합해 표현해내는 것
⑧ **자기 초월**: 이전의 수준과 결과를 넘어서 초월하려는 노력
⑨ **경이로움**: 독창적 아이디어가 기발한 생각과 놀라운 결과를 가져오는 것
⑩ **산 출**: 자신에게 기쁨과 만족을 줄뿐만 아니라 타인의 창의성을 자극하는 것
⑪ **산파적 사고**: 산파와 같이 최고의 지적 결과물을 탄생시키는 것
⑫ **발 명**: 창의성의 필요조건으로서 문제의 적절한 해결책을 새로 제시하는 것

창의적 사고는 문제를 해결하는 과정에서 대안을 찾거나 결과를 예측할 때, 다른 고차적 사고력과 중복되어 나타날 수 있다. 그래서 사회과는 창의적 사고력 자체를 목표로 해서 가르치기 보다는 탐구력, 의사결정력 등을 가르칠 때 함께 신장되도록 하는 것이 좋다. 즉, 문답법(질문법)을 효과적으로 사용하면, 학생들이 사회 탐구, 비판적 사고, 의사결정의 과정에서 창의적 사고를 신장시킬 수 있다.

(5) 메타 인지

메타 인지는 그리스어로 ‘초월한, 넘어선’을 의미하는 meta와 인식 활동을 의미하는 영어 cognition의 합성어이다. 자신의 사고 또는 인지 활동을 넘어서 보다 높은 차원에서 되돌아보고 수정·보완하는 사고 작용이다. 자신의 사고와 인지에 대하여 객관적으로 성찰, 판단, 조절하는 정신 작용이다.

요약하면, 메타 인지(metacognition)는 자신의 사고 과정이 제대로 이루어졌는지 성찰하고 조절하는 정신 작용이다. 사회현상을 탐구하는 과정, 사회문제의 해결 방안을 결정하는 과정, 또는 대상을 비판적으로 분석하고 평가하는 과정을 성찰하여 스스로 조절하고 개선하는 '2차적인 사고'이다. 이런 이유에서 메타 인지를 '인지에 대한 인지'(knowing about knowing) 또는 '생각에 대한 생각'(thinking about thinking)이라고 한다(Metcalf & Shimamura, 1994).

메타 인지는 크게 사고의 과정 및 그에 따른 활동을 성찰하고 판단하는 것 그리고 부적절한 사고와 활동을 조절하고 개선하는 것 두 가지로 구성된다.

메타 인지 = 사고의 과정 및 활동에 대한 성찰·판단 + 부적절한 사고와 활동의 조절·개선

예컨대, 탐구 학습에서 우리는 사회현상의 원인이나 상호 관계를 확인하기 위해 가설을 세우고 자료를 수집해 분석한 후 일반화된 지식을 도출하는 과정을 수행한다. 이 탐구의 과정에서 각 단계별 활동과 사고 작용에 잘못된 부분이 있었는지 성찰하고, 오류가 발견되면 다시 조절하거나 개선하는 정신 작용이 메타 인지이다.

또는 의사결정 수업이나 논쟁문제 수업에서 사회문제를 합리적으로 해결하기 위해 관련된 사회적 사실을 조사하고 관련 가치를 분석하여 사실과 가치를 종합해 여러 가지 대안을 비교·분석한 후, 가장 합리적인 대안을 선택한다. 이런 합리적 의사결정의 과정에서 각 단계별 사고 작용과 활동에 부적절한 부분이 있었는지 성찰하고, 잘못된 부분을 수정·보완하는 정신 작용이 '메타 인지'이다

3. 탐구 학습

1) 탐구 학습의 의미와 목표

'탐구'(social inquiry)는 사회현상이나 문제를 조사하고 해결하는 복합적인 사고의 과정이다. 사회 탐구는 사회현상이나 문제와 관련된 사실 또는 지식을 탐구하는 것, 즉 '지식의 탐구'이다(Woolever & Scott, 1988: 287).

사회과에서 탐구 학습은 사회현상이나 문제에 대해 학생들이 스스로 탐구하는 과정을 가르치는 과정이다. 사회 탐구의 과정 전체를 통해 최종적으로 발달시키고자 하는 목표는 사회과학적 탐구력이라고 할 수 있다. '탐구력'은 문제 해결을 위한 가설을 설정하고 자료를 수집하고 분석하여 검증하는 사고의 과정이다. 그리고 탐구 과정을 통해 가설을 검증함으로써 일반화된 지식이 도출된다. 이렇게 형성된 일반화된 지식은 사회현상을 보다 과학적으로 이해하고 문제를 합리적으로 해결하는 토대를 제공한다.

2) 탐구 학습의 교수·학습 과정

사회과에서 탐구 학습의 방법과 절차는 학자들마다 다르다. 뱅크스, 울레버와 스콧 등은 탐구의 과정을 8단계로 제시하였다(Banks, 1990: 74-86; Woolever & Scott, 1988: 287-292):

1. 문제 제기	5. 자료의 분석·평가
2. 주요 용어의 정의	6. 가설 검증
3. 가설 설정	7. 결론 도출
4. 자료의 수집	8. 새로운 문제의 탐구

뱅크스, 울레버와 스콧의 탐구 학습 모형을 참고하여, 모경환·차경수(2022: 156-157)는 탐구 학습의 과정을 7단계로 제시했다.

1. 문제 제기
2. 가설 설정
3. 용어의 정의
4. 자료 수집
5. 자료 분석
6. 가설 검증 및 일반화
7. 새로운 탐구의 시작

그러나 사회과의 탐구 학습이 항상 7~8단계를 거쳐야 하는 것은 아니다. 탐구할 사회현상이나 문제의 성격, 그리고 학습 상황에 따라 탐구 학습의 절차와 방식은 융통성 있게 적용될 수 있다. 또한 탐구할 현상이나 문제의 성격에 따라 '용어의 정의'가 필요 없는 경우도 있고, 가설 검증과 결론 도출은 명확하게 구분되는 단계가 아니다.

여러 학자들의 입장을 종합하여, 필자는 사회과에서 탐구 학습의 과정을 다음과 같이 제시하고자 한다.

❙ 탐구 학습의 과정 ❙

단계	주요 활동
1. 문제 제기 및 용어 정의	• 탐구 문제: '사실을 확인하는 진술' • 용어의 정의: 조사할 문제와 관련된 주요 용어를 정의하기
2. 가설 설정	• 문제에 대한 '잠정적 해답', 즉 가설을 정하기 • 가설: 2개 이상의 변인들의 '상관관계'의 진술
3. 자료 수집	• 가설을 증명하기 위한 '객관적 자료'의 수집 • 과학적인 자료 수집 방법의 활용
4. 자료 분석	• 자료의 '신뢰성'과 가설 증명에의 '적합성'을 평가
5. 검증 및 일반화	• 자료에 의거해 가설의 타당성을 '검증하기' • 가설을 '일반화된 지식'으로 진술하기

그런데 탐구 학습을 한다고 하지만, 많은 교사들이 종종 탐구의 과정과

방법보다는 탐구의 결과로 도출된 지식을 정리하고 경우가 있다. 그렇게 되면, 학생들은 탐구의 방법보다는 탐구의 결과인 지식을 중요한 것으로 암기하게 되기 때문에 탐구 학습의 본래 목표를 달성하기 어렵다.

탐구 학습의 목표는 탐구의 결과로 도출된 지식을 전달하는 것이 아니라 학생 스스로 사회현상이나 문제를 탐구하는 능력을 길러 주는 것이다. 따라서 탐구 학습의 정리 단계에서 교사는 탐구의 결과물이 아니라 사회현상이나 문제에 대해 스스로 탐구하는 과정과 능력을 습득하는 것을 강조해야 한다.

| 탐구 학습의 특징과 비판 |

문제의 성격	• '과학적 문제': 과학자들이 객관적 방법으로 조사하여 증명할 수 있는 문제 • '사실문제': 객관적 자료에 의해 검증할 수 있는 문제
특징	• 목표: '탐구력'의 발달 • 교수·학습과정: 가설 설정 → 자료 수집 /분석 → 검증 및 일반화 • 결론: 문제 해결에 필요한 '일반화된 지식'의 형성
비판	• '인지주의 가정'의 오류: 탐구력이 사회적 행위로 연결되지 않음 • '가치중립적이고 일반화된 지식은 '가치 관련 행위'를 직접 지시해 줄 수 없음 • 사회문제를 해결하는 데 참여하고 실천하는 시민을 기르기 어려움

4. 문제 해결 학습

1) 문제 해결 학습의 의미와 목표

우리가 해결해야 할 문제는 그것의 구조적 특성, 맥락, 복잡성 등에 따라 매우 다양하다. 문제의 유형이 다양하기 때문에, 문제의 유형에 따라 그것을 해결하는 방법과 과정은 달라지고, 따라서 그 문제 해결의 과정과 방법을 가르치는 수업 방법도 달라져야 한다. 이러한 문제의 해결책을 찾기 위한 일련의 인지적 활동을 **'문제 해결'**(problems solving)이라고 한다. 문제의 유형에 따라 그것을 해결하고자 하는 인지적 활동과 사고 능력이 달라진다. 따라서 문제 해결의 과정과 방법을 가르치는 교수·학습 방법이 달라진다.

그런데 초·중등학교 사회과에서 다양한 문제의 유형과 해결 방법을 모두 가르치기 어렵다. 사회과에서 가르치는 문제는 주로 '사회문제'이고 그 문제의 해결 방법과 능력을 가르치는 것을 목표로 한다. 사회과는 사회문제를 합리적으로 해결할 수 있는 시민의 역량을 기르는 것을 목표로 하기 때문이다.

사회과에서 문제를 조사하여 해결하는 과정을 가르치는 교수 방법에는 탐구 학습 이외에 문제 해결 학습이 있다. '탐구 학습'은 사회문제의 해결보다는 문제의 원인이나 이유 같은 '사실문제'에 대해 객관적 자료를 수집하여 검증하는 탐구의 과정을 가르치는 데 초점을 맞춘다.

반면에 **'문제 해결 학습'**(Learning to Solve Problems)은 학생이 직면하는 **'일상적 문제'**를 해결하는 사고의 과정을 가르치는 데 초점을 맞춘다. 일상적 문제는 사실문제와 가치문제가 혼합되어 있다. 이러한 일상적 문제를 합리적으로 해결하는 능력을 가르치는 것이 문제 해결 학습이다. 요약하면, 문제 해결 학습은 문제의 해결 방안 자체를 가르치는 것이 아니라 일상적 문제를 합리적으로 해결하는 방법이나 능력을 가르치고자 하는 교수·학습 방법이다.

'문제 해결 학습'은 학생의 경험에 의해 쉽게 풀기 어려운 문제 사태를 해결하는 경험을 교육의 장에 도입하여 조직한 학습이다(최용규 외, 2005: 149-150). 문제 해결 학습에서는 우리 지역의 사회문제와 해결 방안, 우리 도시의 문제와 해결 방안, 가족 문제 또는 청소년의 문제와 해결 방안 등 학생이 일상생활에서 부딪히는 문제를 다룬다.

2) 문제 해결 학습의 과정

문제의 유형에 따라 그 문제를 해결하는 방법과 과정이 다르고, 따라서 문제 해결의 과정과 방법을 가르치는 교수·학습 방법이 달라져야 한다.

문제 해결의 방법과 과정은 학자들마다 다양하다. J. Bransford & B. S. Stein(1993)이 제시한 'IDEAL 문제 해결자'(IDEAL Problem Solver) 모형은 문제 해결의 과정을 다음과 같이 제시하였다(Jonassen, 2004: 30).

1. 문제와 해결 기회의 확인(Identify problem and opportunities)
2. 해결 목표의 정의(Define goals)
3. 가능한 전략의 탐색(Explore possible strategies)
4. 결과의 예측과 행동(Anticipate outcomes and act)
5. 문제 해결의 반성과 평가(Look back and learn)

여러 가지 문제 해결 모형을 종합하여 M. L. Gick(1986)은 단순화된 문제 해결의 과정을 제안했다(Jonassen, 2004: 30).

1. 문제 표상의 구성
2. 해결안의 탐색
3. 해결안의 실행과 점검

다른 한편 최용규 등은 문제 해결 학습의 과정을 다음과 같이 제시하였다(최용규 외, 2005: 153-155).

1. **문제 사태의 파악**: 문제 상황의 제시 – 문제에 공감하기
2. **문제의 원인 확인**: 문제의 원인에 관한 브레인스토밍 – 잠정적 가설 수립
3. **정보 수집**: 정보와 자료 수집 – 자료 분석 및 결론
4. **대안** 제시: 문제 해결책에 관한 브레인스토밍 – 문제 해결책의 평가
5. **검증**: 적용 및 정리: 행동 계획의 수립 – 결과의 정리

학자들마다 견해가 다르지만, 문제의 성격과 문제 해결의 과정은 몇 가지 공통된 특성을 갖는다. 즉, 우리가 직면하는 다양한 문제의 해결 과정에는 각각 그에 적합한 인지적 능력이 작동한다. 그리고 문제는 매우 복잡하게 얽혀 있기 때문에 그 문제의 해결 방안을 찾는 인지적 활동은 학제적 성격을 갖는다. 다양한 문제의 유형에 따라 해결 방안이 다양하고, 각 문제를 해결하는 과정에서 작동하는 인지적 능력이 다르기 때문에, 문제 해결을 가르치기 위한 교수·학습 방법이나 전략도 달라져야 한다.

여러 학자들이 제시한 문제 해결의 과정을 종합하여, 필자는 문제 해결 학습의 과정을 다음과 같이 제시하고자 한다.

❙ 문제 해결 학습의 과정 ❙

단계	교수·학습 활동
1. 문제의 확인	• 문제 해결과 관련된 시청각 자료를 제시한다. • 무엇이 문제이고 왜 문제가 되는지 질문하고 발표하게 한다.
2. 문제의 잠정적 해결책 설정	• 문제의 원인이나 결과가 무엇인지에 대하여 토의한다. • 문제의 원인들에서 '사실과 가치 부분'을 구분하여 정리하게 한다. • 문제의 해결 방안에 대해 토의하여 '잠정적 해결책'을 선정하게 한다.
3. 자료 수집	• 잠정적 해결책을 지지해 줄 자료와 근거를 수집한다. • 자료의 신뢰성과 타당성, 잠정적 해결책에의 적합성을 검토한다.
4. 문제의 해결책 결정	• 자료에 의거하여 잠정적 해결책의 결과를 비교·분석한다. • 분석 결과에 기초하여 가장 합리적인 해결책을 결정한다. • 자료와 분석 결과에 의거해 결정된 해결책을 정당화한다.
5. 문제 해결의 실천	• 결정된 해결책에 따라 실제 생활 속에서 실천한다. • 문제 해결 과정을 평가하여 문제 해결책의 효과를 검증하고 수정한다.

사회현상이나 문제를 조사하고 해결하는 과정과 방식을 가르치는 교수 방법이라는 점에서 탐구 학습과 문제 해결 학습은 유사하다. 하지만 탐구 학습와 문제 해결 학습에서 다루는 문제의 성격, 조사의 과정, 자료와 결론의 성격에 있어서 서로 다르다(박상준, 2014: 168-170).

❙ 탐구 학습과 문제 해결 학습의 비교 ❙

구분	탐구 학습	문제 해결 학습
문제의 성격	• '과학적 문제': 학자들이 객관적 방법으로 조사하여 증명할 수 있는 사회문제 • 가설=객관적 자료에 의해 검증할 수 있는 '사실문제'	• '일상적 문제': 학생이 경험하는 일상적 사회문제 • 가설=일상적 문제의 원인에 대한 잠정적 해결 방안('가치문제' 포함)
탐구의 과정	• '과학적 탐구의 절차': 문제 제기 및 용어 정의 → 가설 설정 → 자료 수집 → 자료 분석 → 검증 및 일반화	• 일상적 문제의 해결 절차: 문제 사태의 파악 → 문제 원인의 확인 → 정보 수집 → 대안 제시 → 검증
자료의 성격	• '과학적·객관적 자료'	• '일상적 자료와 정보'
결론의 성격	• '일반화된 지식'의 형성: 가치중립적 지식	• '문제의 해결책' 제시: 가치 포함된 해결 방안

5. 의사 결정 수업

1) 의사 결정 문제의 성격

사회생활에서 사람들은 여러 가지 **'개인적·사회적 문제'**에 직면하게 된다. 개인적 문제에는 학교 선택과 진로, 직업 선택과 취업, 배우자 선택과 결혼, 주택 구입, 자녀 출산과 교육 등이 있다. 사회적 문제에는 학교 폭력, 체벌, 비정규직, 지역 격차, 양극화, 환경 보호 문제 등이 있다.

이러한 개인적·사회적 문제는 기본적으로 **'사실과 가치가 혼재'**되어 있는데, 문제를 둘러싼 갈등은 사실 부분보다는 가치가 다르기 때문에 발생한다. 그래서 개인적·사회적 문제를 합리적으로 해결하기 위해서는 문제와 관련된 사실의 탐구와 가치의 탐구를 종합하여 합리적 대안을 선택해야 한다.

2) 의사 결정 수업의 의미와 목표

의사 결정 수업은 개인적·사회적 문제를 합리적으로 해결하는 방법과 능력을 가르치는 교수 방법이다. 그래서 의사 결정 수업은 문제와 관련된 사실의 탐구 및 가치의 탐구를 종합하여 여러 대안을 비교·검토한 후 합리적 대안을 선택하는 과정과 방법을 가르치는 교수 방법이다.

그런데 사회과 수업에서 다루는 '**문제의 성격**'이 다르기 때문에, 그 문제를 해결하기 위한 과정이나 방법을 가르치는 교수 방법이 달라진다. 사회문제의 원인이나 이유 같이 과학적으로 검증 가능한 '사실문제'의 해결을 다루는 경우에는 '탐구 학습'이 적합하다. 하지만 '사실과 가치가 혼재된 문제'의 해결책을 선택하는 경우에는 의사 결정 수업 또는 논쟁 문제 수업이 적절하다. '의사 결정 수업'은 '개인적·사회적 문제' 모두를 다루지만, '논쟁 문제 수업'은 개인적 문제는 제외하고 사회문제 중에서 사회적으로 찬, 반 논란이 되는 '논쟁 문제' 또는 '사회적 쟁점(공공 쟁점)'의 해결 방법을 다룬다는 점에서 의사 결정 수업과 다르다.

요약하면, 의사 결정 수업은 사실과 가치가 혼재된 개인적·사회적 문제를 합리적으로 해결하는 방법과 능력을 가르치는 교수 방법이다. 의사 결정 수업은 사실의 탐구와 가치의 탐구를 종합하여 여러 가지 대안을 비교·검토한 후 합리적 대안을 선택하는 과정과 방법을 가르친다.

민주 사회는 사회문제와 갈등을 합리적으로 해결할 수 있는 시민의 역량을 요구한다. 그래서 오늘날 사회과는 사회문제와 갈등을 합리적으로 해결하고 사회에 능동적으로 참여하는 시민을 기르는 데 초점을 맞추고 있다. 사회과는 사회문제를 합리적으로 해결하는 과정과 방법을 가르치는 의사 결정 수업은 '**의사결정력**'의 발달과 '**행위의 실천**'을 핵심 목표로 제시하고 있다(Banks, 1990: 4, 32).

3) 의사 결정 수업의 과정

개인적·사회적 문제를 합리적으로 해결하기 위해 충분한 정보와 지식에 근거하고 관련된 대립 가치들을 분석한 후, 관련 지식과 가치를 종합하여 여러 대안을 검토해 합리적인 해결책을 선택하는 것이 의사결정의 과정이다.

이러한 의사결정력을 가르치는 방법은 학자마다 다르다. 뱅크스(J.A. Banks)는 문제와 관련된 사실 탐구와 가치 탐구를 종합하여 문제의 해결책을 합리적으로 결정하고 그에 따라 행동하는 의사결정의 과정을 제시하였다(Banks, 1977: 38-43,467-477; 1990: 32-33,457-458). 개인적·사회적 문제는 사실과 가치가 혼재되어 있기 때문에, 의사결정의 과정은 '사회 탐구'에 의해 도출된 지식과 '가치 탐구'에 의해 분석된 대립 가치의 명료화를 본질적 요소로 필요로 한다.

Banks의 의사결정 모형

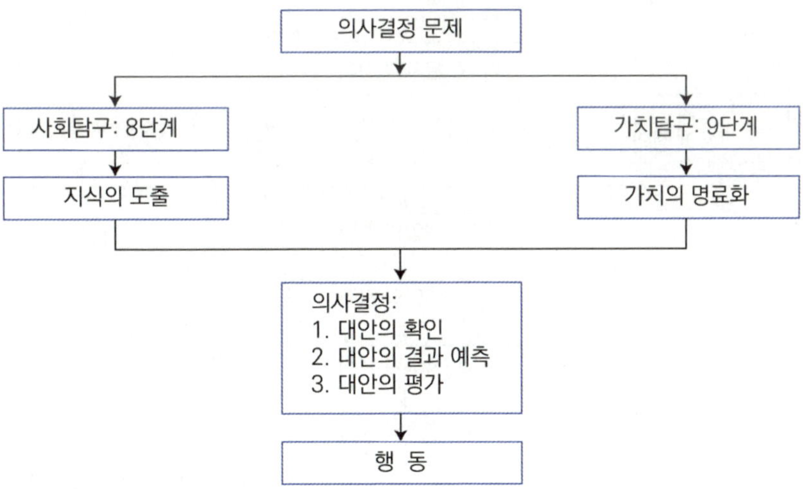

(그림: Banks,1990:32, 457, 인용)

뱅크스의 의사결정 수업의 과정을 살펴보면 다음과 같다.

❙ Banks의 의사결정 과정 ❙

단계	주요 활동
1. 문제 확인	• 의사결정을 필요로 하는 '개인적·사회적 문제'를 확인하기
2. 사회 탐구	• '과학적 탐구'를 통해 문제의 해결에 필요한 '지식을 도출' 하기
3. 가치 탐구	• '가치 탐구'를 통해 문제와 관련된 '대립 가치를 명료화'하기
4. 의사결정	• 대안들을 확인하고 그 '대안의 결과를 예측'하고 평가하기 • '합리적인 대안을 선택하기'
5. 행동	• 의사결정에 따른 '행동을 실천하기'

다른 한편 뱅크스와 비슷하게, 울레버와 스콧은 의사 결정 과정을 6단계로 제시했다(Woolever & Scott, 1988: 69, 287-292). 다만 뱅크스와 달리, 문제와 관련된 지식의 탐구와 가치의 탐구를 '문제의 정의' 단계에 같이 포함했다.

❙ Woolever & Scott의 의사결정 모형 ❙

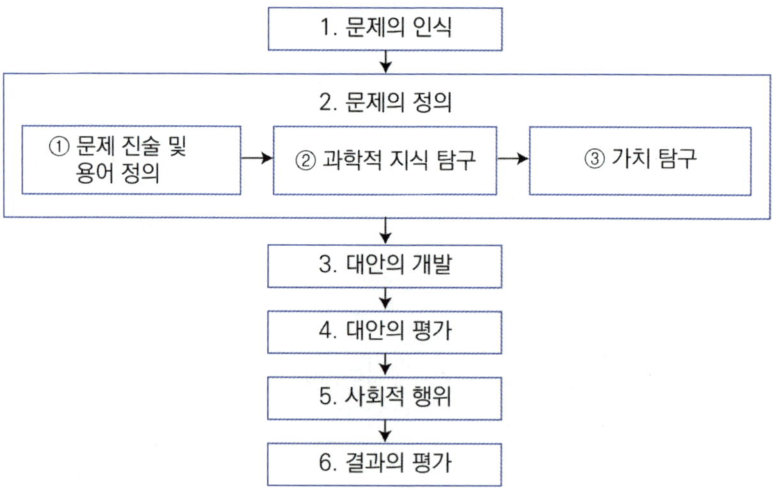

(Woolever & Scott, 1988: 69, 인용)

다른 한편 뱅크스, 울레버와 스콧의 모형을 참고하여, 모경환·차경수(2022: 159)는 의사결정 수업의 과정을 7단계로 제시하였다.

❙ 모경환·차경수의 의사결정 수업모형 ❙

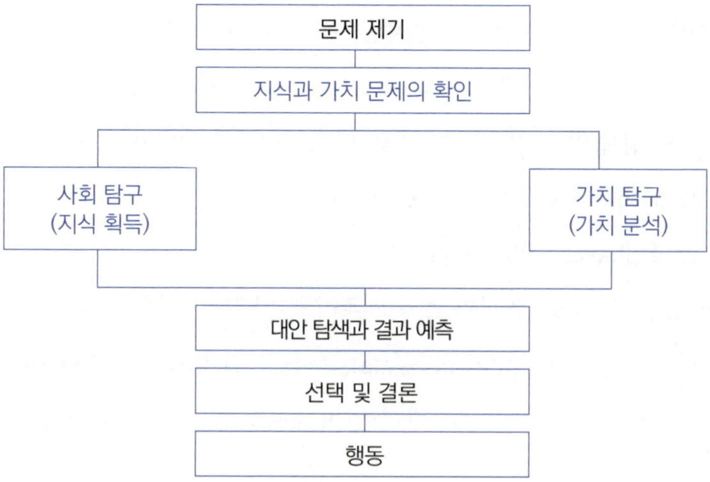

6. 논쟁 문제 수업

1) 논쟁 문제의 성격

의사 결정 수업과 논쟁 문제 수업은 '사실과 가치가 혼재된 문제'의 해결 과정을 다룬다는 점에서 유사하다. 하지만 두 수업에서 다루는 '문제의 성격'은 다르다. 의사 결정 수업은 '개인적·사회적 문제'를 모두 다룬다. 반면에 논쟁 문제 수업은 사회적 문제 중에서 찬·반 의견 대립이 팽팽히 맞서서 해결책을 결정하기 어려운 논쟁 문제 또는 사회적 쟁점들을 주로 다룬다. **'논쟁 문제'** 또는 **'공공 쟁점'**은 사실과 가치가 혼재된 문제로서 찬·반 의견 대립이 팽팽히 맞서고, 사회 다수에게 영향을 미치는 문제이다.

그래서 논쟁 문제를 해결하기 위해서는 먼저 논쟁 문제의 특성을 명확하게 밝혀내는 것이 필요하다. 논쟁 문제는 보통 '사실문제', '가치문제', '용어 정의 문제'와 관련되어 있기 때문에, 3가지 측면을 구분하여 비교·분석하는 과정이 필요하다.

올리버와 세이버는 쟁점과 관련된 용어나 개념이 명확하지 않고, 기본적 가치들이 충돌하기 때문에 사회적 쟁점이 발생된다고 보았다. 그들은 공공 쟁점에는 3가지 형태의 불일치, 즉 **'개념 정의 문제'**(definitional problems), **'가치 문제'**(value problems), **'사실문제'**(factual problems)가 혼합되어 있다고 제시했다(Oliver & Shaver, 1966: 91-112).

또한 뉴만은 논쟁 문제가 보통 '윤리적-가치적 문제'(moral-value issue), '개념 정의의 문제'(definitional issue), '사실 설명의 문제'(fact-explanation issue) 3가지 요소를 포함한다고 제시했다(Newmann, 1970: 42-44).

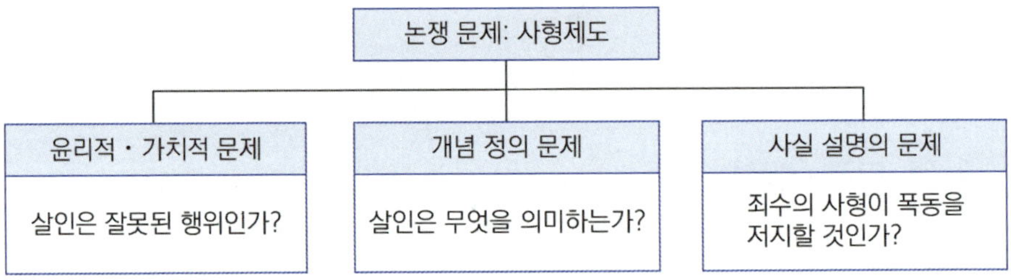

(그림: Newmann, 1970: 43)

2) 논쟁 문제 수업의 의미와 목표

1960년대 미국 사회는 흑백 갈등, 환경 오염, 베트남전 반대, 워터 게이트 등 사회적 쟁점들이 증가되었다. 이런 사회적 쟁점들이 급증하면서, 논쟁 문제와 쟁점을 합리적으로 해결할 수 있는 시민을 필요로 하였다. 이런 논쟁 문제와 쟁점을 합리적으로 해결할 수 있는 능력, 즉 **'의사 결정력'**이 시민의 역량으로 간주되었다. 그래서 공공의 쟁점이나 논쟁 문제를 합리적으로 해결할 수 있는 의사 결정력의 발달을 목표로 하는 '논쟁 문제 수업 모형'이 개발되었다.

D. W. Oliver와 J. P. Shaver는 1966년 공공의 쟁점(public issues)에 대해 토론을 통해 합리적 대안을 선택하는 능력을 가르치는 수업 모형을 체계화시

켰다. 그들은 공공의 쟁점을 해결하는 근거를 미국인의 신조와 헌법에 규정된 기본적 가치에서 찾았다. 이런 이유에서 올리버와 세이버는 자신들이 개발한 논쟁 문제 수업 모형을 '법리 모형'(jurisprudential framework)이라 불렀다 (Oliver & Shaver, 1966: 114-115). 올리버와 세이버는 하버드 대학교 사회과 프로그램에서 이 법리모형을 개발하여 5년간 실험 연구한 결과를 출판하였기 때문에, '하버드 모형'이라고 부르기도 한다.

찬·반 대립이 팽팽히 맞서는 쟁점이나 논쟁 문제를 사실적 검증과 가치의 비교를 통해 합리적 대안을 선택하는 과정과 방법을 가르치는 것이 '논쟁 문제 수업'이다. 논쟁 문제 수업은 논쟁 문제와 관련된 입장이나 주장의 타당성을 객관적 자료에 의거해 검증하고, 대립 가치들의 우선 순위를 비교·분석한 후, 그것을 종합하여 합리적 대안을 선택하는 능력과 과정을 가르친다. 이 과정에서 사실적 자료와 근거를 경험적으로 확인할 수 있는 탐구력이나 여러 대안들을 확인할 때 창의적 사고력이 요구되기도 한다. 하지만 논쟁 문제의 해결 과정과 방법을 가르침으로써 최종적으로 발달시키고자 하는 목표는 '의사 결정력'이라고 할 수 있다.

3) 논쟁 문제 수업의 과정

논쟁 문제를 해결하기 위해서는 관련된 사실문제와 가치문제를 구분하고, 관련된 용어를 명확하게 정의하고, 여러 가지 대안과 결과를 예측하고, 그것을 종합하여 가장 합리적인 대안을 선택해야 한다. 사실문제와 가치문제를 구분하는 이유는 사실과 가치문제를 비교·분석하고 검증하는 방법과 과정이 다르기 때문이다. 또한 논쟁 문제는 대부분 기본적 가치들 사이의 대립으로 발생하기 때문에, 사실문제와 가치문제를 확인하는 것만으로 해결되지 않는다. 따라서 사실과 가치를 종합하여 여러 가지 대안들을 탐색하고 가장 좋은 대안을 선택하는 과정이 필요하다.

논쟁 문제와 관련된 가치 갈등은 대부분 기본적 가치 사이의 대립에서 발생하기 때문에, 어떤 가치가 우선하는지를 분명하게 판정하기 어렵다. 이러한 가치의 갈등을 해결하기 위한 '일반적 기준' 또는 원리는 다음과 같다(Oliver & Shaver, 1966: 23-24, 59-60).

가치 갈등의 해결 기준

1. 사실과 가치의 구분: 논쟁문제에서 '사실문제'와 '가치문제'를 구별해야 한다.
2. 증거에 의한 정당화: 가치와 관련된 '증거 자료'를 제시함으로써 그 가치를 정당화해야 한다.
3. 가치의 비교: 특수한 가치보다 '일반적 가치', 개인적 가치보다는 '사회적 가치'가 더 고차원적이고 지속적인 특성을 갖고 있기 때문에, 가치 갈등의 해결에서 일반적 가치와 사회적 가치가 더 중요하다.
4. 궁극적 가치에 의한 판단: 가치 갈등은 대부분의 시민이 공유한 기본적 가치와 '궁극적 가치'(인간의 존엄성)에 근거해서 해결될 수 있다.

논쟁 문제 수업의 과정은 학자들마다 다르다. 뉴만은 논쟁 문제를 해결하는 과정을 다음과 같이 제시했다(Newmann, 1970: 71-79).

1. 쟁점을 인식하기
2. 쟁점을 명료하게 진술하기
3. 쟁점을 연속적으로 탐색하기
4. 새 문제로 전환하여 토론하기
5. 주장과 쟁점의 적합성을 결정하기
6. 입장 정하고 토론 정리하기

다른 한편 차경수는 논쟁 문제 수업의 과정을 8단계로 제시했다(모경환·차경수, 2022: 349-356).

1. 문제 제기	5. 가치 갈등의 해결
2. 가치문제 확인	6. 비슷한 다른 경우와의 비교
3. 정의와 개념의 명확화	7. 대안 모색 및 결과 예측
4. 사실 확인과 경험적 증명	8. 선택 및 결론

여러 학자들의 의견을 종합하여, 필자는 논쟁 문제 수업의 과정을 다음과 같이 제시하고자 한다.

Ⅰ 논쟁 문제 수업의 과정 Ⅰ

단계	주요 활동
1. 문제 인식	• 논쟁문제의 발생 이유와 배경, 주요 내용을 확인하기
2. 가치문제의 명료화	• 논쟁과 관련된 '사실문제와 가치문제를 구분하기' • 가치 갈등의 원천인 '대립 가치를 명료화하기'
3. 용어의 정의	• 논쟁문제와 관련된 용어와 개념을 명확하게 규정하기
4. 사실 확인과 객관적 검증	• 논쟁문제와 '관련된 사실 또는 자료를 확인하기' • 사실과 객관적 자료에 의거해 '각 집단의 주장 검증하기'
5. 대립 가치의 분석	• 대립하는 '가치들의 우선 순위를 결정하기' • 어떤 가치가 더 '기본적 가치 또는 사회적 가치인가' 대립 가치의 비교·분석하기
6. 대안 탐색 및 결과 예측	• 논쟁문제를 해결하기 위한 '대안들을 제시하기' • 대안들의 '결과 예측하고 비교·분석하기'
7. 대안 선택 및 정당화	• 합리적인 '대안을 선택하기' • 선택된 '대안을 정당화 하기'

4) 논쟁 문제 수업에서 교사의 역할

논쟁 문제에 대해 토론할 때, 교사의 역할이 매우 중요하다. T. E. Kelly는 논쟁 문제 수업에서 교사가 자신의 입장을 표현하는 정도와 가르치는 방식에 따라 교사의 역할을 4가지 유형으로 분류하였다(Kelly, 1986: 113-138). 경험적 연구 결과에 의하면, 교사의 역할 유형 중에서 '신념을 가진 공정형'이 사회과의 논쟁 문제 수업에 적합한 것으로 나타났다(이광성, 2002: 245-247).

| 교사의 역할 유형 |

배타적 중립형	• 교사는 학교에서 논쟁 문제를 가르치는 것 자체를 반대함
배타적 편파형	• 교사는 한쪽 입장만 가르치고 다른 입장에 대해서 소홀히 다룸
중립적 공정형	• 교사는 자신의 견해를 밝히지 않고 다양한 관점을 제시하고, 학생이 토론을 통해 다양한 입장들을 분석하고 결정하도록 함
신념을 가진 공정형	• 교사는 학생과 동등한 위치에서 다양한 정보를 제공하고, 자신의 의견을 표현하며 문제 해결의 바람직한 방향을 제시함

Kelly와 달리, D. Hawood는 논쟁문제수업에서 교사가 자신의 견해를 표현하는 정도에 따라 교사의 역할을 6가지 유형으로 구분했다(차경수· 모경환, 2008: 347, 인용).

① **신념형**: 교사가 자기 의견을 자유롭게 제시함
② **객관형**: 교사가 자기 의견을 밝히지 않고 다양한 관점들을 객관적으로 설명함
③ **악마 옹호형**: 교사 자신의 의견과 관계없이 좌충우돌하며 학생의 의견에 대해 반대 입장을 취하면서 토론을 진행함
④ **관점 옹호형**: 교사가 다양한 관점들을 제시하고 그것을 종합하여 자기 의견을 제시함
⑤ **공정한 의장형**: 교사와 학생이 다양한 관점들에 대해 토론하는 데, 교사가 자기 의견은 말하지 않고, 공정하게 토론을 진행함
⑥ **선언적 관심형**: 교사가 먼저 자신의 입장을 밝히고 다양한 견해를 객관적으로 소개해 줌

의사 결정 수업과 논쟁 문제 수업은 '사실과 가치가 혼재된 문제'를 사실적 탐구와 가치의 분석을 통해 합리적으로 해결하는 의사 결정력을 기르기 위한 교수 방법이라는 점에서 유사하다. 그러나 각 모형에서 다루는 문제의 성격

과 문제의 해결 방법과 절차는 다르다. 의사 결정 수업과 논쟁 문제 수업의 유사점과 차이점을 비교하면 다음과 같다(박상준, 2014: 172-187, 188-206).

❙ 의사 결정 수업과 논쟁 문제 수업의 비교 ❙

구분	의사 결정 수업	논쟁 문제 수업
문제의 성격	• '개인적 문제' 및 '사회적 문제' • '사실과 가치가 혼재된 문제'	• '사실과 가치'가 혼재된 문제 • '찬·반 의견 대립'이 팽팽히 맞서는 쟁점 • 사회 다수에 영향 미치는 문제
목 표	• 의사 결정력의 발달/'사회적 행위'의 실천	• 의사 결정력의 발달
수업 방법	• (1) 문제의 확인-(2) 사회 탐구-(3) 가치 탐구-(4) 의사 결정-(5) 행동	• (1) 문제 인식-(2) 가치문제의 명료화-(3) 용어의 정의-(4) 사실 확인과 객관적 검증-(5) 대립 가치의 분석-(6) 대안 탐색 및 결과 예측-(7) 대안 선택 및 정당화
교육 효과	• 사회문제와 관련된 지식의 이해 • '가치 분석력'의 향상 • 문제 해결에 대한 안목과 통찰력의 육성 • 사회문제에 대한 관심과 참여 태도	• 논쟁 문제와 관련된 사실의 이해 • '가치 판단력'의 향상 • 의사소통 능력과 협력 태도의 형성 • 논쟁문제에 대한 관심과 참여 태도
비판	• '인지주의적 가정'의 잘못: 의사 결정력이 행위의 실천으로 연결되지 않음. • '합리적' 결정이 항상 '옳은' 결정을 담보하지 못함. • 개인적 의사 결정 수업은 '공동체적 합리성'을 달성하기 어려움.	• '인지주의적 가정'의 잘못: 의사 결정력이 행위의 실천으로 연결되지 않음 • 논쟁 문제는 기본적 가치에 의거하여 명확하게 해결되기 어려움 • '보수적 가치'를 '주입'할 위험 있다는 비판

7. 비판적 사고력 교육

1) 비판적 사고력의 필요

정보사회는 인터넷과 통신기술의 발달로 사람들이 자유롭게 정보를 생산하고 공급할 수 있게 되었다. 그에 따라 불필요하거나 잘못된 정보들이 많이 유통되면서 '**정보 인플레이션**' 현상이 나타나고, 그로 인한 폐해가 심각하다.

이런 정보사회에서는 수많은 정보들의 진위(眞僞), 유용성, 적합성 등을 분석하고 평가할 수 있는 능력, 즉 비판적 사고력이 요구되고 있다. 또한 사회현상을 과학적으로 조사하기 위해 수집한 자료의 타당성이나 적합성을 분석하고 평가할 때 그리고 사회문제나 쟁점을 해결하기 위한 대안의 합리성과 적합성을 평가할 때에도 비판적 사고력이 필요하다.

2) 비판적 사고력의 교육

비판적 사고는 어떤 것을 그대로 받아들이지 않고 의문을 제기하고 그것의 신뢰성과 타당성을 분석하고 평가하는 질문을 제기하는 것에서 시작된다. 비판적 사고력은 객관적 근거에 의거해 대상을 합리적으로 분석하고 평가하는 질문을 제기하는 것이다.

비판적 사고력을 신장시키기 위한 교수 방법에는 문답식 수업, 토론수업, 신문활용수업(NIE) 등 여러 가지 방법이 있다. 하지만 실제로 교실 수업에서 비판적 사고력을 가르칠 때, 가장 유용하고 편리하게 사용할 수 있는 교수법은 문답식 수업이다. 다른 교수법을 사용하기 위해서는 교사가 사전에 교과서 내용을 깊이 연구하고 수업자료를 준비해야 한다. 하지만 문답식 수업의 경우에 교사는 별도의 자료를 준비하지 않고, 교과서의 내용과 관련된 다양한 형태의 질문을 제기함으로써 비판적 사고력을 신장시키는 수업을 진행할 수 있다.

문답식 수업에서 질문은 비판적 사고력의 기능과 성향을 발휘할 수 있는 형태로 제시되어야 한다. 즉, '사실 부분과 가치 부분을 구분하기', '제시된 근거의 타당성을 평가하기', '객관적 근거에 의거해 평가하기', '다른 관점에서 바라보기', '숨겨진 가정과 의도를 찾아내기' 같은 사고 활동을 하도록 질문을 제기해야 한다. 또한 개방적인 수업 분위기와 토론을 통하여 '명료성·정확성·공정성에 대한 열망', '대상의 원천까지 확인하려는 열정', '증거를 찾으려는 욕구', '사회적으로 인정되는 것에 대해 기꺼이 의문 제기하기' 같은 비판적 사고 성향이 습득되도록 지도해야 한다.

비판적 사고력을 발달시키는 문답식 수업의 과정을 을 살펴보면 다음과 같다(박상준, 2006: 94-102):

❙ 비판적 사고력 신장을 위한 문답식수업 ❙

학습과정	비판적 사고력 신장을 위한 질문법
문제의 인식	• 제시된 자료의 내용과 사실의 이해를 확인하는 질문하기 • 사실 부분과 가치 부분을 구분하는 질문하기 [예] • 자료를 읽고 동학농민운동이 발생한 사회적 배경을 찾아보라. • 동학교도의 개혁안에서 사실부분과 가치부분을 구분해 보라.
문제의 분석	• 객관적·보편적 근거에 의거해 자료의 주장을 분석하는 질문하기 • 자료에서 주장을 정당화하기 위해 제시한 근거의 타당성을 평가하는 질문하기 [예] • 객관적 근거에 의거해 동학농민 운동이 지닌 역사적 의의에 대하여 평가해 보라. • 동학교도가 사회 개혁의 이유로 제시한 근거들이 타당하고 합리적인지를 평가해 보라.
문제의 평가	• 자료에 제시된 사건이나 주장을 다른 관점에서 바라보는 질문하기 • 각 집단이나 사람들의 주장 뒤에 숨겨진 가정이나 의도를 찾아내는 질문하기 [예] • 기존의 역사적 평가와 다른 관점에서 동학교도의 봉기를 평가해 보라. • 동학교도가 개혁안을 주장하며 가정한 것과 의도한 것이 무엇인지를 찾아보라.

8. 창의적 사고력 교육

1) 창의적 사고력의 필요

4차 산업 혁명이 가져 올 미래 사회는 부과된 작업을 통해 기계적으로 상품을 만들어 내는 사람보다는 창의적 사고를 통해 새로운 정보와 아이디어를 만들어내는 창의적 인재를 요구한다. 이처럼 사회의 변화와 요구에 따라 최근 사회과에서도 창의적 사고력이 강조되고 있다.

그런데 창의적 사고력은 문제를 해결하기 위해 대안을 찾거나 결과를 예측하는 단계에서 다른 고차적 사고력과 중복되어 나타나고, 다른 고차적 사고력이 더 효과적으로 작동하도록 도와주는 기능을 한다. 그래서 사회과에서 창의적 사고력은 그 자체가 핵심 목표로 제시되기 보다는 다른 고차적 사고력을 확장하는 것으로 가르치도록 제안되는 경향이 있다.

이런 이유 때문에 사회과에서 창의적 사고력을 중점적으로 발달시키기 위한 독자적인 교수모형은 개발되지 않았다. 일반적으로 창의적 사고를 가르치는 방법에는 브레인스토밍, 창의적 문제 해결법, 속성 열거법 등이 있다(김영채, 1999: 316-319).

2) 창의적 사고력의 교육

사회과에서 창의적 사고력을 향상시키기 위한 수업 모형이나 방법이 체계적으로 발전된 것은 거의 없다. 창의적 사고력은 특정한 교수 방법이라기 보다는 탐구 학습, 토론 학습, 의사 결정 수업, 논쟁 문제 수업 등에서 문제의 원인과 해결책을 찾고 대안을 선택하는 과정에서 향상될 수 있다. 여러 가지 수업 과정에서 다양한 질문을 통해 창의성을 유발할 수 있는 방법은 다음과 같다.

(1) 브레인스토밍(brainstorming)

'브레인스토밍'은 문제를 해결하는 것과 관련하여 새로운 아이디어를 생성하도록 질문하고 자극하는 것이다. 여기서는 "문제의 다른 원인은 무엇인가", "다른 해결책은 무엇인가", "가장 적합한 대안은 무엇인가" 같은 질문을 제기할 수 있다.

(2) 창의적 문제 해결법(synectics)

'창의적 문제 해결법'은 유추와 비유를 통해 익숙한 상황에 포함된 관계와 아이디어를 문제 해결의 상황에 적용하는 방식이다. 여기서는 '자신을 문제 상황에 놓고 생각하기', '다른 관점에서 문제 해결책을 찾아 보기', '전혀 다른 방법이나 입장에서 문제의 해결책을 찾아보기', '일상 세계를 넘어 환상적인 생각하기' 같은 유추와 비유의 방법이 사용된다.

(3) 속성 열거법 (attribute listing)

'속성 열거법'은 어떤 상황이나 문제가 갖는 속성들을 열거하고, 그것들을 재조합하거나 재구성하여 새로운 아이디어를 만드는 방법이다.

3) 창의적 사고력의 질문법

사회과 수업에서 창의적 사고력을 신장시키기 위한 질문의 방법은 다음과 같다:

❙ 창의적 사고력의 질문 ❙

창의적 사고의 요소	주요 활동
유창성	• 문제를 해결하기 위한 다른 새로운 방안은 없는가? • 문제를 해결하기 위한 대안을 가능한 많이 제시해보라.
유연성	• 발상을 전환하여 문제를 해결하기 위한 다른 방안은 없는가? • 다른 관점에서 문제를 해결하기 위한 대안을 제시해보라.
독창성	• 기존에 제시된 문제의 해결책과 다른 새로운 해결책은 없는가? • 어떤 문제의 해결 원리나 방법을 다른 문제에 적용하여 해결하는 방안을 새롭게 제시해보라.
정교성	• 아이디어를 실현 가능한 구체적 방안으로 만들 수 있는가? • 아이디어를 실현 가능한 대안으로 제시해보라.

제11장 사회과에서 가치의 교육

사회과는 사회과학과 인문학의 지식과 사고 기능뿐만 아니라 민주적 가치에 기초하여 문제를 해결하는 시민의 역량을 기르는 교과이다. 따라서 사회과에서 지식의 교육과 사고 기능의 교육뿐만 아니라 가치의 교육도 중요하다. 1장에서 살펴본 것처럼, 사회적·경제적·정치적 상황이 변화되면 그에 따라 그 사회에서 요구되는 시민의 역량, 즉 시민성이 달라지고 그 사회에서 중요하게 여기는 가치도 변한다.

이 장에서는 사회적 상황의 변화에 따라 가치의 교육이 어떻게 변화되어 왔는지 살펴보고, 그다음 다양한 가치 교육의 방법에 대하여 탐색할 것이다.[1)]

1. 사회과의 목표로서 가치 교육의 발달

1) 기본적 가치와 가치 교육

사회문제와 쟁점은 '사실문제'뿐만 아니라 '가치문제'를 포함하고 있으며, 최종적으로 문제의 해결 방안을 결정할 때 중요한 요소는 가치이다. 따라서 사회문제를 합리적으로 해결하기 위해서는 문제와 관련된 사실문제와 가치문제를 함께 조사해야 한다. 문제와 관련된 사실을 객관적으로 확인할지라

1) 가치 주입, 가치 명료화, 가치 분석, 가치 탐구, 도덕적 추론의 특성, 교수·학습 방법, 적용 사례 등에 대해서는 박상준(2022), 「**사회과 교재연구 및 교수법**」(**3판**)의 제14장 '가치 수업'을 찾아보세요.

도, 그 사실 자체가 곧바로 해결책을 결정해 주지 않기 때문이다. 사회문제나 쟁점은 사실의 객관적 확인만으로 해결될 수 없고, 결국 관련된 가치들 중에서 어느 가치가 더 중요하고 타당한지에 대한 가치 판단에 의거해 결정된다.

가치 교육의 목표는 학생들이 사회문제와 관련된 가치를 분석하여 가치 갈등을 합리적으로 해결하는 능력을 발달시키는 것이다. 가치 교육의 목표를 달성하기 위해서는 민주적인 교실 환경에서 학생들이 자율적으로 가치를 분석하고 선택할 수 있는 방법 또는 과정을 가르쳐야 한다.

또한 가치 교육이 성공하기 위해서는 아동 발달의 3가지 측면, 즉 '감성', '사고', '행위'가 고려되어야 한다(Woolever & Scott, 1988: 389-390). 아동의 감성은 도덕적으로 사고하고 행동하는 능력을 위한 토대를 제공한다. 그래서 가치교육의 목표 중 하나는 아동이 긍정적인 자아 개념, 감정이입 능력, 타인의 감정에 대한 이해력을 발달시키도록 돕는 것이다. 자아존중감은 학생들이 자신을 돌보고, 감정이입 능력과 타인의 감정 이해력은 타인의 입장에서 생각함으로써 타인을 이해하고 배려하는 능력과 태도를 발달시킨다.

현명한 가치 판단과 결정은 실제 사회생활에서 행위(실천)로 나타나야 한다. 가치 교육의 목표는 단순히 추론 능력이나 판단 능력을 발달시키는 것이 아니라 가치문제를 합리적으로 해결하는 판단 능력과 그에 따라 행동하는 시민의 역량을 기르는 것이다. 따라서 가치 교육에서는 학생들에게 자신의 가치 판단과 선택에 따라 행동하는 프로그램과 자신의 선택 및 행위의 결과를 반성적으로 평가할 기회를 제공해야 한다.

이런 측면에서 가치 교육에서는 학생에게 기본적 가치를 인정하도록 가르치는 것이 중요하다. 민주사회에서 일반적으로 인정되는 **'기본적 가치'**(basic values)는 정의, 자유, 평등, 박애, 정직, 충성, 경쟁, 협동, 관용, 타협, 타인 존중, 개인주의 등이다(Woolever & Scott, 1988: 390-391). 1992년 사회과와 시민교육의 대표자 29명이 콜로라도의 아스펜(Aspen)시에서 미국 사회의 전통적인 보편적 가치가 무엇인지 토론을 한 후 핵심적 가치를 제시하는 '아스펜 선언문'을 발표하였다. 이 선언문은 미국 사회의 핵심 가치를 존중, 책임, 신뢰,

배려, 정의와 공정, 시민으로서의 덕과 시민성으로 제시했다(Josephson, 1992).

여러 견해를 종합하여 박상준은 우리 헌법이 추구하는 기본적 가치를 '민주주의, 국민주권, 법치주의, 복지, 평화 통일, 국제 평화, 사회 정의, 자유, 평등, 인권, 의무와 책임'으로 제시하였다(박상준, 2013: 70-71).

2) 가치 교육의 발전 과정

사회과에서 가치 교육은 그 사회의 중요한 가치 또는 덕목을 가르치는 것이다. 그래서 사회적 상황이 변하면, 그 사회에서 중요하게 여기는 가치도 바뀌고 그에 따라 가치 교육도 변한다. 20세기 동안 사회적 상황이 바뀌면서 가치 교육이 어떻게 발전해왔는지를 살펴보자(Kirschenbaum, 1995: 19-36).

미국 사회는 유럽에서 이주한 백인 기독교 이민자들에 의해 형성되었기 때문에, 1900년대 이전까지 기독교적 전통이 지배하였다. 미국 사회에는 전통적으로 모든 사람이 지켜야 한다고 믿는 **'기본적 가치'** 또는 '도덕적 기준'에 대해 일반적 합의가 이루어져 있었다. 그래서 가치 교육은 전통적인 기본적 가치를 '**전수**'해야 한다는 것에 다른 의견은 거의 없었다.

20세기 초에 들어오면서 공립학교의 교육은 유럽에서 이주한 노동자 계층을 미국 사회에 적응시키는 수단, 즉 '미국화'의 과정으로 간주되었다. 학교는 중산층 백인의 기독교적 가치와 도덕-자기 통제, 건강, 친절, 스포츠맨십, 자주, 의무, 진실성, 근로정신, 팀워크-을 전수하는 기관으로 기대되었다.

하지만 1920년대 H. Hartshorne과 A. May가 인성 교육에 대한 3년간의 연구(1928-1930)를 통해 전통적인 인성 교육 프로그램들이 교육적 효과가 없다는 사실을 밝혀냈다. 그들의 연구에 따르면, 전통적인 인성 교육 프로그램 또는 스카우트 교육 프로그램을 이수한 학생들이 그렇지 않은 학생들보다 정직하지 않다는 사실이 드러났다(Kirschenbaum, 1995: 21. 인용). 이런 연구 결과는 민주적 참여와 실천을 통해 '시민의 덕목'-존중, 책임, 관용, 공공선 등-

을 가르쳐야 한다는 '진보주의 교육 운동'을 확산시켰다.

그러다가 경제 대공황(1929~1939)과 2차 세계대전을 겪으면서 미국 사회의 가치도 크게 변화되었다. 학교는 전통적 가치와 도덕을 가르치는 것보다는 전후 어려워진 경제 속에서 일자리를 찾는 일에 관심을 가졌고, 스푸트니크 충격(1957) 이후에는 과학, 수학, 기술에서 소련을 따라잡는 일에 더 관심을 가졌다. 이 시기에 가치 교육은 전통적 가치를 주입하거나 모델링하는 전통적 방식으로 일부 이루어졌을 뿐이고, 대부분의 학교에서 가치를 가르치는 데 많은 시간을 할애하지 않았다.

1960~70년대는 흑인 민권 운동, 여성 해방 운동, 히피 문화 등으로 인하여 흑인, 여성, 소수 민족의 지위에 혁명적 변화가 일어났다. 이러한 사회의 변화에 따라 가치 교육은 가치를 주입하는 전통적 방식 대신에 학생이 스스로 자신의 가치를 분명하게 하는 **'가치 명료화'**, **'가치 탐구'**, **'도덕적 추론'**을 학습하는 것을 도와주는 것으로 전환되었다. 가치문제에 대해 도덕적으로 추론하는 능력, 가치 갈등을 분석하여 합리적 해결책을 선택하는 가치 판단력이나 가치 결정력을 가르치는 것이 가치 교육의 주요 목표가 되었다.

1980~90년대는 경제적 어려움이 지속되면서, 여피 세대가 주류가 되고, 보수 세력이 집권하며 **'신보수주의'**가 주류를 이루었다. 그러면서 다시 '전통적 가치들'-존중, 책임, 자기 수양, 노동의 자부심, 가족, 애국심, 봉사 등으로 복귀해야 한다는 주장이 힘을 얻었다. 이러한 사회적 변화를 반영하여 학교 교육도 '기본으로 돌아가자는 운동'이 펼쳐지고, 1960~70년대 팽배했던 가치 상대주의를 거부하고 기독교적 전통의 가치와 도덕을 가르쳐야 한다고 강조했다.

마약 또는 약물 남용, 학교 폭력과 범죄 증가, 인종 간 갈등 심화, 가족 해체 등 사회문제와 갈등이 심각해졌지만, 정부는 문제 해결에 무능력함을 드러냈다. 이런 상황에서 학생이 스스로 결정하도록 맡기는 것은 난센스라는 인식이 생기면서 도덕적 추론, 가치 명료화, 가치 탐구 등 가치 갈등의 해결 과정을 가르치는 것이 아니라 무엇이 옳은지 최상의 가치를 직접 가르쳐야 한다는 인식이 증가하였다. 그래서 '기본적 가치'를 내면화하고 행동할 수 있도록 도와

주는 가치 교육 프로그램과 교육과정이 개발되었다.

지금까지 살펴본 20세기 가치 교육의 발전 과정을 종합해 보면, 전통적 가치에 대한 주입, 가치문제를 명료화하거나 분석하는 능력, 가치 갈등을 해결하기 위한 도덕적 추론 등 한 가지에 초점을 맞춘 가치 교육은 한계가 있음이 드러났다. 이런 문제의식에서 최근에는 가치에 대한 지식, 사고능력, 행동을 통합하여 가치 교육에 접근하려는 시도가 이루어지고 있다.

H. Kirschenbaum은 전통적 가치의 주입, 가치 명료화, 가치 분석, 도덕적 추론 등 여러 가지 가치 교육의 접근법이 지니고 있는 좋은 요소를 종합하여 가치 교육의 '포괄적 접근법'을 제안하였다(Kirschenbaum, 1995: 29-36). 또한 T. Lickona는 훌륭한 인성은 도덕적 인지, 도덕적 감성, 도덕적 행동 3가지로 구성된다고 보고, 학생들이 3가지 요소를 통합적으로 형성하도록 촉진시키는 '인성 교육의 통합적 접근'을 제시하였다(Lickona, 1997: 45-62).

2. 가치 주입

1) 가치 주입의 의미

사회과에서 오랫동안 이루어져 온 가치 교육의 방법은 가치의 '주입'(inculcation) 또는 '교화'(indoctrination)이다. 주입 또는 교화는 사회에서 전통적으로 중시하는 가치나 도덕을 학생들에게 반복해서 가르치거나 마음에 새기도록 하는 것이다. 주입은 역사, 영웅담, 격언 등 교훈적 이야기를 통해 전통적 가치를 말(언어)로 훈계하는 방법(didactic method)을 사용했다. 이런 이유에서 가치 주입 방법을 '언어적 교훈주의'라고 부르기도 한다.

전통적인 가치 교육은 과장된 역사, 영웅의 전기, 교훈적 이야기, 보상, 교정 등을 활용하여 전통적인 가치와 도덕을 학생들에게 주입하여 '내면화'시키는 데 초점을 맞추었다. 하지만 최근 많은 비판이 쏟아지면서, 주입과 교화는 역사 자료, 시청각 자료, 문학 작품, 봉사 프로그램 등을 통해 전통적 가치와 도덕을 간접적으로 은밀하게 전수하는 방식으로 이루어지고 있다.

2) 가치 주입의 방법

전통적 가치를 주입하기 위해 일반적으로 사용되는 방법에는 교화와 훈계, 보상, 교정 등이 있다(Kirschenbaum, 1995: 147-166).

(1) 교화와 훈계

설명은 나름대로 합리적 주장에 의거하고 있지만, 교화와 훈계는 교사의 도덕적 설득과 권위에 의존한다. 교사는 격언, 도덕적 이야기, 도덕적 모델 등을 제시하면서 관련된 가치와 규범을 지키도록 설득하거나 교사의 권위에 의거하여 전통적 가치를 지키라고 직접 훈계한다. 교화와 훈계는 학생들에게 전통적 가치와 규범을 전달하는 데 가장 효과적인 방법으로 간주된다.

(2) 보상과 교정

보상은 학생들에게 칭찬, 시상, 상품 등으로 특정한 규범과 행동 방식에 '긍정적 피드백'을 제공하여 강화시키는 방법이다. 보상은 특정한 규범이나 행동을 반복적으로 행하려는 경향을 더 강화시킨다는 **'행동 수정 이론'**(behavior modification theory)에 의거하고 있다.

행동 수정 이론에 기초하여 보상은 다양한 방식으로 이루어질 수 있다. '칭찬과 인정'은 특정한 가치를 실천하거나 규범을 잘 지키는 학생들에게 교사의 말로 강화시키는 것이다. '시상'은 스티커, 간식, 휴식 시간 부여, 과제 면제, 상장, 장학금 등으로 강화하는 방법이다. '상품'은 메달, 트로피, 자격증, 문화 상품권 등으로 강화시키는 수단이다.

교정은 어떤 행동 방식이 옳지 않다는 '부정적 피드백'을 제공하여 잘못된 행동이 반복되지 않도록 강화하는 방식이다. 교정은 부정적 피드백을 통해 어떤 말과 행동이 사회적으로 인정받지 못한다는 사실을 학생들에게 주입함으로써 잘못된 말과 행동을 수정하는 것이다.

3) 가치 주입의 비판

가치 주입은 보편적 가치가 아니라 '상대적 가치'를 전수하고, 학생의 자율적인 가치의 분석과 선택을 배제한다는 점에서 비판받았다. 콜버그는 전통적 가치 교육이 덕목 교육으로서 '상대적인' 덕목 꾸러미를 주입한다고 비판했다(Kohlberg, 1981: 39-40). 다른 한편 뱅크스는 전통적 가치 교육이 '성인들에 의해 옳다'고 간주되는 가치를 교화시켰다고 비판했다(Banks: 1990: 431-432). 정의, 자유, 평등 같은 민주적 가치를 가르치더라도 교화의 방법을 사용해서는 안 된다. '교화'의 방법은 민주적 가치 자체에 위반되고, 학생이 자신의 가치를 분석하고 도출하는 기회를 주지 않기 때문이다. 가치 교육은 반성적 가치 탐구와 자유로운 선택을 통해 민주적 가치에 대해 확신하고 실천하는 방향으로 이루어져야 한다.

이와 같이 가치 주입법은 가치문제와 갈등이 '좋은' 가치와 '나쁜' 가치를 구별하지 못하기 때문에 발생한다고 가정한다. 그러나 이 가정은 잘못되었다. 가치문제와 가치 갈등은 대부분 2개 이상의 '좋은 가치' 또는 '기본적 가치' 사이의 충돌에서 발생되는 것이다. 예컨대 무상보육 실시와 관련된 문제는 구성원의 '평등'을 실현하기 위해 복지 제도를 확대할 것인가 또는 '개인의 자유'(재산권)을 보장하기 위해 복지 제도를 축소할 것인가의 대립이다.

또한 민주사회에서 각 개인은 기본적 가치 안에서 자유롭게 선택하고 행동할 권리가 있지만, 가치 주입법은 상대적 가치를 학생에게 일방적으로 주입시킴으로써, 개인이 가치를 선택할 자유를 차단하는 문제를 지니고 있다.

| 가치 주입의 특징과 비판 |

특징	• 목표: '특정한' 가치와 신념의 주입 및 내면화 • 교수·학습과정: (1) 교훈적인 자료의 제시(생략·과장된 자료) (2) 자료의 읽기 및 설명 (3) 특정한(상대적) 가치와 태도의 주입
비판	• 교육 내용: '상대적 가치'와 덕목' • 교육 방법: 상대적 가치와 덕목을 일방적으로 '주입'(교화) • 교화의 문제점: - 교화는 민주적 가치 자체에 위반 - 가치의 분석과 선택의 자유를 배제

3. 가치 명료화

1) 가치 명료화의 의미

L. E. Raths, M. Harmin, S. B. Simon은 1966년 「가치와 교수(*Values and Teaching*)」에서 전통적 가치 교육은 주입 또는 교화의 위험을 내포하고 있기 때문에 다원적인 사회의 가치 교육으로 적합하지 않다고 비판하면서(Raths, et al., 1978: 63-67), '가치 명료화'를 가치 교육의 대안으로 제시하였다.

라스 등은 '가치'는 견고한 진리가 아니라 환경 속에서 삶의 스타일로 산출된 결과이고, 그러므로 어떤 삶의 스타일이 모두에게 적합한 것인지에 대해 확신할 수 없다고 보았다(Raths, et al., 1978: 26). 가치 명료화 모형은 "모든 사람이 인정하는 보편적 가치, 원리, 진리는 존재하지 않는다"는 **'가치 상대주의'** 입장에 의거하고 있다. 이런 가치 상대주의에 기초하여 라스 등은 "사람들이 선택, 존중, 행동이라는 일련의 **'가치화 과정'**(valuing precess)을 통하여 자신의 고유한 가치에 도달할 수 있다"라고 가정하고, 이러한 가치화 과정에 대해 학습한다면, 아동들은 더 합리적이고 더 결단력 있게 행동할 것이라고 주장하였다(Raths, et al., 1978: 8-9, 26).

2) 가치 명료화의 과정

가치 명료화(value clarification)는 학생이 자신의 가치를 분명하게 드러내어 여러 가지 대안들 중에서 하나의 가치를 선택하고, 선택한 가치를 소중하게 여기고, 선택에 따라 행동하는 과정이다.

가치 명료화는 7개의 하위 과정으로 구성된다(Raths, et al., 1978: 27-28).

1. 선택하기 (Choosing)
   (1) 자유롭게 선택하기
   (2) 대안들로부터 선택하기
   (3) 대안들의 결과를 심사숙고한 후 선택하기
2. 선택을 소중히 하기 (Prizing)
   (4) 선택을 즐거워하고 소중히 여기기
   (5) 선택을 공개적으로 발표하기
3. 행동하기 (Acting)
   (6) 선택에 따라 행동하기
   (7) 삶의 패턴 속에서 반복적으로 행동하기

가치 명료화 과정에서 교사는 질문을 통하여 학생들이 자신의 가치를 찾고 대안들의 결과를 사려 깊게 검토한 후에 자유롭게 선택하도록 도와주어야 한다. 교사의 질문은 가치 명료화의 7가지 과정별로 제기된다.

가치 명료화를 위한 질문

(1) 자유롭게 선택하기

너는 처음에 그 아이디어를 어디에서 얻었는가?
너는 얼마나 오랫동안 그렇게 느꼈는가?

(2) 대안들로부터 선택하기

너는 이것을 선택하기 전에 그 밖에 다른 것을 생각했는가?

너는 결정하기 전에 얼마나 오랫동안 깊이 생각했는가?

(3) 대안들의 결과를 심사숙고한 후 선택하기

각 대안의 결과는 무엇인가?

네가 설명한 진술을 내가 이렇게 이해한 것이 맞는가?

(4) 선택을 즐거워하고 소중히 여기기

네가 선택한 것은 어떤 점이 좋은가?

그 선택이 왜 너에게 중요한가?

(5) 선택을 공개적으로 발표하기

네가 느끼는 것을 다른 학생들에게 말할 수 있는가?

다른 사람에게 너의 관점과 선택을 기꺼이 알릴 수 있는가?

(6) 선택에 따라 행동하기

네가 선택한 대로 행동하기 위한 계획은 무엇인가?

너는 선택을 실천하기 위해 기꺼이 돈을 지불할 수 있는가?

(7) 삶의 패턴 속에서 반복적으로 행동하기

너는 자주 그런 행동을 하는가?

너는 그것을 계속 실천하기 위해 어떤 계획을 하고 있는가?

이러한 가치 명료화의 질문에 대한 학생의 응답은 몇 가지 특징을 지닌다 (Raths, et al., 1978: 55).

- 명료화의 응답은 옳거나 그른 응답에 초점을 맞추는 일을 피한다.
- 명료화 응답의 목표는 학생이 스스로 결정하도록 책임을 부과하는 것이다.
- 명료화 응답의 지향점은 행동의 변화가 아니라 기분의 조성이다.
- 명료화 응답은 학생을 면담하는 것이 아니라 사고를 자극하는 것에 사용된다.
- 명료화 응답은 학생으로 하여금 '올바른' 대답을 향하여 움직이도록 시도하지 않는다. (가치 상대주의)

3) 가치 명료화의 비판적 평가

가치 명료화 모형은 학생 자신의 가치 선호를 확인하고, 자유로운 가치 선택을 강조한다. 하지만 이 모형은 가치 상대주의를 전제하기 때문에, 학생 개인이 가치 명료화의 과정에 따라 어떤 가치와 대안을 선택하고 행동했다면, 그 가치 선택과 행동은 모두 정당한 것이 된다. 그러나 이 모형은 개인의 가치 선택이 정당한지 객관적으로 판단하는 기준으로서 기본적 가치 또는 보편적 원칙을 제시하지 못한다.

이처럼 가치 명료화 모형에는 7가지 '가치화 과정'을 적용하는 데 있어서 명확한 기준이 결여되었다. 즉, "가치를 선택하기 전에 얼마나 많은 대안을 고려해야 하는가", "어떤 결과를 얼마나 심사숙고하여 고려해야 하는가?", "행동은 얼마나 자주 반복해야 하는가?" 같은 문제를 해결할 명확한 기준을 제시하지 않았다. 이러한 가치화 과정의 문제점을 지적하면서, H. Kirschenbaum은 기존의 가치 명료화 과정을 사고하기, 느끼기, 선택하기, 소통하기, 행동하기 5가지 과정으로 더 확장시켰다(Kirschenbaum, 1977).

1. 사고하기(thinking)
2. 느끼기(feeling)
3. 선택하기(choosing)
4. 소통하기(communication)
5. 행동하기(acting)

또한 Raths 등이 제시한 가치 명료화 모형은 가치가 상대적인 것인데, 학생의 의사에 반하여 자신이 선호하는 가치 선택을 다른 학생들에게 공표하게 함으로써 개인의 사상의 자유 또는 표현의 자유를 침해할 우려가 있다.

❙ 가치 명료화의 특성과 비판 ❙

특성	• 정의: 자신의 가치를 분명하게 드러내서 선택하고 소중히 여기고 선택에 따라 행동하는 과정 • 목표: 가치의 명료화 및 가치 선택 능력의 발달 • 교수·학습과정: (1) 선택 → (2) 선택을 소중히 하기 → (3) 행동하기
비판	• 가치 상대주의 전제 • 회의론: 개인이 선택한 가치와 행동의 옳음을 객관적으로 평가할 기준으로 '기본적 가치와 보편적 원칙'을 제시하지 못 함. • 개인의 사상 또는 표현의 자유 침해 우려

4. 가치 분석

1) 가치 분석의 의미

1960년대 미국 사회의 혼란은 사람들의 가치관 혼란과 갈등을 증대시켰다. 이러한 혼란 상황에서 가치 상대주의에 기초한 가치 명료화 모형은 가치 갈등 문제를 해결하기 어려웠다. 가치 명료화의 한계를 비판하면서 가치 갈등을 해결하는 '합리적 가치 판단' 또는 '가치 결정 능력'을 강조하는 새로운 모형이 제시되었다. 가치 분석 모형은 인간의 존엄, 자유, 평등, 정의 같은 기본적 가치 또는 가치 원리를 수용하여 합리적 가치 판단을 내리는 방법을 제시하였다. 기본적 가치 또는 가치 원리는 절대적인 것이라기 보다는 그것에 대한 해석이 다를 수 있고, 또한 맥락에 따라 실현되는 방식이 달라질 수 있는 것이다.

사회문제는 사실문제와 가치문제가 섞여 있기 때문에, 사회문제를 합리적으로 해결하기 위해서는 문제와 관련된 사실을 확인하는 것뿐만 아니라 관련된 가치를 분석하는 것이 필요하다. 그래서 J. R. Coombs와 M. O. Meux는 가치문제를 해결하는 교수 방법으로 **'가치 분석 모형'**을 제시하였다(Coombs & Meux, 1971: 53-107).

Coombs와 Meux에 의하면, 가치 분석(value analysis)은 가치문제와 관련된 사실적 근거와 가치 원리에 기초하여 합리적인 가치 판단 또는 가치 결정을 내리는 과정이다. 합리적인 가치 결정을 내리기 위해서는 '사실적 근거'와 그 결정을 정당화할 수 있는 '일반적인 가치 원리'를 제시해야 한다. 가치 분석의 목표는 학생들이 합리적인 가치 판단을 하는 데 필요한 능력과 성향을 습득하도록 가르치고, 또한 합리적 가치 결정을 통해 가치 갈등을 해결하는 방법을 가르치는 것이다(Coombs & Meux, 1971: 53). 가치 명료화와 달리, 가치 분석은 학생들이 가치 갈등을 해결하는 과정에서 합리적 가치 판단 또는 가치 결정을 하도록 도와주는 교수 방법이다.

2) 가치 분석의 과정

Coombs와 Meux는 가치 판단의 기준에 의거하여 학생들이 가치 분석의 과정에서 합리적 가치 결정을 하기 위해 수행해야 할 과제 또는 절차를 6가지로 제시하였다(Coombs & Meux, 1971: 53-90).

▌가치 분석의 과정(절차)▐

단계	교수·학습 활동
1. 가치문제 확인하기 및 명료화하기	• 분석할 가치문제가 무엇인지 확인하기 • 분석할 가치문제의 대상, 쟁점, 관점 등을 명료화하기
2. 주장된 사실 수집하기	• 가치 판단을 내리기 위해 관련된 사실들을 수집하기 ① 사실적 주장과 평가적 주장을 구별하기 ② 관련된 사실들을 광범위하게 수집하기 ③ 관련된 사실들의 복잡성을 해결하기 ④ **'사실 수집 도표'**를 작성하기
3. 주장된 사실 들의 진위 확인하기	• 수집된 사실들에 관한 진술(주장)의 진위를 확인하기 • 수집된 사실들의 진위를 평가하는 질문하기
4. 사실들의 연관성 명료화하기	• 증거 카드를 활용해 사실 진술들의 연관성 또는 적합성을 명료화하기

단계	교수·학습 활동
5. 잠정적 가치 결정 내리기	• 4가지 과제 활동을 종합해 '잠정적 가치 결정'을 내리기
6. 가치 결정에 함축된 가치 원리 검사 하기	• '잠정적 가치 결정' 에 함축된 '가치 원리의 수용성'을 검사하기 ① 새로운 사례 검사 ② 포섭 검사 ③ 역할 교환 검사 ④ 보편적 결과 검사 • '잠정적 가치 결정'속에 함축된 가치 원리를 일반적으로 수용할 수 있다면, '합리적 가치 판단'으로 제시하기

3) 가치 분석의 비판적 평가

가치 분석 모형은 가치문제와 관련된 사실들을 수집하고, 일반적인 가치 원리의 수용성 검사를 통해 가치 판단(결정)을 내리는 과정을 체계적으로 제시하였다는 점에 의의가 있다. 그러나 몇 가지 한계를 지닌다.

첫째, Coombs와 Meux의 가치 분석 모형은 인지주의적 가정에 기초하여 교실 안에서 합리적 가치 판단 능력을 길러주면, 교실 밖의 가치 갈등 상황에서 그렇게 합리적으로 판단하고 실천할 것이라고 믿었다. 하지만 교실 안에서 가치 분석의 과정과 방법을 배우면서 가치 판단력이 향상되었을지라도, 그런 가치 판단력이 실제 상황에서 가치 갈등을 합리적으로 해결하는 실천으로 직접 연결되지 않은 경우가 많았다.

둘째, 가치 탐구 모형과 마찬가지로, 가치 분석의 과정과 방법이 매우 복잡하기 때문에, 초·중등학생들이 실제 상황에서 가치 갈등을 해결하는 데 적용하기 어렵다. 가치문제와 관련된 사실의 수집 및 평가, 사실들의 관련성의 명료화, 가치 원리의 수용성 검사 등 체계적인 가치 판단의 과정과 방법을 제시하였지만, 그것이 초·중등학생들의 지적 수준에 적합하지 않았다.

▌가치 분석의 특성과 비판▐

특성	• 정의: 가치문제와 관련된 사실들과 가치 원리에 의거하여 합리적인 가치 판단 또는 가치 결정을 내리는 과정 • 목표: 합리적인 가치 판단의 능력과 성향을 습득 가치 결정을 통해 가치 갈등을 해결하는 방법의 습득 • 교수·학습과정: 가치문제와 관련된 사실들의 수집 및 분석 + 가치 원리의 수용성 검사하기 → 합리적 가치 판단(가치 결정)
비판	• 합리적 가치 판단력이 가치 갈등을 해결하는 행동으로 직접 연결되지 않음 • 합리적 가치 판단의 과정과 방법은 초·중등학생의 지적 수준에 적합하지 않음

5. 가치 탐구

1) 가치 탐구의 유형

가치문제와 관련된 사실을 조사하고 분석하는 과정을 통해 합리적 가치 판단 또는 가치 결정력을 기르고자 한다는 점에서 가치 분석과 가치 탐구는 유사하다. 하지만 가치 분석과 가치 탐구는 가치문제를 해결하는 과정과 방식이 다르다. 가치 분석은 주로 가치문제와 관련된 '사실들의 진위를 확인하고' 그에 의거하여 합리적 판단을 내리는 과정으로 이루어진다. 반면에 가치 탐구는 가치문제와 관련된 사실들을 확인할 뿐만 아니라 관련된 '대립 가치를 비교·평가하고' 여러 '대안의 결과'를 비교한 후 가장 합리적 가치와 대안을 선택하는 과정으로 이루어진다. 가치 탐구는 가치 갈등에 대한 **'과학적 탐구'**와 **'합리적 선택'**을 강조한다.

이러한 가치 탐구의 방법은 헌트와 메트칼프(M. P. Hunt & L. E. Metcalf: 1968)의 의사 결정, 올리버와 세이버(D. W. Oliver & J. P. Shaver: 1966), 뉴만(F. M. Newmann: 1970)의 논쟁문제 해결, 뱅크스(J. A. Banks: 1977, 1990)의 가치 탐구 등에서 제시되었다(Woolever & Scott, 1988: 395; Banks, 1977: 425-

440, 1990: 432-435).

헌트와 메트칼프는 미국 사회에서 '폐쇄된 영역' (closed areas)과 관련된 가치문제를 탐구하는 교수법을 제시했다. 가치 탐구의 과정은 가치 개념을 규정하며, 대안의 결과를 예측하고 일반적 기준에 기초하여 결과를 평가하고, 그 일반적 기준을 정당화하는 단계로 이루어진다. 올리버와 세이버, 뉴만은 논쟁문제 또는 공공 쟁점을 해결하는 '법리 모형'을 제시했다. 공공 쟁점은 대부분 일반적 가치들 사이의 갈등에서 발생되는데, 관련된 사실을 객관적으로 검증하고 대립 가치들을 비교 분석한 후에, 기본적 가치에 의거하여 해결된다.

2) 가치 탐구의 과정

과학적 탐구를 통하여 가치 갈등의 합리적 해결 능력을 기르는 가치 교육의 방법들은 다양한데, 사회과에서 널리 알려진 가치 탐구의 방법은 뱅크스의 **'가치 탐구 모형'**(value inquiry model)이다(Banks, 1990: 435-437). 가치 탐구는 학생이 가치의 원천과 갈등을 확인하고, 가치 대안들의 결과를 예측한 후에 합리적 대안을 선택하고, 민주적 가치의 측면에서 정당화하는 과정으로 이루어진다. 다시 말하면 **'가치 탐구'**는 가치문제와 관련된 대립 가치를 확인하고 가치 갈등을 해결하기 위한 대안을 비교 분석하여 합리적 대안을 선택하고 그것을 정당화하는 과정이다.

뱅크스가 제시한 '가치 탐구'는 9단계로 구성된다(Banks, 1990: 437-445).

❙ 가치 탐구의 과정 ❙

단계	교수·학습 활동
1. 가치문제를 정의 및 인식하기	• 관련된 자료를 제시하고 가치문제를 인식하기
2. 가치 관련 행동을 서술하기	• 가치문제와 관련된 중요한 행동이 무엇인지 서술하기
3. 서술된 행동에 의해 예시되는 가치에 이름 붙이기	• 가치문제 관련 행동에 나타난 가치를 찾아 이름 붙이기

단계	교수·학습 활동
4. 서술된 행동에 포함된 대립 가치 확인하기	• 서술된 행동에 포함된 가치들 중에서 '대립 가치'를 확인하기 • 대립 가치가 충돌하는 이유를 분석하기
5. 분석된 가치의 원천에 대해 가설 세우기	• 대립 가치들의 원천이 무엇인지 조사하기 • 가치 갈등을 해결하기 위한 '잠정적 해결 방안', 즉 가설을 제시하기
6. 관찰된 행동에 의해 예시되는 가치의 대안적 가치에 이름 붙이기	• 가치문제와 관련된 행동의 대안을 찾기 • 대안에 포함된 대안적 가치를 찾아 이름 붙이기
7. 분석된 가치들의 결과에 대해 가설 세우기	• 행동의 대안 및 대안적 가치의 결과를 예측하는 **'가치 비교 분석표'**를 작성하기 • '가치 비교 분석표'에 의거해 대안을 비교·분석하기
8. 가치 선호를 선언하기	• 가치 비교 분석표에 기초하여, 자신이 선호하는 가치와 대안을 선택하기 • 자신이 선택한 가치와 대안을 발표하기
9. 가치 선택의 이유, 원천, 결과를 서술하기	• '가치 비교 분석표'에 기초해 가치와 대안의 선택 이유와 결과를 제시하며 정당화하기

3) 가치 탐구의 비판적 평가

가치 탐구 모형은 가치문제와 관련된 대립 가치를 명료화하고 합리적인 가치 결정 능력을 향상시키는 데 기여하지만, 몇 가지 한계를 지니고 있다.

첫째, 가치 명료화 모형과 마찬가지로, 가치 탐구 모형도 개인 간 또는 집단 간 가치 갈등을 실제적으로 해결하기 어렵다. 이 모형에 의하면, 개인 간 또는 집단 간 가치문제에서 대립 가치를 명료화 하고, 가치들의 대안을 비교·분석한 후, '각자 선호하는 가치'를 선택하고 정당화한다. 최종적인 가치의 선택은 각 개인 또는 집단이 선호하는 가치에 근거해 선택하기 때문에, 개인이 서로 다른 가치를 선택했을 때 가치 갈등은 해결되기 어렵다. 각 개인이나 집단의 가치 선택을 객관적으로 평가할 '보편적 기준'이 존재하지 않기 때문에, 가치 갈등이 근본적으로 해결되지 못 한다.

둘째, 사회에서 쟁점이 되는 가치 갈등은 기본적 가치와 특수한 가치 사이에서 발생하는 것이 아니라 대부분 기본적 가치 사이의 대립으로 발생되는 것이다. 따라서 가치 갈등을 합리적으로 해결하기 위해서는 대립하는 기본적 가치들의 우선 순위를 결정할 보편적 가치 또는 원리가 필요하다. 그러나 가치 탐구 모형은 기본적 가치 사이의 갈등을 해결할 수 있는 '**보편적 가치** 또는 **원리**'를 제시하지 못했다.

셋째, 가치 탐구 모형은 개인의 합리성을 전제함으로써 합리적 개인이 가치 갈등을 합리적으로 해결할 것이라고 낙관적으로 기대하였다. 이 모형은 대립 가치를 비교·분석하면, 모든 사람이 가장 합리적인 대안 가치를 선택할 것이기 때문에, 가치 갈등이 합리적으로 해결될 것이라고 가정하였다.

그러나 실제 상황에서 인간의 최종적인 결정에는 가치 이외에 여러 가지 요인들이 작용한다. 대립 가치의 명료화와 가치의 비교·분석의 과정을 거치더라도, 객관적으로 옳은 가치를 선택하는 것이 아니라 각 개인 또는 집단이 선호하는 가치 또는 자신에게 이익이 되는 대안을 선택한다.

6. 도덕적 추론

1) 도덕적 추론의 발달 : 인지 발달론적 접근법

L. Kohlberg는 전통적인 가치 교육이 기존 사회의 규칙이나 가치를 '덕목 꾸러미' 측면에서 가르쳤다고 비판했다. 가치 주입법에서 덕목이나 가치는 '상대적인' 것이고, 학생이 그 가치에 대해 반성적으로 성찰하거나 선택할 기회를 주지 않고 교사가 '주입'하는 문제를 안고 있다. 이런 한계를 극복하기 위해 가치 명료화가 등장했다. 그러나 가치 명료화도 '가치 상대주의'에 의거해 학생이 소중히 여기는 가치를 분명하게 자각하는 것을 목표로 했고, 보편적 원

리에 기초해 도덕적으로 판단(사고)하는 단계로 나가지 못하는 한계를 지녔다(Kohlberg, 1976: 209-210).

이런 한계를 극복하기 위해 콜버그는 딜레마 상황에서 가치 갈등에 대한 소크라테스식 토론을 통해 도덕적 추론을 발달시키는 **'인지 발달론적 접근법'**(cognitive-developmental approach)을 제안했다. 인지적 접근법인 이유는 도덕적 추론 과정이 도덕적 쟁점과 토론에 대해 아동의 '능동적 사고'를 자극하는 것이기 때문이다. 발달론적 접근법인 이유는 '도덕적 추론 단계의 상승'을 도덕교육의 목표로 간주하기 때문이다(Kohlberg, 1976: 201).

인지 발달론에 기초하여 콜버그는 아동의 도덕적 추론 능력은 일련의 단계를 거쳐 상승하고, 한번 상승한 추론 단계는 퇴행하지 않는다는 '도덕 발달론'을 주장했다. 도덕적 추론의 발달 단계는 다음과 같이 3수준 6단계로 구성된다(Kohlberg, 1981: 56-59, 196-220).

Ⅰ. 관습 이전 수준
  1단계: 처벌과 복종 지향
  2단계: 도구적 상대주의 지향
Ⅱ. 관습적 수준
  3단계: 착한 소년·소녀 지향
  4단계: 법과 질서의 지향
Ⅲ. 관습 이후 수준
  5단계: 사회 계약과 법률적 지향
  6단계: 보편적·윤리적 원리의 지향

2) 도덕적 추론의 과정

콜버그는 딜레마 토론을 통해 보편적인 도덕적 추론 능력을 발달시키는 교육을 강조했다. **도덕적 추론**(moral reasoning)은 딜레마 상황에서 가치 갈등을 해결하는 도덕 판단을 내리고 합리적 이유에 근거해 정당화하는 사고 과정이다. 도덕적 추론의 단계는 학생이 무엇을 가치 있다고 생각하는지 그리고 왜 그것이 가치 있다고 생각하는지 그 이유에 의거해 정해진다.

이러한 '도덕적 딜레마 토론'(moral dilemma discussion)이 학생의 도덕적 추론 능력을 발달시키기 위해서는 다음과 같은 조건을 충족해야 한다(Kohlberg, 1976: 214).

첫째, **한 단계 높은 추론**을 경험하게 한다.

둘째, 아동의 현재 도덕 추론의 수준에 대하여 문제점과 모순을 제기하는 **갈등 상황**에 직면하게 함으로써 현재의 도덕 수준에 불만족을 느끼도록 유도한다.

셋째, 상충하는 도덕적 관점들을 자유롭게 비교하는 **토론과 관점 교환**의 분위기를 조성한다.

하지만 콜버그는 도덕적 딜레마 토론의 교수·학습 과정을 단계별로 체계화하여 제시하지 않았다. 다만 하인즈 딜레마를 제시하고 토론하는 사례만 제시했다. '하인즈 딜레마'는 치료비가 부족한 하인즈가 암에 걸린 아내를 위해 약국에서 약을 훔쳤는데, 그 행위가 옳은지 그른지를 판단하고 그 이유가 무엇인지 말하는 것으로 구성되었다.

하인즈 딜레마 토론에서 유추해보면, '도덕적 추론의 과정'은 먼저 도덕적 딜레마 상황을 제시하고, 그 상황에서 주인공이 어떻게 행동하는 것이 옳은지 학생이 도덕적 판단을 하고 그 이유를 설명한다. 그다음 교사는 학생의 현 수준보다 한 단계 높은 추론의 이유 또는 근거에 비추어 학생의 판단 및 이유의 문제점을 성찰하도록 질문하고, 학생들이 더 높은 단계의 도덕적 추론과 이유에 대하여 토론하게 한다. 이런 딜레마 토론의 과정을 통해 각 학생은 자신보다 더 높은 단계의 도덕 판단 및 이유를 인식하면서 현재보다 더 높은 단계로 추론 능력이 향상된다.

딜레마 토론을 활용한 도덕적 추론의 과정을 정리하면 다음과 같다.

1. 딜레마 상황의 제시
2. 자신의 도덕 판단 및 이유의 설명
3. 더 높은 단계의 도덕 판단과 이유에 대한 토론
4. 현재 수준의 도덕 판단의 성찰 및 변경

3) 도덕적 추론 모형의 비판적 평가

콜버그의 도덕적 추론 모형은 상대적 가치나 구체적 행위를 직접 가르치지 않고, 정의, 인권 같은 보편적 원리에 기초한 도덕적 추론 능력을 발달시키는 가치 교육에 기여했다. 하지만 인지 발달론에 기초한 도덕적 추론 모형은 여러 가지 한계를 지녔다.

첫째, 콜버그는 도덕 추론이 도덕 행위를 결정하는 가장 중요한 요소라고 주장했지만(Kohlberg, 1976: 206), 실제로 도덕적 추론(판단)은 도덕적 행위로 곧바로 연결되지 않는다(박상준, 2002: 18-22). 자신의 이론을 증명하기 위해 여러 나라에서 많은 경험적 연구를 실시했지만, 콜버그의 도덕 발달론은 확실하게 입증되지 못했다. 그 결과 후기에 도덕적 추론 능력이 발달할지라도, 도덕 추론이 도덕 행위로 실천되지 않을 수 있다는 사실을 인정했다. L. Kohlberg와 R. Krebs의 조사에 의하면, 관습적 수준의 학생 55%와 관습 이후 보편적 원리에 의거해 추론하는 학생의 15%가 시험에서 부정행위를 했다. 이런 사실은 도덕적 추론이 도덕 행위로 연결될 때, 상황의 압력, 동기, 감정, 의지력 등 여러 가지 다른 요소들이 작용한다는 사실을 말해준다(Kohlberg, 1976: 205-206).

둘째, 콜버그는 도덕적 추론과 행동에서 인지적 요소만 고려했기 때문에, 실제 도덕 판단과 행동에 큰 영향을 미치는 '정의적 요소'를 간과했다. 실제 상황에 처한 행위자는 다른 사람들과 복잡한 사회적 관계를 맺고, 자신의 이해관계가 직접 얽혀 있기 때문에, 이해관심, 정서, 도덕적 분위기 등 정의적 요소가 개인의 도덕적 추론과 행위에 커다란 영향을 미친다.

그래서 후기에 콜버그는 도덕적 추론과 도덕 행위 사이의 간격을 메우기 위한 대안으로 '정의 공동체 접근'을 시도했다. 이 접근은 공동체의 도덕적 분위기와 문화, 정서, 공동체에 대한 인식 등이 개인의 도덕적 추론과 행위에 중요하다는 사실을 인정하고, 도덕적 추론의 발달뿐만 아니라 정의로운 문화를 가진 공동체를 만드는 것을 중요시한다.

실제로 콜버그는 캠브리지 공립 고등학교 안에 '정의 공동체 학교'(just community school) 프로그램을 운영했다. 이 실험 학교를 통해 그는 도덕적 행동의 변화가 도덕적 추론뿐만 아니라 가치 갈등이 민주적으로 공정하게 해결되는 과정을 경험하면서 형성된 도덕적 분위기와 공동체 의식의 영향을 받는다는 점을 인정했다(Kohlberg, 1976: 218).

| 가치 주입, 가치 명료화, 도덕적 추론의 비교 |

구분	가치 주입	가치 명료화	도덕적 추론
가치 특성	• '상대적' 가치/덕목	• '상대적' 가치 (가치 상대주의)	• '보편적' 가치/원리 (정의, 인권)
교육 목표	• 관습적 가치의 '내면화'	• 나의 가치의 '명료화' 및 확신	• '도덕적 추론(판단)' 능력의 발달
교수 방법	• 교화와 훈계, 보상과 교정	• 토론: 질문과 응답	• 도덕적 딜레마 토론
비판	• '상대적' 가치의 '주입' → 가치의 성찰 없음	• 가치 상대주의 → '보편적 원리'에 의한 사고/판단 없음	• 도덕 판단이 도덕 행위로 연결되지 않음 • 도덕 판단의 '정의적 요소' 간과

제12장 사회과에서 행위의 교육

사회과에서 기르고자 하는 민주 시민은 사회현상과 문제에 대한 지식과 이해, 민주적 가치와 태도에 기초하여 문제를 합리적으로 해결하기 위해 주도적으로 참여하고 행동하는 사람이다. 교실 안에서 많은 지식을 배우고 합리적 의사결정의 방법을 배울지라도, 실제 사회생활 속에서 실천하지 않으면 사회과의 최종적인 목표는 달성되지 않은 것이다. 이런 점에서 사회과에서 사회현상이나 문제와 관련된 지식, 사고 기능, 가치를 형성하는 교육에서 더 나아가 그것에 기초하여 사회문제를 해결하기 위해 주체적이고 능동적으로 참여하고 행동하는 시민을 기르는 **'행위의 교육'**이 필요하다.

이 장에서는 사회과에서 행위 교육의 중요성을 검토하고, 행위 교육의 방법으로 현장 학습, 체험 학습, 시민 행동 교육 모형에 대해 살펴볼 것이다.[1)]

1. 사회과의 목표로서 행위의 교육

대의 민주주의(representative democracy)에서 정부의 정책 결정은 소수 정치인과 정부 관료에 의해 독점되고, 선거 이외에 일반 시민들이 정책 결정 과정에 참여할 수 있는 통로는 매우 제한된다. 그에 따라 대의 민주주의는 2가지 위기에 직면하고 있다. 첫째, 대의제는 **'참여의 위기'**를 맞고 있다. 시민은

1) 현장 학습, 체험 학습의 다양한 유형과 방법, 적용 사례에 대해서는 박상준(2022), 「**사회과 교재 연구 및 교수법**」(**3판**)의 제16장 '현장 학습과 체험 학습'을 찾아보세요.

대표자의 선거 때만 주권을 행사하고, 그 후에 시민은 정책 결정에 참여하기 어렵고 대표자에 의해 결정된다. 그에 따라 투표율과 정치 참여가 낮아지는 추세이다. 둘째, 대의 민주정치는 '**대표성의 위기**'를 맞고 있다. 중앙선거관리위원회의 선거 통계자료에 의하면, 2008년 18대 국회의원 선거의 245개 지역구 중 43곳의 당선자가 전체 유권자의 25% 지지도 얻지 못하고 당선됐다. 또한 대표자가 되기 위해 정당의 공천을 받고 선거에 많은 비용이 들어가는 정치 구조에서, 대표자는 시민의 대리인보다 특정 정당이나 집단의 이익을 대변하는 경향이 있다.

이러한 대의 민주주의의 위기를 극복하고 시민의 자유와 권리가 보장되는 민주 사회를 만들기 위해서는 시민의 적극적 참여가 요구된다. 그래서 사회과에서 정치과정에 주체적으로 참여하여 문제를 합리적으로 해결하는 시민의 역량을 함양하는 것이 요구된다.

이런 이유에서 사회과는 사회현상이나 문제에 관한 지식, 사고력, 가치·태도 이외에 행동의 교육을 중요한 목표로 제시하고, 행동과 참여를 가르치기 위한 프로그램들이 개발되기 시작했다. 문제 해결을 위한 행동과 참여는 교실 밖 일상생활 속에서 직접 체험해 봄으로써 효과적으로 습득될 수 있다.

2. 현장 학습

최근 사회과에서는 지식, 기능, 가치·태도에 더하여 '행동·참여'가 궁극적 목표로 제시되고 있다.[2] 이런 측면에서 최근 사회과에서는 실제 사회생활에서 문제를 해결하는 과정에 참여하는 경험을 통해 문제 해결력, 민주적 가

2) 사회과학적 지식이나 사고능력이 실제 생활에서 행위의 실천으로 직접 연결되지 않는다는 비판이 많이 제기되면서, 최근 '행위의 실천과 참여'가 사회과의 중요한 목표로 강조되는 추세이다(Banks, 1990: 4-8; Chapin & Messick, 1996: 5-6; 차경수·모경환, 2008: 68-70; 정문성 외, 2008: 18-19; 차경수, 1997: 53-55; 박상준, 2002a: 97-149, 2011c: 59-61; 장원순, 2003: 7-24, 80-115).

치, 사회적 행위와 참여를 가르치는 체험 학습이 강조되고 있다.

그런데 아직 사회과에서 체험 학습에 대한 연구가 체계적으로 이루어지지 않았고, 학교 현장에서 쉽게 활용할 수 있는 체험 학습의 모형과 프로그램이 보급되지 못했다. 이런 상황으로 인하여 많은 학교 현장에서 '현장 학습'과 '체험 학습'을 구별하지 않고 유사한 의미로 혼용하거나 또는 2가지를 결합하여 '현장 체험 학습'이란 용어를 사용하고 있다. 교실 밖에서 이루어지는 활동은 모두 현장 체험 학습으로 이해되는 실정이다.

그러나 학습의 목표, 학습 활동의 과정, 학습의 결과 및 영향 등의 측면 에서 현장 학습과 체험 학습은 구별되어야 한다.

1) 현장 학습의 의미와 목표

현장 학습은 경험 학습, 현장 견학, 현장 교육, 현지 조사 등과 유사한 개념으로 사용되고 있다. **현장 학습**(action learning)은 교실 밖에 나가서 하는 활동뿐만 아니라 실제 사회 현장을 교실 안으로 가져와 이루어지는 교수·학습 활동-강사 초빙, 모의게임 등-을 포함한다.

김용신은 현장 학습을 경험 학습과 현장 견학을 포함하는 포괄적인 개념이라고 보고, 사회과에서 "현장 학습은 사회현상에 대한 이론적 지식을 구체적 실천과 연결지어 사회과 교수·학습 과정에 도입함으로써 개인과 사회, 이론과 실천, 추상과 구체성 간의 대화를 가능하게 하여 학습자로 하여금 시민성을 형성하게 해주는 학습 방법이다"라고 정의하였다(김용신, 2003: 22-24). 현장 학습은 교실 수업과 지역사회를 연결하고, 구체적 활동에 초점을 맞추고, 학생이 학습 과정에 능동적으로 참여할 때 효과를 거둘 수 있다.

김용신과 비슷하게 최용규 등은 사회과에서 현장 학습의 중요성을 인정하고, 현장 학습의 전략과 적용 사례를 제시하였다. "현장 학습이란 아동이 교실을 떠나 사회현상을 관찰, 조사, 면접 등의 활동을 하는 학습 방법이다"라고 정의하였다(최용규 외, 2005: 323).

이런 현장 학습의 특징은 교실 안에서 배운 '지식'과 교실 밖에서 일어나는 '실제 상황'을 연결함으로써 이론과 실천 간의 괴리현상을 감소시키고, 추상적 지식을 생생하게 이해하도록 도와주는 것이다.

2) 현장 학습의 유형

현장 학습은 학습이 이루어지는 공간의 특성에 따라 '실질 현장 학습'과 '가상 현장 학습'으로 구분되고, 실질 현장 학습은 '교내 현장 학습'과 '교외 현장 학습'으로 분류될 수 있다. 사회과 수업에서 활용할 수 있는 현장 학습의 유형을 살펴보면 다음과 같다(김용신, 2003: 25-40, 167-268).

▎현장 학습의 유형과 활동 사례▎

<table>
<tr><th colspan="2">구분</th><th>현장 학습의 유형</th><th>활동 사례</th></tr>
<tr><td rowspan="9">실질 현장 학습</td><td rowspan="5">교내 현장 학습</td><td>• 강사 초빙 현장 학습</td><td>학습 주제와 관련된 인사의 초빙 강의</td></tr>
<tr><td>• 학교 탐구 현장 학습</td><td>학교 조직의 특성에 대한 조사 활동</td></tr>
<tr><td>• 역할놀이 현장 학습</td><td>가상 상황에서의 역할 수행</td></tr>
<tr><td>• 모의 게임 현장 학습</td><td>모의 상황에서 실제 활동의 경험
(모의재판, 모의 국회 등)</td></tr>
<tr><td>• 시청각 자료 활용 현장 학습</td><td>학습 주제와 관련된 시청각 자료의 활용</td></tr>
<tr><td rowspan="4">교외 현장 학습</td><td>• 현장견학</td><td>학습 주제와 관련된 현장의 견학
(관공서, 의회, 박물관, 문화 유적지 등)</td></tr>
<tr><td>• 사회교육 프로그램</td><td>인턴처럼 다양한 직업의 경험 활동</td></tr>
<tr><td>• 사회조사 현장 학습</td><td>학습 주제에 대하여 직접 조사하기
(관찰, 설문조사, 면접, 문헌조사 등)</td></tr>
<tr><td>• 문화지 제작 현장 학습</td><td>지역사회의 생활모습에 대한 신문이나 잡지의 기획, 취재, 제작</td></tr>
<tr><td>가상 현장 학습</td><td>인터넷 현장 학습</td><td>• 인터넷 현장 학습</td><td>학습 주제에 대하여 인터넷 사이트에서 검색하여 정보의 수집</td></tr>
</table>

(표: 필자가 김용신의 논의를 재구성함)

3) 현장학습의 비판적 평가

앞에서 간략히 살펴보았듯이, 현장 학습은 사회과 교실에서 학습한 지식과 실제 생활에서의 실천을 연결시키는 교수 방법의 중요성을 부각시키고, 활동 중심의 사회과를 강조하였다는 점에 의의가 있다. 하지만 현장 학습은 몇 가지 한계를 지닌다.

첫째, 현장 학습은 경험의 의미를 너무 좁게 해석하였다. 경험은 단지 교실에서 배운 지식을 실제의 생활에 적용하는 것만은 아니다. J. Dewey가 지적했듯이, '경험'(experience) 또는 체험은 '무엇을 능동적으로 해보는 것(doing)'과 '그에 대해 반성적으로 생각하는 것(reflective thinking)'이 통합된 일련의 과정이다(Dewey, 1952: §11:1-2, 11-12, 20). 듀이에 있어서, 경험이란 단지 어떤 일을 해보는 것이 아니라 무엇을 해보고 그것에 대해 반성적으로 사고함으로써 의식과 행동에 어떤 변화가 일어나는 '일련의 과정'을 가리킨다.

둘째, 현장 학습을 하기 위해서는 수업 계획과 준비에 많은 시간과 비용이 소요된다. 현장 학습은 교실 밖에서 활동을 중심으로 이루어지기 때문에 교사가 사전에 장소 섭외, 현장 확인, 강사의 초빙, 활동 프로그램 등에 대해 충분히 준비해야 하고, 많은 비용이 소요될 수 있다.

셋째, 보신주의(保身主義) 문화가 우리나라 학교에 만연되어 있기 때문에, 현장 학습이 효율적으로 실시되기 어렵다. 현장 학습을 실시하기 위해서는 교장의 허가를 받아야 하는 데, 교장은 현장 학습에서 발생할 수 있는 안전사고에 대해 책임을 지기 싫어하고 무사안일하게 현 상태를 유지하기 원한다. 또한 현장 학습에서 안전사고가 발생할 경우에 지도교사에게 책임을 묻는 풍토이기 때문에 교사들도 꺼려한다.

넷째, 우리나라의 경우에 학교와 지역 공공기관의 연계와 협력 시스템이 형성되지 않았기 때문에, 현장 학습이 효과적으로 실시되기 어렵다. 우리나라의 학교 문화와 사회 풍토를 고려할 때, 둘째부터 넷째까지의 문제점은 현장 학습뿐만 아니라 체험 학습의 실시에서도 나타나는 한계이다. 이런 한계를 극복하고 일선 학교에서 현장 학습 또는 체험 학습이 효율적으로 실시되도록 하기 위해서는 학교와 지역사회의 협력 및 지원 체제를 마련하고, 구체적인 체험 학습의 프로그램을 보급하는 것이 필요하다.

3. 체험 학습

1) 체험 학습의 의미와 목표

앞에서 살펴본 것처럼, 현장 학습은 교실 안에서 배웠던 내용을 교실 밖 세계에서 경험하게 한다는 점에서 체험 학습과 유사한 교수·학습 방법이다. 하지만 **'현장 학습'**(action learning)은 주로 현장에 가서 보고 듣고 조사하는 활동(action)을 통해 교과서에서 배웠던 지식을 생생하게 이해하도록 하는(learning) 방법이다. 그래서 현장 학습은 실제 현장에 가지 않고 강사 초빙, 모의게임, 인터넷 등을 통해 교실 안으로 생활 현장을 가져옴으로써 간접 경험하게 하는 학습방법을 사용하기도 한다.

반면에 **'체험 학습'**(experiential learning)은 현장 학습의 수준을 넘어서 사회문제를 해결하는 과정에 참여하는 '경험'을 통하여 사회에 대한 인식, 가치 체계, 사회적 기능-문제 해결력, 의사결정력, 의사소통 능력, 협동 능력 등을 '체득해가는(learning) 과정이다. 한마디로 체험 학습은 실제 사회문제를 해결하는 과정에 참여하는 '경험을 통한 학습'(learning by experience)이다.

예컨대 현장 학습에서 모의재판은 '가짜' 상황을 만들어서 그 상황에서 '가상 시나리오'에 따라 재판을 진행하는 것이다. 따라서 '모의 재판'의 결정은 학생들에게 전혀 영향을 미치지 않는다. 모의 재판의 목적은 가짜 상황과 가상 시나리오를 통하여 '재판에 관한 지식'을 생생하게 이해시키는 것이다.

반면에 체험 학습에서 학생 자치 법정은 학교에서 '진짜' 문제 상황이 발생했을 때, 그 문제를 해결하기 위한 재판을 실제로 진행하는 것이다. '학생 자치 법정'의 결정은 관련 학생들에게 실질적으로 영향을 미친다. 학생 자치 법정의 목적은 학교에서 실제로 발생한 교칙 위반 사건을 학생들이 직접 해결하는 과정에 참여하는 경험을 통해 재판 과정에 대해 이해할 뿐만 아니라 법적 문제를 해결하는 능력과 효능감을 체득하게 하는 것이다.

D. A. Kolb에 따르면, 체험 학습은 교실과 실제 세계를 연결시키고 사회 현실의 요구와 교육적 목표를 결합시키는 매개체의 역할을 한다. 체험 학습은 교육, 노동, 개인의 발달 사이의 중요한 연결 관계를 강화시키는 틀을 제공한다. 모든 학습은 체험의 변형 작용을 통해 지식을 습득하는 과정이고, 체험과 학습은 상호 밀접하게 연결되어 있다(Kolb, 1984: 3-4, 38).

이런 맥락에서 체험과 학습의 상호 불가분성을 강조하면서, C. Beard와 J. P. Wilson은 "체험 학습(experiential learning)이 개인의 내적 세계와 외부 세계 사이의 능동적인 상호작용 관계를 인식하는 과정이다"고 정의했다(Beard & Wilson, 2007: 19). 체험 학습은 경험을 변형시켜서 그것을 보다 넓은 개념틀 안에서 통합시키기 때문에, 모든 형태의 학습 과정을 떠받치고 있는 기초적인 것이다.

이런 논의를 종합하여, 필자는 "**체험 학습**은 실제 사회문제의 해결 과정에 참여하는 경험을 통하여 사회와 민주주의에 대한 인식, 민주적 가치와 태도, 사회적 기능을 형성하고 재구성해가는 상호작용의 과정이다"라고 정의할 것이다. 체험 학습은 사회 교과서의 지식을 실제 생활의 문제를 해결하는 행동과 참여로 연결시키고, 사회의 의사결정 과정에 참여하는 방법과 기회를 경험하는 것을 도와준다.

이런 측면에서 사회과는 지역사회에서 겪는 사회문제를 해결하는 과정에 직접 참여하는 경험을 통해 민주시민의 역량을 효과적으로 체득시키는 체험 학습의 모형과 프로그램을 제공해야 한다(박상준, 2008b: 139-174).

❙ 현장 학습과 체험 학습의 비교 ❙

구분	현장 학습	체험 학습
의미	• 사회현상에 대한 이론적 지식을 구체적 실천과 연결하여 시민성을 형성하는 학습방법 • 아동이 교실을 떠나 사회현상의 관찰, 조사, 면접 활동을 하는 학습 방법	• 개인의 내적 세계와 외부 세계 사이의 능동적 상호작용 관계를 인식하는 과정 • 사회문제의 해결 과정에 참여하는 경험을 통해 사회와 민주주의에 대한 인식, 보편적 가치와 태도, 사회적 기능을 형성하고 **재구성하는 상호작용의 과정**
목표	• 학습 주제와 관련된 지식의 습득	• 사회문제의 해결과 관련된 사회적 기능의 체득과 사회 참여
학습 활동	• 견학, 관찰, 조사, 면접, 정보 검색, 보고서 작성하기 등	• 문제의 파악 및 조사 • 문제 해결을 위한 실천과 참여 • 문제 해결 과정에 대한 반성

2) 체험 학습의 유형과 효과

사회과는 사회에 대한 지식과 민주적 가치에 의거해 문제를 합리적으로 해결하는 데 참여하는 시민의 역량을 육성하는 것을 목표로 한다는 점을 고려할 때, 사회과에서 활용할 수 있는 체험 학습의 유형은 다음과 같다.

- **청소년 유해환경 감시단**: 유해환경 이해하기, 주변 지역에서 유해환경의 조사, 유해환경의 해결 활동
- **환경 지킴이**: 환경오염 이해하기, 생활 주변에서 환경오염의 조사, 환경오염의 해결 활동
- **문화재 지킴이**: 지역 문화재의 이해, 지역의 훼손된 문화재의 조사, 훼손된 문화재의 보존 활동
- **청소년 의회**: 청소년 의회의 조직, 청소년 관련 문제의 토의 및 결정, 청소년 문제 해결에의 참여
- **학생 자치 법정**: 학생 자치 법정의 조직, 교내 법적 문제의 재판, 재판 결과의 공지, 재판의 결과에 대한 토론과 반성
- **시민단체 참여 활동**: 시민단체의 활동 조사, 시민단체의 시민교육에 참가, 시민단체 활동에 참여

- **작은 권리 찾기 운동**: 나의 권리 이해하기, 생활 주변에서 침해된 권리의 조사, 침해된 권리 찾기 활동

이러한 체험 학습은 사회과의 목표를 실질적으로 달성하는 데 있어서 다음과 같은 교육적 효과를 지니고 있다.

① 체험 학습은 교과서 지식과 실제 생활세계를 연결시킴으로써 지식을 실제적으로 체득할 수 있도록 도와준다. 학생들은 실제 생활에 참여하고 실천하는 경험을 통해 교실에서 배운 지식과 기능을 실질적으로 이해하고 습득할 수 있다.

② 체험 학습은 사람들이 함께 사회문제를 해결하는 경험을 통해 문제해결력, 의사결정력, 의사소통 능력, 협동 능력 같은 사회적 기능을 신장시킬 수 있다. 학생들은 사회문제를 조사하고 해결하는 경험과 그에 대해 반성적으로 성찰함으로써 문제 해결력과 의사결정력 등을 습득할 수 있다. 또한 학생들은 사회문제를 해결하기 위해 동료 학생 및 지역 주민들과 대화하고 상호작용하는 과정에서 의사소통 능력과 협동 능력 등을 습득할 수 있다.

③ 체험 학습은 학생 자신이 사회문제를 해결할 수 있다는 효능감을 신장시킨다. 체험 학습에 참여함으로써 학생들은 자신이 사회문제의 해결에 영향을 미치고 변화시키는 경험을 할 수 있다. 이런 경험은 자신이 사회문제의 해결에 영향을 미치고 사회 변화에 기여할 수 있다는 인식과 효능감을 갖게 한다.

④ 체험 학습은 사회문제를 해결하는 경험을 제공함으로써 사회문제에 대한 관심을 증대시키고, 사회참여의 태도와 성향을 형성시킬 수 있다.

⑤ 체험 학습은 사회문제에 대한 책임감을 증대시킨다. 사회문제를 해결하는 과정에 참여함으로써 사회에서 발생하는 문제를 인식하고 그 문제를 해결하는 데 개인이 해야 할 역할과 책임이 있다는 인식을 갖게 한다.

경험적 연구 결과에 의하면, 체험 학습은 교실에서 민주주의에 대한 지식을 주입하는 것보다 개방 의식, 민주적 의사결정, 공동체 의식, 참여 의식 같은 시민성을 형성시키는 데 더 효과적인 것으로 나타났다(김원태, 2001: 59-61).

3) 체험 학습의 과정

사회과에서 체험 학습의 중요성이 인식되면서, 1990년대 후반부터 학자들보다 초·중등 교사들이 주로 사회과 또는 특별 활동을 이용하여 체험 학습을 시도했다. 교사들은 사회과 수업에서 노동운동에 대해 수업하고 노동단체의 활동에 참여하거나, 클럽 활동으로 NGO 탐방반을 만들어 주말에 시민단체의 활동에 참여하는 체험 학습을 실시하였다(천희완 외, 2001: 12-45, 70-107, 110-141). 선구적으로 이 교사들은 사회과의 지식과 실천을 연결하기 위해 나름대로 체험 학습을 시도했다는 점에 의의가 있다.

그러나 그들은 체험 학습의 이론적 토대에 기초하여 체험 학습을 체계적으로 실시하지 못했고, 학교와 지역사회에서 일반적으로 적용할 수 있는 체계적인 체험 학습의 모형과 프로그램을 제시하지 못했다.

이런 이유에서 필자는 체험 학습의 이론적 토대에 기초하여 체험 학습의 과정을 다음과 같이 제시하고자 한다.

❙ 체험 학습의 과정 ❙

구분	주요 활동
1. 체험 학습 준비하기	• 교과서 내용과 관련된 체험 학습의 유형과 방식을 선정하기 • 체험 학습을 체계적으로 계획하기
2. 체험 문제 인식하기	• 토론을 통해 체험 학습에서 해결할 지역사회의 문제를 선정하기 • 지역사회의 문제에 대하여 구체적으로 파악하기
3. 체험 문제 분석하기	• 문제 해결을 위한 실제적인 방법과 절차에 대해 토의하기

구분	주요 활동
4. 사회 참여 체험하기	• 실제 지역사회에 가서 문제와 관련된 정보와 자료를 조사하기 • 조사한 정보와 자료를 수집하여 정리하기 • 문제 해결을 위해 실천하기(민원 제기, 서명 운동, 캠페인, 봉사 활동 등)
5. 사회 체험 반성하기	• 체험 활동에 대해 반성적으로 성찰하고 토론하기 • 문제 해결의 과정 및 결과를 정리하고 보고서 작성하기

4. 시민 행동 교육

1) 시민 행동 교육의 필요성

기존의 사회과는 지리, 역사, 사회과학의 주요 지식을 가르치거나 사회문제를 합리적으로 해결하는 의사결정력을 발달시키는 데 초점을 맞추었다. 그 이유는 그런 지식이나 사고력이 민주 사회에서 정책 결정, 사회문제의 해결, 권리의 행사 등에 참여하거나 실천하는 행동으로 전이될 것이라고 가정하였기 때문이었다. 하지만 불행하게도 그런 '전이'는 이루어지지 않았고, 그런 가정에 기초한 '지식의 교육' 또는 '사고력의 교육'은 시민의 행동과 참여에 있어서 별로 효과를 거두지 못 하였다.

이런 문제의식에서 F.M. Newmann은 기존의 사회과가 시민의 행동을 직접적으로 다루지 않았다고 비판하면서 학생들이 공공 정책에 영향을 미치는 방법과 기능을 가르치는 **'시민 행동 교육'**(education for citizen action)을 제안하였다(Newmann, 1975). 뉴만의 시민 행동 교육 모형은 공적 영역에서 영향력을 행사하는 시민의 행위를 훈련시키는 데 초점을 맞추었기 때문에, '사회 행위 모형'이라고 부르기도 한다(Hersh, et al., 1980: 28,231).

시민 행동 교육 프로그램은 공공 정책에 영향력을 행사하는 데 필요한 기능을 (1)의사소통, (2)정보 수집 및 해석, (3)의사결정, (4)의사결정의 정당화, (5)협력, (6)토론, (7)전문적 기능 7가지로 제시하였다.

2) 시민 행동 교육 프로그램

F.M. Newmann, T. Bertocci, R.M. Landsness는 고등학교에서 국어, 철학, 상담 등 여러 교과와 융합하여 공공 정책에 영향을 미치는 시민 행동을 가르치는 프로그램 6가지를 제안하였다(Newmann, et al., 1977: 9-10). 이 프로그램에 참여할 학생은 자발적 지원을 통해 선정된다. 그리고 프로그램은 보통 한 학기 동안 매주 2~3회 정도씩 정기적으로 실시된다.

(1) 정치적-법적 과정 코스(Political-Legal Process Course)

학생들은 정치체제에 대하여 배우고 정책 결정 과정에 실제로 참여하는 경험을 한다. 학생은 민주주의에서 정치 제도와 법률, 정책을 결정하는 과정에 대하여 학습하고, 그 다음 국회(지방의회)의 회의, 법원의 재판 등을 방문하여 현장 학습을 하면서 정치적-법적 의사결정 과정을 관찰한다.

학생들은 현장 학습에 참여하면서 정책 결정자에 대한 면담 조사, 정책 결정 과정에 대한 관찰, 관련 자료 수집 및 분석 같은 활동을 하고, 보고서를 작성하여 제출한다.

(2) 의사소통 코스(Communication Course)

학생들은 글이나 말을 통하여 의사소통하는 기능을 배운다. 학생들은 개인 간의 의사소통에서 감정 이입이나 공감 같은 기능을 배울 수 있고, 집단의 의사소통에서 상호 이해와 신뢰를 쌓는 기능을 학습할 수 있다.

(3) 지역사회 봉사 인턴십(Community service internship)

학생들은 정부 기관, 공공 단체, 시민사회 단체 등에서 자원봉사 활동에 참여한다. 학생들은 단체에 가서 서류 정리, 청소 같은 단순한 일을 하는 것이 아니라 한 학기 동안 매주 2~3일씩 인턴으로서 공공 기관의 업무 활동을 지원하거나 아동의 학습 지도, 노인 돌보기 등 실제 업무와 활동을 함께 수행한다.

(4) 시민 행동 프로젝트(Citizen Action Project)

학생들은 학교 규정 개정하기, 청소년 단체 설립하기, 정치 후보자 돕기, 법률 제정을 위한 입법 청원 활동하기 등 민주 시민으로서 공공의 정책 결정에 참여할 수 있는 활동을 직접 해본다. 이런 시민 행동 프로젝트를 실행하는 동안에 학생들은 민주적인 회의 방법, 협상 기술, 선거 운동 전략 등에 대하여 교사와 전문가로부터 상담이나 조언을 받을 수 있다.

(5) 문학 행동 프로젝트(Action in Literature Project)

학생들은 소설, 전기, 수필 같은 문학 작품을 통하여 시민의 행동과 참여가 시민의 권리 보장과 사회의 변화에 어떤 영향을 미쳤는지를 배운다. 학생들은 간디, 마틴 루터 킹 등의 전기나 자서전을 읽으면서 시민 불복종과 비폭력주의 운동이 사회 제도의 변화와 인권의 확장에 가져온 영향을 이해함으로써 사회 운동과 사회 참여의 태도를 기를 수 있다.

(6) 공공 메시지(Public Message)

학생들은 시민 행동 프로그램에서 활동한 내용을 정리하여 보고서를 작성한다. 그 다음 학생들은 활동 보고서에서 전달하고자 하는 핵심적인 메시지를 다른 학생들 또는 대중에게 발표한다.

3) 시민 행동 교육의 비판적 평가

Newmann은 자신이 개발한 시민 행동 교육 프로그램을 위스콘신주 매디슨에 있는 고등학교들에 적용하였다. 하지만 그 밖에 다른 학교들에서는 시민 행동 교육 프로그램이 많이 운영되지 않았다.

그 이유는 시민 행동 교육을 위한 협력 시스템의 미비, 안전사고와 책임, 비용 문제가 발생하기 때문이다. 시민 행동 프로그램을 학교에서 실행하기 위해서 학생이 실습하거나 참여할 수 있는 학교-사회의 협력 시스템이 갖추어지지 않았기 때문에, 현실적으로 실행하는 데 어려움이 발생한다.

그리고 학교장은 학교 밖에서 학생들의 실습이나 사회 참여 프로젝트를 운영하는 것에 따르는 안전사고의 위험과 책임 등 관리·감독의 어려움을 이유로 시민 행동 프로그램을 꺼려하는 경향이 많다. 또한 학생들이 학교 밖에서 시민 행동 프로그램에 참여하기 위해서는 많은 비용이 필요한데, 학교장과 교육청이 시민 행동 프로그램에 예산을 지원하기 꺼려한다.

제13장 사회과의 평가

사회과의 평가방식은 학생들이 사회과 수업에서 무엇을 어떻게 배울 것인가의 기준을 알려주고, 학습의 방향을 정한다. 그런데 전통적 평가 방식은 주로 지식의 기억 정도를 측정하는 선택형 검사 중심의 지필 평가를 주로 실시했기 때문에, 학생의 학습 과정과 시민의 역량을 평가하는 데에 적합하지 않았다. 이런 이유에서 최근에 사회과에서 대안적 평가 방식으로 수행평가가 강조되고 있다.

이 장에서는 사회과에서 평가방식의 전환이 필요한 이유를 살펴보고, 사회과 평가의 유형과 방법, 평가 도구의 양호도 등을 살펴볼 것이다. 그다음 사회과에서 적용할 수 있는 수행평가의 다양한 유형과 방법을 탐색할 것이다.

1. 사회과의 평가 방법

1) 사회과의 평가 원칙과 평가 내용

교육 평가는 교육 목표의 성취도를 측정하는 것이다. 따라서 교육 목표에 따라 무엇을 어떻게 평가할 것인가도 달라진다. 마찬가지로 사회과의 평가는 학생이 사회과의 교수·학습 과정을 거친 후 목표를 어느 정도 달성했는가를 양적, 질적으로 측정하는 것이다. 사회과는 사회현상과 문제에 대한 종합적인 이해와 민주적 가치와 태도에 기초하여 문제를 합리적으로 해결하기 위해 행동하고 참여하는 '민주 시민의 육성'을 목표로 한다. 사회현상이나 문제와 관련된 '지식', '사고 기능', '가치·태도'를 형성하여 궁극적으로 문제 해결을 위한 '행동과 참여'를 실천하는 시민을 기르는 것이 사회과의 목표이다.

이러한 사회과의 목표 영역별로 학습 내용의 성취도를 평가하는 유형과 방법은 매우 다양하다. 사회과의 목표에 따라 평가의 내용은 달라지지만, 타당하고 신뢰할 수 있는 평가가 되기 위해서는 몇 가지 원칙이 지켜져야 한다.

사회과의 평가에서 일반적으로 지켜야 할 기준으로서 **'평가의 방향과 방법'**은 다음과 같다(교육부, 2022b: 70-71).

- 사회과 평가는 교육과정에 제시된 **목표-내용-교수·학습 방법**과 **'일관성'**을 유지하도록 한다.
- 사회과 평가는 교육과정에 제시된 목표와 내용을 준거로 추출된 평가 요소에 따라 이루어지도록 한다.
- **'학습의 과정'** 및 **'학습의 수행'**에 관한 (수행) 평가가 이루어지도록 한다.
- 평가 요소는 **'지식·이해'**에만 치우쳐서는 안 되며, **'과정·기능'**과 **'가치·태도'**를 균형 있게 선정한다.
- **지식·이해**의 평가는 사실적 지식의 습득과 사회현상의 설명과 문제 해결에 필수적인 **개념 및 원리, 일반화**에 대한 이해 정도 등을 평가하는 데 중점을 둔다.
- **과정·기능**의 평가는 지식의 습득과 민주적 사회생활을 하는데 필수적인 **정보의 수집 및 활용 기능, 탐구 기능, 의사 결정 기능, 비판적 사고 기능, 참여 기능** 등을 평가하는데 초점을 둔다.
- **가치·태도**의 평가는 가치의 내면화와 명료화 정도, **가치 분석 및 평가** 능력, **공감 능력, 친사회적 행동** 능력 등을 평가하는 데 중점을 둔다.
- 지필 평가 외에 구술, 면접, 토론, 논술, 관찰, 보고서, 포트폴리오 등 다양한 **'수행 평가'**를 실시한다.
- 디지털 교육 환경과 도구를 활용한 평가 방법을 모색하고 **'온라인 평가도구'**를 개발하여 평가한다.
- 평가 과정과 결과에 대한 **'피드백'**을 적절하게 제공하여 학습자의 성장을 돕는다.

2) 사회과의 평가 유형

사회과의 평가에서 무엇을 어떻게 측정할 것인가에 따라 평가의 유형은 다양하게 분류될 수 있다. 사회과의 평가는 학생의 출발점을 확인할 것인지, 학습의 이해도를 확인할 것인지, 학업의 성취도를 측정할 것인지 같은 '평가 기능'에 따라 진단 평가, 형성 평가, 총괄 평가로 분류될 수 있다. 그리고 학생의 능력 또는 성장 등 '평가 기준'을 어디에 두는가에 따라 능력 지향 평가와 성장 지향 평가로 구분될 수 있다.

(1) 평가 기능에 따른 분류: 진단평가, 형성평가, 총괄평가

사회과에서 '진단 평가'(diagnostic evaluation)는 사회과 수업을 시작하기 전에 학생들의 '출발점 행동'을 확인하는 평가이다. 그래서 진단 평가는 학기 초에 사회 교사가 학생들이 이전 학년에서 학습한 사회과의 교육 내용에 대해 어느 정도 수준에 위치하고 있는지를 확인하기 위해 실시된다. 이런 진단 평가의 결과에 기초하여 사회 교사는 학생의 수준과 능력에 맞게 사회과 수업을 설계하고 수업 내용과 방법을 계획해야 한다.

사회과의 '형성 평가'(formative evaluation)는 사회과의 교수·학습 활동을 하는 과정이나 수업의 마무리 단계에서 학생들이 수업 내용을 어느 정도 이해했는지 '학습의 이해도' 또는 수업 목표에 도달한 정도 등을 평가하는 것이다. 형성 평가는 수업 내용에 따라 쪽지 시험, 과제 수행, 학습지 풀기 등의 형태로 다양하게 실시될 수 있다. 이러한 형성 평가의 결과를 참고하여 사회 교사는 수업을 개선하고 학생의 수준과 능력에 맞게 수업을 변화시켜야 한다.

사회과에서 '총괄 평가'(summative evaluation)는 일정 기간 사회과 수업이 이루어진 후에 학생들의 '학업 성취도'를 측정하는 것이다. 보통 초·중등 학교 사회과에서는 한 학기에 두 번 중간고사와 기말고사 형태로 실시된다. 이런 총괄 평가는 학기 별로 학생들이 사회과 수업에서 도달한 학업의 성취도를 측정하여 점수를 산출하고 등급을 산정하는 데 활용된다. 기존에 총괄 평가는 선택형 문항 중심의 '객관식 시험' 형태로 실시되었지만, 최근에는 수행평가가 강조되면서 선택형 문항에 서답형 문항을 10~50% 정도로 혼합한 형태로 실시되기도 한다.

(2) 평가 기준에 따른 분류: 능력 지향 평가, 성장 지향 평가

사회과의 평가 결과를 해석하는 기준을 '학생의 능력'에 두는가 또는 '학생의 성장'에 두는가에 따라 능력 지향 평가와 성장 지향 평가로 분류될 수 있다. 이 평가 유형은 지식에 대한 이해도가 아니라 '학습의 노력'과 '학습의 향상도'를 평가하는 것이다.

사회과에서 **'능력 지향 평가'**(ability-referenced evaluation)는 각 학생의 능력에 의거해 학습 목표를 성취하기 위해 얼마나 노력했는가를 평가하는 것이다. 사회 교사는 각 학생의 능력에 기초하여 최선의 노력을 다해 사회과 수업에서 기대된 목표에 도달했는가를 평가한다. 학생이 자신의 능력을 최대한 발휘하여 기대된 수준에 도달했을 때 좋은 점수를 받는다.

반면에 사회과에서 **'성장 지향 평가'**(growth-referenced evaluation)는 일정 기간 동안 사회과 수업을 통하여 학생이 얼마나 성장(발달)했는가를 평가하는 것이다. 학생의 성장 정도는 사회현상과 문제에 대한 지식의 이해뿐만 아니라 사고 기능의 발달, 가치·태도의 형성, 문제 해결을 위한 행동의 변화 등 다양한 영역에서 평가된다. 이처럼 다양한 영역에서 사회과 수업을 받은 이후에 학생이 얼마나 성장 또는 변화했는지를 평가한다.

최근에 선택형 문항에 의한 평가로 학습의 성취도를 산출하는 객관식 평가의 문제점을 개선하기 위해 성장 지향 평가가 강조되고 있다. 이런 성장 지향 평가의 취지에 따라 전라북도교육청은 2016년부터 초등학교에서 매 학기 실시되었던 '선택형 문항' 중심의 총괄 평가를 폐지하고, 학생의 학습 과정 및 학습 후의 성장 또는 변화에 대하여 수행평가와 과정 평가를 실시하고, 학생 개인의 성장과 발달의 정도를 문장으로 기록하는 '성장 평가제'를 실시하고 있다.

❙ 사회과의 평가 유형 ❙

<table>
<tr><th colspan="2">평가 기능에 따른 분류</th><th colspan="2">평가 기준에 따른 분류</th></tr>
<tr><td>진단 평가</td><td>• 시기: 학기 초 실시
• 목적: 학생의 출발점 행동의 확인
• 방법: 이전 지식의 이해 측정</td><td rowspan="2">능력 지향 평가</td><td rowspan="2">• 평가 기준: 학생의 능력
• 평가 내용: 학습의 노력과 학습의 향상도</td></tr>
<tr><td>형성 평가</td><td>• 시기: 교수·학습의 과정
수업의 정리 단계
• 목적: 학습의 이해도 확인
수업 개선을 위한 피드백
• 방법: 쪽지시험, 과제물, 학습지</td></tr>
<tr><td>총괄 평가</td><td>• 시기: 학기당 1~2회(중간/기말)
• 목적: 학업 성취도의 측정
학습 동기와 성취욕의 유발
• 방법: 선택형 검사 + 수행평가</td><td>성장 지향 평가</td><td>• 평가 기준: 학생의 성장(발달)
• 평가 내용: 학생의 성장 또는 발달의 정도
• 평가 방법: 수행평가
• 평가 기록: 점수가 아니라 성장 (발달)의 정도를 문장으로 기록</td></tr>
</table>

3) 사회과의 평가 방법

사회과의 평가 원칙에 의거하여 지식, 기능, 가치·태도 영역에서 어떤 내용을 측정할 것인가에 따라 사회과의 평가 방법은 다양하다. 학생이 사회과 교수·학습 과정을 거친 후 어느 정도 목표를 달성했는가를 교사가 양적·질적으로 측정하는 방식에는 크게 지필 평가와 수행평가가 있다.

(1) 선택형 평가

사회과의 선택형 평가는 주로 사회현상, 지리 현상, 역사와 관련된 사실, 개념, 일반화 등 사실적 지식의 습득 정도를 측정할 때 사용된다. 지식의 이해를 평가하기 위한 선택형 평가는 문항에 주어진 답지들 중에서 적합한 것을 선택하는 방식으로, 진위형, 선다형, 연결형(배합형) 검사가 있다.

① 진위형 검사

진위형 검사는 제시된 진술문의 옳고 그름을 판단하게 하는 방식이다. 진위형 검사는 하나의 진술문을 제시하고 옳고 그름(O, X)을 판단하게 하거나 두 개 이상의 진술문을 주고 옳은 것 또는 틀린 것을 찾도록 할 수도 있다. 진위형 검사의 문항은 제작하기 쉽고 채점이 편리하다는 장점을 지닌다.

② 선다형 검사

선다형 검사는 문항에 여러 개의 답지를 제시하고 그 중에서 가장 적절한 답지를 선택하게 하는 방식이다. 선다형 평가는 채점이 편리하고 각 학생의 성취도를 객관적으로 비교할 수 있기 때문에, 우리나라 초·중등학교 현장과 대학 수학능력 시험에서 많이 실시되는 평가방식이다.

③ 연결형 검사

연결형 검사는 제시된 자료와 문항에 근거하여 답지에서 정답을 찾아 알맞게 배열하는 방식이다. 그래서 '배합형' 검사라고도 한다. 연결형 검사는 제시된 문항에 의거하여 특정한 단어, 어구, 기호 등을 순서대로 연결하거나 배합하는 방식이다. 연결형 검사는 사실적 지식의 이해도뿐만 아니라 기본 개념, 원리의 이해와 기초적인 사고력도 측정할 수 있다는 장점을 지닌다.

(2) 서답형 평가

선택형 평가와 달리, 서답형 평가는 답지를 제시하지 않고 문항에서 요구하는 정답을 직접 쓰거나 문장으로 서술하게 하는 평가 방식이다. 그래서 선택형 평가와 달리, 서답형 평가는 관련 지식을 정확히 이해해야 정답을 쓸 수 있는 평가 방식이다. 서답형 평가에는 크게 단답형, 완성형, 서술형 검사가 있다.

① 단답형 검사

단답형 또는 기입형 검사는 문항에서 요구하는 정답 또는 문항의 빈 칸에 들어갈 알맞은 단어, 문장, 숫자 등을 간단하게 쓰도록 하는 방식이다. 학생이 사회과의 중요한 '사실'이나 '기본 개념'을 정확하게 이해하고 있는지를 평가하는 데 적합한 방식이다.

② 완성형 검사

완성형 검사는 문항 진술문의 일부분을 빈칸으로 하고, 그 빈칸에 적합한 단어나 어구를 넣어 문장을 완성하도록 하는 평가 방식이다. 학생이 사회과의 중요한 '개념들의 상관관계' 또는 '일반화'를 이해하고 있는지를 평가하는 데 적합한 방식이다.

③ 서술형 검사

서술형 검사는 제시된 자료와 문항에 근거하여 학생이 알고 있는 지식이나 생각을 1개 이상의 문장으로 서술하도록 하는 평가 방식이다. 제시된 자료를 이해하고 문항에서 요구하는 대로 학생이 알고 있는 지식이나 문제의 해결 방안 등을 문장으로 직접 서술하는 방식이기 때문에, 학생이 사회과의 학습 내용을 종합적으로 이해하고 있는지를 평가하는 데 적합하다.

4) 사회과 평가 도구의 양호도

사회과의 4가지 목표 영역별로 어떤 내용을 측정할 것인가에 따라 평가의 방법과 도구는 매우 다양하다. 사회과의 평가가 적합하게 이루어지기 위해서는 평가 도구(문항)의 질, 즉 평가 도구가 얼마나 좋은지를 검토하는 것이 필요하다.

(1) 타당도(validity)

평가의 타당도는 '평가 도구'가 의도했던 '학습 목표'를 적합하게 측정하고 있는 정도를 의미한다. 타당도는 사회과 수업에서 학습 목표와 내용 요소의 달성도를 측정할 수 있도록 그에 적합하게 평가 도구가 제작되어 있는 정도, 즉 **학습 목표 – 평가 도구의 '정합성'**을 나타낸다. 예컨대 사회과 수업에서 사회현상에 대한 '탐구 능력의 향상'을 학습 목표로 설정하고 탐구 학습을 실시한 후에, 평가에서는 사회현상과 관련된 '사실'을 알고 있는지 평가한다면, 이 평가 도구의 '타당도가 매우 낮다'고 할 수 있다.

(2) 신뢰도(reliability)

평가의 신뢰도는 평가의 대상이나 시기와 관계없이 '일관성' 있게 측정하는가, 즉 '측정의 오차'가 얼마나 적은가의 정도를 의미한다. 한마디로 신뢰도는 **'검사의 정확성'**과 관련된다. 신뢰도는 사회과의 평가 도구가 측정하려는 것을 얼마나 일관성 있게 측정하는가를 나타낸다.

신뢰도에는 '재검사 신뢰도'와 '동형검사 신뢰도'가 있다. '재검사 신뢰도'는 동일한 평가를 일정한 시간 간격을 두고 똑같은 학생 집단에게 다시 실시하여 얻은 검사 점수간의 상관 계수에 의하여 신뢰도를 검증하는 것이다. '동형검사 신뢰도'는 동등한 형태의 검사지를 두 개 제작한 후 다른 집단에게 검사를 실시하여 두 검사 점수 간의 상관 계수에 의거하여 신뢰도를 검증하는 것이다.

(3) 공정성(fairness)

평가의 공정성은 평가 도구가 학생의 성별, 인종, 계층 등에 따라 편파적이지 않고, 모두를 동등하고 공정하게 평가하는 정도를 의미한다. 만약 평가의 결과가 학생이 속한 성별, 계층, 가정환경 등에 따라 크게 차이가 난다면, 그 평가 도구는 '공정성이 매우 낮다'고 할 수 있다. 예컨대, 백인 중산층 이상 남

학생이 이해하기에 유리한 자료가 평가 문항에 제시된다면, 그 문항은 유색 인종, 하류층, 여학생에게 상대적으로 불리한 문항이므로, 그 평가 문항은 편파적이고 공정성이 낮다고 할 수 있다.

평가의 공정성은 특히 수행평가에서 요구된다. 사회과의 수행평가에서 부과한 과제가 특정한 집단의 학생에게 유리하고 다른 학생들에게 불리하다면, 그 평가 자체가 편파적이고 불공정한 것이다. 예컨대 연구 보고서 또는 포트폴리오에서 컴퓨터와 인터넷을 활용하여 자료를 조사하고 작성하는 과제를 부여했는데, 집에서 컴퓨터와 인터넷을 사용하기 어려운 학생들은 과제 수행의 기회에서부터 그만큼 불리한 조건에서 수행하는 것이므로, 그런 수행평가는 불공정한 평가가 된다.

5) 사회과 평가의 문항 분석

사회과 시험의 문항이 평가 기능을 제대로 하는지를 분석하는 것이 '문항 분석'이다. 고전적인 문항 분석은 각 학생의 시험지를 채점한 후 총점에 의거해 각 문항의 난이도, 변별도 등을 분석한다. 문항 분석에는 문항 난이도, 문항 변별도, 문항 추측도, 오답지 매력도 등을 사용한다.

하지만 학교 현장에서 표본 학생을 대상으로 예비 조사를 통해 문항 분석을 한 후 난이도와 변별도가 높은 문항을 골라 본 시험을 실시하는 것은 현실적으로 어렵다. 그러면 시험 문제의 유출이나 공정성 시비가 발생하기 때문이다. 가장 현실적인 방법은 중간/기말고사의 문항을 분석한 후, 문항의 난이도와 변별도가 떨어지는 유형의 문항을 다음 시험에서 출제하지 않는 것이다.

(1) 문항 난이도

문항 난이도(item difficulty)는 문항의 쉽고 어려운 정도를 나타내는 지수이다. 난이도를 계산하는 방식은 다양한데, 가장 간단한 방식은 응시 학생수

중 정답을 맞춘 학생수의 비율을 계산하는 것이다. '응시 학생수에 기초한 난이도'의 계산 공식은 다음과 같다.

$$\text{문항 난이도 지수(P)} = \frac{\text{정답자 수}}{\text{응시 학생수}} \times 100$$

이 공식에 따라 문항 난이도를 계산해 보면, 전체 학생 300명 중 사회 시험 1번 문항에 정답을 맞춘 학생이 135명인 경우, 이 문항의 난이도 지수는 45% [(135 / 300)×100=45]이다. 문항의 정답자 수가 많을수록, 문항 난이도 지수가 높아진다. 따라서 문항 난이도 지수가 클수록 '쉬운 문항'이고, 낮을수록 '어려운 문항'이다.

하지만 학교 시험에서는 일반적으로 난이도 지수 30% 미만의 문항을 난이도 '상'으로, 30% 이상 ~ 70% 미만의 문항을 난이도 '중'으로, 70% 이상의 문항을 난이도 '하'로 판단하고 있다.

(2) 문항 변별도

문항 변별도(item discrimination)는 문항이 학생의 능력에 따라 구별하는 정도를 나타내는 지수이다. 변별도는 문항의 정답 여부와 학생의 능력(시험의 총점)의 상관관계를 나타낸다. 문항 변별도 지수는 상위집단과 하위집단의 정답율의 차이로 측정하거나 또는 각 문항 점수와 학생 총점의 상관 계수에 의해 측정된다. 상·하위 집단 지수에 의한 변별도의 계산 공식은 다음과 같다.

$$\text{문항 변별도 지수(DI)} = \frac{\text{상위집단의 정답자 수} - \text{하위집단의 정답자 수}}{\text{상위(또는 하위)집단의 총 학생수}}$$

이 공식에서 상위/하위 집단의 구별 기준을 어떻게 정하는가에 따라 문항 변별도 지수는 달라진다. 일반적으로 총점 기준 상위집단 '27%'와 하위집단 '27%'를 기준으로 나누어 문항 변별도를 계산한다. 학생 300명 중 사회 시험

1번 문항에서 상위집단(81명) 중 정답자가 70명, 오답자가 11명인데, 하위집단(81명) 중 정답자는 28명, 오답자가 53명인 경우에, 이 문항의 변별도 지수는 .52 [(70－28) / 81=0.518] 이다.

상위집단 학생이 정답을 많이 맞추고 하위집단 학생이 많이 틀린 경우, 이 문항은 학생들의 능력에 따라 구별하는 정도, 즉 변별력이 높은 문항으로 평가된다. 반대로 상위집단 학생이 많이 틀렸는데 하위집단 학생이 정답을 많이 맞춘 경우에, 그 문항은 상위집단과 하위집단 학생을 구별하는 변별력이 없거나 매우 낮은 문항이다.

2. 사회과의 평가 방식의 전환

실제 학교 현장에서 교육 평가는 객관식 시험을 통해 지식에 대한 기억과 이해 정도를 측정하여 학생을 서열화하고 선발하는 데 주로 사용되어 왔다. 그 결과 교사는 지식을 효과적으로 전달할 수 있는 강의식 수업을 주로 실시하였고, 학생들은 교사의 강의와 설명을 수동적으로 받아 적고 암기하는 데 길들여졌다. 사회과교육에서도 많은 학생들이 사회과를 소위 암기 과목이라고 생각하게 되었다(박상준, 2004, 7-12). 사회과의 수업과 평가는 주로 '객관식 시험'을 통해 지식을 측정하는 수준에 머물렀다.

이러한 '전통적 평가 방식'(traditional assessment approach)은 정답이 정해진 객관식 시험으로 특징지워진다(Duplass, 2004: 407-413). '객관식 시험'은 보통 표준화 검사, 교사 중심 검사에서 사용되는 평가 형태이고, 선다형 문제, O·X 문제, 빈칸 채우기 또는 단답형 문제 등의 형태로 실시된다. 이러한 객관식 시험이 학교에서 많이 사용되는 이유는 쉽게 평가하고 평가 결과를 점수로 계산함으로써, 학생 개인 간 또는 학급 간 점수의 비교가 가능하기 때문이다.

이러한 전통적 평가 방식은 전통적 진리관과 교육의 개념에 기초하고 있다(백순근 편, 1999: 21-33). 전통적 교육은 외부 세계와 그에 대한 지식은 특정한 개인과는 독립되어 존재하고 그래서 특정한 사람이나 시간을 초월하여 진리가 된다는 '절대주의 진리관'에 기초하고 있었다. 교사는 객관적 지식이나 사실을 효과적으로 전달하고, 학생들은 그 지식을 암기하고 재생하는 것이 강조되었다. 학습은 객관적 지식이나 사실을 단계적으로 축적해 가는 과정으로 이해되었다.

그러나 전통적 평가 방식은 지식 이외에 학생이 실제로 어떤 목표 기능을 어느 정도 달성했는가 또는 무엇을 어떻게 행할 수 있는가를 평가하기 어려운 한계를 지녔다. 또한 최근에 외부 세계나 지식이 특정한 개인과 별개로 존재하는 것이 아니라 개인에 의해 창조되고 구성되는 것이라고 생각하는 '구성주의 진리관'이 널리 확산되고 있다. '구성주의'(constructivism)는 학습을 개인이 새로운 지식이나 기능을 경험하면서 기존의 인지와 사고틀에 맞게 구성하고 재조직함으로써 일어나는 것으로 간주한다. 이 이론은 객관적 지식과 정보는 존재하지 않고 개별 학습자가 불완전한 정보와 지식을 자신의 입장에서 이해하고 의미를 구성해가는 주체라고 본다.

이처럼 진리와 교육에 대한 관점이 전환되면서, 전통적 평가 방식의 대안으로 새로운 평가 방식이 제시되고 있다. 오늘날 전통적 평가 방식의 대안으로 참평가, 수행평가, 성과 평가, 과정 평가 등이 제안되었다. 이러한 **'대안적 평가 방식'**(alternative assessment approach)은 서로 교환되어 사용되는 용어들이다(Duplass, 2004: 401).

'참평가'(authentic assessment)는 학습한 지식, 기능, 행동 능력이 교실 밖의 실제 세계에서 어떻게 사용되는가를 보여주도록 요구하는 평가 방식이다. **'수행평가'**(performance assessment)는 최종적인 결과물의 산출보다는 학습과 활동의 '과정'에서 지식과 기능을 활용하는 것을 직접 보여주도록 요구하는 평가 방식이다. '성과 평가'(product assessment)는 필기구와 시험지에 기초한 객관식 시험보다는 학습의 성과를 산출하도록 요구하는 평가 방식이다.

우리나라에서는 참평가, 과정 평가 같은 대안적 평가 방식을 수행평가로 부르고 있다(남명호 외, 2000: 28-29). '수행평가'는 보통 학생 스스로 자신의 지식이나 기능을 나타내도록 답을 구성하고, 발표하고, 산출물을 만들고, 직접 행동으로 나타내도록 요구하는 평가 방식이다(백순근 편, 1999:34). 수행평가는 학습자가 스스로 어떤 결과물을 산출하거나 행동으로 나타내는 것을 파악하여 직접적으로 학생의 사고 기능과 행동을 평가하는 것이다. 최근에 학습한 지식의 적용, 비판적 사고력, 문제 해결력, 창의적 사고력 등이 실제 생활에서 어떻게 사용되는가를 측정하는 참평가가 강조되고 있다(남명호 외, 2000:24-27).

대안적 평가 방식의 중요한 부분은 교사가 평가 규칙을 만들고 학생에게 미리 알려준다는 점이다(Duplass, 2004: 401-402). 평가 규칙은 학생들에게 요구되는 평가 요소, 기준, 주요 가치와 태도 등을 미리 규정해줌으로써, 학생이 해야 하는 활동을 분명하게 알려준다. 평가 규칙을 사용하면, 학생들은 학습에서 기대되는 목표와 성취기준을 미리 알고, 무엇을 배우고 어떻게 활동하며, 학습 결과가 어떻게 평가되고 채점되는지를 충분히 이해할 수 있다. 그에 따라 학생들은 더 능동적으로 학습 목표를 달성하기 위해 노력할 수 있고, 교사는 대안적 평가에서 나타날 수 있는 주관성의 개입 정도를 줄일 수 있다.

최근 많은 연구결과들은 단순한 지식이나 인위적인 교실 상황에서 획득된 사고력이 실제 생활에서 사회적 행위와 실천으로 연결되지 않는다는 사실을 보여주었다(박상준, 2002a: 12-24). 또한 구성주의가 교육 이론을 지배하게 되면서, 사회과교육도 많이 변화되었다. 사회과교육은 구성주의적 진리관에 기초하여 개별 학습자가 어떤 지식이나 정보를 능동적으로 이해하고 의미를 구성하는 것을 도와주고, 학생 개인의 적성과 능력에 맞는 수준별 학습, 자기 주도적 학습, 교사와 학생의 자유로운 의사소통 등을 강조하고 있다.

3. 사회과의 수행평가

4차 산업 혁명으로 도래할 미래 사회는 기존의 지식을 단순 기억하고 재생하는 능력보다는 학습자의 소질과 능력을 최대한 발달시키고, 실제 생활에 필요한 다양한 사고력과 행위 능력을 요구한다. 또한 사회과의 목표는 사회생활에 대한 지식뿐만 아니라 민주적 가치와 태도의 함양, 사회문제의 해결 능력, 문제 해결을 위한 행동 및 참여 등으로 제시되고 있다. 이런 사회과 목표의 성취도를 적절하게 평가하기 위해서는 전통적 평가방식보다는 대안적 평가방식이 필요하다.

최근 강조되는 수행평가는 서술형 및 논술형 검사, 구술 시험, 토론법, 실기 시험, 실험·실습법, 면접법, 관찰법, 자기 평가 및 동료 평가 보고서법, 연구 보고서법, 포트폴리오법 등 다양한 형태로 실시될 수 있다(백순근 편, 1999: 40-69, 196-234, 남명호 외, 2000: 60-83).

사회과에서 사용될 수 있는 수행평가는 논술형 검사, 실기 검사, 점검표, 실습법, 자기 평가법, 연구 보고서, 포트폴리오, 프로젝트, 개념 지도 그리기, 지도 이용한 과제 해결, 장면 묘사, 드라마 시연, 신문 사설 쓰기, 용돈 기입장 쓰기, 역할 놀이 평가, 모의 활동 평가 등이 있다(조도근, 1999: 173-176; 정문성, 2001: 345-353).

1) 서술형 및 논술형 검사

주어진 선다형 문제에서 정답을 선택하는 객관식 검사와 달리, 서술형 검사는 정답이 정해지지 않은 주관식 문제에 학생들이 직접 서술하는 평가 방식이다. 서술형 검사는 과거에 지식을 측정하는 것이 대부분이었으나, 최근에는 분석적 사고, 비판적 사고, 창의적 사고 등 고차적 사고력을 측정하는 데 초점을 맞추고 있다.

논술형 검사는 개인이 자신의 생각과 주장을 창의적이고 설득력 있게 조직하여 작성하는 것을 측정하는 평가 방식이다. 논술형 검사는 서술된 내용의 깊이와 넓이뿐만 아니라 글을 조직하고 구성하는 능력을 동시에 평가하는 것이다.

❙ 논술형 검사의 사례 ❙

▣ 자료: 다음의 자료를 읽고 물음에 따라 논술하시오!

지역이기주의와 공공정책의 실시 자료: 정부의 쓰레기 처리장 또는 핵폐기물 처리장 건설을 반대하는 지역 주민들에 대한 신문기사를 제시한다.

▣ 문제

1. 위 자료의 내용을 50자 이내로 간략히 요약하시오.
2. 쓰레기 처리장 건설을 반대하는 주민들이 제시하는 근거(가치)와 정부가 제시하는 근거(가치)를 각각 분석하고, 그것의 타당성에 대하여 논술하시오!
3. 지역 이익과 공공 이익이 대립하는 경우, 바람직한 해결 방안에 대하여 논술하시오.

2) 구술 시험

구술 시험은 학생이 교육내용에 대하여 자신의 생각과 주장을 직접 발표하게 함으로써 학생의 이해력, 사고력, 의사소통능력 등을 평가하는 방법이다. 구술시험은 주로 대학원생이 학위논문의 심사과정에서 치루는 시험의 한 형태로 많이 사용되었지만, 초·중등학교에서도 사용될 수 있다. 어느 경우이든 구술시험을 치룰 때, 교사는 평가 기준표를 작성하여 학생들에게 평가 요소와 내용을 알려주고, 최대한 공정하게 평가하도록 노력해야 한다.

❙ 구술 시험의 사례 ❙

▣ 다음 문제에 대하여 자신의 생각이나 주장을 5분 이내로 발표하시오!

1. 왜 고조선과 삼국시대의 초대 왕들은 건국 신화를 만들었는가?
2. 건국신화가 왕의 통치에 주는 효과는 무엇인가?

3) 토론법

토론법은 교수·학습 활동 과정을 종합적으로 측정하는 평가 방법으로서, 어떤 주제 또는 문제에 대해 학생들이 토론하는 과정을 평가하는 방식이다. 토론법은 주제나 문제에 대한 탐구력, 비판적 사고력, 문제 해결력 같은 고차적 사고력뿐만 아니라 토론 과정에서 나타나는 의사소통능력, 협동 능력 등을 파악할 수 있다. 특히 찬·반 대립 토론 평가법은 개인별 또는 소집단별로 찬반 토론을 하고, 교사는 자료의 다양성이나 충실성, 토론 내용의 충실성과 논리성, 반대 의견을 존중하는 태도, 토론의 진행 태도 등을 종합적으로 평가하는 방법이다. 찬반 대립 토론법을 시행할 때에는 평가 기준표를 작성하여 학생들에게 미리 알려주고 공정하게 평가해야 한다.

❙ 토론법의 사례 ❙

▣ 주제: 학생 인권 조례의 제정에 대해 어떻게 생각하는가?

▣ 토론 문제 :

1. 학생인권조례에 찬성하는 입장에서 제시하는 근거는 무엇인가?
2. 학생인권조례에 반대하는 입장에서 제시하는 근거는 무엇인가?
3. 당신은 학생인권조례의 제정에 찬성하는가 반대하는가를 말하고, 그 이유를 제시하시오!
4. 객관적 자료와 근거에 의거하여 상대방의 주장을 반박해 보시오!

4) 면접법

면접법은 교사가 학생과 대화하면서 정보를 수집하여 평가하는 방법이다. 면접법은 교사의 질문에 학생이 대답하는 과정을 평가한다는 점에서 구술시험과 유사하다. 그러나 구술시험은 주로 특정 주제나 문제에 대한 인지적 능력을 평가하는 방법이고, 면접법은 주로 '정의적 영역'이나 '행동적 영역'을 평가하는 방법이다. 면접법은 학생들의 민주적 가치에 대한 신념과 태도, 문제를 합리적으로 해결하려는 태도, 공공선에의 헌신, 사회성이나 협동 정신, 사회 참여의 태도 등을 확인하기 위해 사용될 수 있다.

❙ 면접법의 평가 기준(예) ❙

평가 요소		평점		
		3	2	1
가치에 대한 헌신	민주적 가치에 대해 얼마나 확신하고 실천하는가?			
문제의 합리적 해결 태도	문제의 합리적 대안에 대해 합의하려고 노력하는가?			
사회성	타인을 배려하고 원만하게 의사 소통하면서 공존하는가?			
협동 정신	문제를 해결하기 위해 타인과 협동하려고 노력하는가?			
사회 참여의 태도	문제 해결을 위한 사회 활동에 기꺼이 참여하는가?			
합 계				

5) 연구 보고서법

연구 보고서법은 일반적으로 '프로젝트법'(project)으로 사용되기도 한다. 연구 보고서법은 학생들이 다양한 연구 주제에 대하여 스스로 자료를 수집하여 분석한 후 최종적으로 연구 보고서를 제출하도록 하는 평가 방식이다. 연구 보고서의 제출은 연구의 주제와 범위에 따라 개별적으로 할 수도 있고, 소집단을 형성하여 함께 할 수도 있다.

학생은 연구를 수행하고 보고서를 작성하는 과정에서 가설 설정, 자료 수집과 분석 방법, 결론 도출 방법, 보고서의 작성법을 학습하고, 연구 보고서의 발표회나 상호 교환을 통해 표현력이나 의사소통 능력 등을 습득할 수 있다.

❙ 연구 보고서법의 사례 ❙

> ▣ 주제: 인류의 기원과 고대 문명의 형성
> ▣ 연구 문제:
> 1. 고대 문명의 발생지는 어느 지역인가를 조사하라!
> 2. 고대 문명이 발생했던 지역의 특징은 무엇인가를 분석하라!
> 3. 인류 문명이 발달했던 지역들의 공통된 특성을 일반화시켜 보라!

6) 포트폴리오법

포트폴리오법(portfolio)은 학생이 쓰거나 만든 결과물을 '일정 기간 지속적으로 모아둔' 개인별 작품집 혹은 서류철을 이용한 평가방법이다. 예컨대 어떤 화가 지망생이 화가에게 지속적으로 지도를 받으면서 자신이 그린 그림을 순서대로 모아둠으로써 자신의 변화 과정을 스스로 파악할 수 있고 그 작품집을 이용하여 평가를 받는 것과 유사하다.

마찬가지로 교사는 학생의 수집 자료, 보고서, 활동사진 등을 정리한 자료집을 이용하여 평가할 수 있다. 포트폴리오법은 특정한 영역에 대해 일회적으로 평가하는 것이 아니라 학생 개인의 변화 과정을 종합적으로 평가하기 위해 일정 기간 동안 지속적인 활동 과정을 평가하는 방법이다.

학생들은 자신이 제작한 포트폴리오를 통해 자신의 변화 과정을 쉽게 파악할 수 있으며 자신의 장·단점, 잠재 가능성, 변화 과정 등을 스스로 인식할 수 있다. 교사는 학생들의 과거와 현재 상태를 쉽게 파악할 수 있으며 미래의 발전 방향에 대해 조언하기 위한 자료를 얻을 수 있다.

❙ 포트폴리오법의 사례 ❙

▣ 주제: 내가 사는 지역의 홍보 자료집의 제작 ▣ 작성 방법 : 1. 내가 사는 지역의 지리, 역사, 문화 유적지, 경제생활, 행정기관 등에 대한 자료를 수집하라. 2. 수집한 자료를 체계적으로 잘 배열하라. 3. 내가 사는 지역을 알리는 홍보 자료집을 완성하라.

7) 관찰법

관찰법은 교사가 학생의 학습 과정과 활동 내용을 살펴보면서 유의미한 '활동 내용'과 '성장의 정도'를 기록하는 방식이다. 즉, 관찰법은 수업 시간에 교사가 직접 학생의 학습 활동을 관찰하면서 평가하는 방식이다.

교사의 관점에서 학생의 학습 활동을 관찰하여 평가하는 것이기 때문에, 관찰 평가에서는 교사의 주관적 평정이나 편견의 개입을 최소화하기 위하여 체크리스트, 관찰 평가지, 관찰 기록지 등 구체화된 평가 도구를 활용해야 한다. 관찰법을 사용하기 위해서 먼저 교사는 관찰에서 무엇을 어떻게 평가할 것인가를 정하고, 그에 따라 '관찰 평가 도구'를 사전에 만들어야 한다.

그런 평가 도구에 기초해 최대한 객관적 태도로 학생의 학습 과정과 활동 내용을 관찰하고, 학생의 학습 행동의 변화와 성장의 정도를 기록 또는 측정해야 한다. 성장 지향 평가의 관점에서 최근 **'과정 중심 평가'**가 강조되면서, 관찰법은 우리나라에서도 '학생의 성장 평가'를 위해 기본적으로 활용되는 평가 방법이다. 또한 학교생활기록부에 학생의 학습 활동과 성장의 정도를 문장으로 기록하기 때문에, 관찰법이 많이 활용되고 있다.

▌교사 관찰 평가지 (예)▐

활동 (차시)	역량 (기능)	평가 내용		
		우수	보통	미흡
민주 정치과정을 분석하기 (1차시)	정보 분석 활용 능력	정치과정을 체계적으로 분석했고, 정치과정에서 투입과 산출의 사례를 구분해 적용하였다.	정치과정을 체계적으로 분석했지만, 정치과정에서 투입과 산출의 사례를 구분해 적용하지 못 하였다.	정치과정을 체계적으로 분석하지 못했고, 정치과정에서 투입과 산출의 사례를 구분해 적용하지 못 하였다.
정치 참여의 의의와 유형을 분석하기 (2차시)	정보 분석 활용 능력	정치참여의 의의를 정확히 설명하였고, 참여 유형을 종류별로 구분해 제시하였다.	정치참여의 의의를 정확히 설명했지만, 참여 유형을 종류별로 구분해 제시하지 못 하였다.	정치참여의 의의를 정확히 설명하지 못했고, 참여 유형을 종류별로 구분해 제시하지 못 하였다.
정치 참여를 실천하기 (3차시)	창의적 사고력	정치 참여의 유형별로 실천 방안을 작성하였고, 실천 방안을 구체적으로 제시하였다.	정치 참여의 유형별로 실천 방안을 작성했지만, 실천 방안을 구체적으로 제시하지 못 하였다.	정치 참여의 유형별로 실천 방안을 작성하지 못 했고, 실천 방안을 구체적으로 제시하지 못 하였다.

8) 자기 평가법 및 동료 평가법

(1) 자기 평가법(Self Assessment)

자기 평가법은 학생이 자신의 학습 과정 및 결과에 대하여 스스로 평가하는 방식이다. 사회과 수업의 목표를 어느 정도 달성했는지, 학습의 과정에 어느 정도 참여하였는지, 학습의 과정에서 다른 학생들과 의사소통이 원활하게 이루어졌는지 그리고 어느 정도 협력하여 과제를 완성했는지 등에 대하여 학생이 반성적으로 성찰하여 스스로 평가하는 방식이다.

사회과에서 자기 평가법은 '학생'이 자신의 '학습 활동 및 과정'을 스스로 성찰하고, 그러한 '자기 성찰'에 의거하여 자신의 학습 활동을 개선하도록 도와준다. 이런 점에서 자기 평가법은 **'학습자 중심 평가'**이다.

학생의 자기 평가는 체크리스트, 학습 일지, 학생 자기 평가지, 학생 평가 보고서 등의 형태로 이루어진다. 자기 평가의 척도는 보통 '우수－보통－미흡' 또는 '1-2-3-4-5점'에 표시하거나 '학생 평가 보고서'에 자신의 학습 과정과 결과에 대한 생각을 자유롭게 서술하는 방식으로 실시될 수 있다.

❙ 자기 평가지(예) ❙

활동(차시)	역량(기능)	평가 요소			
		평가 내용	우수	보통	미흡
민주 정치과정을 분석하기 (1차시)	이해력	정치과정의 의미를 정확하게 말할 수 있는가?			
	정보분석 활용능력	정치과정을 체계적으로 분석할 수 있는가?			
		정치과정에서 투입과 산출의 사례를 구분해 적용할 수 있는가?			
	협동능력	모둠 활동에 능동적으로 적극 참여하였는가?			
	의사소통 능력	다른 학생의 말을 경청하고 이해하였는가?			
		자신의 주장을 쉽게 논리적으로 표현하였는가?			
활동 중 좋았던 부분은?					
활동 중 어려운 부분은?					
종합 평가					

(2) 동료 평가법(Peer Assessment)

동료 평가법은 학생들이 다른 학생의 학습 과정 및 결과에 대하여 평가하는 것이다. 학생이 학습의 과정이나 과제 수행에 얼마나 열심히 참여했는지, 다른 학생들과 원활하게 소통했는지, 다른 학생들과 협력했는지, 학습 결과물이 어느 정도 우수한지 등을 다른 학생들이 객관적으로 평가하는 방식이다.

사회과 수업에서 동료 평가를 하기 위해서는 수업 전에 학생들에게 동료 평가의 방법 및 기준을 명확하게 설명해주어야 한다. 그래서 학생들이 동료 평가를 한다는 사실을 사전에 인지하고 학습 활동과 과제 수행을 시작하도록 해야 한다. 또한 학생들은 서로 치열한 경쟁자가 아니라 학습의 동료로서 서로의 학습 활동을 도와주는 협력자로서 평가하는 수업 환경과 분위기를 조성하는 것도 중요하다. 그런 경우에 동료 평가법은 학생들이 동료 학생의 학습 과정과 결과에 대해 '학습의 협력자'로서 '피드백'을 제공해주고, '학습의 동기와 성취욕'을 북돋아줄 수 있다.

자기 평가와 마찬가지로 동료 평가는 체크리스트, 동료 평가지, 동료 평가 보고서에 '평가 척도'를 표시하거나 그림, 보고서, 작품 등 학습의 결과물에 대하여 직접 우수한 정도('우수－ 보통－ 미흡')를 평가하거나 또는 우수한 작품에 스티커를 붙이는 방식으로 실시될 수 있다. 또는 동료 평가 보고서에 다른 학생의 학습 과정 및 결과에 대한 평가 내용을 자유롭게 서술하는 방식으로 실시될 수 있다.

❙ 동료 평가지(예) ❙

* 대상 학생 : ________

활동(차시)	역량(기능)	평가 내용	우수	보통	미흡
민주정치 과정을 분석하기 (1차시)	이해력	어떤 학생이 정치과정의 의미를 정확하게 말하였는가?			
	정보 활용능력 / 문제해결 능력	어떤 학생이 정치과정을 체계적으로 분석하였는가?			
		어떤 학생이 정치과정에서 투입과 산출의 사례를 구분해 적용하였는가?			
		어떤 학생이 다양한 관점에서 문제를 분석 하였는가?			
	협동능력	어떤 학생이 활동과 과제 수행에서 서로 협력이 잘 이루어졌는가?			
	의사소통 능력	어떤 학생이 다른 학생의 말을 경청하였는가?			
		어떤 학생이 주장을 쉽게 논리적으로 표현하였는가?			
종합 평가					

제14장 사회과 교사의 역할과 전문성

최근 학교 현장에서 교사들이 자발적으로 자신의 수업을 공개하고 동료 교사와 수업을 성찰하면서 수업을 개선해가는 운동이 활발하게 일어나고 있다. 이러한 수업 비평, 수업 분석, 수업 코칭, 수업 성찰은 학교 현장에서 자생적으로 이루어지면서 교사의 수업 전문성을 신장시키고 수업을 변화시키는 데 기여하고 있다.

이 장에서는 사회과 교사의 역할과 전문성을 검토하고, 사회 교사의 전문성을 신장시키기 위한 수업 비평과 수업 성찰을 비교하면서 살펴볼 것이다.

1. 사회과 교사의 역할

우리나라 사회과 교육과정은 국가 수준에서 결정된다. 그에 의거하여 교과서는 국가(정부)에 의해 발행되거나(교과서 국정제) 또는 교육자들에 의해 집필되고 국가가 심의하여 발행된다(교과서 검정제). 그렇지만 교사가 사회과를 어떤 관점에서 이해하느냐에 따라 사회과 교육과정은 다양하게 해석되고 다르게 가르쳐질 수 있다. 학교 현장에서 사회 교사가 사회과 교육과정을 어떻게 해석하고 교실 수업에서 어떤 역할을 수행하는지에 따라 사회과 교육과정과 교과서가 가르쳐지는 방식은 매우 달라진다.

E. W. Ross에 의하면, 수업에서 교사의 역할 유형은 '교육과정 전달자'(teacher as curriculum conduit), '교육과정 조정자'(teacher as mediators of curriculum),

'교육과정 이론가'(teacher as curriculum theorizers)로 분류될 수 있다(Ross, 1994: 51-58).

1) 교육과정 전달자로서 교사

우리나라의 경우에, 국가(정부)가 사회과 교육과정을 결정하고, 그것에 맞게 교과서가 만들어졌는지 심의함으로써 사회과 교육과정 전체를 통제한다. 이러한 국가 교육과정은 교사가 사회과 교육과정에 제시된 목표와 내용체계에 의거하여 교과서 내용을 학생들에게 충실하게 전달하도록 의도한 것이다. 이 경우에 사회과 교육과정을 개발하는 단계부터 실제 교실 수업에서 가르치는 단계까지 교사의 입장이 반영되고 영향을 미칠 가능성은 매우 적다.

국가 교육과정 체제에서 사회 교사는 사회과 교육과정에서 의도한 목표와 내용체계에 의거하여 사회 교과서의 내용을 그대로 전달하도록 강요받는다. 이런 체제 속에서 사회과 교육과정에서 의도한대로 교과서 내용을 그대로 전달하는 것이 **'교육과정 전달자로서 사회 교사'**이다. 교육과정 전달자로서 사회 교사는 교과서에 제시된 교육 내용을 효과적으로 전달하기 위한 교수 방법을 선택하는 정도의 권한을 행사할 뿐이고, 사회과 교육과정과 교과서 내용을 충실하게 전달하는 '수동적 전달자'의 역할을 수행하고, 국가가 정한 교육과정과 교과서를 학생들에게 그대로 전수하는 **'전달 통로'**의 역할을 수행하게 된다.

이처럼 교육과정 전달자로서 사회 교사가 수동적 전달 통로의 역할을 수행하면, 결과적으로 국가가 만든 '공식적 교육과정'과 사회 교사가 교실에서 가르친 '실행된 교육과정'이 거의 일치된다. 교육과정 전달자로서 사회 교사가 자신의 교육관이나 입장을 배제시키고, 국가에서 의도한 사회과 교육과정과 교과서에 제시된 목표와 내용을 학생에게 충실하게 전달하기 때문이다.

▶▶ 비판적 평가 :

교육과정 전달자로서의 사회 교사는 국가에서 의도한 교육과정을 학생들에게 충실하게 전달하는 데 머물기 때문에, 교사의 역할이 '수동적 전달자'에 치우친 한계를 지닌다. 또한 교사가 의도하지 않았지만, 사회 교사는 사회과 교육과정과 교과서에서 제시된 '기존의 사회 질서와 권위'를 재생산하고, 그것에 순응하도록 길들이는 문제점을 안고 있다. 또한 교육과정 전달자로서 사회 교사는 국가의 교육과정에 내포된 지배 계급의 전통적 가치와 규범을 정당한 것으로 학생들에게 '주입'시키는 위험을 안고 있다.

2) 교육과정 조정자로서 교사

국가 수준의 교육과정에서 의도한 것과 달리, 학교 현장에서 많은 사회 교사들이 교육과정과 교과서를 그대로 전달하는 것이 아니라 나름대로 해석하고 재구성하여 가르친다. 이처럼 사회 교사가 교육관, 전공 배경, 내용 이해도 등에 따라 사회과 교육과정과 교과서를 해석하고 재구성하여 가르치는 것이 '교육과정 조정자로서 사회 교사'이다. 교육과정 조정자로서 사회 교사는 자신의 교육관과 내용 이해도에 따라 사회과 교육과정과 교과서를 해석하고, 학생의 수준에 맞게 재구성하여 가르치는 '능동적 수행자'의 역할을 할 수 있다.

이처럼 교육과정 조정자로서 사회 교사가 사회과 교육과정과 교과서를 해석하고 재구성하여 가르치는 능동적 수행자의 역할을 하면, 국가가 만든 '공식적 교육과정'과 사회 교사가 교실에서 가르친 '실행된 교육과정'은 서로 다르게 나타난다. 사회 교사가 교과서를 어떻게 해석하고 재구성하는가에 따라 학생들이 배우는 사회과의 수업 목표와 내용이 달라진다.

실제로 이혁규의 연구 사례를 살펴보면, 전공 배경(지리 또는 일반사회)에 따라 사회 교사가 교과서를 가르칠 때 직면하는 문제 상황에 대응하는 방식이 다르고, 그에 따라 교육내용을 가르치는 방식, 교사와 학생의 상호작용 방식에 서로 차이가 나타났다(이혁규, 1996: 64-185). 예컨대, 중학교 사회 교과서의 지리 영역을 가르칠 경우, 지리 전공 교사는 '줄기와 맥'을 기준으로 내용을 선정하고, 지형도를 활용하여 공간과 공간의 비교라는 지리적 입장에 충실하게 교과서 내용을 설명했다. 일반사회 전공 교사는 '인간 생활의 유용성'을 기준으로 내용을 선정하고, 지도의 활용 빈도는 낮고 생활에 유용한 지식이나 정보를 전달하는 방식으로 교과 내용을 설명했다. 반대로 일반사회 영역의 추상적 개념과 이론을 가르칠 경우, 일반사회 전공 교사는 사회과학적 배경지식과 맥락을 활용하여 적절한 사례를 제시하며 설명하였다. 지리 전공 교사는 배경지식과 맥락에 대한 이해의 결여로 인해 적절한 사례를 제시하여 개념들의 상호 연관성을 이해시키는 데 어려움을 겪고, 사실이나 개념을 단순하게 설명했다.

실제로 1960~70년대 사회 교과서는 반공 교육이나 안보 교육의 명분하에 정권을 정당화시키는 내용으로 구성되었지만, 사회 교사들은 자신의 교육관과 입장에 의거하여 교과서를 해석하고 여러 시사 자료를 활용하여 비판적으로 가르쳤다. 현재에도 많은 사회 교사들이 사회과 교육과정과 교과서를 나름대로 해석하고 재구성하여 가르치고 있다.

미국에서도 1960년대 신사회과 운동이 전개되면서 사회과학적 탐구 방식으로 구성된 사회 교과서가 널리 보급되었다. 하지만 교과서의 의도와 달리, 많은 사회 교사들이 '탐구 방식'을 가르치기 보다는 전통적 강의식 수업으로 관련된 사회과학적 '지식'을 가르쳤다.

▶ 비판적 평가 :

'교육과정 조정자로서 사회 교사'는 수동적 전달자가 아니라 교육과정과 교과서를 해석하고 재구성하는 능동적 수행자의 역할을 한다는 데 의의를 지닌다. 하지만 여전히 교육과정 조정자로서 사회 교사는 교육과정을 개발하거나 교과서를 집필하는 과정에 참여하는 데까지 나아가지 못 하고, 기존 교육과정을 변화시키는 역할을 수행하기 어려운 한계를 지닌다.

3) 교육과정 이론가로서 교사

최근에 학교 현장에서 능동적 수행자의 역할을 넘어서 교육과정을 변화시키거나 교과서 집필에 참여하고, 다른 한편으로 수업을 성찰하여 개선하려는 수업 분석과 수업 성찰 운동이 활발하게 일어나고 있다.

이처럼 교육과정의 개발이나 교과서 집필에 참여하거나 수업 분석과 성찰을 통해 수업을 개선해 나가는 것이 '교육과정 이론가로서 사회 교사'이다. 교육과정의 이론가로서 사회 교사는 '교과교육의 전문가'로서 사회과 교육과정을 변화시키거나 교과서 집필에 적극 참여하기도 하고, 다른 한편 '실행 연구자' 및 '반성적 실천가'로서 자기 수업을 분석하고 성찰하여 수업을 개선하는 역할을 수행한다. 교육과정 이론가로서 사회 교사는 사회 교과서를 해석하고 재구성하여 가르칠 뿐만 아니라 자기 수업에 대해 스스로 분석하고 성찰함으로써, 민주 시민의 역량을 기르는 데 적합하도록 사회과 교육과정을 변화시키고자 노력한다.

▶ 비판적 평가 :

교육과정 이론가로서의 사회 교사는 사회 교과서를 해석하고 재구성하여 가르칠 뿐만 아니라 수업 분석과 성찰을 통해 자기 수업을 개선하는 반성적 실천가의 역할을 수행하는 데 의의가 있다. 하지만 교육과정 이론가로서의 사회 교사는 하나의 이상형이고, 현실적으로 많은 사회 교사들이 교육과정 이론가로서의 역량을 충분히 갖추지 못했다. 따라서 교육부와 시·도 교육청은 교육과정 이론가로서 교사의 전문성을 함양하기 위한 연수 프로그램을 지원하고, 교사도 스스로 '교과교육의 전문가' 및 '반성적 실천가'로서의 역량을 갖추기 위해 계속 노력해야 할 것이다.

❙ 사회과 교사의 역할 유형 ❙

교육과정 **전달자**로서 교사	• 정의: 국가 교육과정에서 의도한 대로 사회과 교육과정과 교과서 내용을 그대로 전달하는 교사 • 역할: 사회과 교육과정의 '수동적 전달자' 역할/국가 교육과정의 '전달 통로' 역할 • 특징: 국가의 공식적 사회과 교육과정 = 교사의 실행된 교육과정(일치) • 비판: 기존 질서와 권위에 순응하는 교육/전통적 가치와 규범의 주입과 내면화 우려
교육과정 **조정자**로서 교사	• 정의: 교육관, 전공 배경, 내용 이해도 등에 따라 사회과교육 과정과 교과서를 해석하고 재구성해 가르치는 교사 • 역할: 사회과 교육과정의 '능동적 수행자' 역할 • 특징: 국가의 공식적 사회과 교육과정 ≠ 교사의 실행된 교육과정(불일치) • 비판: 교육과정의 개발/교과서 집필에 참여하기 어려움
교육과정 **이론가**로서 교사	• 정의: 교과교육의 전문가로서 교육과정의 개발이나 교과서 집필에 참여하는 교사 • 역할: '교과 교육의 전문가'로서 역할/'실행 연구자' 및 '반성적 실천가'로서 자기 수업의 성찰과 개선 역할 • 특징: 교육과정의 개발이나 교과서 집필에 참여, 실행 연구자 및 반성적 실천가로서 자기 수업의 분석 및 개선 • 비판: 현실적으로 교사가 교육과정 이론가로서 역량을 갖추지 못함

2. 사회과 교사의 전문성

4차 산업혁명으로 디지털 기술과 지식이 급속도로 발전하고, 사회도 빠르게 변하고 있다. 이런 미래 사회의 변화에 대응하고 사회과를 효율적으로 가르치기 위해서 사회 교사는 새로운 정보와 지식을 계속 배워야 한다. 이것이 '교과 교육의 전문가'로서 사회 교사가 갖추어야 할 자세이다.

또한 사회 교사는 교과 내용의 교수와 관련된 지식 이외에 자신의 수업에 대해 스스로 성찰하여 수업을 개선하고 수업 능력을 향상시키도록 노력해야 한다. 이것이 '반성적 실천가'로서의 사회 교사가 갖추어야 할 자질이다.

1) '교과 교육의 전문가'로서의 사회 교사

교과교육의 전문가로서 사회 교사는 사회과의 내용을 충분히 이해하고, 그에 적합한 교수 방법을 활용하여 학생들에게 효과적으로 가르칠 수 있는 지식과 기능을 갖추어야 한다. 한마디로 사회 교사는 사회과 수업과 관련된 '전문적 지식'을 충분히 갖추어야 한다.

슐만(L. S. Shulman)은 교사가 갖추어야 할 전문적 지식으로서 '교수법적 내용 지식'(Pedagogical Content Knowledge) 개념을 처음으로 제시하였다(Shulman, 1987: 1-22).[1] 교수법적 내용 지식은 '교수 방법 지식' 과 '내용 지식'을 통합하여, 학생이 교과 내용을 잘 이해하도록 효과적으로 가르치는 것과 관련된 지식이다. 그 후 P. L. Grossman은 교사가 갖추어야 할 교수법적 내용 지식에 '상황 지식을 추가하였다(Grossman, 1990).

이런 논의를 종합하여, 강대현은 교사가 갖추어야 할 실천적 지식으로서 '교수법적 내용 지식'을 제시하고, '내용 지식', '교수 방법 지식', '상황 지식'의 종합으로 형성된다고 주장하였다(강대현, 2008: 42-50).

'내용 지식'(Content Knowledge: CK)은 교사가 갖추어야 할 가장 기본적 지식으로서 교과 내용에 대해 갖고 있는 지식이다. 사회 교사가 갖추어야 할 내용 지식은 사회과학의 지식들, 사회과학적 사고력과 기능, 사회문제에의 적용 능력 등을 포함한다.

'교수 방법 지식'(Pedagogical Knowledge: PK)은 교사가 교과 내용을 학생에게 효과적으로 가르치는 교수 방법에 관한 지식이다. 사회 교사가 갖추어야 할 교수 방법 지식에는 사회과의 목표 및 내용과 관련된 교수 방법-개념 학습, 탐구 학습, 가치 수업, 논쟁문제 수업 등-에 관한 지식과 사회과에서 유용하게 사용할 수 있는 일반적 교수 방법-토론 수업, 신문 활용 교육(NIE), 협동 학습 등-에 관한 지식이 있다.

1) '교수법적 내용 지식'(Pedagogical Content Knowledge)은 '내용 교수 지식'(강대현, 2008: 41-59)으로 번역되기도 한다.

'상황 지식'(Knowledge of Context: KC)은 교사가 가르칠 때 고려해야 될 학생의 특성, 수업 환경, 학생 문화 등 수업 상황에 관한 지식으로 구성된다. 교사는 수업 상황에 대한 배경 지식을 갖고, 그에 적합하게 교과 내용을 가르쳐야 한다. 같은 교과 내용도 학생의 특성과 수준, 수업 환경에 따라 적절하게 내용의 수준과 교수 방법을 조정하여 가르치는 것이 효과적이다.

'**교수법적 내용 지식**'(Pedagogical Content Knowledge: PCK)은 교사가 갖추어야 할 전문적 지식의 핵심으로서 내용 지식, 교수 방법 지식, 상황 지식이 통합된 실천적 지식이다. 사회과의 교수법적 내용 지식은 사회과의 '목표, 내용, 교수 방법, 평가 등에 대한 내용 지식', '교수 방법 지식', '수업 상황에 대한 지식' 등이 통합된 실천적 지식이다.

▌교사의 전문적 지식▐

구분	내용
내용 지식 (CK)	• 정의: **교과 내용에 관한 지식** • 구성: 사회과학의 지식(개념, 일반화, 이론, 연구방법), 사고력과 사고 기능
교수 방법 지식 (PK)	• 정의: 교과 내용을 효과적으로 가르치는 **교수 방법에 관한 지식** • 구성: 사회과의 내용을 효과적으로 가르치는 교수·학습 방법(개념학습, 탐구학습, 의사결정수업, 논쟁문제수업, 가치수업, 체험학습, 토론수업, 협동학습, NIE 등)
상황 지식 (KC)	• 정의: 교과를 가르칠 때 고려해야 할 **수업 상황에 관한 지식** • 구성: 학생의 지적 수준과 특성, 수업 환경, 학생 문화 등
교수법적 내용 지식 (PCK)	• 정의: 교과 교육에 필요한 **내용 지식, 교수 방법 지식, 상황 지식이 통합된 실천적 지식** • 구성: 사회과에 대한 내용 지식, 교수 방법 지식, 수업 상황 지식의 통합

2) '반성적 실천가'로서의 사회 교사

'전통적 교사 교육'은 전문적 지식이 실제 상황에서 문제를 해결하는 데 그대로 적용될 수 있고, 그러면 문제가 자동적으로 해결된다는 가정에 기초하였다. 이런 가정에 의거하여 교사가 교과교육에 대한 전문적 지식을 습득하면,

그에 따라 수업을 잘 할 것이라고 믿었다. 하지만 실제 교실 상황은 매우 다양하며 가변적이고, 각 학생의 지적 수준, 선지식, 학습의 필요와 능력 등이 서로 다르기 때문에, 실제 수업 상황에서 교과의 전문적 지식을 그대로 적용해서 수업이 성공적으로 이루어지는 것은 아니다.

그래서 최근에 전통적 교사 교육의 대안으로 '반성적 교사 교육'이 주목받고 있다. 반성적 교사 교육은 D. A. Schön의 '반성론'에 이론적 토대를 두고 있다. 실제 행위 상황은 매우 불확실하고 불안정하며 맥락마다 다르고 가치 갈등이 심각한 장이기 때문에, 불확실하고 복잡한 상황과 지식의 간격(괴리)으로 인하여, '전문적 지식에 대한 확신의 위기'(crisis of confidence in professional knowledge)가 나타난다(Schön, 1983: 3-20).

이러한 위기를 극복한 대안으로 쉔은 **'반성적 실천가'**(the reflective practitioner) 모형을 제안하였다(Schön, 1983). 쉔은 반성적 실천가의 교육에서 반성을 통한 전문성의 개발을 강조하였다(Schön, 1987). '반성'(reflection)은 행위 또는 실천의 기저에 놓여있는 암묵적인 행위 중 앎을 표면화하여 성찰하고 재구성하여 검증함으로써 새로운 행위 중 앎을 형성하는 과정이다.

쉔은 반성적 실천가의 반성 능력을 '행위 중 반성'(reflection-in-action)과 '행위 후 반성'(reflection-on-action)으로 설명하였다(Schön, 1983; 1987).

(1) 행위 중 앎

사람들은 일상생활에서 관행적으로 행위를 수행한다. 이런 무의식적인 일상적 행위 밑에 놓여있는 지식이 **'행위 중 앎'**(knowing-in-action)이다. 행위 중 앎은 일상적 행위의 수행에서 암묵적으로, 무의식적으로, 직관적으로 작용하기 때문에, 그것을 말로 명확히 설명하기 어렵다. 행위 중 앎은 행위의 기저에서 무의식적으로 작용하기 때문에, 평소에 사람들이 인식하지 못하는 '암묵적 앎'(tacit knowing) 상태로 존재한다. '암묵적인 행위 중 앎'에 의거해 사람들은 명확하게 의식하지 못한 채 관행적으로 일상적 행위를 수행한다(Schön,

1983: 21-75).

건축가, 정신과 의사, 기술자 같은 전문적 실천가(전문가)는 직업에서 전문 지식을 실행하는 실천 과정에서 그들이 명확하게 말할 수 있는 것보다 더 많은 것을 알고 있다. 이처럼 말로 명확하게 설명할 수 없지만, 평상시 전문가의 실천 중에 무의식적으로, 암묵적으로 작용하는 것이 '실천 중 앎'(knowing-in-practice)이다. 그러나 평상시와 달리, 전문가는 실천 중 앎을 적용하여 문제를 해결할 수 없는 상황에 직면하면, '암묵적인 실천 중 앎'에 대해 성찰하여 재구성하고 즉석에서 검증하는 반성 능력을 발휘한다.

(2) 행위 중 반성

사람들은 일상적 행위가 예상된 반응이나 결과를 가져오면, 그 행위 밑에 놓여 있는 암묵적인 행위 중 앎에 대해 의식적으로 생각하지 않는다. 그러다가 일상적 행위가 예상하지 못한 반응이나 결과를 가져오는 상황에 직면하면, 사람들은 당혹감을 느끼고 놀라게 된다.

무의식적으로 당연하게 수행하던 행위에 대한 '놀람'에서 **'행위 중 반성'**(reflection-in-action)이 시작된다. 놀람의 경험은 행위의 기저에 놓여 있던 '암묵적인 행위 중 앎'을 의식 밖으로 표면화하여 드러낸다. 사람들은 놀람과 표면화를 통해 의식 밖에 드러난 기존의 암묵적인 행위 중 앎을 비판적으로 성찰하면서 재구성한다. 이렇게 재구성된 앎은 아직 검증되지 않았기 때문에 '잠정적인 행위 중 앎'이다. 이 잠정적 앎을 현재의 행위에 적용해서 즉각적으로 검증한다. 이 '즉석 실험'(on-the-spot-experiment)을 통해 잠정적 앎이 새로운 상황에서 예상된 결과를 가져오면, 그것이 새로운 '행위 중 앎'이 된다. 반면에 예상하지 못한 결과를 가져오면, '행위 중 반성'의 초기 과정으로 돌아가서 다시 '놀람' ~ '즉석 실험'의 반성 과정을 거친다(Schön, 1983: 21-75,128-167).

요약하면, 행위 중 반성은 앎과 행위의 상호작용을 통해 새로운 행위 중 앎을 형성함으로써 행위를 변화시킨다.

❙ '행위 중 반성'의 과정 ❙

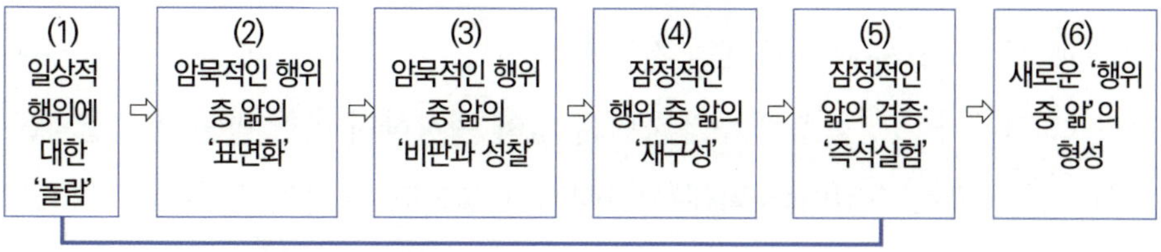

(3) 행위 후 반성

행위 중 반성은 현 상황에서 수행되는 '현재' 행위와 행위 중 앎에 대하여 반성하는 과정이다. 반면에 '**행위 후 반성**'(reflection-on-action)은 행위가 끝난 후에 과거 행위와 상황에 대하여 반성하고 미래의 행위를 변화시키는 과정이다. '행위 후 반성'은 어떤 행위 또는 실천이 끝난 후, 과거 행위와 상황을 비판적으로 성찰하며, 미래의 행위 계획을 개선(수정)하는 과정이다. 예를 들면 한 축구선수가 경기가 끝난 후, 지난 일요일 경기에서 수행했던 자신의 경기와 상황에 대하여 비판적으로 성찰한 후, 다가올 주말 경기에서 수행할 경기 방식과 전략을 수정하는 과정이 '행위 후 반성'이다(Schön, 1983: 26-31).

행위 후 반성은 실천가 혼자 자신의 행위와 상황에 대해 성찰하는 방식으로 이루어질 수 있지만, 다른 사람들이나 전문가와 협의할 때 더 효과적으로 이루어진다. 뛰어난 전문가도 자신의 실천과 상황에 대하여 혼자 반성하는 것에는 한계가 있기 때문이다. 행위 후 반성은 행위 또는 실천이 끝난 후에 다른 사람 또는 전문가와 대화 또는 협의하면서 다른 관점에서 자신의 행위 밑에 놓여 있는 행위 중 앎에 대해 성찰하고 문제 해결 방안을 찾아서 미래의 행위 계획을 개선하는 과정이다.

Schön이 사용한 '행위 중 반성'과 '행위 후 반성' 개념을 차용하여, 반성적 실천가로서 교사의 '수업 중 반성'과 '수업 후 반성'을 살펴보면 다음과 같다(박상준, 2007: 45-46).

① 수업 중 반성(reflection-in-teaching)

교사는 평상시 교과에 대한 전문적 지식과 수업 계획에 따라 수업을 진행한다. 그러다가 일상적으로 수행하던 수업이 예상하지 못한 반응이나 결과를 가져오거나 또는 수업이 계획대로 진행되지 않으면, 교사는 당혹감이나 놀람을 경험하게 된다. 그러면 교사는 당연하게 여기던 수업 실천 밑에 놓여 있는 '암묵적인 실천 중 앎'을 표면화하여 의식 밖으로 드러내서 성찰하고, 현재 수업 상황과 학생의 수준에 적합하게 수업 활동을 재구성한다. 재구성된 잠정적 앎을 현재 수업에 즉각 적용하여 검증한다. '즉석 실험'을 통해 새로운 수업 상황과 학생의 수준에 맞게 검증된 앎은 새로운 '수업 중 앎'으로 형성된다.

이처럼 반성적 실천가로서 교사는 다른 학자들이 만든 이론이나 전문적 지식을 그대로 적용하는 것이 아니라 수업 상황에서 자신의 수업 활동 밑에 놓여있는 '수업 중 앎'을 성찰하여 재구성하고, 즉각적으로 현재 수업 활동에 적용해 검증할 수 있다. 이런 즉석 실험을 통해 재구성된 실천 중 앎을 수업 상황과 학생의 수준에 맞게 즉각적으로 검증하면서 새로운 실천 중 앎을 형성해 간다. 이런 반성 과정이 교사의 '수업 중 반성'이다.

② 수업 후 반성(reflection-on-teaching)

현재 수업 상황에서 자신의 수업 활동과 실천 중 앎에 대하여 반성하는 실천 중 반성과 달리, 교사의 '수업 후 반성'은 수업이 끝난 후, 교사가 과거의 수업 활동과 상황에 대하여 성찰하고 수업의 문제 해결 방안을 찾아서 미래의 수업 계획을 수정하고 미래의 수업을 개선하는 것이다. 그러나 수업 중 반성과 달리, 수업 후 반성은 현재의 수업 활동에 즉각 적용하는 '즉석 실험'이 어렵기 때문에, 자신의 수업 활동을 즉시 변화시키기 어렵고 나중에 미래의 수업 계획과 수업 과정에 적용될 수 있다. 최근 동료 교사와 수업 나눔을 통해 여러 교사가 보는 관점(들)에서 자기 수업을 성찰하고, 수업 계획을 수정하고 수업을 개선해가는 '수업 비평', '수업 성찰' 활동도 교사의 '수업 후 반성'에 해당된다.

3. 수업 비평과 수업 성찰

그래서 최근 학교 현장에서 교사들이 수업 전문성을 향상시키기 위해 '수업 비평'이나 '수업 성찰' 활동을 활발하게 하고 있다(이혁규, 2008, 2013; 김태현, 2014). 수업 비평이나 수업 성찰에는 교사의 수업을 분석하고 진단할 외부 전문가는 필요 없으며, 수업을 분석·진단할 공식 프로그램이나 모형도 필요 없다. 수업 성찰은 열린 마음을 갖고 동료 교사와 자기 수업을 함께 성찰하면서 수업을 개선하려는 '수업 나눔'이 중요하다.

1) 수업 비평

우리나라의 학교 문화와 수업 문화는 매우 폐쇄적이다. 대부분의 교사가 수업을 공개하기 꺼리고, 일부 공개 수업의 경우에도 수업의 분석과 비평은 형식적으로 이루어진다. 이런 폐쇄적인 학교 문화 속에서 교사의 수업 전문성이 발달할 수 없고, 다른 교사의 수업을 분석하고 컨설팅해 주는 수업 장학의 전문성도 성장하기 어렵다(이혁규 외, 2007: 13-14).

이런 상황을 개선하여 교사의 수업 전문성을 신장시킴으로써 교육의 공공성과 책무성을 강화하는 방안으로 2011년 2월 교육과학기술부는 「교원 등의 연수에 관한 규정」을 개정하여 초·중·고등학교에서 '교원 능력 개발 평가'를 전면 시행하였다. 하지만 대부분 형식적으로 이루어지고 있으며, 실제적인 수업 비평이나 성찰을 통한 수업의 개선으로 이어지는 경우는 별로 없다.

그러나 최근 수업 비평, 수업 분석, 수업 컨설팅, 수업 코칭, 수업 성찰에 대한 연구결과들이 많이 출판되었고, 또한 자율적으로 자기 수업을 공개하고 수업 분석과 성찰을 통해 자신의 수업을 개선하려는 교사들의 자발적 모임과 활동이 증가하고 있다.

수업 비평은 평가적 관점이 아니라 '비평적 관점'에서 수업을 관찰하여 분석하고 평가하는 과정이다. 이혁규는 '수업 비평'을 "교사와 학생들이 함께 구성해 가는 수업 현상을 하나의 분석 텍스트로 하여 수업 활동의 과학성, 예술성, 수업 참여자의 의도와 연행, 교과와 사회적 맥락 등을 종합적으로 고려하면서 수업을 기술, 분석, 해석, 평가하는 비판적이고 창조적인 글쓰기이다"라고 정의하였다(이혁규 외, 2007: 21).

이혁규는 실제로 수업 비평을 하고 싶은 교사들을 위하여 몇 가지 방안을 제시하였다(이혁규 외, 2007: 24-27).

첫째, 수업 비평은 수업 전문가의 작업이 아니라 모든 교사가 비평적 안목을 가진 '수업 비평의 전문가'가 될 수 있다고 가정한다. 둘째, 수업 비평의 첫 작업은 비평할 수업을 찾아서 기술하는 것이다. 자기 수업 또는 다른 교사의 수업을 관찰하여 기록하거나 비디오로 촬영한 후 비평적으로 분석하는 '수업 쓰기' 작업을 한다. 셋째, 관찰 기술한 수업에 대한 양적·질적 분석, 해석, 평가 등의 수업 비평을 하고 교사들이 상호 협의하는 것이다. 수업 비평은 수업의 의도와 연행, 수업의 맥락, 교수 내용, 행위자 등 다양한 기준에 초점을 맞추어 이루어질 수 있다.

2) 수업 성찰

수업 코칭은 외부에서 '수업 코치 전문가'를 초빙하여 교사의 수업을 관찰하고 수업을 개선해 가는 과정이란 점에서 한계를 지닌다. 그래서 최근에는 외부 수업 전문가에 의존하지 않고, 교사들이 동료 교사에게 수업을 공개하고 자기 수업에 대해 스스로 성찰하고 나누면서 수업의 변화를 시도하려는 '수업 성찰 운동'이 학교 현장에서 자생적으로 일어나고 있다.

장학사, 컨설턴트, 수업 코치 같은 '외부 전문가'에게 의존하는 수업 장학, 수업 컨설팅, 수업 코칭과 달리, '수업 성찰'은 교사가 '동료 교사'와 자신의 수업을 함께 성찰하고, 다양한 성찰적 질문을 통해 수업을 나누면서 자발적으로 수업을 변화시키거나 개선해 나가는 활동이다(김태현, 2014: 26-27). 수업 성찰에는 교사의 수업을 분석하고 진단해 줄 외부 전문가는 필요 없고, 또한 수업을 관찰하여 분석·진단할 공식화된 프로그램이나 모형도 필요 없다. 수업 성찰을 위해서는 함께 수업을 성찰할 동료 교사가 필요하고, 그 다음 열린 마음을 갖고 수업 친구와 자신의 수업을 함께 성찰하면서 수업의 문제점을 토의하며 개선하려는 '수업 나눔'이 중요하다.

수업 성찰에는 공식화된 프로그램이 필요 없기 때문에, 학교 현장에서 교사들이 다양한 방식으로 수업 성찰을 자유롭게 진행할 수 있다. 수업 성찰의 몇 가지 방식을 사례로 제시하면 다음과 같다(김태현, 2014: 36-65).

(1) 비평적 관점으로 수업 보기
(2) 학생의 배움을 중심으로 수업 보기
(3) 교사의 내면을 중심으로 수업 보기

동료 교사의 수업을 볼 때, 중점적으로 관찰해야 할 요소에는 (1) 교사의 수업 속 신념을 성찰하기, (2) 수업 속 관계를 성찰하기, (3) 수업 속 대화를 성찰하기, (4) 수업 속 내용을 성찰하기 등이 있다(김태현, 2014: 68-221).

구체적으로 수업 성찰을 할 때 관점별로 수업에서 무엇을 어떻게 볼 것인가의 예시를 제시하면 다음과 같다(김태현, 2014: 63-65).

수업 성찰의 예시

관점	질문	성찰 내용	비고
비평적 관점으로 수업 보기	• 수업에서 교사가 의도하고 있는 배움은 무엇인가? 그 의도대로 수업을 진행하는가?		수업을 준비한 교사의 관점에서 수업의 의도와 맥락을 파악하려고 애쓰며 교사의 수업 속 자신감을 높여준다.
	• 교사가 배움을 만들기 위해 어떤 행동을 하고 있는가? 교사가 사용하는 몰입의 기제들은 무엇인가?		
	• 수업을 보며 교사의 수업 행위에 대해 의문이 가는 지점은 무엇인가?		
	• 수업에서 가장 의미있는 지점은 어디인가? 그렇게 생각하는 이유는 무엇인가?		
학생의 배움을 중심으로 수업 보기	• 수업 속에서 배움이 가장 크게 만들어진 지점은 어디인가? 배움의 수준은 어느 정도인가?		교사가 의도한 대로 학생의 배움이 만들어졌는지 살피면서, 교사의 가르침과 학생의 배움이 조화롭게 흘러갔는지 살핀다. 이를 통해 교사가 학생의 관점에서 수업을 세밀히 성찰하도록 한다.
	• 배움이 더 크게 만들어질 수 있는데 그렇지 않은 곳은 어디인가? 그렇게 된 이유는 무엇인가?		
	• 배움이 가장 크게 만들어진 학생은 누구인가? 그렇게 생각한 이유는 무엇인가?		
	• 배움에서 소외되는 학생은 없는가? 그렇게 생각한 이유는 무엇인가?		
	• 수업에서 전체적으로 배움이 잘 만들어졌다고 보는가 아닌가? 그렇게 생각한 이유는 무엇인가?		
교사의 내면을 중심으로 수업 보기	• 수업 속에서 교사가 배움을 만들어 가는 데 자신감을 가진 지점은 어디인가? 그렇게 생각한 이유는 무엇인가?		교사가 의도한대로 수업 진행하지 않은 상황, 수업 속 배움이 만들어지지 않는 상황을 찾아 그 속에서 느끼는 교사의 감정을 듣는다. 적극적 경청과 공감을 통해 무너진 교사의 마음을 위로하고 격려해준다.
	• 수업 속에서 교사가 배움을 만들어 가는 데 두려워하는 지점은 어디인가? 그렇게 생각한 이유는 무엇인가?		
	• 교사가 의도한대로 수업을 진행하지 않은 곳은 어디인가? 이 때 교사의 내면은 어떤 상태라고 생각되는가?		
	• 교사의 가르침과 학생의 배움이 가장 크게 어긋나는 지점은 어디인가? 이 속에서 교사의 내면은 어떤 상태라고 생각하는가?		
총 평			

(김태현, 2014: 65)

제15장 사회과의 과제와 통합적 교육

4장에서 살펴본 것처럼, 사회가 변하면 그 사회에서 요구되는 시민의 역량이 달라진다. 그에 따라 사회과교육의 주제와 내용이 바뀐다. 급변하는 미래 사회의 요구에 맞게 시민 역량을 함양하기 위해서 사회과는 새로운 주제와 내용을 가르쳐야 할 과제를 안고 있다.

최근 우리나라는 민주주의 위기, 문화 다양성의 증가, 뉴 미디어의 발달, 사회 갈등과 대립의 심화에 대응하기 위하여 민주 시민 교육, 인권 교육, 다문화 교육, 인성 교육, 미디어 리터러시 교육, 지속 가능 발전 교육 등이 강조되고 있다. 이러한 교육은 2022 개정 교육과정에서 교과와 창의적 체험 활동 전반에서 통합적으로 다루는 '범교과 학습 주제'로 제시되었다(교육부, 2022a: 15).

이 장에서는 최근 사회과에서 강조되는 민주 시민 교육, 다문화 교육, 인권 교육, 미디어 교육, 인성 교육을 중심으로 살펴볼 것이다.

1. 민주 시민 교육

1) 민주정치와 시민사회의 위기

'주권'은 국가의 의사를 최종 결정하는 권력이다. 근대 이전에는 소수 집단이 주권을 행사하는 '귀족정치(귀족제)' 또는 한 사람이 주권을 행사하는 '군주정치(군주제)'가 주로 행해졌다. 그러나 근대 시민혁명 이후 '국민주권

사상'에 기초하여 민주정치가 성립되어 갔다. **'민주정치'**는 다수의 일반 국민이 주권을 갖고 행사하는 정치형태이다. 민주정치가 실시되면서 국가의 정치·행정 영역과 시장의 경제적 영역으로부터 분화된 새로운 사회적 삶의 영역, 즉 시민사회가 성장하기 시작하였다.

근대 초기에 등장한 '시민사회'(bürgerliche Gesellschaft)를 G. W. F. Hegel은 국가의 정치적 영역으로부터 분리된 사적 시민들이 노동을 통해 자기 욕구와 이익을 충족시키며 상호 의존하는 관계망으로 규정하였다(Hegel, 1953: §180,182-183,187). 그 후 현대 사회에서는 국가의 영역과 시장의 경제적 영역에서 분리되어 자유로운 토론과 여론 형성, 문화 창출의 장으로서의 도시, 언론, 사교 모임 같은 '공적 영역'(public sphere)이 성장하였다. 국가와 시장에 대하여 자유롭게 정보를 교환하고 토론하면서 여론을 형성하는 공적 영역을 J. Habermas는 '시민사회'(civil society)로 이해하였다(Habermas, 1989: 27-43).

시민사회가 무엇인가에 관하여 다양한 견해가 존재하지만, "**시민사회**는 국가와 시장경제로부터 분리된 **'제3의 공적 영역'**으로서, 자유로운 정보와 의견의 교환 및 민주적 소통과 토론을 통해 정부와 기업의 활동을 비판하고 감시하는 공적 영역이다"라고 규정할 수 있다(박상준, 2012a: 13).

국가, 시장경제, 시민사회의 관계를 도식으로 표현하면 다음과 같다.

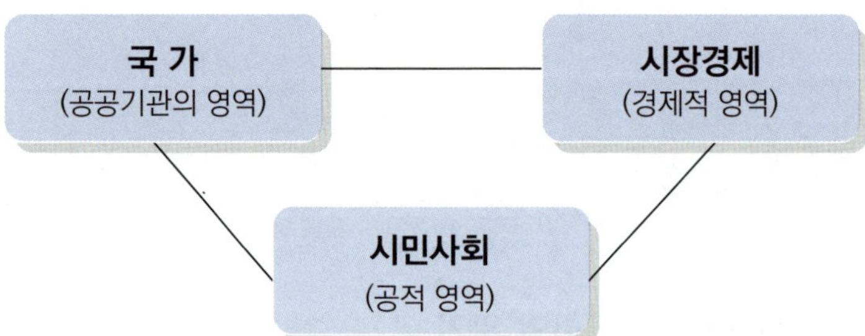

(박상준, 2012a: 14)

공적 영역으로서 시민사회는 정부와 기업의 활동을 비판하고 감시함으로써 거대한 국가권력과 기업으로부터 시민의 자유와 권리를 보호하는 기능을 한다. 다른 한편 시민사회는 공공선과 정의의 관점에서 국가와 시장경제와 관련된 문제들에 대한 자유로운 소통과 토론을 통해 합리적 해결책을 찾고 여론을 형성하여 비대해진 국가권력과 자본가를 제한하는 기능을 수행한다. 이것이 시민사회의 '정치적 기능'이다(박상준, 2012a: 13-14).

그러나 시민사회의 정치적 기능과 영향력이 확대되면서 위기감을 느낀 정부와 거대 기업은 공적 영역에 침투하여 시민사회의 기능을 약화시키고자 시도한다. 정부는 시민사회에 대한 재정 지원을 법제화하고 정책 사업에 대한 신청을 받아 재정을 지원하고 있다. 정부의 재정 지원을 받은 시민사회단체들은 시민사회 본래의 비판과 감시의 정치적 기능을 제대로 수행하지 못 하게 되고, 일부 보수 단체는 정부 정책이나 입장을 대변하는 형태로 변질되기도 하였다. 또한 정부는 직접적으로 시민사회의 자유로운 토론과 집회를 억압하여 정부에 대한 비판과 여론 형성을 약화시킨다(박상준, 2012a: 16-17).

다른 한편 거대 기업과 자본가는 영향력 있는 시민사회 단체에 거액의 후원금을 지원하여 시민사회의 비판과 감시 기능을 약화시키고자 한다. 또한 거대 기업은 자본의 힘을 이용하여 직접적으로 신문이나 방송사를 소유하거나 비판적인 언론사에 광고를 게재하지 않음으로써 간접적으로 언론을 통제하기도 한다(박상준, 2012a: 17-18).

2) 민주 사회와 공적 시민성의 요구

이처럼 국가와 거대 기업이 공적 영역에 침투하여 시민사회를 약화시킴으로써 비대해진 국가권력과 기업의 활동을 비판, 감시, 견제하는 공적 시민의 역량이 약화되고 있다. 그에 따라 공적 영역에서 시민들이 정부와 시장경제에 대한 정보와 의견의 자유로운 교환, 토론, 여론 형성의 주체가 아니라 객체로, 정치과정의 주체가 아니라 관객으로 전락하는 위기를 맞고 있다. 이러한 위기를 극복하고 비대해진 국가권력과 거대 기업을 비판, 견제함으로써 시민의 자유와 권리를 확보하기 위해서는 시민들이 합리적인 '의사소통 능력'과 '비판적 사고력'을 갖출 필요가 있다. 시민들이 의사소통 능력을 갖추고 자유로운 정보와 의견 교환, 민주적 소통과 토론에 적극 참여할 때, 국가권력의 남용과 기업의 불공정한 경제활동을 방지하여 시민의 자유와 권리를 확보할 수 있다. 또한 시민들이 비대해진 국가권력과 거대 기업의 활동을 비판적으로 분석·평가함으로써 국가의 정치 및 행정 작용, 기업의 경제활동을 감시·견제하고 더 민주적이고 정의로운 사회를 만들 수 있다(박상준, 2012a: 14-15).

다른 한편 민주 사회에서 국가권력의 남용과 거대 기업의 횡포를 막고 시민의 권익을 확보하기 위해서는 사적 관심과 이익 추구에서 벗어나 공공선 또는 정의의 관점에서 접근하는 가치와 태도가 요구된다. 즉, 시민들이 사적 이익만 추구하는 것이 아니라 공공선과 정의의 관점에서 사익과 공익을 조화시키는 '공동체 의식'을 지녀야 한다(박상준, 2012a: 15).

요약하면 시민사회의 위기를 극복하고 민주적이고 정의로운 사회를 만들기 위해서는 의사소통 능력, 비판적 사고력, 공동체 의식을 갖춘 공적 시민을 필요로 한다. 이러한 공적 시민의 역량, 즉 **'공적 시민성'**을 육성하는 것이 사회과의 새로운 과제로 대두된다.

3) 민주 시민 교육의 목표

민주주의가 무엇인가에 대한 정의가 다양한 만큼, 민주 시민 교육의 개념 정의도 다양하다. 민주 시민 교육은 넓은 의미에서 사회 구성원들에게 여러 집단, 조직, 제도, 매체를 통해 정치적으로 영향을 주는 모든 과정이고, 좁은 의미에서 청소년과 성인이 사회생활과 정치생활의 참여에 필요한 자질을 갖추도록 계획된 교육을 가리킨다(허영식 외, 2007: 17-18).

영국의 졸업자격 및 교육과정 평가원(QCA)은 「학교에서 민주주의와 시민성의 교육」 보고서(1998)에서 "학교 민주 시민 교육은 참여 민주주의의 본질에 적합한 지식, 기능, 가치를 증대시키며 확고하게 만드는 것이고, 또한 학생들을 능동적 시민으로 발달시키는 데 필요한 권리와 의무의 인식, 책임감을 증대시키는 것을 목표로 한다"고 규정하였다. 다른 한편 심성보는 "민주 시민 교육은 시민이 민주 사회의 구성원으로서 자신의 권리와 책임을 수행하고 사회 운영의 주체로서 참여하는 데 필요한 지식과 역량, 가치관과 태도 등 민주적 자질을 함양하기 위한 의도적이고 체계적인 교육적·학습적 노력이다"라고 정의하였다(심성보, 2011: 192).

다양한 견해들을 종합하면, "**민주 시민 교육**은 민주주의에 대한 이해에 기초하여 정치과정에 대하여 비판적으로 판단하는 능력과 민주적 가치와 태도를 습득하여 정치문제를 합리적으로 해결하기 위해 정치과정에 능동적으로 참여하는 공적 시민성을 기르는 교육 활동이라"고 할 수 있다.

공적 시민성의 요소와 내용

시민성의 요소	시민성의 내용
의사소통 능력	• 국가와 시장경제에 대한 자유로운 정보와 의견 교환 • 민주적 소통과 토론 • 합리적 해결책의 모색과 합의
비판적 사고력	• 객관적 근거에 의거한 국가와 시장경제의 합리적 분석과 평가 • 정부와 기업의 활동에 대한 감시와 견제
공동체 의식	• 공익과 보편적 가치의 추구 • 사익과 공익의 조화 • 공공선의 실현에 헌신

(박상준, 2012a: 23, 인용)

자기 이익과 개인적 권리만을 추구하는 사적 시민과 달리, 민주 시민 교육에서 기르고자 하는 '공적 시민'은 공공선과 보편적 가치 안에서 자신의 이익을 실현하고자 하는 시민이다. 즉, 공적 시민은 공공선과 보편적 가치의 측면에서 사익과 공익을 조화시키고 공동체적 가치를 실현하려는 '공동체 의식'을 지닌 사람이다. 다른 한편 공적 시민은 국가와 시장경제의 문제에 대하여 자유롭게 정보와 의견을 교환하고 민주적으로 토론하면서 합리적 해결책에 합의해 갈 수 있는 '의사소통 능력'을 지닌 사람이다. 또한 시민사회의 주체로서 공적 시민은 비대해진 정부와 거대 기업의 활동에 대하여 객관적 근거에 의거하여 합리적으로 분석하고 평가하는 '비판적 사고력'을 지닌 사람이다. 이것이 바로 민주 시민 교육에서 육성하고자 하는 공적 시민의 역량, 즉 **'공적 시민성'**이다(박상준, 2012a: 19-23).

4) 민주 시민 교육의 내용

이러한 공적 시민을 기르기 위해서 민주 시민 교육에서 가르쳐야 할 내용이 무엇인가에 대하여 다양한 견해가 있는데, 민주주의 연구소는 전문가 의견을 종합하여 민주 시민 교육의 지식, 기능, 가치 영역을 다음과 같이 제시했다(김동춘·장원순, 2022: 9, 18-19).

❙ 민주 시민 교육의 영역 ❙

영역	내 용
지식	민주주의 의미, 이념, 기본 원리, 핵심 가치, 발전 과정, 헌법, 정치 제도, 정치과정, 시민 참여, 시민의 권리와 의무, 다양한 사회문제와 쟁점
기능	비판적 사고력, 민주적 의사결정력, 정보 활용 능력, 미디어 리터러시, 의사소통 능력, 타협과 협력, 사회적 책임 능력, 민주적 가치와 태도의 실천 능력, 문제 해결력
가치·태도	인간 존엄, 자유, 평등, 공공선, 관용, 인권 존중, 사회 정의 실현, 차이와 다양성 인정, 공동체 참여, 준법, 정치 참여, 부정의에 저항

또한 민주 시민 교육은 학생들이 민주주의에 대한 이해와 민주적 가치를 습득하여 정치 문제를 해결하기 위해 주체적으로 참여할 수 있는 체험 학습 프로그램을 제공해야 한다. 이런 체험 학습은 학생들이 민주주의와 정치과정을 경험함으로써 주권을 행사하는 실천적 지식을 습득하여 정치과정에 능동적으로 참여하는 공적 시민성을 육성하는 데 기여할 것이다.

2. 다문화 교육

1) 다문화사회의 도래

우리나라는 옥저, 동예, 마한, 변한, 진한 등 한반도의 토착 부족과 부여 유민 등 다양한 부족들이 결합하여 통일 국가를 형성했다. 그래서 고려 이후 통일된 민족국가를 확립하기 위해서 다양한 부족들을 '한 민족'이라는 관념 아래 통합시켜 동질적인 민족의 정체성과 문화를 형성할 필요가 있었다. 이런 필요에서 구성원들의 출신 부족이나 배경은 다르지만, 그 뿌리를 찾아 올라가면 모두 단군의 후손으로서 한 핏줄을 이어받은 한 민족이고 같은 언어와 역사를 가졌다는 '신화'를 전파했다. 이러한 신화가 여러 세대를 거쳐 반복적으로 전달되어 구성원들의 무의식 속에 공통적으로 축적됨으로써, 우리나라가 단일 민족, 단일 문화라는 관념이 집단 무의식 속에 당연한 사실로서 저장되었다(박상준, 2012b: 44-45).

단일 민족국가에서는 동질적인 정체성과 문화를 공유하여 통일성과 질서를 유지하는 데 헌신할 수 있는 국민의 자질, 즉 '**단일 문화 국민성**'을 필요로 하였다. 단일 문화 국민성의 육성은 동일한 민족적 정체성과 문화를 공유한 국민을 재생산함으로써 단일 민족국가를 유지하는 데 기여하지만, 문화의 동질화 및 획일화를 가져왔으며 우리와 다른 민족과 문화를 배제시키고 차별하게 만들었다(박상준, 2012b: 46).

하지만 최근에 세계화의 물결을 타고 외국인 노동자, 결혼 이민자, 유학생 등의 유입이 급증하면서 우리 사회도 다문화사회로 나아가고 있다. 행정안전부의 외국인 이주민 통계자료에 따르면, 국내 거주 외국인 이주민은 1990년 5만 명에서 2006년 54만 명(1.1%), 2015년 171만 명(3.4%), 2021년에 213만 명(4.1%)로 증가했다. 이처럼 우리나라는 주로 아시아 지역에서 외국인 노동자, 결혼 이민자, 유학생 및 그들의 문화가 유입되면서, 단일 민족국가에서 '다민족 사회로서의 다문화사회'로 전환되고 있다. 하지만 단일 민족, 단일 문화라는 신화와 집단 무의식의 영향, 단일 문화 국민성의 주입으로 인하여 우리 사회에는 다른 민족, 집단 및 그들의 문화를 비정상으로 구별짓고 차별하는 사회적 풍토와 관행이 만연되어 있다(박상준, 2012b: 47).

2) 다문화 시민성의 요구

단일 민족국가는 동질적인 민족적 정체성과 단일 문화 국민성을 요구하였다. 하지만 다문화사회는 다양한 민족적 정체성과 문화의 다양성을 인정하고 다문화사회의 문제를 평화적으로 해결하고 상생할 수 있는 시민의 역량, 즉 '다문화 시민성'을 필요로 한다.

다문화 시민성이 무엇인가에 대해서도 여러 가지 견해가 있다. 장원순은 다문화적 시민성을 문화 다양성과 민주주의에 고유한 개념, 가치, 신념, 행동 패턴을 이해하고 이에 근거해 민주적 대화를 통하여 자신의 문화를 구성하고 공통의 문화를 창출할 수 있는 시민의 역량으로 규정하였다(장원순, 2004: 12). 다른 한편 구정화·박선웅은 비판적 다문화주의의 관점에서 다문화 시민성을 다양한 문화 집단들로 구성된 공동체에서 살아가는 데 요구되는 삶의 표준으로 정의하였다. 그리고 다문화 시민성의 인지적 측면은 다문화사회의 형성 과정과 현상의 이해, 시민권·인권의 의미와 내용, 문화의 의미와 특징 이해 등으로, 가치적 측면은 차이 인정, 인권 존중, 연대감과 참여 의식 등으로, 기능적 측면은 간문화적 소통 능력, 고차원적 사고력, 시민 참여 기능 등으로 구성된다(구정화·박선웅, 2011: 15-21).

여러 가지 논의를 종합해 보면, **'다문화 시민성'**은 다양한 인종, 민족, 집단 및 그들의 문화를 비교 이해하고, 문화적 다양성과 차이를 인정하며 관용하는 가치와 태도를 지니며, 문화 간 민주적 소통을 통하여 다문화 사회의 문제를 합리적으로 해결하는 능력을 습득하여 차별적 관행과 제도를 개혁하는 데 능동적으로 참여하고 실천하는 것을 포함한다(박상준, 2012b: 51).

❙ 다문화 시민성의 구성 요소 ❙

영역	구성 요소
지식	• 다양한 인종, 민족, 집단의 정체성, 문화, 전통에 대한 비교 이해 • 차별, 인권 침해 같은 다문화사회의 문제 이해 • 이주민의 인권에 대한 인식
가치·태도	• 문화적 다양성과 차이의 인정 • 이주민의 인권 존중 가치와 인권 보호 태도 • 다른 인종, 민족, 집단 및 그 문화에 대한 관용의 태도
기능	• 다양한 인종, 민족, 집단 간 소통 능력 • 다문화사회의 문제해결능력
참여·실천	• 다문화사회의 문제 해결을 위한 참여와 실천 • 차별적 관행과 제도의 개혁을 위한 참여와 행동 • 이주민의 인권을 보호하기 위한 실천과 참여

(박상준, 2012b: 51, 인용)

3) 다문화 교육의 접근법

다문화 정책이나 교육은 그것이 추구하는 목표, 내용, 시행 방법 등에 따라 크게 용광로 이론, 모자이크 이론, 샐러드 접시 이론의 관점에서 분석될 수 있다(박상준, 2011a: 4-5; 2010b: 106-108).

(1) 용광로 이론과 동화주의

용광로 이론(melting-pot theory)은 동화주의 관점에서 다문화 정책이나 교육을 실시하는 것이다. 기본적으로 다수 인종이나 민족의 문화와 소수자의 문화를 용광로에 녹여서 새로운 문화를 만들어 사회를 통합해야 한다는 입장이다.

그러나 이 이론은 소수 인종이나 민족이 자신의 고유한 언어와 문화를 포기하고 지배 집단의 언어와 문화를 수용하도록 강요하는 '동화주의'(assimilationism) 관점에서 다문화 정책과 교육을 추진한다. 그 결과 소수 인종과 민족의 언어와 문화가 소멸되고 인권이 침해되면서 지배 집단과 소수 집단 간 갈등을 심화시켰다.

(2) 모자이크 이론과 문화적 다원주의

용광로 이론의 문제를 해결하기 위해 모자이크 이론(mosaic theory)은 '문화적 다원주의'(cultural pluralism)의 관점에서 다문화 정책이나 교육을 추진하는 것이다. 이 이론은 주류 집단의 문화뿐만 아니라 소수자의 문화를 허용하기 때문에, 형식적으로는 문화의 다양성이 보장되는 것처럼 보인다.

하지만 이 이론에서는 주류 집단의 문화적 우월성을 인정한 상태에서 소수 인종과 민족의 문화를 허용하기 때문에, 결국 소수 인종과 민족의 문화는 주류 집단의 문화에서 소외되어 주변 문화로 전락하게 된다. 형식적인 법과 제도는 주류 집단과 소수자의 문화가 실질적으로 공존하는 것을 보장하지 못하였고, 소수자에 대한 편견과 차별, 인권 침해, 그로 인한 갈등을 해결하지 못했다.

(3) 샐러드 접시 이론과 다문화주의

그래서 최근에 다문화주의에 기초한 샐러드 접시 이론(salad-bowl theory)이 제시되고 있다. '다문화주의'(multiculturalism)는 특정 집단의 주류 문화를 인정하지 않고, 주류 집단이 소수 집단의 문화를 동등한 가치를 지닌 것으로 인정함으로써 여러 인종, 민족, 집단의 문화가 동등하게 공존하면서 사회의 유대와 통합을 유지하는 것이다.

이 이론에 의거한 다문화 정책이나 교육은 다른 인종, 민족의 정체성과 문화적 다양성을 동등하게 존중하고 상호 공존하면서 사회적 유대와 통합을 증진시키는 것을 목표로 한다. 다문화 정책과 교육은 특정한 인종이나 민족 및 그들의 문화가 지배적인 위치를 점하는 것을 허용하지 않고, 문화적 다양성이 실질적으로 공존하도록 소수 인종과 민족을 지원한다.

4) 다문화 교육의 방향

J. A. Banks는 "다문화 교육은 다양한 사회 계층, 인종, 민족, 성 배경을 가진 학생이 평등한 교육 기회를 경험하도록 교육과정과 교육 제도를 개선하는 것을 목표로 하는 교육 개혁 운동이라"고 정의했다(Banks, 2008: 203-204).

Banks는 다문화 교육과정을 개혁하기 위한 접근법을 4가지 수준으로 제시하였다(Banks, 2008: 70).

제4수준 사회적 행동 접근법
학생이 중요한 사회문제들과 관련해 의사결정하고, 문제 해결에 도움이 되는 행동을 실천함

제3수준 변혁적 접근법
학생이 다양한 민족집단, 문화집단의 관점에서 개념, 쟁점, 사건, 주제를 바라볼 수 있도록 교육과정의 구조를 변화시킴

제2수준 부가적 접근법
교육과정의 구조는 변화시키지 않은 채 내용, 개념, 주제, 관점을 교육과정에 추가함

제1수준 기여적 접근법
영웅, 국경일, 개별적 문화적 요소에 초점을 맞춤.

(Banks, 2008: 70)

다문화 교육에 대한 접근법에 의거하여, 우리나라에서 다문화 교육이 어떻게 실시되었는지 살펴보면, 2000년대 초반부터 시민사회 단체를 중심으로 시작되었고, 그 후 중앙정부와 지방정부에서 다문화 정책을 수립하고 다문화 교육을 지원하였다. 하지만 다문화 교육은 '동화주의 관점'에서 주로 외국인 이주민을 대상으로 한국어와 한국 문화를 전수하여 한국 사회에 적응시키는

데 초점을 맞춘 교육을 실시하였다. 이러한 '동화주의적 분리교육'은 외국인 이주민의 고유한 정체성과 문화를 포기하고 주류 집단인 한민족의 언어와 문화에 동화되도록 강요하는 한계를 지녔다(박상준, 2012b: 52-53).

그러나 다문화 시민성을 육성하기 위해서는 동화주의에서 탈피하여 다문화주의 관점에서 상호 문화 교육, 관용 교육, 차별 해소 교육이 필요하다.

(1) 상호 문화 교육

다문화 사회는 여러 민족, 집단 및 그 문화의 다양성과 차이를 상호 이해함으로써 단일 민족, 단일 문화라는 잘못된 이데올로기와 집단 무의식을 극복하고 문화적 다양성과 차이를 인정하도록 하는 상호 문화 교육이 필요하다. '상호 문화 교육'은 여러 민족이나 집단의 정체성, 언어, 종교 등에 대하여 비교 이해시킴으로써 단일 민족국가를 유지하기 위해 전달된 이데올로기와 집단 무의식을 극복하고 잘못된 편견과 고정관념을 버리고 문화의 다양성과 차이에 관한 인식을 갖게 하는 것을 목표로 한다(박상준, 2012b: 54-56).

이러한 상호 문화교육은 동화주의 관점과 문화적 편견을 극복하고 다양한 민족이나 집단의 환경, 역사적 맥락, 전통 등에 비추어 문화를 상대적으로 이해하도록 가르치고, 다양한 문화를 비교 학습함으로써 자기 문화를 객관적으로 바라보고 다른 문화에 대한 이해를 증진시킨다.

(2) 관용 교육

또한 다문화 사회에서는 나와 다른 인종, 민족, 집단 및 그 문화를 참아 주고 상생하는 자질, 즉 관용이 요구된다. '관용'은 적극적 측면에서 나와 다른 사람들과 문화를 좋아하고 수용하는 것이 아니라 소극적 측면에서 다른 사람들 및 그 문화가 싫지만 차이와 다양성을 참아 주며 공생하는 태도이다. 예컨대 나는 흑인과 그 문화가 싫지만, 흑인이 내 옆집에 이사 와서 그들의 생활방식대로 사는 것을 참아주며 함께 사는 태도가 바로 관용이다.

관용 교육은 상호 문화 교육을 통한 인식의 전환에 기초하여 문화적 다양성, 차이, 이주민의 인권을 존중하는 가치관과 다른 인종, 민족, 집단이 이웃 지역이나 공간에 사는 것을 참으며 상생하는 관용의 태도를 형성하는 것을 목표로 한다(박상준, 2012b: 56-58).

(3) 차별 해소 교육

다문화사회의 문제와 갈등을 합리적으로 해결하고 차별적 관행과 제도를 개혁하는 데 참여하는 시민을 기르는 차별 해소 교육이 필요하다. '차별 해소 교육'은 다른 인종, 민족, 집단 및 그들의 문화에 대한 상호 이해와 문화적 다양성과 차이를 인정하며 상생하는 관용의 태도에 기초하여 다문화사회의 문제를 평화적으로 해결하고 차별적 관행과 제도를 개혁하기 위해 실천하는 시민을 기르는 것을 목표로 한다(박상준, 2012b: 58-60).

차별 해소 교육은 잘못된 편견에 의거한 차별이 다른 인종, 민족에게 주는 피해를 체험하게 하여 다른 사람의 고통을 공감하는 능력을 함양시킴으로써 차별을 해소하기 위해 적극 참여하는 시민을 육성하는 데 기여한다. 이런 측면에서 차별 해소 교육은 단순히 다문화 관련 지식의 교육을 넘어서 차별을 없애기 위해 실천하는 교육 개혁과 사회 개혁 운동으로 연결된다.

3. 인권 교육

1) 인권의 발달 과정

근대 민주정치의 발전 과정은 다른 측면에서 보면 인권을 보장받기 위한 투쟁의 역사이고, 인권의 발달사이다. 근대 이후 인권의 개념과 요소가 더욱 확대되고 인권을 보장하는 법률이나 제도가 발전해왔다.

먼저 인권과 권리를 구별할 필요가 있다. '권리'(rights)는 한 국가에서 구성원, 즉 국민에게 법률로서 보장해 주는 '법적 이익'이다. 예컨대 운전권은 차량 운전자가 차도에서 자동차를 운행할 때 도로교통법에 의해 보장되는 권리이다(박상준, 2010a: 31; 2003b: 116-117). 반면에 '인권'(human rights)은 특정 국가나 사회의 구성원이란 자격을 전제하지 않고 생물학적 측면의 인간으로서 보호받아야 할 '기본적 권리'이다. 인권은 한 국가의 구성원 자격을 지닌 국민 또는 시민이 아니라 '자연적인' 존재로서 인간 그 자체에 주어진 기본적 권리이다. 한마디로 인권은 사람이 마땅히 누려야 할 기본적 권리이다(박상준, 2010a: 31; 2003b: 116-117).

Karel Vasak은 인권의 발달 과정을 1, 2, 3세대로 구분했는데, 바삭의 구분을 차용하여 인권의 개념과 요소가 역사적으로 확대되어 왔는지 살펴보자.

근대 이전에는 왕과 소수 귀족들이 특권을 누리며 부유하게 살았지만, 다수의 평민들은 신분제 속에서 억압과 차별을 받으며 살았다. 그런데 사람들이 이런 비인간적인 대우에 부당함을 느끼고 저항하기 시작했다. 이런 생각과 움직임은 중세 후반 기독교 사상을 기반으로 한 '자연권 사상'으로 나타났다. 즉, 신(God)이 자기 형상을 따라 인간을 평등하게 창조하였기 때문에, 모든 인간은 자유롭고 평등하며, 생명, 자유, 재산 같은 자연권을 부여받았다는 생각이 널리 전파되었다.

그 결과 18세기 후반 시민들은 신이 부여한 자유와 권리를 보장받기 위해 왕이나 귀족에 대항하여 시민혁명을 일으켰다. 근대 시민혁명 이후 인간의 자유와 평등은 '미국 독립선언'(1776), '프랑스 인권선언'(1789), '미국 권리장전'(1791) 등에 명시되었다. 이로써 국가 권력으로부터 간섭받지 않고 자유롭게 말하고 행동할 권리, 인종, 성별, 신분 등에 의해 차별 받지 않을 권리, 정치에 동등하게 참여할 권리가 인권으로 보장되었다. 이러한 자유권, 평등권, 정치권을 보통 '1세대 인권'이라고 부른다.

> "우리는 다음과 같은 진리를 자명한 것이라고 생각한다. 모든 사람은 평등하게 태어났으며, 창조주(The Creator)에 의해 양도할 수 없는 권리들을 부여받았으며, 그 권리들에는 생명, 자유, 행복의 추구가 있다.
>
> … …
>
> 그리고 우리는 하나님(God)의 가호를 굳게 믿으면서 우리의 생명, 재산, 신성한 명예를 걸고 이 선언에 대한 지지를 상호 맹세하는 바이다."
>
> \- 미국 독립선언 -

그런데 산업혁명 이후 경제가 급속도로 발전해갔지만, 노동자들은 열악한 노동 환경과 긴 노동 시간에 시달리면서 적은 임금으로 생계를 유지하는 고통을 받았다. 빈부 격차, 실업, 경제 침체 등이 심해지면서 노동자의 삶은 더욱 피폐해졌다. 이런 상황에서 사람들이 굶어 죽지 않고 실질적으로 자유를 누리기 위해서 최소한의 생활을 보장해야 한다는 요구가 증가하였다.

그에 따라 20세기 초반 독일 '바이마르 헌법'(1919)에서 인간다운 생활의 보장을 규정하였다. 그 후 '세계인권선언'(1948)과 민주국가들의 헌법에서 사회적 약자들이 최소한의 인간다운 삶을 누릴 수 있도록 노동의 권리, 사회 보장을 받을 권리, 교육을 받을 권리 등을 인권으로 규정하였다. 이런 사회권 또는 생존권을 '2세대 인권'이라고 부른다.

> 제24조 모든 사람은 휴식과 여가를 가질 권리가 있다. 일하는 시간은 적절히 제한되며 유급 휴가를 가진다.
>
> 제25조 모든 사람은 가족과 함께 건강하고 행복하게 살 권리가 있다. 그래서 의, 식, 주, 의료 등 사회 보장을 받을 수 있다.
>
> \- 세계인권선언 -

제2차 세계대전이 끝나면서 독립한 제3세계 국가들은 자기 민족이나 나라의 문제를 스스로 결정할 권리를 요구하였다. 또한 인종 차별, 여성과 아동

학대, 전쟁과 재난으로 인한 난민이 증가되면서 여성, 아동, 난민 같은 집단의 인권 보호가 세계적으로 중요한 관심사가 되었다.

이런 상황에서 민족이나 집단의 자기 결정권, 소수민 권리, 평화의 권리 등이 새로운 '3세대 인권'으로 제시되고 있다. 이러한 새로운 인권은 유엔에서 채택한 '아동 권리 협약'(1989), '원주민 권리 선언'(2007) 등에 규정되었다. 각 개인이 개별적으로 누리는 1, 2세대 인권과 달리, 3세대 인권은 민족이나 집단의 차원에서 누리는 인권이고, 여러 민족이나 국가가 협력해야 보장되는 권리라는 측면에서 '집단권' 또는 '연대권'이라고 한다.

> 제30조 소수 공동체나 원주민 사회의 아동은 자신의 전통 문화를 누리고 자신의 종교와 언어를 가지고 살 권리가 있다.
>
> \- 유엔 아동 권리 협약 -
>
> 제3조 원주민은 자기 결정권을 갖는다. 이 권리에 의해 원주민은 그들의 정치적 지위를 자유롭게 결정하고 그들의 경제적·사회적·문화적 발전을 자유롭게 추구할 수 있다.
>
> 제5조 모든 원주민은 그들의 고유한 정치, 법, 경제, 사회, 문화 제도를 유지하고 강화할 권리를 갖는다.
>
> \- 유엔 원주민 권리 선언 -

최근 우리나라에서는 체벌, 집단 따돌림과 집단 괴롭힘, 학교 폭력 등이 심각한 사회문제로 대두되면서 학생의 인권 보호에 대한 요구가 증가하였다. 이런 사회적 요구에 따라 경기도(2010)와 서울시(2012) 등에서 「학생 인권 조례」를 공포하였다. 학생 인권 조례는 폭력으로부터의 자유, 휴식, 문화 활동, 개성 실현, 건강, 학교 규정의 제정 및 개정에 참여할 권리, 소수자 학생의 권리, 인권 교육 받을 권리 등을 포함하여 학생의 인권을 포괄적으로 규정하였다.

2) 인권 교육의 의미

인권이 보장되는 민주 사회를 실현하기 위해서는 인권을 보장하는 법률과 제도를 만드는 것뿐만 아니라 인권에 대한 교육이 중요하다. 그래서 세계인권선언 제26조, 아동권리협약 제42조, 우리나라 아동복지법 제42조는 인권 교육을 실시할 책무가 국가에 있음을 규정하였다.

인권 교육이 무엇인가에 대해서는 다양한 견해가 있다. 「유엔 인권 교육 10개년 행동 계획」에서는 "인권 교육을 인권 관련 지식 및 기능의 전달과 태도의 형성을 통하여 보편적인 인권 문화를 조성하는 것을 목표로 하여 다음 사항을 지향하는 훈련, 전파, 홍보를 위한 노력이라"고 규정하였다(유엔인권고등판무관실, 2007: 23-24).

① 인권과 기본적 자유에 대한 존중의 강화
② 인간의 개성과 그 존엄성에 대한 인식의 완전한 개발
③ 모든 국가, 원주민, 인종·국적·민족·종교·언어 집단 사이의 이해, 관용, 성 평등, 우호 관계의 증진
④ 모든 사람들이 자유 사회에 효과적으로 참여할 수 있는 능력의 부여
⑤ 평화 유지를 위한 유엔 활동의 촉진

3) 인권 교육의 목표와 방향

인권 교육은 인권의 개념과 내용에 근거해 인권 문제에 대하여 판단할 수 있는 사고 능력, 즉 '인권 판단력'을 신장시켜야 한다. 또한 인권 교육은 교실 안에서 인권 문제에 대한 토론과 문제해결의 과정을 통해 인권 판단력을 신장시키는 교수·학습 방법뿐만 아니라 교실 밖의 실제 생활 속에서 인권을 보호하기 위한 활동을 직접 실천하거나 참여하는 '체험 학습 프로그램'을 제공하는 것이 필요하다(박상준, 2010a: 32-33).

인권 교육에서 신장시켜야 할 인권 판단력의 발달 단계와 특징을 정리하면 다음과 같다(박상준, 2010a: 38-42).

| 인권 판단력의 발달 단계와 특징 |

단계	판단의 특징	판단의 근거
1단계: 맹목적 복종과 벌의 회피에 의한 판단	• 옳은 행위는 권위자의 명령에 대한 맹목적인 복종 또는 사회 규범의 무조건적 준수와 동일시된다. • 권위자의 명령에 복종하거나 사회 규범을 준수하는 이유는 벌에 대한 두려움으로 인해 벌을 회피하기 위한 것이다. • 인권 판단은 행위의 물리적 결과만을 근거로 이루어진다.	• 권위자의 명령에 대한 맹목적 복종 • 사회규범의 무조건적 준수 • 벌에 대한 두려움과 벌의 회피 • 행위의 물리적 결과
2단계: 행위자의 의도와 인과응보에 의한 판단	• 옳은 행위는 행위자의 의도나 목적을 실현하는 것 또는 잘못에 상응한 벌을 부과하는 것이다. • 인과응보의 원리에 따라 잘못된 행동에 상응하는 벌을 부과해야 잘못을 시정하거나 예방할 수 있다고 생각된다.	• 행위자의 의도나 목적의 실현 • 잘못에 상응한 벌의 부과 • 개인의 욕구 충족과 실용적 이익의 실현
3단계: 사회적 관계의 고려 및 사회적 인정에 의한 판단	• 옳은 행위는 사회적 관계에서 입장을 바꾸어 생각하기를 통해 타인의 입장이나 정서를 고려한 행위 또는 사회적 인정을 받을 수 있는 행위이다. • 권위자의 명령에 복종하거나 사회 규범을 준수하는 이유는 벌에 대한 두려움으로 인해 벌을 회피하기 위한 것이다.	• 타인의 입장이나 정서의 고려 • 사회적 인정
4단계: 사회적 책임과 권리에 의한 판단	• 옳은 행위는 사회적 책임(의무)나 역할을 수행하는 것 또는 법적 권리를 행사하거나 보호하는 것이다. • 사회적 책임이나 역할을 수행하거나 권리를 행사하고 보호해야 할 이유는 사회 질서를 유지하기 위한 것이다.	• 사회적 책임이나 역할의 수행 • 권리의 행사 및 보호 • 사회 질서의 유지
5단계: 상호 합의에 의한 판단	• 옳은 행위는 당사자들이 자율적으로 상호 합의한 규칙 또는 약속을 준수하는 것이다. • 규칙이나 법률은 문제 상황의 당사자가 합의 또는 약속을 통해 만든 것이고 그래서 변경 가능한 규범으로 간주된다.	• 상호 합의의 준수 • 합의한 규칙이나 약속의 준수
6단계: 기본적 인권과 보편적 원리에 의한 판단	• 옳은 행위는 특정 사회의 법률을 넘어서 기본적 인권과 보편적 원리를 실현하는 것이다. • 인권은 특정 국가의 실정법보다는 자연법에 근거하고, 모든 사회에 적용되는 보편 타당한 기본적 권리로 간주된다.	• 기본적 인권 • 보편적 원리(인간 존엄성, 정의)

단계	판단의 특징	판단의 근거
	• 정당하지 않은 규범을 그대로 지키기 보다는 인간 존엄성이나 정의를 실현할 수 있는 대안을 따르는 것이 옳은 행동으로 간주된다.	

(박상준, 2010a: 42, 인용)

유엔 인권고등판무관실은 학생의 단계별로 인권 교육에서 가르쳐야 할 목표, 주요 개념, 인권 문제, 관련된 인권 기준이나 제도를 제시하였는데, 그것을 살펴보면 다음과 같다.

▎인권 교육의 목표와 개념-단계적 접근법▕

단계	목표	주요 개념	실천	인권 문제	인권 기준 및 제도
유치원~초등 저학년 (3~7세)	• 자아 존중 • 부모와 교사 존중 • 타인 존중	• 자아 • 공동체 • 개인 책임	• 의무 • 공정성 • 자아표현/경청 • 협력/분담 • 소집단활동 • 개별 활동 • 원인/결과의 이해 • 민주주의 • 갈등 해결 • 타인의 입장 이해	• 인종 차별 • 성차별 • 불공성성 • 타인에 피해 주는 문제	• 학급 규칙 • 가정생활 규범 • 공동체 규범 • 세계 인권 선언 • 아동 권리 협약
초등 고학년 (8~11세)	• 사회적 책임 • 시민의식 • 원하는 것을 필요한 것, 권리와 구분하기	• 개인의 권리 • 집단의 권리 • 자유 • 평등 • 정의 • 법치주의 • 정부 • 안보	• 다양성과 가치 인정 • 공정성 • 사실과 의견 구분 • 공동체에 대한 책임 • 시민으로서의 책임	• 차별/편견 • 빈곤/기아 • 불법(부당성) • 민족중심주의 • 자기중심주의 • 수동성	• 인권의 역사 • 지방, 국가의 법체계 • 지방, 국가의 인권 • 관련 역사 • UNESCO, UNICEF • NGO
중학교 (12~14세)	• 세부적 인권에 대한 지식	• 국제법 • 세계평화 • 국제발전 • 국제 정치 경제 • 국제생태학	• 다른 관점에 대한 이해 • 자신의 생각을 뒷받침하는 증거 인용하기 • 연구 수행/정보	• 무지 • 무관심 • 냉소주의 • 정치적 억압 • 식민주의/ • 제국주의	• UN 규약 • 인종차별 철폐 • 성차별 철폐 • UN난민고등판무관 • 지역별 인권

단계	목표	주요 개념	실천	인권 문제	인권 기준 및 제도
			수집 • 정보 공유하기	• 경제적 세계화 • 환경 악화	협약
고등학교 (15~17세)	• 보편적 기준으로서 인권에 대한 지식 • 인권을 개인의 인식과 태도와 결합하기	• 도덕적 편입 배제 • 도덕적 책임 이해 능력	• 시민단체 참여 • 시민적 책임 완수 • 시민 불복종운동	• 대량 학살 • 고문 • 전쟁 범죄 등	• 제네바 협약 • UN 전문 협약 • 인권 기준의 변천

(유엔 인권고등판무관실, 2007: 27. 인용)

4. 미디어 교육

1) 뉴 미디어의 발달

신문, 라디오, 텔레비전 같은 '전통적 미디어'는 소수 자본가 또는 집단이 미디어 콘텐츠의 제작과 공급을 독점하고, 다수의 일반 국민은 수동적으로 수용하는 관계를 갖고 있다. 이처럼 생산자-수용자가 분리된 관계에서 미디어 콘텐츠의 생산과 공급, 소비와 수용은 일방향의 소통으로 이루어졌다.

그러나 인터넷, 스마트 폰의 발달로 블로그, 유튜브, 페이스북, 트위터 같은 '뉴 미디어'(new media)가 발달하였다. 이런 뉴 미디어를 통해 개인이 직접 다양한 형태의 콘텐츠를 제작하여 공급할 수 있는 시민 신문, 시민 방송, SNS, UCC 같은 시민 미디어 또는 개인 미디어가 발달하게 되었다. 우리나라에서도 일반 시민이 기자가 되어 직접 콘텐츠를 작성하여 제공하는 '오마이 뉴스' 또는 '아프리카 TV' 등이 성장하였고, 각 지역별로 많은 시민 미디어들이 다양하게 발달하였다.

이런 뉴 미디어의 발달은 미디어 콘텐츠의 생산자와 수용자의 관계 및 의사소통의 방식을 획기적으로 변화시켰다. 즉, 전통적 미디어 환경과 달리, 뉴 미디어 환경에서는 소수의 사람이나 집단이 미디어 콘텐츠의 제작과 공급을 독점할 수 없고, 일반 시민 누구나 기존의 신문, 방송 같은 전통적 미디어를 통하지 않고 뉴 미디어를 통해 자유롭게 콘텐츠와 정보를 제작하여 공급할 수 있게 되었다. 또한 뉴 미디어는 인터넷과 통신망을 통해 전 세계 모든 나라와 사람들을 네트워크로 연결시켰기 때문에, 시간과 공간의 제약을 받지 않고 누구든지 인터넷에 접속하여 수많은 미디어 콘텐츠에 동시 다발적으로 접근하고 쌍방향으로 소통할 수 있다.

그리고 미디어를 소유한 특정 집단이나 계급의 가치와 이해관계를 대변하던 전통적 미디어와 달리, 뉴 미디어는 다수의 일반 시민들이 다양한 가치, 이해관계, 입장을 제공하였고, 기존 미디어가 다루지 않거나 생략한 영역이나 내용을 다룰 수 있게 되었다.

미디어의 특성 비교

구분	전통적 미디어	뉴 미디어
관 계	• 소수 생산자-다수 수용자의 분리 관계 • 미디어 콘텐츠의 생산과 공급의 독점 • 미디어 콘텐츠의 '수동적 수용'	• 다수 생산자-다수 수용자의 결합 관계 • 일반 시민이 미디어 콘텐츠의 생산과 공급 • 미디어 콘텐츠의 '주체적 수용'
의사 소통	• 일방향 소통	• 쌍방향 소통
미디어 콘텐츠	• 특정 집단이나 계급의 가치와 이해관계의 반영	• 다양한 집단이나 계급의 가치와 이해관계의 반영

또한 M. McLuhan이 "미디어는 메시지이다"라는 명제를 통해 드러냈듯이, 미디어는 실재 세계를 그대로 묘사하거나 중립적으로 전달하는 것이 아니라 제작자의 가치와 관점에 따라 만들어진 메시지를 전달하는 것이다. 이런 미디어의 메시지는 사람들의 생각, 가치와 태도, 행동 방식 등에 큰 영향을 미친다. 미디어는 실제 세계를 반영하고 있지만, 미디어 생산자에 의해 인위적으로 만들어진 세계이다. 그러나 미디어가 현실을 묘사하거나 눈에 보여주기 때문

에, 사람들은 실재하는 세계로 착각하기 쉽다.

그러므로 민주 사회에서는 시민들이 미디어의 제작과 생산 과정을 알고 상업화된 미디어의 특성을 이해하여 콘텐츠를 비판적으로 평가하고 활용할 수 있는 능력을 갖게 하는 것이 매우 중요하다. 또한 시민 미디어 또는 개인 미디어 환경에서는 미디어 수용자로서 콘텐츠의 비판적 평가와 활용 능력뿐만 아니라 미디어 생산자로서 콘텐츠의 제작 및 공급과 관련된 윤리, 공정성, 객관성 등에 대한 시민교육이 요구된다.

2) 미디어 리터러시의 요구

이처럼 뉴 미디어 시대에 시민들은 미디어를 수동적으로 받아들이는 것이 아니라 비판적으로 미디어 콘텐츠를 분석·평가하고 새롭게 해석할 수 있는 능력을 갖출 필요가 있다. 이러한 '미디어 리터러시'(media literacy)가 중요한 시민의 역량으로 요구된다.

미디어 리터러시에 대한 다양한 정의들을 종합하여, 조대훈은 "**미디어 리터러시**는 미디어를 접하면서 얻게 되는 메시지 또는 콘텐츠를 분석·평가하고 비판적으로 성찰할 수 있으며, 나아가 미디어를 활용하여 타인과 합리적·민주적으로 소통할 수 있는 능력이다"라고 정의했다. 미디어 리터러시는 4가지 능력을 포함한다(차경수·조대훈, 2012: 155).

① 다양한 미디어의 유형 및 특징을 이해하는 능력
② 미디어가 생산해 내는 정보에 담겨진 텍스트와 이미지, 그리고 전체적인 메시지를 비판적으로 분석하고 평가할 수 있는 능력
③ 미디어를 통해 타인들과 합리적으로 의사소통할 수 있는 능력
④ 미디어를 능동적으로 활용할 수 있는 능력

3) 미디어 교육의 의미와 목표

1970년대부터 미디어 교육을 실시해 온 미국과 유럽과 달리, 우리나라는 과거 권위주의 정부에서 언론을 통제하였기 때문에 미디어 교육이 학교에서 이루어지기 어려웠다. 이런 환경 속에서 미디어의 제작 과정에 대한 감시와 미디어 콘텐츠의 영향력을 분석하는 시민사회 단체를 중심으로 미디어 교육이 이루어졌다.

하지만 뉴 미디어의 발달과 영향력 확대, 시민 미디어의 성장, 미디어 활용 능력의 요구를 고려할 때, 우리나라도 미디어 교육을 창의적 체험활동 이나 국어, 사회, 도덕 같은 교과목의 관련 단원에 통합적 주제로 포함시켜 가르치는 것이 필요하다.

선진국에서는 오래 전부터 미디어 교육을 실시해왔다. UNESCO(1973)는 "미디어 교육이란 사회에서 미디어가 점유하는 지위, 미디어의 사회적 영향력, 미디어의 적극적인 수용 태도 확립, 미디어가 전달하는 콘텐츠의 수용 방식에 참여하고 수정하는 것, 미디어에 대한 접근권과 미디어의 창조적인 작업의 역할 등을 연구하는 것이다"라고 규정하였다. 스가야 아키코(Akiko Sugaya)는 "미디어 교육을 미디어가 전달하는 정보를 단순히 수용하는 것이 아니라 어떤 의도를 가지고 구성되었다는 것을 적극적으로 해석할 수 있는 힘을 길러주는 교육"으로 규정하였다(스가야 아키코, 2002: 25).

다양한 형태의 커뮤니케이션에 접근하여 그것을 분석, 평가, 발신하는 미디어 리터러시의 목표는 사람들이 주체성을 갖고 자신의 메시지를 발신하는 능력을 구현함으로써 기존의 미디어를 넘어서 다양한 시민사회를 실현하는 것이다(스가야 아키코, 2002: 26). 이러한 미디어 교육은 미디어 수용자로서의 학습자가 비판적 사고를 통해 미디어 텍스트에 표상된 메시지를 다양한 관점에서 비판적으로 해독할 수 있도록 돕고, 미디어 생산자로서의 학습자가 자신이 만든 미디어 콘텐츠를 통해 타인과 민주적으로 소통할 수 있는 능력, 즉 '미디어 활용 능력'의 함양을 목표로 한다(차경수·조대훈, 2012: 156).

4) 미디어 교육의 방향

'미디어 리터러시'를 기르기 위한 방안으로 미국사회과협회(NCSS)는 비판적 탐구에 기초한 미디어 교육에서 학생들이 다음과 같이 조사하도록 요구하는 질문을 5가지로 제시하였다(NCSS, 2009).

① 어떤 **사회적, 문화적, 역사적, 정치적 맥락**이 미디어의 메시지 및 그에 대하여 내가 부여한 의미를 구체화하는가?
② 그 메시지는 **어떻게 그리고 왜 만들어졌는가?**
③ 다른 사람들이 어떻게 **같은 정보를 다르게 이해할 수 있는가?**
④ 메시지에서 **누구의 관점, 가치, 이데올로기를 대표하는가** 또는 제외하는가?
⑤ 이 메시지에 의해 **누가 또는 어떤 집단이 이익이나 불이익을 받는가?**

여러 가지 논의들을 종합하면, 미디어 교육에서 미디어 콘텐츠를 비판적으로 분석·평가할 때 고려해야 할 기준은 다음과 같다.

▌미디어 콘텐츠의 분석과 평가 기준▐

영역	분석과 평가 기준
미디어 생산자	• 누가 왜 이 미디어 콘텐츠를 만들었는가? • 미디어 콘텐츠는 누구의 지원을 받아 제작되었는가? • 미디어 콘텐츠가 전달하려는 가치와 이념은 무엇인가?
미디어 내용	• 미디어 콘텐츠는 어떤 주제와 메시지를 전달하는가? • 미디어 콘텐츠는 어떤 인물, 집단, 계급의 가치, 이해관계, 문화를 반영한 것인가? • 미디어 콘텐츠가 실제 세계와 달리 과장하거나 생략한 부분은 무엇인가? • 미디어 콘텐츠가 사람들의 삶과 행동에 어떤 영향을 미칠 것인가?
미디어 수용자	• 사람들은 미디어 콘텐츠에서 어떤 메시지를 받아들일까? • 미디어 콘텐츠가 사람들의 인식, 가치, 태도, 행동에 어떤 변화를 가져올 것인가? • 나는 이 미디어 콘텐츠를 어떻게 해석하고 수용할 것인가? • 나는 이 미디어 콘텐츠를 비판적으로 분석·평가하여 활용하고 있는가?

미디어 교육을 실시하고 있는 선진국의 사례를 살펴보면, 학생들에게 미디어 활용 능력을 함양하는 데 큰 효과가 있는 것으로 나타났다(스가야 아키코, 2002: 18-181). 실제로 캐나다 토론토의 세다브리에 고등학교는 미디어 교육을 수학이나 과학 교육보다 더 중요하게 실시했다. 이 학교의 교실에는 신문 광고, 영화 포스터 등 미디어 관련 자료가 붙어 있었고, 미디어 수업에서는 신문 기사, T.V. 광고나 드라마 등에 대하여 비판적으로 분석하고 평가하는 토론으로 진행되었다.

이런 미디어 교육을 받은 결과, 학생들은 미디어 수업에서 했던 대로 실제로 T.V. 또는 영화를 보거나 신문을 읽을 때, 그대로 받아들이는 것이 아니라 비판적으로 분석하고 평가하는 습관이 형성되고 미디어를 비판적으로 해석하는 능력이 신장된 것으로 나타났다(스가야 아키코, 2002: 98-102).

5. 인성 교육

1) 사회 혼란과 인성 교육의 요구

(1) 주지주의 교육의 한계

학교 교육은 전통적으로 Plato의 주지주의 가정에 기초하여 지식의 교육을 중심으로 이루어져 왔다. 플라톤은 덕(德)에 관한 지식을 가르치면, 사람들이 덕을 알고 덕스러운 행동을 할 것이라고 가정하였다. 이런 '주지주의 가정'에 의거하여 플라톤은 "지식 자체가 곧 덕이다"(Knowledge is virtues)라고 믿었다. 덕에 관한 지식은 곧 덕스러운 행동으로 나타난다는 것이다. 이러한 주지주의 가정에 기초하여 전통적으로 학교 교육은 덕의 실천(행함)이 아니라 덕에 관한 지식(앎)을 가르치는 데 집중하였다.

마찬가지로 동양에서도 전통적으로 주지주의적 교육이 이루어져 왔다. 공자(孔子)는 仁, 義, 禮, 智 같은 덕목에 관한 지식을 가르치면 덕을 알고 덕스럽게 행동할 것이라고 믿었다. 주자(朱子)도 먼저 덕에 대하여 알면 그 다음에 행하게 되는 것, 즉 '선지후행'(先知後行)이라고 주장하였다. 그래서 동양에서의 교육은 전통적으로 공자, 맹자 등이 쓴 책 – 논어, 맹자, 대학, 중용 등 – 을 중심으로 덕에 관한 지식을 그대로 암송하는 것을 중심으로 이루어졌다.

그러나 지식(앎)이 행동(행함)으로 바로 나타난다는 주지주의 가정(지식 – 행위 동일시 가정)은 실제로 실현되지 않았다. 오랫동안 덕에 관한 지식을 가르쳤지만, 덕을 안다고 그대로 덕스럽게 행동하지 않는 사람들이 많았다. 사람들이 반드시 아는 대로 행하는 것은 아니다. 앎이 행함으로 나타나는 과정에는 지식뿐만 아니라 개인의 가치관, 습관, 문화, 상황 등 여러 가지 변수가 작용한다. 그러하기에 수백 년 전부터 '지행합일'(知行合一)을 강조하고 있다. 지행합일을 강조한다는 것은 거꾸로 뒤집어 보면 덕에 관한 앎이 덕스러운 행동으로 바로 나타나지 않는다는 사실을 역설적으로 보여준다. 실제로 사회에 대한 지식이 실제의 상황에서 구체적 행위로 직접 연결되지 않는다는 증거들이 많이 있다(박상준, 2002a: 22-24, 2002b: 72-75).

(2) 교실 붕괴와 학교 폭력의 일상화

1990년대 후반 이후 인터넷 게임이 일상화되고 교실(학교) 붕괴 현상이 가속화되면서, 학교 폭력이 심각한 사회문제로 대두되기 시작하였다. 인터넷 게임이 증가하면서, 게임 속 가상 현실 및 가상 캐릭터와 실제 현실 및 실제 사람과 혼동하는 청소년들이 늘어났다.

그에 따라 인터넷 게임에 중독된 청소년들은 가상 현실에서 가상 캐릭터에게 하던 폭력, 살인 행위를 아무런 죄의식 없이 실제 현실에서 실제 사람에게 폭력을 행사하는 경향이 나타났다. 타인의 고통과 피해에 공감하지 못 하고 잘못되었다는 생각 없이 게임에서 하듯이 실제 사람에게 폭력을 쉽게 행사하는 것이다. 게임에서 가상 캐릭터를 때리고 죽이듯이, 학교에서 아무런 죄의식 없이 다른 학생에 대한 폭력이 일상화되고 심각해지고 있다.

(3) '갑질'의 일상화

과거에는 대기업이 돈과 힘을 매개로 중소기업에게 불공정한 행태를 강요했다. 그런데 최근 일부 재벌 2세들이 부하 직원들에게 폭력을 행사하거나 일부 부유층이 백화점 직원들을 비인격적으로 대우하는 사례가 보도 되면서, '갑질'이란 용어가 일반화되었다. '갑질'은 돈, 권력, 지위 등을 가진 자가 못 가진 자에게 부당한 요구를 하거나 비인격적으로 대우하는 것을 말한다.

이러한 갑질은 일부 대기업, 재벌 2세, 부유층에서만 나타나는 것이 아니라 우리 사회 곳곳에서 많은 사람들에게 일상적으로 나타나고 있다. 즉, 갑질이 일상화되어 있다. 같은 아파트 단지에 거주하면서도 자가 주민이 임대 주민에게 갑질하고, 같은 학교 학생임에도 불구하고 고학년 학생이 저학년 학생에게 갑질하고, 한 회사에 근무하는 같은 노동자임에도 불구하고 정규직 노동자가 비정규직 노동자에게 갑질하며 중간 관리자가 부하 직원에게 갑질하고, 같은 국방의 의무를 이행하는 병사임에도 불구하고 선임병이 후임병에게 갑질하는 것이 일상적으로 나타나고 있다. 이처럼 갑질은 우리 사회 곳곳에서 지위, 권력, 돈을 조금 더 가진 자가 못 가진 자에 대해 일상적으로 행해지고 있다.

(4) 인성 교육의 법제화

최근 심각해진 교실 붕괴, 학교 폭력의 일상화, 갑질의 횡포 등을 해결하여 모든 사람이 한 인격체로 존중받고 동등하게 대우하며 공생할 수 있는 사회를 만들기 위해서 최근에 인성 교육이 요구되고 있다. 이런 사회적 요구와 함께 2014년 4·16 세월호 참사의 충격, 학교 폭력과 청소년 자살 등이 언론에서 부각되면서, 국회는 공청회와 여론 수렴 등 충분한 사회적 논의 없이 2015년 1월 인성교육진흥법을 통과시켰다.

'인성교육진흥법'은 인간으로서 존엄과 가치를 보장하고 건전한 인성을 갖춘 '국민'(國民)을 육성하는 것을 목적으로 한다(제1조). 이 법에 따르면, 교육부장관이 인성 교육 종합계획을 수립하고, 각급 학교의 인성 교육의 목표와 성취기준을 정한다(제6조, 제10조). 그에 따라 각급 학교의 장은 인성 교육의 핵심 가치·덕목을 중심으로 학생의 인성 핵심 역량을 함양하는 교육과정을 편성·운영해야 한다(제10조). 교육감은 소속 교원에게 일정 시간 이상의 인성 교육 연수를 이수하도록 해야 하고, 인성 교육 종합계획에 따라 1년마다 인성 교육의 추진 성과에 대해 평가해야 한다(제16~17조). 또한 교육대학교와 사범대학은 예비교사의 인성 교육 관련 과목을 필수로 개설해야 한다(제17조).

2) 인성 교육의 의미

전통적으로 학교 교육을 지배해 왔던 주지주의 교육은 복잡해진 사회에서 교육적 한계를 드러내기 시작하였다. 그러면서 1990년대 후반 미국에서 '인성 교육'(character education) 또는 덕목 교육이 강조되었다. 미국사회과협회(NCSS)는 '시민 덕목의 육성'(Fostering civic virtues: character education in social studies) 이라는 성명서에서 사회과에서 시민의 덕목을 기르는 인성 교육을 제시하였다(NCSS, 1997: 2-4). 초등학교에서는 타인과 함께 사는 데 필요한 덕목으로 협력, 예의, 자제력의 형성에 초점을 맞추고, 중·고등학교에서는 사회생활에 필요한 기능과 성향의 발달에 초점을 맞추었다. 2000년에 미국 시민교육센터(CCE)의 R. F. Butts는 시민교육의 목표로서 시민의 덕목을 정의, 평등, 권위, 참여, 진실성, 애국심, 자유, 다양성, 사생활, 적법 절차, 소유권, 국제 인권 12가지로 제시하였다(Butts, 2000: 4-6).

우리나라의 경우에 1990년대 후반 이후 교실 붕괴와 학교 폭력이 심각해지고, 입시 위주의 주입식 교육이 한계에 부딪히면서 인성 교육이 강조되기 시작하였다. 이런 사회적 요구를 반영하여 2015년 1월 인성교육진흥법에 제정되면서 2016년부터 각급 학교는 학교 교육과정에 인성 교육을 편성·운영하고, 1년마다 인성 교육의 추진 성과를 평가받아야 한다.

그러면 인성 교육이란 무엇인가? 박병기는 주로 정의적 영역에 초점을 맞추어 인성 교육을 정의하였다. 그는 인성을 각자 타고난 성격의 고유성을 바탕으로 삶의 의미와 가치를 지향하는 성향이라고 규정하고, 이러한 삶의 의미와 가치를 지향하는 성향을 기르는 것을 인성 교육이라고 보았다(박병기 외, 2011: 26-27). 다른 한편 정창우는 인성을 덕목과 인성 역량으로 구성되어 있다고 보고, 인성 교육은 두 요소를 통합적으로 육성하는 것으로 정의하였다. 그는 "인성 교육은 개인의 내면을 바르고 건전하게 가꾸고 타인·공동체·자연과 더불어 살아가는 데 필요한 인간다운 성품과 역량을 길러주는 교육"이라고 정의하였다(정창우, 2015: 73,75).

여러 가지 논의를 종합하여, 필자는 "**인성 교육**은 개인의 인간다운 성품과 사회생활을 영위하는 데 필요한 역량을 통합적으로 함양시키는 활동이다"고 정의하고자 한다.

3) 인성 교육의 목표

인성 교육에서 기르고자 하는 '인성'이 무엇인가에 대해서도 학자들마다 견해가 다양하다. 동양의 전통에서 인성(人性)은 모든 인간이 지닌 본래의 성품 또는 덕목으로 간주되었다. 반면에 서양의 전통에서 인성은 '각 개인'이 지닌 고유한 '성격'(personality) 또는 '인격'(character)으로 이해되었다.

A. Blasi는 인성의 토대가 되는 '덕목'(virtues)을 일반성의 정도에 따라 낮은 수준의 덕목과 높은 수준의 덕목으로 구분하여 제시하였다(Blasi, 2005).

낮은 수준의 덕(lower-order virtues)			
• 공감 • 동정심 • 예의 • 존중 • 사려깊음	• 친절 • 관대 • 이타주의 • 우정 • 충성	• 순종 • 준법 • 시민의식 • 정직 • 양심	• 진실성 • 공정성 • 정의 • 용기 • 겸손
높은 수준의 덕(higher-order virtues)			
• 인내력 • 결단력 • 자기 관리력 • 자기 통제력 • 의지력		• 책임감 • 책무성 • 자기 일관성 • 성실 • 진실성	• 원칙 준수 • 자신에 투명함 • 자신에 정직함 • 자율성

다른 한편 인성에 대한 여러 학자들의 논의를 검토한 후, 정창우는 인성의 3가지 차원과 2가지 요소를 제시하였다. 정창우는 인성이 '지적 인성', '도덕적 인성', '시민적 인성' 3차원으로 구성되고, 각 인성의 요소는 '핵심 덕목'과 '핵심 인성 역량'으로 구성된다고 보았다(정창우, 2015: 73-75, 100-102, 126).

인성을 구성하는 3차원과 2요소를 종합하여 제시하면 다음과 같다(정창우, 2015: 74, 106, 126, 재구성).

❙ 인성의 요소 ❙

덕목	구분	
• 지혜	지적 덕목	핵심 덕목
• 존중 • 준법 • 책임 • 정의 • 협동	시민적 덕목	
• 성실 • 용기 • 절제 • 배려 • 예절 • 효도	도덕적 덕목	

	구분	역량
핵심 인성 역량	지적 인성 역량	• 도덕적 문제해결 능력 • 도덕적 자기성찰 능력
	시민적 인성 역량	• 공동체 의식 • 다문화·세계 시민의식 • 환경 윤리 의식
	도덕적 인성 역량	• 도덕적 자기 관리 능력 • 도덕적 대인 관계 능력 • 도덕적 의사소통 능력 • 긍정적 태도

4) 인성 교육의 방향

한 사회의 구성원에게 필요한 성품 또는 덕목을 형성하기 위한 인성 교육은 주로 사회과와 도덕과에서 가르쳐 왔다. 사회과는 민주적 가치의 교육, 문제의 합리적 해결과 실천, 문제 해결을 위한 사회 참여 등의 주제와 관련된 인성을 가르칠 수 있다. 도덕과에서는 도덕성의 발달, 덕의 윤리, 배려의 윤리 등과 관련하여 인성을 직접적으로 가르칠 수 있다.

그러나 인성을 교실에서 강의를 통해 가르칠 수 있는가에 대해 여러 가지 비판이 제기되고 있다. 인성은 교실 보다는 실제 삶 속에서 체험하고 실천하는 과정에서 자연스럽게 형성되는 것이다. 그런 점에서 각 교과에서 인성을 직접 가르치는 것도 필요하지만, 무엇보다도 학교와 교실을 민주적이고 공정한 문화로 만들어야 한다. 민주적 교실 문화 속에서 교사와 학생이 서로 소통하고 상호작용하는 과정에서 자연스럽게 인성이 형성될 수 있다. 학교는 작은 사회이고, 인성이 형성되는 중요한 공간이다.

인성 교육은 사회과와 도덕과뿐만 아니라 국어과, 음악과, 미술과 등에서 덕목과 정의적 영역이 함께 형성되도록 하는 것이 필요하다. 또한 인성 교육은 체험활동과 연계하여 사회생활 속에서 실제로 타인을 돕고 자기 행동에 책임지는 활동을 경험함으로써 좋은 인성이 형성되도록 해야 한다. 나아가 인성 교육이 성공하기 위해서는 학부모의 협조 체계를 구축함으로써 가정에서도 부모가 자녀의 인성이 올바르게 형성되도록 지도해야 한다.

그러면 사회과에서 인성 교육을 어떻게 할 수 있는가? 사회과는 교과 내용을 가르칠 때, 그와 관련된 인성의 덕목이나 역량을 함께 가르치고 경험하도록 지도하면 좋을 것이다. 사회과의 교과 내용과 관련된 인성의 요소를 제시하면 다음과 같다.

사회과에서 인성 교육의 방안

영역	단원 내용	관련된 인성의 요소
정치	• 민주주의	• 자율성, 준법, 관용, 시민의식, 의사소통 능력
	• 시민 참여	• 공동체 의식, 책임, 협동, 봉사, 문제 해결 능력
법	• 인권과 기본권	• 인권 존중, 관용, 배려, 책임
	• 사회법	• 정의, 책임, 배려, 공동체 의식
경제	• 경제 성장	• 정의, 존중, 배려, 문제 해결 능력
	• 국제 거래	• 협동, 세계 시민 의식, 의사소통 능력
사회·문화	• 지위와 역할	• 성실, 책임, 자율성, 준법
	• 계층과 불평등	• 공정성, 정의, 배려, 시민의식, 갈등 조정 능력
	• 사회 변동	• 다양성 존중, 관용, 용기, 문제 해결 능력

참고문헌

강대현(2008), 중등 사회과 내용교수지식(PCK) 및 초임 교사 수업 컨설팅 연수, 한국교육과정평가원.

______(2021), 사회과교육론 (시민교육의 이상과 현실). 동문사.

곽한영(2007), 법의식과 법 교육, 한국학술정보.

교육부(1997), 사회과 교육과정[별책 7], 교육부 고시 제1997-15호.

______(2015a), 초·중등학교 교육과정 총론[별책 1], 고시 제2015-74호, 2015. 9. 23.

______(2015b), 사회과 교육과정[별책 7], 고시 제2015-74호, 2015. 9. 23.

______(2022a), 초·중등학교 교육과정 총론[별책 1], 고시 제2022-33호, 2022. 12. 22.

______(2022b), 사회과 교육과정[별책 7], 고시 제2022-33호, 2022. 12. 22.

교육인적자원부(2007), 사회과 교육과정[별책 7], 고시 제2007-79호, 2007. 2. 28.

교육과학기술부(2009a), 초·중등학교 교육과정 총론, 고시 제2009-41호, 2009. 12. 23.

____________(2009b), 사회과 교육과정[별책 7], 고시 제2009-10호, 2009. 3. 6.

____________(2012a), 초·중등학교 교육과정 총론, 고시 제2012-14호. 2012. 7. 9.

____________(2012b), 사회과 교육과정[별책 7], 고시 제2012-14호, 2012. 7. 9.

구정화(1995), "사회과 동위개념의 효과적인 학습방법 연구", 서울대학교 대학원 박사학위논문.

구정화·박선웅(2011), "다문화 시민성 함양을 위한 다문화 교육의 목표 체계 구성", 한국사회과교육학회, 『시민교육연구』, 제43권 3호.

김동춘·장원순 외(2022), 학교 민주시민교육을 위한 교과(목) 교육과정 개발 연구, 교육부 민주시민교육 정책중점연구소 3차년도 결과 보고서.

김영석(2021). 사회과교육론(2판). 교육과학사.

김왕근(1999), "세계화와 다중시민성 교육의 관계에 관한 연구", 한국사회과교육학회, 『시민교육연구』, 제28집.

김영채(1999), 사고력: 이론, 개발과 수업, 교육과학사.

김용신(2003), 사회과 현장 학습론(경험과 구성), 문음사.

김용찬(2010), 정치 교육과 법 교육(21세기 민주 시민 교육을 위한), 교육과학사.

김원태(2001), "고등학교에서의 사회참여 체험교육과 시민성 형성에 관한 연구", 강원대학교 교육대학원 석사학위논문.

김지현(2021). "책무성 정책 2.0", 한국교육행정학회, 『교육행정학연구』, 제39권 2호.

김진영·박형준(2004), "학교 경제교육의 문제점과 개선 방안", 한국사회과교육학회, 『시민교육연구』, 제36권 1호.

김재춘 외(2010), 교육과정과 교육평가 (제4판), 교육과학사.

김태현(2014), 교사, 수업에서 나를 만나다, 좋은교사운동.

남명호 외(2000), 수행평가: 이해와 적용, 문음사.

남상준(1999), 지리 교육의 탐구, 교육과학사.

______(2005), "학교 교육과정의 개발과 사회과 교육과정 지역화의 상보성", 서울대학교 지리교육과, 『지리 교육논총』, 제49집.

노경주(1998), "Higher Order Thinking and Research in Social Context" (고등사고능력과 사회적 상황에서의 연구), 한국사회과교육학회, 『시민교육연구』, 제27집.

니시카와 준 / 백경석 옮김(2018). 함께 배움. 살림터.

모경환·차경수(2022), 사회과교육(제3판), 동문사.

미래교실네트워크(2016). 거꾸로 교실 프로젝트. 에듀니티.

박병기 외(2011), 초등학교 인성 교육 살리기, 인간사랑.

박상준(2002a), "행위성향 중심의 시민교육: 규칙 따르기로서의 사회적 행위를 중심으로", 서울대학교 대학원 박사학위논문.

______(2002b), "사회과교육의 목표에 대한 새로운 접근: 행위와 사고의 통합", 한국사회과교육학회, 『시민교육연구』, 제34권 2호.

______(2003a), "법 교육의 교육과정 구성 기준에 관한 시론", 한국교육과정평가원, 『교육과정평가연구』, 제6권 2호.

______(2003b), "인권 교육의 통합적 접근에 대한 이론적 연구", 한국사회과교육학회, 『시민교육연구』, 제35권 1호.

______(2004), "사회·문화 교육에 대한 학생 인식의 조사 및 사회·문화 교육과정의 개선방향", 전주교육대학교, 『초등교육연구』, 제15집 2호.

______(2005), "정치 교육에 대한 행위성향 중심 접근법의 탐구", 한국사회과교육연구학회, 『사회과교육』, 제44권 4호.

______(2006), 비판적 사고와 문답식 수업, 한국학술정보.

______(2007), "교사의 전문성과 교원 평가", 한국사회과교육연구학회, 『2007년도 주제별 전국학술대회』, 2007. 8.

______(2008a), "다문화사회의 시민성 육성을 위한 초등 사회과 전통문화 교육과정의 구성 방향", 한국사회과교육연구학회,『사회과교육』, 제47권 1호.

______(2008b), "사회참여 체험 학습의 모형과 프로그램의 개발", 한국사회과교육연구학회, 『사회과교육』, 제47권 2호.

______(2009), "다문화사회에서 법 교육의 방향 연구", 한국법과인권교육학회, 『법과 인권교육연구』, 제2권 2호.

______(2010a), "인권판단력의 발달에 관한 연구", 한국사회과교육연구학회, 『사회과교육』, 제49권 1호.

______(2010b), "5장 우리나라 다문화 정책의 분석과 개선 방향", 권순희 외, 『다문화사회와 다문화 교육』, 교육과학사.

______(2011a), "외국의 다문화 교육의 동향 분석", 한국법과인권 교육학회, 『법과 인권 교육연구』, 제4권 1호.

박상준(2011b), "다문화사회에서 인권 교육의 방향 연구", 전주교대 초등교육연구원, 『초등교육연구』, 제22집 2호.
______(2011c), 사회과교육의 이론과 실제(제4판), 교육과학사
______(2012a), "공적 시민성의 육성을 위한 사회과교육의 방안", 한국사회교과교육학회, 『사회과교육연구』, 제19권 3호.
______(2012b), "다문화 시민성의 육성을 위한 다문화 교육의 방안", 한국법과인권교육학회, 『법과 인권 교육연구』, 제5권 2호.
______(2012c), "국내 법 교육학의 연구 성과와 과제", 한국법과인권교육학회, 『2012 연차 학술발표회 자료집』, 20012. 9. 22.
______(2013), "헌법 교육의 내용 구성 방안", 한국법과인권교육학회, 『법과인권교육연구』, 제6권 2호.
______(2014), 사회과 교재연구 및 교수법, 교육과학사.
______(2015), "거꾸로 교실 모형의 개발과 적용 사례의 연구", 한국사회교과교육학회, 『사회과교육연구』, 제22권 2호.
______(2016), 거꾸로 교실을 넘어 거꾸로 학습으로: 수업의 패러다임을 바꾸자, 교육과학사.
______(2017a), "법 교육과정의 구성 방식 및 초등 사회과 법 교육의 내용 분석", 한국법과인권 교육학회, 『법과인권교육연구』, 제10권 2호.
______(2017b), "주제 중심 융합교육과정의 구성 방안", 한국사회교과교육학회, 『사회과교육연구』, 제24권 3호.
______(2020), 역사와 함께 읽는 민주주의 (2020 세종도서). 한울.
______(2021), 코로나 이후 미래교육(2판). 교육과학사.
______(2022a), 메타버스 수업, 미래교육의 방향을 찾다. 교육과학사.
______(2022b), 사회과 교재연구 및 교수법 (제3판). 교육과학사.
박성혁(2005), "법 교육의 본질관에 입각한 '법과 사회' 교육과정 및 교과서 내용 분석 연구", 한국사회과교육학회, 『시민교육연구』, 제37권 1호.
박천환·박채형(2013), 교육과정 담론, 학지사.
백순근 편(1999), 수행평가의 이론과 실제, 원미사.
서태열(2010), 지리 교육학의 이해(개정판), 한울아카데미.
설규주(2000), "세계화 지방화 시대의 시민교육", 서울대학교 대학원 석사학위논문.
스가야 아키코(2002), 미디어 리터러시, 커뮤니케이션북스.
심광택(2007), 사회과 지리 교실수업과 지역학습. 교육과학사.
심성보(2011), 민주 시민 교육(인간과 사회의 진보를 위한), 살림터.
안병근(2005), 초등학교 어린이 경제교육 어떻게 할 것인가?, 씨마스.
양호환 외(2010), 역사 교육의 이론, 책과 함께.
유엔인권고등판무관실/국가인권위원회 역(2007), 학교 인권 교육 길라잡이, 국가인권위원회.
은지용 외(2022). 2022 개정 사회과 교육과정 시안(최종안) 개발 연구. 교육부-용역-2022-7.

이경한(2007), 사회과 지리수업과 평가, 교육과학사.
이광성(1997), "고급 수준 질문의 활용 정도가 사회과 고급 사고력과 학업성취에 미치는 효과 연구", 서울대학교 대학원 박사학위논문.
______(2002), "교사의 역할에 따른 논쟁문제 학습의 효과 연구", 한국사회과교육학회, 『시민교육연구』, 제34권 1호.
이진석(1995). "사회과 학습목표로서 '시민성 원리'와 내용 구성 방법으로서 '통합성의 원리'에 대한 사적 고찰", 한국사회과교육학회, 『사회와 교육』, 제20권 1호.
이혁규(1996), "중학교 사회과 교실수업에 대한 일상생활 기술적 사례 연구", 서울대학교 대학원 박사학위논문.
______(2008), 수업, 비평의 눈으로 읽다, 우리 교육.
______(2013), 수업: 누구나 경험하지만 누구도 잘 모르는, 교육공동체 벗.
장원순(2003), "사회적 실천 중심의 사회과교육에 관한 연구", 서울대학교 대학원 박사학위논문.
______(2004), "다문화적 시민교육의 성격과 방법", 『초등사회과교육』, 제16권 1호.
______(2006), "초등 사회·문화 교육의 구체화 연구", 『초등사회과교육』, 제18권 2호.
정문성(1999), "중학교 교실에서 협동학습 구조가 사회과 학업성취에 미치는 효과 연구", 한국사회과교육학회, 『시민교육연구』, 제28집.
______(2001), "사회과 수행평가의 의의와 전략", 『지식과 사고: 사회과교육 인식의 전환』, 학문사.
______(2006), 협동학습의 이해와 실천 (개정판), 교육과학사.
정문성 외(2008), 사회과 교수·학습법 (개정판), 교육과학사.
정문성·김동일(1999), 협동학습의 이론과 실제, 형설출판사.
정선영 외(2009), 역사 교육의 이해, 삼지원.
정창우(2015), 인성 교육의 이해와 실천, 교육과학사.
조도근(1999), "사회과교육과 수행평가", 한국사회과교육학회, 『시민교육연구』, 제29집.
차경수(1997), 현대의 사회과교육, 학문사.
차경수·모경환(2008), 사회과교육, 동문사.
차경수·조대훈(2012), 사회과교육의 도전과 전망, 동문사.
천희완 외(2001), 사회참여 체험교육, 우리교육.
최상훈 외(2010), 역사 교육의 내용과 방법, 책과 함께.
최용규 외(2005), 사회과, 교육과정에서 수업까지, 교육과학사.
최현섭(1991), "한국 사회 변동과 학교 사회문화 교육", 한국사회과교육학회, 『사회와 교육』, 제15집.
______(1994), "국제 경쟁력 강화와 사회문화 교육", 한국사회과교육학회, 『사회와 교육』, 제19집.
KCEE(2007), "경제교육 표준안", 재정경제부·한국개발연구원 편, 『경제교육 표준 정립에 관한 연구』, 한국경제교육협의회.

KT경제경영연구소(2017), 한국형 4차 산업혁명의 미래, 한스미디어.

한국교육과정평가원(2013), 미래 사회 대비 국가 수준 교육과정 방향 탐색 -사회(일사), 연구보고서 CRC 2013-20.

한춘희(2009), 초등 사회과교육의 이론과 실제, 한국학술정보.

허영식 외(2007), 민주 시민 교육 핸드북, 오름.

홍사단 투명사회운동본부(2015), '2015년 청소년 정직 지수·윤리의식 조사 결과 발표', 뉴스와이어 보도자료, 2015. 12. 29.

Anderson, J. R.(1995), *Cognitive Psychology and Its Implications* / 이영애 역(2000), 인지 심리학과 그 응용, 이화여대 출판부.

Aronson, E. et al.(1978), *The Jigsaw Classroom*, CA: Sage.

Banks, J. A.(1977), *Teaching Strategies for the Social Studies: Inquiry, Valuing, and Decision-Making*, 2nd ed. / 최병모 외 공역(1989), 사회과 교수법과 교재 연구, 교육과학사.

Banks, J. A(1990), *Teaching Strategies for the Social Studies*, 4th ed. New York.: Longman.

Banks, J. A(2008), *An Introduction to Multicutural Education*, 4th ed. / 모경환 외 공역, 다문화 교육 입문, 아카데미프레스.

Barr, R., Barth, J. L., Shermis, S. S.(1978), *The Nature of The Social Studies*/ 최충옥 외 공역(2001), 사회과교육의 이해, 서원.

Barth, J. L. & Shermis, S. S.(1970), 'Defining the Social Studies: An Exploration of Three Traditions', *Social Education*, Vol. 34. No. 7. NCSS.

Beard, C. & Wilson, J. P.(2007), *Experiential Learning* (2th ed.), London: Kogan Page.

Beyer, B.(1985), Critical Thinking: What is it?, *Social Education*, Vol. 49. No. 4, NCSS.

Blasi, A.(1980), Bridging Moral Cognition and Moral Action: A Critical Review of the Literature, *Psychological Bulletin*. 88(1).

Blasi, A.(2005), 'Moral Character: A Psychological Approach', in D. Lappsley & C. Power, ed. *Character Psychology and Character Education*, Notre Dame: Univ. of Notre Dame Press.

Bourdieu, P. & Passeron, J.(1977), *Reproduction in Education, Society, and Culture*, London: Sage Pub.

Bowles, S. & Gintis, H.(1976), *Schooling in Capitalist America*, N.Y.: Basic Books.

Bruner, J. S.(1960), *The Process of Education*, New York: Vintage

__________(1971), The process of education revisited, Phi Delta Kappan, 52(1), pp.18-21.

Butts, R. F.(2000), From Civism to Civitas: A Retrospective on The Morality of Democratic Citizenship: Goals for Civic Education in the Republic's Third Century, electronic ed., Center for Civic Education. (www.civiced.org/morality/morality_epreface.html)

Carr, D.(1991), *Educating The Virtues*, London: Routledge.

Chapin, J. R. & Messick, R. G.,(1996), *Elementary Social Studies*, 3rd. ed. N.Y.: Longman.

Chomsky, N.(2001), *Chomsky on Miseducation*, D. P. Macedo, ed./ 강주헌 역(2001), 실패한 교육과 거짓말, 아침 이슬.

Coombs, J. R.(1971), 'Objectives of Value Analysis' in L. E. Metcalf, ed. *Value education* / 정선심·조성민 역(1994), 가치 교육, 철학과 현실사.

Coombs, J. R. & Meux, M. O.(1971), 'Teaching Strategies for Value Analysis' in L. E. Metcalf, ed. *Value education* / 정선심·조성민 역(1994), 가치 교육, 철학과 현실사.

Dewey, J.(1952), *Democracy and Education*/ 이홍우 역(2010), 민주주의와 교육, 교육과학사.

Drake, S. M.(1993), *Planning Integrated Curriculum: The Call to Adventure*, Alexandria: Association for Supervision and Curriculum Development.

Duplass, J. A.(2004), *Teaching Elementary Social Studies*, Boston: Houghton Mifflin Co.

Engle, S. H. & Ochoa, A. S.(1988), *Education for Democratic Citizenship* / 정세구 역 (1995), 민주 시민 교육, 교육과학사.

Engle, S. H.(1960), Decision Making, *Social Education*, Vol. 24. Nov., NCSS.

Engle, S. H.(1980), Decision Making: The Heart of Social Studies, *Social Education*, Vol. 44. May, NCSS.

Evans, R. W.(2004), *The Social Studies Wars: What Should We Teach the Children?*, N.Y.: Teachers College Press, Columbia Univ.

Fenton, E.(1966), *Teaching the New Social Studies in Secondary School: An Inductive Approach*, N.Y.: Holt, Rinehart & Winston.

Freeden, M(1991), *Rights: Concepts in Social Thought*, Minneapolis: Minneapolis U.P.

Gross, R.E. & Dynneson, T. C.(1997), *Social Perspectives on Citizenship Education*, N.Y,: Columbia Teachers College.

Grossman, P.L.(1990), *The Making of a Teacher: Teacher Knowledge and Teacher Education*, N.Y.: Teachers College Press.

Hartley, W. S. & Vincent, W.(1967), *American Civics*, New York: Harcourt, Brace and World.

Habermas, J.(1989), *The Structural Transformation of the Public Sphere*, Cambridge: The MIT Press.

Heater, D.(1990), *Citizenship: The Civic Ideal in World History, Politics and Education*, London: Longman.

Hegel, G.W.F.(1953), *Hegel's Philosophy of Right*, T.M. Knox, trans. London: Oxford U. P.

Hersh, R. H., Miller, J. P., Fielding, G. D.(1980), *Models of Moral Education* / 강두호 역 (2013), 도덕교육의 6가지 모형, 역락.

Howard, R. W.(1987), *Concepts and Schemata*, London: Cassel.

Hunt, M. P. & Metcalf, L. E.(1968), *Teaching High School Social Studies*, New York: Harper

& Row Pub.

Jacobs, G. M. et al.(1997), *learning cooperative learning via Cooperative Learning*, San Clemente, CA.: Kagan Cooperative Learning.

Jonassen, D. H. & Grabowski, B. L.(1993), *Handbook of Individual Differences, Learning and Instruction*, N.J.: Lawrence Ewbaum Associates.

Josephson, M. ed.(1992), Joint Issue on Character Education(includes further discussion and elaboration on the 'Aspen Declaration'), Ethics: Easier Said Than Done, 19 & 20.

Kelly, T. E.(1986), Discussing Controversial Issues: Four Perspectives on the Teachers Role, *Theory and Research in Social Education*, Vol. XIV, No. 2.

Kirschenbaum, H.(1977), *Advanced Values Clarification*, La Jolla, Calif.: University Associates.

Kirschenbaum, H.(1995), *100 Ways to Enhance Values and Morality in School and Youth Settings* / 추병완 외 공역(2009), 도덕·가치교육을 위한 100가지 방법, 울력.

Kohlberg, L.(1975), 'The Cognitive-Developmental Approach to Moral Education' / 유현옥 편역(2000), 현대교육의 주제와 쟁점, 내일을 여는 책.

__________(1976), 'Moral Reasoning' in D. Purpel & K. Ryan. *Moral Education ...It Comes with the Territory.* Berkeley, CA.: McCutchan Pub. Co.

__________(1981), *The Philosophy of Moral Development* / 김민남 외 공역(2000), 도덕 발달의 철학, 교육과학사.

Kolb, D. A.(1984), *Experiential Learning: Experience as the Source of Learning and Development*, Englewood Cliffs: Prentice Hall.

Lickona, T.(1997), 'Educating for Chacacter: A Comprehensive Approach', in A. Molnar ed., *The Construction of Children's Character*, Chicago: The University of Chicago Press.

Lipman, M.(2003), *Thinking in Education, 2th ed.*/ 박진환·김혜숙 역(2005), 고차적 사고력, 인간사랑.

Martorella, P. H.(1991), *Teaching Social Studies in middle and secondary School*, N. Y.: Macmillan co.

Martorella, P. H. & Beal, C.(2002), *Social Studies for Elementary School Classrooms,* Columbus: Merrill Prentice Hall.

Massialas, B. G. & Cox, C. B.(1966), *Inquiry in Social Studies*, N. Y.: McGraw Hill Book co.

Metcalfe, J. & Shimamura, A. P.(1994). *Metacognition: knowing about knowing*. Cambridge, MA: MIT Press.

NCSS(1989), Essential Skills for Social Studies, *Social Education*, Oct.

_____(1994), *Expectations of Excellence: Curriculum Standards for Social Studies*, Washington, D. C.: NCSS

_____(1997), Fostering Civic Virtue: Character Education in the Social Studies, NCSS

Position Statement. NCSS Task Force on Character Education in the Social Studies.

NCSS(2001), *A Sampler of Curriculum Standards for Social Studies Education: Expectations of Excellence*, Upper Saddle River, N. J.: Merrill Prentice Hall.

_____(2008), A Vision of Powerful Teaching and Learning in the Social Studies: Building Social Understanding and Civic Efficacy, Position Statement of NCSS. 2008. 5.

_____(2009), NCSS Position Statement on Media Literacy, 2009. 3. 23.

_____(2010), *The National Curriculum Standards for Social Studies*: A Framework for Teaching, Learning, Assessment. Silver Spring, MD.

_____(2013), *The College, Career, and Civic Life (C3) Framework for Social Studies State Standards*: Guidance for Enhancing the Rigor of K-12 Civics, Economics, Geography and History. Silver Spring, MD.

_____(2016), A Vision of Powerful Teaching and Learning in the Social Studies, NCSS Position Statement, *Social Education*, 80(3). pp.180-182.

Nelson, J. L. & Michaelis, J. U.(1980), *Secondary Social Studies Instruction, Curriculum, Evaluation*, Englewood Cliffs: Prentice-Hall Inc.

Newmann, F. M.(1970), *Clarifying Public Controversy: An Approach to Teaching Social Studies*, Boston: Little Brown and Co.

_____________(1975), *Education for Citizen Action: Challenge for Secondary Curriculum,* Berkely, CA.: McCutchan Pub. Co.

_____________(1991a), Promoting Higher Order Thinking in Social Studies: Overview of a Study of Sixteen High School Departments, *Theory and Research in Social Education*, Vol.19, No. 4.

_____________(1991b), Classroom Thoughtfulness and Students' Higher Order Thinking: Common Indicators and Diverse Social Studies Courses, *Theory and Research in Social Education*, Vol.19, No. 4.

Newmann, F. M., Bertocci, T., Landsness, R. M.(1977), *Skills in Citizen Action: An English-Social Studies Program for Secondary School,* Skokie, Ill.: National Textbook.

Oliver, D. W. & Shaver, J. P.(1966), *Teaching Public Issues in the High School*, Boston: Houghton Mifflin Co.

Paker, W. & Jarolimek, J.(1984), *Citizenship and the critical role of the Social Studies*, NCSS, Bulletin 72.

Paul, R. W.(1987), 'Dialogical Thinking: Critical Thought essential to the Acquisition of Rational Knowledge and Practice', in J. B. Baron & R. J. Sternberg, eds., *Teaching Thinking Skills: Theory and Practice*, N.Y.: W.H. Freeman.

Raths, L. E., Harmin, M., Simon, S. B.(1978), *Values and Teaching*, 2nd ed. Columbus: Charles E. Merrill.

Relph, E.(1976). Place and Placelessness / 김덕현 외 역(2005). 장소와 장소 상실. 논형

Ross, E. W.(1994), Teacher as Curriculum Theorizers, in E. W. Ross ed., *Reflective Practice in Social Studies*, NCSS, Bulletin No.88.

Ross, E. W.(2001), *The Social Studies Curriculum: Purposes, Problems and Possibilities*, revised eds. Albany, N. Y.: State Univ. of New York Press.

Savage, T. V. & Armstrong, D. G.(2000), *Effective Teaching in Elementary Social Studies*, 4th eds. New Jersey: Prentice-Hall Inc.

Schön, D. A.(1983), *The reflective practitioner: How professionals think in action*, New York: Basic Books.

__________(1987), *Educating the reflective practitioner: Toward a new design for teaching and learning in the professionals*, San Francisco: Jossey-Bass.

Schwab, K.(2016), *The Fourth Industrial Revolution*/송경진 역(2017), 클라우스 슈밥의 제4차 산업혁명, 새로운 현재.

Shulman, L. S.(1987), Knowledge and teaching: Foundation of the new reform, *Harvard Educational Review,* 57(1). pp.1-22.

Slavin, R. E.(1980), Cooperative Learning, *Review of Educational Research*, Vol. 50.

__________(1990), *Cooperative Learning: Theory, Research and Practice, Englewood Cliffs, N. J.*: Prentice Hall.

Swinebart, B.(1992), *Youth Involvement: Developing Leaders and Strengthening Communities*, Colorado: Partners for Youth Leadership.

Trilling, B. & Fadel, C.(2009), *21st Century Skills: Learning for Life in Our Times* / 한국교육개발원 역(2013), 21세기 핵심 역량, 학지사.

Wesley, E. B.(1937), *Teaching The social studies: Theory and practice*, Boston: D. C. Heath.

Wesley, E. B. & Wronski, S. P.(1958), *Teaching Social Studies in High Schools*, Boston: D. C. Heath.

Woolever, R. M & Scott K. P.(1988), *Active Learning in Social Studies Promoting Cognitive and Social Growth*, Glenview, Ill.: Scott, Foresman and Co.

Wraga, W. G.(1993), The Interdisciplinary Imperative for Citizenship Education, *Theory and Research in Social Education*, Vol. XXI, No. 3.

찾아보기

【 가 】
강의식 수업 / 201~203, 315, 330
개념 중심의 통합적 접근 / 160~162
경험 중심 사회과 교육과정/ 170~171
공통 핵심 표준 / 39~40
교과교육의 전문가 / 333~334
교과 역량 / 87
교과 중심 사회과 교육과정/ 168~169
교사의 역할 유형 / 261~263
교수법적 내용 지식(PCK) / 333~334
교육과정 이론가로서 교사 / 331~332
교육과정 전달자로서 교사 / 328~329
교육과정 조정자로서 교사 / 329~330
교육 패러다임 / 197, 201~210

【 나 】
넬슨과 마이클리스(Nelson & Michaelis) / 65~67, 118~119, 122
논쟁 문제 / 257~258
뉴만(Newmann) / 32, 237~238, 258, 260, 283, 301~304

【 다 】
다문화 교육의 접근법(Banks) / 353
다문화주의 / 353~353
다중 시민성 / 75~77
다학문적 접근 / 155~156
듀이(Dewey) / 28, 136~137, 169~170
동료 평가 / 325~326
동화주의 / 351, 353

【 라 】
라스, 하민, 시몬(Raths, Harmin, Simon) / 276~278
로스(Ross) / 36, 327~328
러그(Rugg) / 28~30

【 마 】
마시알라스와 콕스(Massialas & Cox) / 11, 32, 64
메타 인지 / 245~246
문제의 성격 비교 / 139
문제 중심의 통합적 접근 / 162~163
문제(쟁점) 중심 사회과 / 28~30
문화유산 전달 모형 / 119, 124
문항 난이도 / 313~314
문항 변별도 / 314~315
미국사회과협회(NCSS) / 12~17, 27~43, 63~65, 88, 92, 160~165, 366, 370
미디어 리터러시 / 176, 364~365
미래 역량 / 59, 75, 198
민주정치(민주주의) / 343~344

【 바 】
바, 바스, 셔미스(Barr, Barth, Shermis) / 11, 117~118
반성적 실천가 / 334~338
뱅크스(Banks) / 12, 16, 64, 68, 150, 247, 255~256, 275, 283~284
법리 모형 / 32, 259, 284
비판적 사고력 / 87, 240~242, 263~265

【 사 】
4 핵심 역량(4 Cs) / 84~86, 199~200
사회과교육 / 13~19, 25~43, 63~73
사회과 교육과정의 변화 / 61~62
사회과에 대한 관점의 변화 / 16~17
사회 비판 모형/ 122~123
상황모형 / 220~221
생활(활동) 중심 교육과정 / 46, 50, 170
속성모형 / 217~218
수행평가 / 316~317
수행평가의 유형 / 318~326

술만(Shulman) / 333~334
쉔(Schön) / 335~338
시민교육 / 10, 88~89, 92~93, 176, 343~348
시민성 / 17~20, 44~45, 63~66, 75~77, 89~90, 124~125, 345~348
시민성의 관점 비교 / 65~66
시민 역량 / 13~14, 35, 92, 175, 198~200, 205
신뢰도 / 312
신사회과 / 11, 21, 30~33, 64, 130~134, 173, 330
C3 Framework / 40~43

【 아 】

언어적 교훈주의 / 273
엥글(Engle) / 12, 20~23, 32, 36, 121
역사적 사고력(역사 의식) / 100~101
올리버와 세이버(Oliver & Shaver) / 32, 162~163, 237, 258~260
울레버와 스콧(Woolever & Scott) / 12, 36, 63~67, 118~122, 236~240, 243~247, 256, 270
원형모형 / 218~220
의사결정력 / 12~14, 32~33, 64, 71, 87, 136~137, 243, 254
인권 판단력 / 359~361
인성 교육 운동 / 88~89
STAD 모형 / 232~233
21세기 기능 / 85~86, 200

【 자 】

장소감 / 97
쟁점 중심의 통합적 접근 / 162~163
주제 스트랜드 중심의 통합적 접근 / 163~165
주제 중심의 통합적 접근 / 160~162
중핵 교육과정 / 30
지리 도해력 / 97
지식의 구조 / 19~20, 51, 120, 172~175
직소 모형(Jigsaw) / 228~231

【 차 】

참평가 / 316~317
창의적 사고력 / 75, 87, 243~245, 266
초학문적 접근 / 156~157

【 카 】

켈리(Kelly) / 261~262
콜버그(Kohlberg) / 275, 287~290

【 타 】

타당도 / 312
탐구력 / 71, 130~134, 173, 239~240 199~200
탐구의 성격 비교 / 141
탐구 기반 사회과 / 40~42, 60

【 파 】

파커와 제롤리멕(Paker & Jarolimek) / 64~65, 68
펜톤(Fenton) / 11, 31, 131
표준 기반 개혁 / 34–37

【 하 】

하우드(Hawood) / 262
학문 중심 사회과 교육과정 / 172~175
학제적 접근 / 140, 149, 156~159, 178
합리적 의사결정 / 12~14, 18~19, 64~65, 119~123, 136~137, 243
합리적 의사결정 모형/ 121~123
핵심 역량 / 58~59, 79~87, 198~200
행동 수정 기술(행동 수정 이론) / 127, 274
헌트와 메트칼프(Hunt & Metcalf) / 136, 283~284

부록: 임용 시험 문제 분석 및 해설

초등교사 임용시험 출제 경향 분석

출제 영역		연도								
		2015	2016	2017	2018	2019	2020	2021	2022	2023
1. 사회과의 목표	시민의 역량 / 시민성		○					○		
2. 사회과의 유형/모형	시민성 전달 모형 사회과학 모형 반성적 탐구 모형	○					○			
5. 사회과 교육과정의 조직 원리	환경확대법 통합적 접근법 교육과정의 지역화		○				○			
6. 사회과의 교수 방법	개념학습		○					○		
	탐구학습			○		○				○
	의사결정 수업		○		○					
	논쟁문제 수업	○								○
	현장학습 / 체험학습			○						
	지리교육: 도해력, 장소감		○				○			
	역사교육: 사료학습, 연표				○				○	
7. 사회과의 평가										
8. 사회과의 내용 지식		○	○	○	○	○	○	○	○	○

2021학년도 초등교사 임용시험(A)

7. (가)는 예비 교사가 작성한 수업 구성안의 일부이고, (나)는 예비 교사와 지도 교수의 대화이다. 물음에 답하시오. [4점]

1) (나)의 ㉠과 ㉡에 들어갈 용어를 쓰시오. [2점]

㉠ ________________________________

㉡ ________________________________

2) (가)의 [자료 3]과 [자료 4]에 나타난 교통 발달에 따른 ㉢과 ㉣의 변화 양상을 서술하시오. (단, ㉢과 ㉣에 들어갈 용어를 모두 포함할 것) [2점]

❙ 문제 분석 ❙

1): 「사회 4-1」 교사용 지도서 1단원 3) 우리 지역의 생활모습 중 '지역의 생활모습 살펴보기'

❙ 정답 안내 ❙

1) ㉠ 인구 집중 현상 (인구밀도 증가) ㉡ 행정 기능
2) 생활권이 확장되고, 시간 거리가 축소된다.
(㉢에 들어가 용어는 '생활권'이고, ㉣에 들어갈 용어는 '시간 거리'이다.)

8. (가)는 박 교사가 작성한 4학년 '필요한 것의 생산과 교환' 단원에 해당하는 교수·학습 과정안이고, (나)는 수업 협의회의 일부이다. 물음에 답하시오. [5점]

1) (가)의 [A]에서 ① 생산의 비예를 찾아 쓰고, ② 비예가 되는 이유를 ㉠에 근거하여 서술하시오. [2점]

① ______

② ______

2) (가)의 ㉡에 들어갈 생산과 소비 개념의 관계를 쓰시오. [1점]

3) ① (가)의 ㉠에 근거하여 ㉢을 서술하고, ② (나)의 ㉣에 들어갈 용어를 쓰시오. [2점]

① ______

② ______

❙ 문제 분석 ❙

1): 「사회 4-2」 교사용 지도서 2단원 1) 경제활동과 현명한 선택 중 '생산과 소비의 모습 살펴 보기'

1)~3): 「사회과 교재연구 및 교수법」 **6장 '1.개념학습의 의미', '3.원형 모형'**

❙ 정답 안내 ❙

1) ① 환자가 병원에서 치료받기 (환자가 치료받는 것은 '소비'이다.)
② 생산의 결정적 속성을 갖지 않은 사례로서 '소비'에 해당되기 때문이다.
(㉠에 들어갈 용어는 '결정적 속성'이다.)
2) 생산과 소비는 '동위 개념'이다.
(동위 개념이란 개념의 위계관계에서 동등한 위치를 차지하고, 비슷한 유형을 설명하는 개념이다.)

3) ① 원형 모형은 결정적 속성이 분명하지 않은 개념을 가르치는데 적합하다.
② 가치·태도 (가치)

2022학년도 초등교사 임용시험(A)

7. (가)는 김 교사가 작성한 교수·학습 과정안이고, (나)는 수업 협의회 내용의 일부이다. 물음에 답하시오. [5점]

1) 기후와 인간 간의 관계를 (나)의 ① ㉠과 ② ㉡의 관점에서 서술하시오. [2점]

① ______________________

② ______________________

2) (나)의 ㉢을 기준으로 ㉣을 순서대로 서술하시오.(단, ㉢을 포함하여 쓸 것) [1점]

3) ① (나)의 ㉤에 들어갈 용어와, ② (나)의 ㉥에 공통으로 들어갈 용어를 쓰시오. [2점]

① ______________________

② ______________________

▎문제 분석▐

1)~3): 「사회 6-2」교사용 지도서 1단원 2) 세계의 다양한 삶의 모습 중 '세계의 다양한 기후 알아보기'
「사회 6-2」교사용 지도서 1단원 3) 우리나라와 가까운 나라들 중 '우리나라와 이웃 나라의 교류 모습 살펴보기'

▎정답 안내▐

1) ① 환경 결정론: 기후가 인간의 생활방식을 결정한다.
② 환경 가능론: 인간의 생활방식은 기후에 영향을 받지만, 인간의 노력과 과학기술 등에 의해 기후의 영향을 바꿀 수 있다.

2) 위도에 따라 세계 기후는 열대 기후-온대 기후-한대 기후-냉대 기후 순으로 분포한다.
(쾨펜은 세계 기후를 A~E 5가지 형태로 구분했는데, A(열대 기후), C(온대 기후), D(한대 기후), E(냉대 기후)는 '기온'에 따라 구분했고, B(건조 기후)는 '건조도'에 의해 구분했다.)

3) ① 속성 정보 ② 공정 무역

8. (가)는 예비 교사가 작성한 교수·학습 과정안이고, (나)는 예비 교사와 지도 교사가 나눈 대화이다. 물음에 답하시오. [4점]

1) (가)의 [A]에 근거하여 ㉠에 들어갈 활동을 쓰시오. [1점]

2) '우리나라 최초의 근대적 조약'의 명칭을 포함하여 (나)의 ㉢의 이유를 서술하시오. [1점]

3) ① (나)의 ㉡에 해당하는 용어와, ② (나)의 ㉣에 공통적으로 들어갈 용어를 쓰시오. [2점]

① ________________________

② ________________________

▎문제 분석 ▎

1), 3) : 「사회과 교재연구 및 교수법」20장 '3. 사료 학습의 방법'

2): 「사회 6-1」교사용 지도서 1단원 1.새로운 사회를 향한 움직임 중 '갑신정변에 참여한 사람들의 주장 알아보기', '단원 마무리'

▎정답 안내 ▎

1) 사료를 비판적으로 읽으며 분석한다.
(사료의 분석적 읽기 단계에서는 누가 언제 왜 작성했는지 사료의 출처를 확인하고, 어떤 상황과 문화를 반영하고 있는지 사료의 작성 상황을 분석하고, 사료가 사실로서 증거가 될 수 있는지 검증하는 활동을 한다.)

2) 갑신정변 개혁안은 강화도 조약 이후에 발생된 사건이므로, 사건의 '선후 관계'에 맞지 않는 질문이기 때문이다.
(강화도 조약은 1876년 2월에 체결됐고, 그 후 1884년 12월 갑신정변이 발생했다.)

3) ① 연표(Timeline)
(연표는 역사적 사건을 시간의 순서대로 배열한 표이고, 모양에 따라 선 연표, 그림 연표 등이 있다)
② 해석

2023학년도 초등교사 임용시험(A)

7. (가)는 위치 학습에 대한 예비 교사와 지도 교수의 대화이고, (나)는 예비 교사가 작성한 교수·학습 과정안이다. 물음에 답하시오. [5점]

1) (가)의 ㉠에 해당하는 용어를 쓰시오. [1점]

2) (가)의 ① A의 기준선의 명칭을 쓰고, ② ㉡과 관련하여 다음 도시들 중에서 GMT를 기준으로 '날짜와 시각'이 세 번째로 이른 도시의 위치 특성을 해당 도시가 속한 대륙 및 인근 대양의 이름을 모두 포함하여 쓰시오. [2점]

① ______________________________

② ______________________________

3) (나)의 ① ㉢에 공통으로 들어갈 단계의 명칭을 쓰고, ② 교수·학습 활동 내용에 따라 ㉣에 해당하는 구체적인 내용을 쓰시오. [2점]

① ______________________________

② ______________________________

▎문제 분석 ▎

1) 「사회 5-1」교사용 지도서 1단원 1.우리 국토의 위치와 영역의 '참고자료'
2) 「사회 6-2」교사용 지도서 <u>1단원 '1.'세계 여러 나라의 지리 정보', 2.'세계 여러 나라의 다양한 삶의 모습'</u>
3) 「사회과교육의 이해」 **<u>10장 '3.탐구 학습'</u>**

▎정답 안내 ▎

1) 관계적 위치
2) ① 적도
   ② 뉴욕은 북아메리카 동쪽 해안에 위치하고, 대서양에 인접해 있다.
   (영국 GMT를 기준으로 날짜와 시간이 빠른 순서는 ①서울-②도하-③뉴욕-④로스앤젤레스이다.)
3) ① 가설 설정
   ② 전통 음식, 전통 가옥, 도시 입지 같은 인문환경은 국가의 내륙, 해안, 섬의 위치에 따라 달라진다.
   (위치 학습에서 위치에 따라 인문환경이 달라지는 것을 탐구하는 수업이므로, 〈활동 1, 2〉자료에 근거하여 3가지를 종합한 결론을 도출하면 된다.)

8. (가)는 수업 협의회 내용의 일부이고, (나)는 교수·학습 자료이다. 물음에 답하시오. [4점]

1) (가)와 다음 글의 ㉠에 공통으로 들어갈 용어를 쓰시오. [1점]

2) ① 사회과의 3가지 목표 영역 중 (가)의 [A]에서 김 교사가 초점을 두고 있는 목표 영역의 명칭을 쓰고, ② (나)의 [자료 1], [자료 2], [자료 3]에 공통으로 나타난 현상을 지칭하는 용어를 포함하여 정보화 사회의 문제점을 쓰시오. [2점]

① ______________________________

② ______________________________

3) 다음은 (가)의 ㉡과 관련하여 김 교사가 작성한 수업 단계별 발문이다. 단계의 성격에 부합하도록 ⓐ에 들어갈 말을 발문 형식으로 쓰시오. [1점]

▎문제 분석▎

1)~2): 「사회 4-2」교과서 3단원 1.사회 변화로 나타난 일상생활의 모습 중 '정보화로 발생하는 문제점'

2): 「사회과교육의 이해」 **2장 '2.사회과의 목표 분류'**

3): 「사회과교육의 이해」 **10장 '6.논쟁문제 수업'**

▎정답 안내▎

1) ① 사회 변화 (사회 성취기준 [4사04-05] 참고)

2) ① 기능

② 디지털 격차(정보 격차)로 인해 노령층이 경제활동에서 소외된다.
([자료1~3] 공통점은 60세 이상 노령층이 디지털 격차로 인해 경제활동에서 어려움을 겪는 현상을 통계로 나타낸 것이다.)

3) '무인 운영'의 의미는 무엇인가? ('무인 운영'이란 무엇을 의미하는가?)

중등교사 임용시험 출제 경향 분석

출제 영역		연도								
		2015	2016	2017	2018	2019	2020	2021	2022	2023
1. 사회과 역사	미국: 신사회과, 공통 핵심 표준	○						○	○	
	한국: 사회생활과, 통합사회 등							○		○
2. 사회과 교육과정의 개정	교수 요목기 ~ 2022 개정 교육과정	○	○	○	○	○	○	○	○	○
3. 사회과의 목표	민주 시민 / 시민성						○	○	○	
4. 사회과의 전통/모형	3가지 전통(모형)				○	○	○	○	○	○
	5가지 전통(모형)		○							
5. 사회과 교육과정의 조직 원리/ 조직 유형	환경 확대법									○
	나선형 교육과정			○	○					○
	통합적 접근(통합교육과정)		○		○		○			○
	교과/경험/학문 중심 교육과정	○							○	
6. 사회과의 교수 방법	강의식 수업					○				
	개념학습	○	○		○	○	○		○	
	일반화 학습			○					○	
	탐구학습			○	○					○
	의사결정 수업	○							○	
	논쟁문제 수업 / 교사 역할	○		○	○	○	○	○		
	가치 명료화	○	○	○			○	○		○
	가치 탐구		○	○		○		○		
	가치 주입(언어적 교훈주의)	○		○			○	○		
	도덕적 추론 / 배려 윤리			○						○
	협동 학습		○					○		
	고차적 사고력 (비판적 사고, 메타 인지)	○					○			○
7. 사회과 평가	평가 도구			○	○		○	○	○	
	수행평가		○		○	○	○		○	○
8. 교사 역할 / 전문성	전달자, 조정자, 이론가		○	○				○		
	PCK / 반성적 실천가		○	○						
9. 사회과의 통합 교육	다문화 교육							○		
	시민교육							○		
	미디어교육									

2021학년도 중등교사 임용시험 (일반사회 A)

1. (가), (나)는 미국과 우리나라 사회과의 발달 과정에 대한 설명이다. 괄호 안의 ㉠, ㉡에 해당하는 용어를 순서대로 쓰시오. [2점]

❙ 문제 분석 ❙

- ㉠: 「사회과교육의 이해」 **1장 '1.사회과의 발전 과정'**
- ㉡: 「사회과교육의 이해」 **2장 '2)한국 사회과의 발전과정'**

❙ 정답 안내 ❙

- ㉠: 사회과학 ㉡: 사회생활과

5. (가)는 바, 바스와 셔미스(R. Barr, J. Barth, & S. Shermis)가 제시한 사회과 본질에 관한 3가지 전통에 대한 표이고, (나)는 2015 개정 사회과 교육과정의 일부 내용이다.〈작성 방법〉에 따라 서술하시오. [4점]

〈작성 방법〉

- 괄호 안의 ㉠, ㉡에 해당하는 용어를 순서대로 쓸 것.
- (가)의 교육 방법에서 '과학적 탐구'와 '(㉡)' 탐구의 차이점을 탐구 영역과 관련하여 1가지 서술할 것.

❙ 문제 분석 ❙

- ㉠, ㉡: 「사회과교육의 이해」 **6장 '3.사회과학 모형', '4.반성적 탐구 모형'**
- 탐구의 차이점: 「사회과교육의 이해」 **6장 '4. 3)탐구의 성격 비교'**

❙ 정답 안내 ❙

- ㉠:의사결정 ㉡: 반성적
- 탐구의 차이점: (가)의 과학적 탐구는 '사실문제'에 대해 '객관적 자료'에 기초하여 원인과 결과의 상관관계를 '과학적 방법과 절차'를 거쳐 검증하는 과정이다. 반면에 반성적 탐구는 '일상적 문제'에 대해 과학적 자료 및 '일상적 자료'를 수집하여 '문제의 해결 방안'의 타당성을 검증하는 과정이다.

6. 다음 글(올리버와 쉐이버 D. Oliver & J. Shaver의 논쟁문제 수업)을 읽고,〈작성 방법〉에 따라 서술하시오. [4점]

〈작성 방법〉

- 괄호 안의 ㉠에 해당하는 용어를 쓰고, ㉠ 모형이라고 명명한 이유를 서술할 것.
- 밑줄 친 ㉢이 밑줄 친 ㉡의 어느 차원에 해당하는지 쓸 것.
- 밑줄 친 ㉣의 이유를 '사회의 기본적 가치'라는 용어를 활용하여 1가지 서술할 것.

| 문제 분석 |

- ㉠~㉢: 「사회과 교재연구 및 교수법」 **11장 '1. 1)논쟁문의 성격, 2)논쟁문제 수업의 의미'**
- ㉣: 「사회과 교재연구 및 교수법」 **11장 '2.논쟁문제 수업의 방법'**

| 정답 안내 |

- ㉠은 법리 모형이다. 그 이유는 '법적·윤리적 가치'를 가치 갈등의 해결 기준으로 제시했기 때문이다.
- ㉢: 가치문제
- ㉣의 이유는 논쟁문제 수업 모형은 '사회의 기본적 가치'를 기준으로 논쟁문제와 가치 갈등을 해결하는 방안을 제시했기 때문이다.

2021학년도 중등교사 임용시험 (일반사회 B)

1. 다음은 가상의 온라인 학술대회 장면이다. 괄호 안의 ㉠, ㉡에 해당하는 용어를 순서대로 쓰시오. [2점]

| 문제 분석 |

- ㉠: 「사회과교육의 이해」 **4장 '1.세계화와 지역화: 다중 시민성'**
- ㉡: 「사회과교육의 이해」 **15장 '2. 3)다문화교육의 접근법'**

| 정답 안내 |

- ㉠: 다중 시민성　　㉡: 동화주의

3. (가)는 교육과정 시기별 고등학교 사회과 과목 편성 자료이며, (나)는 교사 간 대화 내용이다. 〈작성 방법〉에 따라 서술하시오. [4점]

〈작성 방법〉

- A~C를 시기순(과거→현재)으로 배열할 것.
- 괄호 안의 ㉠에 해당하는 과목은 직전 교육과정의 어떤 과목들이 합쳐진 것인지 설명할 것.
- 괄호 안의 ㉡에 해당하는 용어를 쓰고, 밑줄 친 ㉢의 유형에서는 교사가 어떤 역할을 수행하는지 1가지 서술할 것.

| 문제 분석 |

- ㉠: 「사회과교육의 이해」 **2장 '2.한국 사회과의 발전 과정'**
- ㉡, ㉢: 「사회과교육의 이해」 **14장 '1.사회과 교사의 역할'**

| 정답 안내 |

- 시기순: C-A-B
- ㉠은 '법과 정치'이고, 법과 정치는 기존의 '법과 사회'와 '정치' 과목을 결합한 것이다.

- ㉡: 교육과정 전달자
- ㉢: 교육과정 이론가로서 교사는 교육과정의 개발이나 교과서 집필 등 교육과정 전문가로서 그리고 수업 분석과 성찰을 통한 수업 개선 등 실행 연구자로서 역할을 수행한다.

4. 다음은 서로 다른 가치 교육 접근법 A~C에 대한 토론 내용이다.〈작성 방법〉에 따라 서술하시오. [4점]

〈작성 방법〉

- A와 C의 명칭을 순서대로 쓸 것.
- '교사 역할'과 관련하여 B의 입장에서 A에 대한 비판점을 서술할 것.
- '가치 갈등 해결'과 관련하여 밑줄 친 주장의 이유를 설명할 것.

| 문제 분석 |

- A: 「사회과 교재연구 및 교수법」 **14장 '3.가치 명료화의 방법과 적용'**
- B: 「사회과 교재연구 및 교수법」 **14장 '2. 3)가치 주입의 비판'**
- C: 「사회과 교재연구 및 교수법」 **14장 '5.가치 탐구의 방법과 적용'**

| 정답 안내 |

- A: 가치 명료화 C: 가치 탐구
- B 입장에서 보면, A 모형은 사회의 기본적 가치와 도덕 원칙에 의거한 도덕적 판단 능력을 가르칠 수 없다.
- 가치 상대주의를 전제하기 때문에, 각 학생이 선택한 가치와 대안이 모두 동등하게 가치 있는 것이다. 그래서 어느 가치와 대안이 더 옳은지 합리적인지 '객관적으로 판단할 수 없어서' 근본적으로 가치 갈등을 해결할 수 없기 때문이다.

5. (가)는 예비 교사가 만든 교수·학습 지도안의 일부 내용이고, (나)는 이에 대한 예비 교사와 지도 교사의 대화 내용이다.〈작성 방법〉에 따라 서술하시오. [4점]

〈작성 방법〉

- (가)의 자료를 토대로 밑줄 친 ㉠에서 하나의 원모둠을 몇 명씩 구성하는 것이 가장 적절한지 쓰고, 그 이유를 설명할 것.
- (나)의 (   ) 안에 들어갈 평가학적 용어를 쓰고, 밑줄 친 ㉡의 이유를 설명할 것.

| 문제 분석 |

- ㉠: 「사회과 교재연구 및 교수법」 **13장 '3.과제 분담 학습 모형(jigsaw)'**
- ㉡: 「사회과 교재연구 및 교수법」 **21장 '1. 4)사회과 평가도구의 양호도'**

| 정답 안내 |

- ㉠: 원모둠은 5명씩 구성한다. 그 이유는 (가)에서 모둠 구성원이 조사할 '하위 주제'가 5개이기 때문이다.

○ ㉡은 '타당도'이다. 그 이유는 학습 목표-학습 내용-평가의 정합성이 없기 때문이다.
(학습 목표는 일탈의 이론적 관점을 설명하는 것이고, 학습 내용은 일탈의 의미, 이론 등인데, 형성평가는 '자료 분석 능력'을 평가했기 때문에, 목표-내용-평가의 '정합성'이 없기 때문이다.)

2022학년도 중등교사 임용시험 (일반사회 A)

1. 다음 글에서 괄호 안의 ㉠, ㉡에 해당하는 용어를 순서대로 쓰시오. [2점]

▌문제 분석 ▌

○ ㉠: 「사회과교육의 이해」 **2장 '1.미국 사회과의 발전 과정'**
○ ㉡: 「사회과교육의 이해」 **3장 '2. 2) 4차 산업혁명 시대의 시민 능력: 핵심 역량'**

▌정답 안내 ▌

○ ㉠: 고부담 시험　　　　㉡: 역량

2. (가), (나)는 서로 다른 시기의 우리나라 사회과 교육과정 목표의 일부를 발췌한 것이다. 바, 바스와 셔미스(R. Barr, J. Barth, & S. Shermis)의 분류에 근거하여 (가), (나)에서 가장 강조되고 있는 사회과교육의 모형을 순서대로 쓰시오. [2점]

▌문제 분석 ▌

○ (가): 「사회과교육의 이해」(제3판), **5장 '2.시민성 전달 모형'**
○ (나): 「사회과교육의 이해」(제3판), **5장 '4.반성적 탐구 모형'**

▌정답 안내 ▌

○ (가): 시민성 전달 모형　　　　(나): 반성적 탐구 모형
[(가)는 제2차 사회과 교육과정의 '중학교 목표 1~4'이고, (나)는 2007 개정 사회과 교육과정의 '사회'의 목표 라~바이다.]

6. 다음 수업 협의록을 읽고〈작성 방법〉에 따라 서술하시오. [4점]

〈작성 방법〉

○ 괄호 안의 ㉠에 해당하는 단계를 쓸 것.
○ A 수업모형이 무엇인지 쓰고, 괄호 안의 ㉡에 해당하는 단계를 쓸 것.
○ 교생 1의 발언 중에서 '뱅크스(J. Banks)의 가치 탐구 모형'에 부합하지 않는 부분을 찾아 쓰고, 그 이유를 서술할 것.

❙ 문제 분석 ❙

- ㉠, ㉡: 「사회과 교재연구 및 교수법」 **10장 '1. 4)의사결정 수업의 유형'**
- 교생: 「사회과 교재연구 및 교수법」 **10장 '2.개인적 의사결정 수업의 방법'**

❙ 정답 안내 ❙

- ㉠: 서술된 행동에 포함된 대립 가치를 확인하기
- A는 의사결정수업 모형이고, ㉡은 '지식과 가치문제의 확인'(사실과 가치문제의 확인) 단계이다.
- 교생1: '국가별 수용 난민 수는 얼마나 되는지"는 '사실문제'이기 때문에, 가치 탐구에서 다루지 않는다.

2022학년도 중등교사 임용시험 (일반사회 B)

3. 다음은 사회과 교육과정에 대한 강의 내용의 일부이다.〈작성 방법〉에 따라 서술하시오. [4점]

〈작성 방법〉

- 괄호 안의 ㉠, ㉢에 해당하는 용어를 순서대로 쓸 것.
- 밑줄 친 ㉡의 단점을 1가지 서술할 것.
- 괄호 안의 ㉣에 해당하는 용어를 쓸 것.

❙ 문제 분석 ❙

- ㉠~㉢: 「사회과교육의 이해」 **7장 '5. 2)경험 중심 교육과정'**, **'3)학문 중심 교육과정'**
- ㉣: 「사회과 교재연구 및 교수법」 **6장 '6. 2)일반화 학습의 방법'**

❙ 정답 안내 ❙

- ㉠: 경험 중심　　　　㉡: 지식의 구조
- ㉡의 단점은 사회과학적 지식과 현실 사이에 괴리가 나타나기 쉽다.
- ㉣: 자료 인출 도표(자료 검색 도표)

4. (가)는 '사회문제 탐구' 과목의 평가 계획의 일부이고, (나)는 평가 후 교사 협의회록의 일부이다.〈작성 방법〉에 따라 서술하시오. [2점]

〈작성 방법〉

- A, B에 해당하는 용어를 순서대로 쓸 것.
- A의 행동 요소에 근거하여 밑줄 친 ㉠의 이유를 서술할 것.
- 괄호 안의 ㉡에 해당하는 용어를 문항 분석에서 고려할 용어로 쓸 것.

문제 분석

- ㉠: 「사회과 교재연구 및 교수법」**21장 '2.사회과 평가방식의 전환'**
- ㉣: 「사회과 교재연구 및 교수법」**21장 '1. 5)사회과 평가문항의 조건'**

정답 안내

- A: 성취기준 B: 수행평가
  (제7차 사회과 교육과정부터 성취기준을 문장 형태로 진술했다. A는 2015 개정 사회과 교육과정의 「사회문제 탐구」과목의 '성취기준' 12사탐03-02이다.)
- ㉠의 이유는 탐구 절차를 적용해 탐구 계획을 수립하는 행동의 도달 여부를 평가하는 데 수행평가가 더 적합하기 때문이다.
- ㉡: 문항의 변별도

5. 다음은 개념학습의 유형에 대한 수업의 한 장면이다.〈작성 방법〉에 따라 서술하시오. [4점]

〈작성 방법〉

- A, B 모형이 무엇인지 순서대로 쓸 것.
- 괄호 안의 ㉠에 해당하는 용어를 쓸 것.
- 괄호 안의 ㉡에 들어갈 내용을 서술할 것.

문제 분석

- A: 「사회과 교재연구 및 교수법」**6장 '2.속성 모형'**
- B: 「사회과 교재연구 및 교수법」**6장 '4.상황 모형'**

정답 안내

- A: 속성 모형 B: 상황 모형
- 예와 예 아닌 것 검토
- ㉡: 투표 가치의 평등
  [평등 선거는 '1인 1표'와 '투표 가치의 평등'을 포함한다. 헌법재판소는 '투표 가치의 평등'을 실현하기 위해 선거구의 인구 편차는 상하 33⅓%, 인구 비례 2:1을 넘지 않아야 한다"는 기준을 제시했다(헌법재판소 판례, 2012헌마190 등)]

2023학년도 중등교사 임용시험 (일반사회 A)

1. 괄호 안의 ㉠에 해당하는 용어와 괄호 안의 ㉡에 해당하는 과목명을 2015 개정 사회과 교육과정에 근거하여 순서대로 쓰시오. [2점]

▎문제 분석▎

○ ㉠, ㉡: 「사회과교육의 이해」 **2장 '2.한국 사회과의 발전 과정'**

▎정답 안내▎

○ ㉠: 진로 선택　　　　㉡: 정치와 법

2. **다음 글에서 괄호 안의 ㉠, ㉡에 해당하는 용어를 순서대로 쓰시오. [2점]**

▎문제 분석▎

○ ㉠, ㉡: 「사회과교육의 이해」 **6장 '2.시민성 전달 모형'**, **'3.사회과학 모형'**

▎정답 안내▎

○ ㉠: 시민성 전달(김교사)　　　　㉡: 사회과학(박교사)

5. **다음 글을 읽고〈작성 방법〉에 따라 서술하시오. [4점]**

〈작성 방법〉

○ 괄호 안의 ㉠에 해당하는 사회과 교육과정 조직 원리의 명칭을 쓰고, 이에 대한 비판점을 1가지 서술할 것.
○ 괄호 안의 ㉡에 해당하는 개념을 쓸 것.
○ 괄호 안의 ㉢에 해당하는 내용을 나선형 교육과정의 의미에 부합하게 서술할 것.

▎문제 분석▎

○ ㉠~㉡: 「사회과교육의 이해」 **7장 '1.환경 확대법'**
○ ㉡~㉢: 「사회과교육의 이해」 **7장 '2.개념 중심 나선형 교육과정'**

▎정답 안내▎

○ ㉠: 환경 확대법
비판: 학생이 공간을 인식하는 방법을 기계적으로 확장시켰다. 또는 사회현상은 공간의 확대만으로 설명할 수 없고 복잡하고 다원적인 성격을 지닌다.
○ ㉡: 희소성
○ ㉢: 학년이 올라갈수록 반복되면서 개념의 범위와 깊이가 더 심화되도록 조직하는 것이다.

6. **(가)는 예비교사가 작성한 수행평가 계획의 일부이고, (나)는 지도교사가 (가)에 대하여 지도한 내용의 일부이다.〈작성 방법〉에 따라 서술하시오. [4점]**

〈작성 방법〉

○ 괄호 안의 ㉠에 해당하는 용어와 괄호 안의 ㉡에 해당하는 평가 방법을 쓸 것.
○ 괄호 안의 ㉡에 해당하는 개념을 쓸 것.
○ 괄호 안의 ㉢, ㉣에 해당하는 내용을 1가지씩 순서대로 서술할 것.

▌문제 분석 ▌

- ㉠, ㉡: 「사회과 교재연구 및 교수법」 **21장 '3. 7)관찰법, 8)자기 평가 및 동료평가'**
- ㉢, ㉣: 「사회과 교재연구 및 교수법」 **10장 '3. 5)연구 보고서법'**

▌정답 안내 ▌

- ㉠: 관찰 ㉡: 동료 평가
- ㉢: 수행평가의 항목과 행동 특징을 명확하게 파악해 그에 맞게 보고서를 작성할 수 있다.
  ㉣: 평가 항목과 기준에 비추어 자신의 보고서 작성 과정을 성찰하고 개선할 수 있다.

2023학년도 중등교사 임용시험 (일반사회 B)

3. 다음 글을 읽고〈작성 방법〉에 따라 서술하시오. [4점]

〈작성 방법〉

- 괄호 안의 ㉠, ㉡을 해당 교육과정 시기의 용어로 순서대로 쓸 것.
- 밑줄 친 ㉢의 의미를 서술할 것.
- 밑줄 친 ㉣에 해당하는 학문적 형태의 통합 유형을 것.

▌문제 분석 ▌

- ㉠~㉡: 「사회과교육의 이해」 **1장 '2.한국 사회과의 발전 과정'**
- ㉢~㉣: 「사회과교육의 이해」 **7장 '3.통합적 접근법'**

▌정답 안내 ▌

- ㉠: 일반 선택 ㉡: 공통
- ㉢: 학제적 통합은 여러 학문들에서 공통적인 주제나 개념을 추출하여 교육 내용을 통합적으로 구성하는 방식이다.
- ㉣: 다학문적 통합

4. 다음 글을 읽고〈작성 방법〉에 따라 서술하시오. [4점]

〈작성 방법〉

- 괄호 안의 ㉠의 하위 단계 2가지를 서술할 것.
- 김 교사의 입장에서 최 교사의 수업에 대한 비판점 1가지를 서술할 것.
- 괄호 안의 ㉡에 해당하는 가치교육 방법의 명칭을 쓸 것.

| 문제 분석 |

○ ㉠: 「사회과교육의 이해」 **11장 '3.가치 명료화'**

○ ㉡: 「사회과교육의 이해」 **11장 '6.도덕적 추론'**

| 정답 안내 |

○ ㉠: 선택을 즐거워하고 소중히 여기기
선택을 공개적으로 발표하기

○ 비판: 교사가 전통적 가치를 주입하여 학생이 스스로 가치를 선택할 자유를 차단한다.

○ ㉡: 도덕적 추론

5. 다음 글을 읽고〈작성 방법〉에 따라 서술하시오. [4점]

〈작성 방법〉

○ 밑줄 친 ㉠과 같이 지도한 이유를 탐구 문제의 특성을 고려하여 서술할 것.

○ 괄호 안의 ㉡에 해당하는 내용을 '삶의 만족도'와 '경제적 수준'이라는 단어를 포함하여 문장으로 서술할 것.

○ 괄호 안의 ㉢에 해당하는 내용과 괄호 안의 ㉣에 해당하는 용어를 순서대로 쓸 것.

| 문제 분석 |

○ ㉠~㉢: 「사회과 교재연구 및 교수법」 **8장 '3.탐구수업의 적용'**

○ ㉣: 「사회과교육의 이해」 **10장 '2. 2)고차적 사고력의 유형 (5) 메타 인지'**

| 정답 안내 |

○ ㉠: 탐구 문제는 과학적 자료에 의거해 검증 가능한 '사실문제'이어야 하는데, 학생이 설정한 문제는 '가치문제'에 해당되어 탐구학습에 적합하지 않기 때문이다.

○ ㉡: 노년층의 '경제적 수준'이 높을수록 '삶의 만족도'가 클 것이다.

○ ㉢: 용어(개념)의 정의 ㉣: 메타 인지

(B. Massialas & C. Cox의 탐구 모형에 따르면, 탐구의 각 단계에서 용어의 의미를 서로 다르게 사용하는 경우, 먼저 용어에 대하여 정의하고 합의하는 활동을 한다.)

지은이 소개

박 상 준

서울대학교 대학원에서 사회과교육 및 시민교육을 전공했고, 배재고등학교 교사를 거쳐 2004년부터 전주교대 사회교육과에서 가르쳤으며, 현재 한국교원대학교 일반사회교육과 교수로 재직하고 있다.

교육부의 민주시민교육 자문위원, '2022 개정 사회과 교육과정' 시안 개발 연구원, 교육과정 심의회(사회) 심의위원으로, 그리고 전북교육청의 인성교육진흥위원회 위원장, 인정도서(사회문제 탐구) 심의회 위원장 등으로 활동했다.

주요 저서 : 「중학교 사회 1, 2」(비상교육) (2009 ~ 현재)
「사회과교육의 이론과 실제」(4판) (2011)
「거꾸로 교실을 넘어 거꾸로 학습으로」(2016)
「역사와 함께 읽는 민주주의」(2020 세종도서)
「코로나 이후 미래교육」(2판) (2021)
「메타버스 수업, 미래교육의 방향을 찾다」(2022)
「사회과 교재연구 및 교수법」(3판) (2022)

사회과교육의 이해 (제4판)

2013년 1월 10일 제1판 1쇄 발행
2016년 2월 15일 제2판 1쇄 발행
2016년 8월 20일 제2판 2쇄 발행
2018년 2월 25일 제3판 1쇄 발행
2021년 2월 25일 제3판 4쇄 발행
2023년 3월 15일 제4판 1쇄 발행
2025년 3월 15일 제4판 3쇄 발행

지은이: 박 상 준
펴낸이: 한 정 주
펴낸곳: 교 육 과 학 사

지은이와 협의하에 인지생략

경기도 파주시 광인사길 71
전화 (031) 955-6956～8/FAX (031) 955-6037
Home-page: www.kyoyookbook.co.kr
E-mail: kyoyookbook@daum.net
등록: 1970년 5월 18일 제2-73호

낙장·파본은 교환해 드립니다.
Printed in Korea.

정가 22,000원
ISBN 978-89-254-1766-0